NANFANG YUYANXUE

南方语言学

第二十四辑

广东省普通高校人文社会科学重点研究基地
暨南大学汉语方言研究中心
中国智库索引（CTTI）来源智库

刘新中 主编

暨南大学出版社
JINAN UNIVERSITY PRESS

中国·广州

图书在版编目（CIP）数据

南方语言学. 第二十四辑 / 刘新中主编. -- 广州 ：暨南大学出版社，2024. 12. -- ISBN 978-7-5668-4105-6

Ⅰ. H17-55

中国国家版本馆 CIP 数据核字第 2024FN6314 号

南方语言学（第二十四辑）
NANFANG YUYANXUE（DI-ERSHISI JI）
主　编：刘新中

出 版 人：阳　翼
策划编辑：姚晓莉
责任编辑：苏　洁　梁玮浈
责任校对：刘舜怡　许碧雅
责任印制：周一丹　郑玉婷

出版发行：暨南大学出版社（511434）
电　　话：总编室（8620）31105261
　　　　　营销部（8620）37331682　37331689
传　　真：（8620）31105289（办公室）　37331684（营销部）
网　　址：http：//www. jnupress. com
排　　版：广州市新晨文化发展有限公司
印　　刷：广州方迪数字印刷有限公司
开　　本：787mm×1092mm　1/16
印　　张：19. 25
字　　数：400 千
版　　次：2024 年 12 月第 1 版
印　　次：2024 年 12 月第 1 次
定　　价：79. 80 元

（暨大版图书如有印装质量问题，请与出版社总编室联系调换）

前　言

广东省普通高校人文社会科学重点研究基地暨南大学汉语方言研究中心主持编纂的《南方语言学》已有二十三辑，我们的宗旨是汇集、展示以汉语方言、民族语言为主的原创性学术科研成果，为相关领域的学者提供一个交流研究成果的园地。

《南方语言学》的内容板块相对固定，主要包括核心板块和重点板块，核心板块是海内外汉语方言、民族语的本体研究，重点板块是方言学的基础研究和应用研究，主要包括语音与音系、语义与词汇、语法与语用。根据社会热点和研究发展情况，我们还及时设置专栏和专辑，集中研究、讨论与社会需求、学科发展、科技进步相关的语言问题。

本辑的内容包括特稿、方言语音、方言语法、汉语史、语法、语用和海外方言七个部分。

《南方语言学》以"立足汉语资源，服务语言研究"为宗旨，为方言及相关领域的研究者搭建了一个成果展示的平台，由中国知网发布刊行电子版，入选最新一期中国社科院 AMI 综合评价入库集刊。

《南方语言学》采取了严格的审稿制度、完整规范的编校流程，以保证所选录文章的学术价值和出版质量，非常欢迎国内外语言学界的新老朋友继续支持，争取让这个学术交流的阵地越办越好！

刘新中

2024 年 12 月

目　录

语　用

海外方言

略说汉语方言的声调[①]

——纪念刘复《四声实验录》出版 100 周年

张振兴[②]

（中国社会科学院语言研究所　北京　100732）

【提　要】刘复的《四声实验录》首次把西方近代的实验语音学引入中国，在汉语方言声调的语音实验方面作出了重要贡献。声调是汉语语音的主要构成因素之一，汉语方言的声调跟"古四声"的分合具有密切关系，本文从古今声调演变的角度，讨论了其中的一些问题。

【关键词】方言　声调　四声　演变

一、从刘复的《四声实验录》说起

1924 年 3 月上海群益书社印行了著名语言学家刘复的《四声实验录》一书，今年是该书出版 100 周年。

《四声实验录》1924 年的原版书现在很难看到，比较容易看到的较早版本是 1951 年中华书局（上海）的再版本。再版本的"本书内容提要"中说："全书讲述别出心裁，以极浅近的语言说明学理，并辅以表示声音现象之种种插图，使读者一目了然，是语文学者、语文教师，及研究诗歌、音乐者必需的用书。"[③] 其实它真正的用途是一本通俗易懂的语言学，尤其是语音学的重要著作。

《四声实验录》首次把西方近代的实验语音学引入中国，并用浪纹计和乙二声调推

---

① 本文为纪念刘复《四声实验录》出版 100 周年而作。文中一些资料性的内容已散见于作者此前的其他文献，本文只是作了新的分析和讨论。特此说明。

② 张振兴，1941 年生，福建漳平人。中国社会科学院语言研究所研究员，曾长期担任《方言》主编，方言研究室主任。

③ 刘复. 四声实验录 [M]. 上海：中华书局，1951.

断尺的方法测量分析了北京、南京、武昌、长沙、成都、福州、广州、潮州、江阴、江山、旌德、腾越 12 个汉语方言点的声调。每个地点的每个声调都通过实验画出声调图谱，声调的高低升降曲线一目了然，非常清楚。从学术价值的角度来看，该书通过科学的实验方法，采用实验的手段，对 12 个汉语方言声调进行了定量和定性研究，从而廓清了千百年来对汉语声调的玄妙解释。这种科学实证的研究方法，不仅在中国语音史上具有划时代的意义，而且为中国学者对当时世界语音学理论的研究作出了重大贡献。因此，《四声实验录》无疑为中国现代语音学的发展奠定了坚实的基础。从实际应用的角度来看，该书的研究成果对汉语语音教学和语音识别等领域具有指导意义。通过对四声的深入研究，人们可以更加准确地理解和掌握汉语发音的规律，从而有助于提高汉语教学的效果。同时，该书也为汉语语音识别技术的研究提供了重要的参考依据，有助于推动该领域的发展和进步。此外，该书还体现了作者刘复对科学实证精神的崇尚以及对格致明理、知行合一理念的追求。这种精神理念不仅贯穿于该书的始终，也对中国现代语音学的创立和发展产生了积极的影响。

《四声实验录》在介绍 12 个汉语方言声调实验之前，对汉语的声调问题作了理论探讨，言简意赅，非常深刻。可以举出两个例子。

第一个例子：该书用很少的篇幅说明了语音的性质。语音有音高、音强、音长和音质四个要素。在这四个要素里音高是最重要的。语音的高低、强弱、长短、曲折，最重要的在于高低升降。这就是作者在"已实验的四声"一节中评论汉语四声所说的："我认定四声是高低造成的，也是捏住他最不同的，最足以表显各声性格的一点，此一点之外，其余的不同，就不妨放过。"① 至于汉语四声历史上的旧说"平声平道莫低昂，上声高呼猛烈强，去声分明哀远道，入声短促急收藏"以及"平声哀而安，上声厉而举，去声清而远，入声直而促"都只是对古四声"平上去入"四个字的注释而已。以上所论，从今天来看，仍然是真知灼见。

第二个例子：该书第 53 页【54】小节，有一段很重要的阐述，原文如下：

最后，我应当声明：凡是本书所实验的，都是逐字逐声在仪器上咬嚼得很清楚的音。他没有随便一点，正如从前我们的先生教我们辨别四声一样。至于我们实际谈话时，声音却是很自然的，决不是这样咬嚼的。因此我现在所实验的四声，可以叫作标准四声；谈话中的四声，可以叫作自然四声。

以标准四声与自然四声相比，真是异同太多，问题太难了。我决定把他归并入语调中去研究，将来另行发表。

所引原文中的第一段提出了"标准四声"和"自然四声"的重要概念。实验用的是"标准四声"，说话用的是"自然四声"。第二段提出这两种四声"异同太多""问题太难"，需要并入语调中去研究。这种研究其实就是后来方言研究中（包括田野调查

---

① 刘复．四声实验录［M］．上海：中华书局，1951：48.

和语音实验）的词语连读变调，以及句子中的连读语调。因此我们可以把刘复看成方言连读变调和句调语调的首倡者、先驱者。

　　然而，任何一部作品都不可能完美无缺，《四声实验录》也不例外。尽管它在汉语四声研究领域取得了显著的成果，但仍存在一定的局限性和不足之处。由于实验条件和样本量的限制，部分研究结果可能存在一定的偏差或不够全面。例如书中的"四声"采用的是习惯上所谓的"平上去入"的叫名，实际上实验出来的声调数目，跟后来实际田野调查所得的声调数有的大致相同或相近。例如北京话是四声：上平"衣"、下平"仪"、上声"以"、去声"义"，以及入声"益"，所谓入声只是参考字，这个跟后来的北京话四声是相同的；但福州话是八声：上平"机"、下平"奇"、上上"几"、下上"已"、上去"既"、下去"忌"、上入"吉"、下入"及"，后来记录的福州话下上归下去，只有七声。其他地点也有类似问题，不再一一比照，以免繁赘。另外，例如成都点以"东"字之音，分别发为上平、下平、上去、（入）五声，"成都城内并没有入声，但到离城二三十里之处就有了，现在将入声连同试验；但这入声是个城内的人所模拟的，也许并不十分正确"。[①] 类似的瑕疵都是无奈之举，因为作者是在巴黎做的语音实验，以当时的实际条件，找一个合适的发音人殊为不易，有时是不得已而为之。

　　刘复的《四声实验录》是中国实验语音学的发端，首先应用于汉语方言的声调研究。它对中国汉语方言学的发展作出了重要贡献。

　　跟刘复同时代的著名语言学家赵元任于1928年出版了《现代吴语的研究》，记录整理了江苏、上海、浙江三省市33个地点的方言，并做了简单的比较研究，在记录语音的时候，同时使用了渐变音高管和浪纹计对一些地点的方言做了测试。不过，这里的实际语音测试，主要也是针对声调系统的语音实验和语音分析。所以《现代吴语的研究》里33处方言的声调比较，显示的是音高管和浪纹计实验表现出来的声调高低升降曲线图谱。1930年赵元任在法国《语音学教师》上发表的《一套标调的字母》一文，公布了他在语音分析的实践中，凭着自己的声学和音乐修养，精心设计的一套五度制标调字母。每一个标调字母由一条垂直的参照线构成，用1、2、3、4、5表示声调音高的低、半低、中、半高、高，以及所形成的各种直调、曲调和短调。这套标调字母为记录和研究汉语以及其他有声调的语言提供了准确、方便的工具。必须看到，五度制标调字母记录的是方言声调的相对音高，在后来的汉语方言调查研究中发挥了重大作用，一直沿用至今。由此我们可以看到，赵元任的声调实验跟刘复的《四声实验录》有异曲同工之妙，互相之间存在着某种紧密的联系。赵元任在语言的实验研究方面还作出过更多的重要贡献，那是后话。

　　跟刘复同样留学巴黎的著名语言学家王力，于1932年用法文出版了《博白方音实

验录》。该书没有中文版，能够直接看到原版的读者很少。2014 年中华书局出版《王力全集》，把该书法文原版编入第十五卷。该书是王力先生 20 世纪 30 年代在巴黎大学的博士学位论文，以当时的语音实验仪器对家乡广西博白的方音进行了实验和描写。首先实验了博白方音的声母、韵母，给每个声母、韵母绘制了相当准确的发音舌位图。原文第 79～81 页首先从"汪先生共王先生往来｜一动就痛｜黑墨落白纸｜客人是一只黑人"四个句子里抽取"汪、王、往、就、痛、黑、墨、白、客、人、是"等字绘制了博白方言 11 个声调的五度曲线图谱。博白方言属于广西粤语，按多数粤语的古四声分化规律，当时的博白方言正常的声调应该是 10 个，多出来的 11 调"人"是一种尾字变调。由此可见，王力的《博白方音实验录》与刘复的《四声实验录》，甚至与赵元任的声调描写五度制存在一定的关系。

一直到了 20 世纪 70 年代后期，汉语方言研究全面复苏，并很快进入全面发展的新时代。《方言》杂志在 1980 年第 3～4 期、1981 年第 1 期，连续 3 期刊发美国著名声学家彼得·拉迪福吉德（Peter Ladefoged）的《声学语音学纲要》（吴伯泽译，熊正辉校），向读者比较全面地介绍了基本但是前沿的声学语音学知识，希望能将其应用于汉语方言的语音研究，其中当然有关于方言声调的语音实验研究。与此同时，《方言》杂志 1980 年第 3 期发表林茂灿、颜景助的《北京话轻声的声学性质》一文，该文用语音实验的方法给出 16 对轻声和非轻声两字组音高曲线和振幅曲线的语图对比。《方言》杂志 1984 年第 1 期再次发表林茂灿、颜景助、孙国华的《北京话两字组正常重音的初步实验》一文，该文取出 103 个有轻重音的两字组，进行物理试验，绘制概率直方图和相对分布图，并进行统计方法的计算。总之，最近几十年来，汉语方言的记音或语音研究大量引进语音实验的手段，使记音更准确、更精细，使语音的研究更加科学化，取得了很多实际的成绩，在方言声调的语音实验研究方面成就尤其显著，如朱晓农的《上海声调实验录》（上海教育出版社，2005）、刘新中的《广州话单音节语图册》（世界图书出版广东有限公司，2014）、《汉语方言声调图谱》（暨南大学出版社，2024）等一批语音实验成果，这是有目共睹的。这不但继承了刘复和赵元任关于方言记音和语音实验相结合的传统，同时还大大向前推进了一步。

因此，刘复《四声实验录》的首创之功，是值得我们今天为之纪念的。

二、"古四声"与汉语方言声调的分类

汉语的字音是由声母、韵母和声调组成的，缺一不可。声调的高低升降曲折在韵母上体现出来，但它的发展和演变却跟古今声母有着密切的关系。

汉语方言声调的发展和演变走的是古四声"分"与"合"的路子。但官话方言与非官话方言发展演变的方式不同。就大多数方言而言，官话方言古平声"分"化为阴平和阳平，古入声分别不同地域"合"而"入派三声"；非官话方言古四声"分"化为

阴阳两类，入声留而不合，而且显得特别复杂。所以古入声的有无与分合，往往成为区分官话方言与非官话方言的一个最重要因素。李荣先生在与笔者说到南北方言差别时，曾经举过下面 A～I 组字，他说，严格地说，用法相同的字，方言之间有舒入之别，南北方言往往是不同的。北方方言（主要指官话方言）多用舒声字，南方方言（主要指非官话方言）多用入声字（见表 1）。

表 1　南北方言舒入之别的举例

序号	例字	北方方言		南方方言	
A	房子 ~ 了	坍	他酣切 $_c$t'âm	塌	讬盍切 t'âp$_。$
B	~鱼 丨 ~肉 丨 ~菜	醃	於严切 $_c$ʔiem	腌	於业切 ʔiep$_。$
C	（用筷子） ~菜	搛	古甜切 $_c$kem	挟	古协切 kep$_。$
D	~凳子	端	多官切 $_c$tuân	掇	丁括切 tuât$_。$
E	马路 ~ 丨 带子 ~	宽	苦官切 $_c$k'uân	阔	苦括切 k'uât$_。$
F	这是什么？ ~子	鼻	毗至切 bi$^?$	鼻	音弼 biĕt$_。$
G	继 ~ 丨 ~点儿水	续	辝屡切 zio$^?$	续	似足切 ziok$_。$
H	~经 丨 交 ~	易	以豉切 ie$^?$	易	羊易切 iäk$_。$
I	容 ~			易	以豉切 ie$^?$

以上 A～G 组北方官话方言与南方非官话方言在来历上有舒入之别。H、I 是用法不同，也有舒入之别，北方方言"易经 丨 交易 丨 容易"今读都来自"以豉切"，南方多数方言"易经 丨 交易"今读来自"羊易切"，"容易"今读来自"以豉切"（张振兴，2013）。

正是由于古四声发展和演变的"分"与"合"的关系，总体上说，今官话方言合多分少，简化趋势明显，所以声调类数少。大多数没有入声的方言一般只有 4 个声调（不算轻声），如北京话等；少数西北地区以及黄河流域一带方言只有 3 个声调，如西边的乌鲁木齐，东边的烟台等地；甚至还有少至两个声调的方言，如甘肃的武威话、兰州的红古话（雒鹏，1999）。相反，南方地区的非官话方言分多合少，不求简化或简化趋势缓慢，所以声调类数多。多数方言至少保持 5～8 个声调，大多数粤语和平话土话方言多至 10 个声调，而属于吴语的吴江松陵方言声调则多达 12 个（叶祥苓，1983），是声调数最多的方言之一。因此汉语方言的声调发展与演变显得多彩纷呈，颇为复杂。究其原因有很多，但最重要的是跟本方言的语音演变有直接关系。语音的演变包括声母、韵母和声调的变化，并且跟连读、文白读甚至词汇语法也有密切的关系。在语音演变的过程中，声调可能受到古今声母、韵母变化等因素的影响而发生变化，从而导致声调的"分"与"合"，以及声调数量的增减。

声调的"分""合"主要讲究声调的类别，一般情况下不需要用声调的语音实验来验证，更重要的是讲究声调的命名和分析。以下试举几个例子。

官话方言中四个声调方言的命名和分类似乎没有什么问题。我们先引用文献说说关于三个声调方言的例子。《方言》1985 年第 4 期发表了钱曾怡、高文达、张志静的文章《山东方言的分区》。该文列出 14 处山东境内只有三个单字调的方言：博山、博兴、无棣、莱芜、崂山、即墨、海阳、莱西、威海、烟台、福山、栖霞、掖县、平度。同期《方言》还发表了李荣先生的文章《三个单字调的方言的调类》，在以上 14 处方言里挑出博山、博兴、无棣、莱芜、崂山、即墨等几处方言，专门讨论三个单字调的方言的调类命名问题。这几处方言恰好是其他方言的"今阳平和上声同调"，就本方言调类命名来说，可以说"阳平归上声"，也可以说"上声归阳平"，看似非常简单，其实不然。然后李荣先生提出几种可能的归类命名方案，并详细论证其得失。论证十分严密，值得大家读而再读。

李荣先生强调讨论古平上去三声不能离开古入声。因为入声的有无和分派，是方言声调问题的最重要因素之一。

李荣先生又说："要是记录一个只有三个单字调的方言，无论怎么叫名都可以，用次序命名叫'一二三'也可以。要是我们想比较古今南北的异同，眼光不能局限于一个方言，命名措辞，必须照顾到若干方言，并且照顾面越广越好。从语言（方言）的比较可以看出语言（方言）的沿革。无论自觉不自觉，使用'平上去入'和'阴阳'，就已经进入比较语言学、历史语言学的范围。所以讨论某方言古今调类的沿革与对应，必须考虑到其他方言与古音。"① 这是特别重要的一段话，命名和分析声调，要有比较语言学和历史语言学的观念。

李荣先生特别举出山东平度方言三个声调按照古今沿革的命名：

（1）阴平：包括古清平、部分古全浊上和部分古去声、部分古次浊入。

（2）阳平：

　　　　　a 类：包括古次浊全浊平、古全浊入 =［阳平］；

　　　　　b 类：包括部分古全浊上和部分古去声、部分古次浊入 =［去声］。

（3）上声：包括古清上和次浊上、古清入和部分次浊入。

以上李荣先生对声调分类和命名的讨论是非常深刻的。

再说说关于两个声调方言的命名和分析。两个声调的方言很少见，近日求教甘肃雒鹏先生，承他微信回复说，"甘肃两个声调的方言多分布在甘青交界的湟水河两岸边。我知道的有红古、永靖盐集（在盐锅峡）、兰州西固区达川镇等地。"据说临夏市、武威市凉州区一带也有分布，但现在还没有看到详细的记录。雒鹏先生 1999 年发表的《一种只有两个声调的汉语方言》一文也只是提供了大略资料，仍属语焉不详。该文说到兰州红古话只有两个声调（不包括轻声）。第一声 13 升调，叫作"平去声调"，简称

---

① 李荣. 三个单字调的方言的调类［J］. 方言，1985（4）：242.

1声，包括中古平声、全浊声母上声以及去声、入声字，如"知边天飞，近用汉盖，得黑说六麦食舌白"；第二声高平 55 调，叫作"上声调"，简称 2 声，主要包括古上声清音声母和次浊声母字，以及少量的古其他声调字，如"古展好口比普手走草死，五女老暖，初匹"。红古话的简略记录，给我们留下了广阔的研究空间，值得进行全面深入的调查和研究。

非官话多声调方言的命名和分类就要复杂得多。先从我们比较熟悉的广州话（白宛如，1998）和南宁平话（覃远雄、韦树关、卞成林，1997）的声调命名说起。

广州话有 9 个声调：

阴平 53　55　　　阴上 35　　　阴去 33　　　上入 55　　　中入 33

阳平 21　　　　阳上 23　　　阳去 22　　　阳入 22

阴平调因词性不同而有 53、55 两种读法，但调类只有一个。有人管 53 调叫作阴平的单字调，把 55 调叫作变音。可是因词性的不同而变的音能跟单字调混为一谈吗？这显然需要研究。广州话上入 55 调和中入 33 调合称阴入。阴入的分化是按照韵母主要元音长短来分的，短元音配上入，长元音配中入。这个"中入"的命名也可能需要再斟酌，因为它跟阳入无关。"上入"的命名也值得考虑，因为它没有相配的下入。如果把上入、中入叫作"阴入甲、阴入乙"呢？也许更加合适。

南宁平话有 10 个声调：

阴平 53　　　阴上 33　　　阴去 55　　　上阴入 5　　　下阴入 3

阳平 21　　　阳上 24　　　阳去 22　　　上阳入 23　　　下阳入 2

南宁平话以古四声声母清浊为条件，分为阴平、阳平、阴上、阳上、阴去、阳去、阴入、阳入。但阴入分别上阴入、下阴入；阳入也分别上阳入、下阳入。古清音声母入声字今多读下阴入，古全浊声母多读下阳入；古次浊声母入声字今一般读上阳入，个别读上阴入。这个入声的分类是合理的，但命名似可再斟酌。根据入声字数的多少，也根据舒声字的分类，把读 3 调的阴入叫作"阴入甲"，把读 5 调的阴入叫作"阴入乙"，把读 2 调的阳入叫作"阳入甲"，把读 23 调的阳入叫作"阳入乙"，这样命名也许更合理一些。

以上所说的广州话和南宁平话，声调很多，其实其分类和命名并不算复杂。汉语方言还大量存在以今读音声母送气与否为标准的分调方式。其中最明显的大概要算江苏苏州附近的吴江方言。据《吴江方言声调再调查》（叶祥苓，1983），吴江松陵方言声调有 12 个：

全阴平 55　　　全阴上 51　　　全阴去 412　　　全阴入 5

次阴平 33　　　次阴上 42　　　次阴去 312　　　次阴入 3

阳　平 13　　　阳　上 31　　　阳　去 212　　　阳　入 2

吴江方言看起来声调很多，有 12 个，是汉语里声调最多的方言之一，但其实也很简单。首先按照古声母清浊，把古四声分为今阴调和阳调两大类。然后按照今声母送气与否把阴调类分为全阴类和次阴类。所以吴江松陵方言"丁—听、走—丑、醉—菜、急—吃"四对字不同音，这四对字韵母分别相同，但声母送气与否不同，所以声调有全阴和次阴之别。这里命名的"全""次"借用了古清音声母分类的名称，实际所指是今声母读音的"送气""不送气"，看上去不太对应，也只好如此。它比命名为"阴类甲""阴类乙"还是要好一些。像吴江松陵这样的方言，调查声调的困难很多，分类固然是难点之一，但最困难的是声调调值的辨听。因为所有"全阴""次阴""阳类"的区别都是调值由高到低的差别，调形上是完全相同的。碰到声调例外字的时候，需要调查人员仔细的比对功夫。实在必要时可借助现代语音实验的手段。

如果碰到声调也有系统性文白异读的方言，其声调分类和命名就要复杂一些。

例如海口方言（陈鸿迈，1996）声调有 8 个：

阴平 24　　阴上 213　　阴去 35　　长入 55　　阴入 5

阳平 21　　　　　　　　阳去 33　　　　　　　阳入 3

海口古次浊声母上声字多读阴上调，少数读阳去调，古全浊声母上声字今读多并入阳去调。古全浊声母去声字今读阳去调，一部分字的白读今读阴平调，例如："地［ʔdi24］""旧［ku24］""定［ʔdia24］""徛［xia24］""汗［kua24］""轿［kio24］"等。古入声字按古声母的清浊今读分为阴入和阳入，都带［-p、-t、-k］尾，但一部分阴入字白读自成一类，读元音韵或元音尾韵的高平 55 调，例如："鳖［ʔbi55］""摺［tsi55］""摘［ʔdia55］""百［ʔbɛ55］""钵［ʔbua55］""缺［xue55］"等，有一些本该读阴平 24 调的字也读成高平 55 调，例如："疤［ku55］""巴［va55］""拖［ho55］""相［tio55］""沙［sau55］""姑［kɔu55］""弓［kɔŋ55］"等。《海口方言词典》把这两类恰好调值相同的字合并叫作"长入"。但这个长入调实际包含了一些本该读阴平的非白读字，如果叫作"高平"也许就没有问题了。这个命名是只从今调值出发，跟来历暂时没有关系。

海南的长流土话（张惠英，2011）和儋州话（陈有济，2014）的声调分类和命名也跟文白异读有关。长流土话声调有 6 个：阴平 55、阳平 24、上声 31、去声 53、阴入 5、阳入 3。阴平 55 调包含古浊上去字（附付妇）。口语里入声分为阴入和阳入，书面读音入声只有一个，调值 5，跟口语的阴入同调值，只能命名为"入声"。所以长流土话文白系统的声调合并以后，应该增加一个"入声"调。

海南儋州话声调有文读和白读两套。

文读声调：

阴平 22（古清平）

阳平 21（古浊平）

上声 53（古清上、次浊上）：古纸口手报有五马伟

去声 55（古全浊上、古去声）：是社厚盖爱岸万助备

入声 5（古入声）：急竹得笔黑蜜熟力药

白读声调：

阴平 55（古清平）

阳平 53（古浊、次浊平）

上声 22（古清上、去）：古纸短口手盖爱世送

去声 21（古浊上、去）：五是女老有岸助共漏

阴入 2（古清入）

阳入 5（古浊入）

文白两个声调系统的调值不一样，不能合并为一套。尽管两个系统的上声、去声同名，实际上是不一样的。白读今上声包含古清上、去字，宜命名为"阴上去"调；今去声包含古浊上、去字，宜命名为"阳上去"调。这样就跟文读系统的上声和去声分别开来了。

声调的分类和命名还有其他很多情况。本文不能一一说到。

三、关于"古四声"的讨论

现代汉语方言声调的调查研究，从没有离开"古四声"的概念，刘复的《四声实验录》就是"古平上去入"。请注意这个"古四声"实际上是指中古时期《切韵》系统的声调分类，至于当时的调值是什么，后人都是根据"平上去入"四个字的字面拟测的。最常引用的就是唐朝和尚处忠在《元和韵谱》中的描写："平声哀而安，上声厉而举，去声清而远，入声直而促。"还有旧版《康熙字典》前言的引用："平声平道莫低昂，上声高呼猛烈强，去声分明哀远道，入声短促急收藏。"这些说法已经离方言的实际调值很远了，因此在分析汉语方言声调的时候，没有什么实际的价值和意义。

现代汉语方言的声调分类跟古今声母有密切关系。但这个关系是不平行的，其中有"分"有"合"。四个声调、三个声调或两个声调的方言当然是走"合"的路子，就是声调多的方言也有"合"的情况。上海话就是一个明显的例子。

徐宝华、陶寰《上海方言词典》（1997）记录的上海话 6 个声调是：

阴平 53　　　阴上 55　　　阴去 35　　　阴入 ʔ55

阳舒 13　　　　　　　　　　　　　　　阳入 ʔ13

跟其他很多南方汉语方言比较，上海话的声调分类显得有点儿突兀。单字调里没有其他方言的阳去或阳上，其他方言的阳去或阳上都跟阳平合二为一成为"阳舒"，入声仍然分阴阳两类。不过阳入和阳舒今调值相同，都是 13，只有长短之别，一旦阳入的喉塞音［-ʔ］消失了，古阳调单字调就完成了彻底的合并，这是可以预期的。值得注意的是，上海话单字调简单了，可是连读变调就很复杂，因为今"阳舒"的变调仍然不能摆脱浊音声母"古平上去"三声的影响。这里不再详说，请参看金顺德的《试论上海话的声调音系》（《吴语研究》，1995）和朱晓农的《上海声调实验录》（2005）等有

关文献。上海话声调合并的现象也在其他南方方言中出现端倪。有学者报告，宁波方言的阴平、阴上、阴去正在合并，阳平、阳上、阳去也在合并。因此可以预计，宁波方言的单字调系统经过若干年后，由7至6，由6至5，最后很可能是4种：舒声调阴阳两类，促声调阴阳两类。

再举闽语方言的几个又"分"又"合"的例子。这几个方言都位于福建省北部，都属于闽北片闽语。

1. 政和方言的声调

其声调是6类7调①：

阴平 53	东该灯风通开天春	
阳平甲 33	门龙牛油皮糖	
阳平乙 21	铜红；洞	
上声 212	懂古鬼九统苦讨草；买老₂有	
阴去 42	冻怪半四痛快寸去；五；动罪；麦月毒₁白₂	
阳去 55	卖路硬乱地饭树；老₁近后；六叶毒₂白₁罚	
入声 24	谷百搭节急哭拍塔切刻；盒	

这个声调格局是先分阴阳两类，其中阳平再分为甲乙两调。古全浊声母平声字既有甲调的，也有乙调的。分化的条件可能跟今音的结构有关，这里不详细讨论。但入声分合的情况很复杂。古入声清音声母字自成调类，但没有单独的入声韵母，也不带塞音或喉塞音韵尾，调长跟其他今舒声调无别，相当于其他方言的所谓"长入"。最重要的是有一些古浊音声母入声字分别并入今阴去和阳去，合并的条件也说不清楚，好像跟文白读的层次也没有关系，这一点看看"毒₁白₂"和"毒₂白₁"就明白了。

2. 建瓯方言的声调

其声调有6个：

平声 54	沙三	
上声 21	火虎，冷买；薯城穷	
阴去 33	试救；人床	
阳去 44	外；重；熟	
阴入 24	七贴	
阳入 42	读辣舌；绍射；上社	

一看简单的例字就知道，建瓯方言的声调比政和方言更复杂。从古今声调的演变，以及跟大多数今方言的比较来说：今平声只包含古平声清音声母字。今上声包含古上声清音声母字和次浊声母字、部分古平声浊音声母字，跟山西很多方言的"阳平上"很相似。今阴去包含古去声清音声母字、部分古平声浊音声母字。今阳去包含部分古去声

---

① 例字里下标1表示白读，2表示文读，下同。

浊音声母字、古上声浊音声母字、少数古入声浊音声母字。今阴入都是从古清音声母入声字来的。今阳入包括古浊音声母入声字、部分古浊音声母去声字，以及部分古浊音声母上声字。

可见，从"分""合"的角度来说，建瓯方言古今声调的对应很不规则，其中的难题是由古四声的浊音声母字引起的。古全浊声母平声字分化为两类，一类跟古清音声母上声字合并，另一类跟古清音声母去声字合并；古全浊声母上、去、入字也分化为两类，一类相当于其他方言的阳去，另一类相当于其他方言的阳入。分化的条件不清楚。建瓯方言和政和方言一样，入声只是自成调类，并没有一般闽语里的带各类塞音尾的入声韵母标志。这就给声调的分析带来更多的不便。

3. 蒲城石陂方言的声调

蒲城境内北部是吴语，南部是闽语。石陂方言属于闽语，其声调有 6 个：

阴平 53　东该灯风通开天春；老$_1$；近$_1$后；毒$_2$白罚

阳平 42　铜红；动$_2$；六麦叶月；毒$_1$盒

阴上 21　懂古鬼九统苦讨草，买老$_2$有

阴去 33　冻怪半四痛快寸去；皮糖，门龙牛油；五；动$_1$罪

阳去 45　洞地饭树，卖路硬乱；近$_2$；风$_2$

入声 214　谷百搭节急哭拍塔切刻

一看上面的声调总结就知道，从古今演变来看，石陂方言的声调非常复杂。今阴平主要包含古平声清音声母字，少数古入声全浊声母字，还有个别古上声、去声浊音声母字。今阳平包含部分古平声浊音声母字、部分古入声浊音声母字。今上声比较简单，包含古上声清音声母字，以及部分次浊声母字，这个符合多数闽语方言的惯例。今阴去包含古去声清音声母字，部分古平声浊音声母字，以及少数古上、去声的浊音声母字。今阳去包含古去声浊音声母字，以及个别的古上声浊音声母字和古平声清音声母字。今入声包含古入声清音声母字，石陂方言的入声字也是自成调类，韵母不带喉塞音韵尾，也没有专用的入声韵母。

从这个古今比较可以看出，石陂方言古今声调的分合在于古平声和古入声浊音声母字的归类。古平声浊音声母字部分今读阳平，部分今读阴去；古入声浊音声母字部分今读阴平，部分今读阳平。不过，石陂方言有一套浊音声母可以帮助确定今阳平字的调类。今读阳平调的字不论来源于古浊平或古浊去，都只与浊声母 [b、d、dz、dʑ、g、n、m、l、ŋ、ɦ] 等相拼，例如"浮 [bɔu42]""池 [di42]""祠 [dzu42]""集 [dʑi42]""骑 [gi42]""黏 [niŋ42]""灭 [mie42]""拉 [la42]""业 [ŋie42]""鞋 [ɦai42]"等。

从以上三个闽北地区的闽语可以看出，古今声调的"分"与"合"的规则是不整齐、很复杂的。北方地区的晋方言，以及南方地区的其他非官话方言可以提供很多这一类的例证。讨论今方言声调的发展和演变，离不开"古四声"的照应。可是我们必须

知道，"古四声"的概念是随着方言的发展和演变而发生变化的，并且跟古今方言的声母和韵母有很多联系。所以讨论"古四声"不能一概而论。

行文至此，可以就"古四声"多说几句话。《切韵》系统的"古四声"向下推算就是今汉语方言的各种声调发展和演变，向上推就是古代汉语（包括方言）的声调，这就涉及汉语声调的来源，汉语有无声调，有几个声调等问题。

古代汉语有没有声调？我国明清以来的古音学家多有论述。只有两种答案：没有声调和有声调。在汉语古音学里，主张没有声调的通称为"古无四声说"，主张有声调的通称为"古有四声说"。

（1）古无四声说。陈第在《毛诗古音考》中说："四声之辩，古人未有。"他的根据是《诗经》里经常有四声通押的例证，如平声上声相押，上声去声相押。顾炎武主张"古人四声一贯"，他在《音学五书·音论》说"四声之论，虽起于江左"，可见四声出现是后来的事情。其根据是《诗经》里常见同调相押，成为常例。这个跟陈第的说法有相似之处。

（2）古有四声说。江永就主张古有四声，他说："四声虽起江左，按之，实有四声"，认为陈第、顾炎武所说《诗经》里不同声调相押的例子，其实不是常例。常例应该是平声跟平声相押，上声、去声、入声跟上声、去声、入声相押。江有诰起初也认为古无四声，后来转变成为极端的古有四声论者，他在寄给王念孙的信里说："古人实有四声，特古人所读之声与后人不同。"其他著名的古音学家如段玉裁、王念孙等人都是主张古有四声说的。

古无四声说简单来说就是古代汉语没有声调。这个说法有弊端：既然古代汉语没有声调，那么，只有声母和韵母结构的、单音节性的古代汉语如何承载许许多多的同音现象？因为现代汉语多数官话方言光靠声母韵母的语音结构一般只能形成800多个音节，这是远远不够口语交际所需的，必须依靠四个声调（阴平、阳平、上声和去声）的语义区别，这样就增加3 000多个音节。还有，既然古代汉语没有声调都没有造成交际上的麻烦，那么，早期中古以后为什么还要产生声调？这些声调又是根据什么因素产生的？

古有四声说承认古代汉语有声调。这个说法的最大好处就是很容易解释《切韵》音系以后汉语声调的发展和演变的事实。但是，承认古代汉语有声调，不等于说古代汉语就是有平、上、去、入四个声调。关于这一点，我国明清以来的古音学家有过很多讨论，可以说是歧见纷呈，见仁见智：

（1）古有平入两声，但无上去两声。黄侃主张此说。他在《音略》里说："古无去声，段君所说。今更知古无上声，唯有平入而已。"

（2）古有平上去三声，但无入声。孔广森主张此说。但他是山东曲阜人，他的母语方言没有入声，所以视入声为谬说。

（3）古有平上入三声，但无去声。段玉裁主张此说。他说："考周秦汉初之文，有平上去而无入。"

（4）古有平上入（长入、短入）四声，但也无去声。王力主张此说。他认为上古有四个声调，可以分为舒促两类：

舒声：平声，高长调；上声，低短调。

促声：长入，高长调；短入，低短调。

可见王力的四声说跟段玉裁的三声说有很大关系，都没有去声。

（5）古有五声。王国维在《观堂集林》卷八里说："古音有五声，阳类一，与阴类之平上去入四，是也。"

以上几种说法的详细情况可以参看著名语言学家王力（1987）的专门讨论。

其实关于古汉语声调的问题，至今也没有定论，确实也很难有定论。研究和讨论汉语方言声调的发展和演变，联系《切韵》音系的"古四声"是脚踏实地的。

参考文献

[1] 白宛如. 广州方言词典［M］. 南京：江苏教育出版社，1998.

[2] 彼得·拉迪福吉德. 声学语音学纲要（一）［J］. 吴伯泽，译. 熊伯辉，校. 方言，1980（3）.

[3] 彼得·拉迪福吉德. 声学语音学纲要（二）［J］. 吴伯泽，译. 熊伯辉，校. 方言，1980（4）.

[4] 彼得·拉迪福吉德. 声学语音学纲要（三）［J］. 吴伯泽，译. 熊伯辉，校. 方言，1981（1）.

[5] 陈鸿迈. 海口方言词典［M］. 南京：江苏教育出版社，1996.

[6] 陈有济. 儋州话研究［M］. 海口：海南出版社，2014.

[7] 金顺德. 试论上海话的声调音系［M］. 吴语研究，1995.

[8] 李荣. 三个单字调的方言的调类［J］. 方言，1985（4）.

[9] 林茂灿，颜景助. 北京话轻声的声学性质［J］. 方言，1980（3）.

[10] 林茂灿，颜景助，孙国华. 北京话两字组正常重音的初步实验［J］. 方言，1984（1）.

[11] 刘复. 四声实验录［M］. 上海：中华书局，1951.

[12] 刘新中. 广州话单音节语图册［M］. 广州：世界图书出版广东有限公司，2014.

[13] 刘新中. 汉语方言声调图谱［M］. 广州：暨南大学出版社，2024.

[14] 雒鹏. 一种只有两个声调的汉语方言：兰州红古话的声韵调［J］. 西北师大学报（社会科学版），1999，36（6）.

[15] 钱曾怡，高文达，张志静. 山东方言的分区［J］. 方言，1985（4）.

[16] 覃远雄，韦树关，卞成林. 南宁平话词典［M］. 南京：江苏教育出版社，1997.

[17] 王力. 博白方音实验录 [M]. 北京：中华书局，2014.

[18] 王力. 王力文集：汉语语音史：第十卷 [M]. 济南：山东教育出版社，1987.

[19] 徐宝华，陶寰. 上海方言词典 [M]. 南京：江苏教育出版社，1997.

[20] 叶祥苓. 吴江方言声调再调查 [J]. 方言，1983（1）.

[21] 张惠英. 海南长流土话 [M]. 海口：南海出版公司，2011.

[22] 张振兴. 方言研究与社会应用 [M]. 北京：商务印书馆，2013.

[23] 张振兴. 关于汉语方言声调的分类和命名 [M]//张世方. 语言资源：第二辑. 北京：语文出版社，2019.

[24] 赵元任. 现代吴语的研究 [M]. 北京：商务印书馆，2011.

[25] 赵元任. 一套标调的字母 [J]. 方言，1980（2）.

[26] 朱晓农. 上海声调实验录 [M]. 上海：上海教育出版社，2005.

A Brief Discussion on Tone Systems of Chinese Dialects: Commemorating the 100th Anniversary of Liu Fu's *Record of Experiments on Four Tones*

ZHANG Zhenxing

【**Abstract**】 Liu Fu's *Record of Experiments on Four Tones*(《四声实验录》) introduced modern Western experimental phonetics to China for the first time, making significant contributions to the phonetic experiment of Chinese dialects. As tone constitutes a fundamental component of Chinese phonetics and the tone systems of Chinese dialects are closely related to the differentiation and integration of the "ancient four-tone system," this paper disscusses relevant issues from the perspective of historical evolution between ancient and modern tonal systems.

【**Keywords**】 dialects, tone, four tones, evolution

网络页面语言研究的力作

——序许光烈《指尖下的汉语：页面语理据研究》

施其生①

（中山大学中文系　广东广州　510275）

　　语言是人类的交际工具。人类生活在社会中，人类不能离开社会，人类社会若没有了人类的交际便不能维系。因此，人类—社会—语言三位一体。语言为适应人类交际的需要，总是处于相对的稳定和绝对的变动之中。相对的稳定是为了正确而顺畅的沟通，绝对的变动除了是语言系统本身调整的需要，更主要的是为了适应时刻变动着的人类生活和人类社会。语言三要素——语音、语法、词汇中，若论变动的活跃程度，当以词汇为最；若论变动与人类和社会的关系，也以词汇最为密切，最为直接。

　　中国人、中国社会以接入世界互联网为标志，从 1994 年起进入了互联网时代。互联网时代不但极大地改变了中国社会的各个方面，出现了很多新的事物，还改变了中国人的生活、生产方式。与以往的中国社会大变革时期一样，剧烈的社会变革促使汉语涌现出了大量新词。又与以往社会变革时期不同，互联网时代的到来还变革了中国人的交际方式，增加了一种极为高效的交际方式——基于互联网的线上交际。这是一种高速、可以超越时空、不受人数限制的交际方式，其用以负载信息的符号系统仍是汉语。汉语一上线，就成了中国的"网络语言"。在新的交流渠道上运行的汉语网络语言，由于线上交际的高速、超时空、不受人数限制等特性，其变动来得更为剧烈，其中首先变动的是语言的建筑材料——词汇。词汇在线上交际中的变动是最为活跃的，在诸如新造、约定俗成、流行、更替、淘汰等过程所呈现的现象空前纷繁，词汇的变动速度也远比线下迅速。若深入一步探究各种现象之"所以然"，还不难发现"线上汉语"词汇的某些产生和演变机制是"线下汉语"所没有的。

　　既然踏入网络时代的汉语词汇有着汉语词汇史上前所未见的种种现象、成因、机制和规律，对其进行客观的记录和深入的分析研究，就成为新时代汉语研究者责无旁贷的任务。这方面的研究，对于汉语词汇学、汉语词汇史、社会语言学的科学价值毋

---

　　① 施其生，中山大学中文系教授，博士生导师，以方言语法及方言学的应用为研究重点。

庸多言；做好了，甚至可以为世界语言学的研究提供我们汉语言研究者的一份贡献。

所幸，中国的学者不负众望，早就主动开始关注这个课题。最早的研究成果，重要的要算于根元先生的《中国网络语言词典》《网络语言概说》。时至今日，网络语言研究者前赴后继，成果越来越多，网络语言的研究，在中国已蔚然成风。

现在，我们面前又出现了许光烈教授的新作《指尖下的汉语：页面语理据研究》。

页面语是作者提出的一个新概念。作者认为：宽泛概念上的网络语言，其基础部分仍为汉语的全民语言，线下汉语的口语和书面语两种语体也在线上使用，但除此之外，还有一种线上交际特有的语体，是以网络页面为载体的语言，它突破了口耳授受或纸质载体的局限，产生了一系列的变异，成为一种有着独具特征的语言变体，是网络时代才出现的跟口语和书面语三足鼎立的一种新的语体。汉语网络语言新生的特质集中地体现在这种狭义的网络语言中，可称为"页面语"。本书研究的对象就是这种页面语的词汇。书中根据汉语词语的构成虽同时具有任意性和理据性，但造词和约定俗成特别重理据，新词的产生大多有其理据这一特点。观察、分析了大量网络页面语言造词的理据特征，从语音理据、语形理据、语法理据和语用理据等方面进行考察、定性、分类，并进而据之探求汉语网络页面语言造词及词汇演变的规律，发现了很多与线下汉语不同的现象、机制和语言特点。

我们高兴地看到，《指尖下的汉语：页面语理据研究》的研究所瞄准的对象正是网络时代汉语新特质高度聚集的部分——页面语的词汇，探究的重点是网络时代汉语词汇变动现象深层的核心问题——页面词语的造词理据。

科学研究中，一种新的重要的研究对象有可能催生出新的研究学科。许多新学科、新理论的诞生，正是发源于对新生研究对象的研究。但是此类研究面对新对象，固然有望获得闪耀着原创性的亮点，却也常常会遭逢理论方法上难敷其用的困境。若不满足于用旧套路解新问题，就必须有一种筚路蓝缕的精神，面对新对象、新问题、闯新路。汉语网络语言的研究，都还只走在半道上，光烈教授的这部书，面对新成分、新案例，没有拘泥于汉语词汇学已经成熟的分析套路来分析页面语的词汇，而是尽量"实事求是"，对页面语新词的种种造词理据进行客观分析，给予客观的分类定性。遇到旧框架、旧术语不敷其用的，则尝试创建一些新的概念，采用新的术语来概括、揭示。例如，书中揭示汉语词语造词理据的动因和规律称之为"磁化现象"。"磁化现象"又分"纵向磁化"和"横向磁化"，磁化借自物理学术语，贴切而形象；书中从"趋隐性""趋谐性""趋俗性""趋象性""趋异性"揭示页面语造词理据的多种特性，言他人之所未言，也颇有新意。

自然，既然是筚路蓝缕之作，便难以尽善尽美。若以挑剔的眼光观之，则似乎理据模式部分略显粗糙，不同类型之间重叠交叉的问题未能妥善解决。期盼作者继续砥砺前行，再有精品问世！

是为序。

2023 年 10 月 18 日

于中山大学广州蒲园寓所

吴语（回山）凸凹调的声学与感知研究[①]

刘　文　潘晓声[②]

（山东大学文学院/山东大学语言科学实验中心　山东济南　250100；
复旦大学大数据研究院人文社会科学数据研究所　上海　200433）

【提　要】声调范畴化感知是语音学研究关注的热点。当前，声调感知研究所涉及的对象多为不同调型的声调，较少关注同型声调的感知，尤其是具有两个音高运动方向的曲折调。鉴于调型异同可以形成不同的感知模式，即使是同型声调，它们之间的感知模式也不尽相同，这就使得关注各种类型的同型声调的感知研究变得十分必要。本文以含有两个凸调和两个凹调的回山吴语为研究对象，通过声学分析展示了两个凸调和两个凹调对立的声学表现，感知实验结果显示凸调与凸调之间、凹调与凹调之间均属于连续感知，且嗓音发声类型影响感知结果。本文之研究成果丰富了学界对具有多个音高运动方向的同型声调感知的认识。

【关键词】吴语（回山）　凸调　凹调　声学分析　感知实验

一、引言

声调在音系学中通常被分为平调和曲折调两大类，曲折调可以根据音高变化方向被进一步分为两个次类，一类是音高只有一个变化方向（升调和降调），另一类是音高含有两个变化方向（凸调和凹调）。需要指出的是，此处所说的具有两个音高变化方向的声调不包括角拱型声调，例如，先平后升型的声调、先平后降型的声调、先升后平型的

---

①　本文为"山东大学青年学者未来计划"和 2020 年国家社会科学基金项目"民族语的声调类型研究"（项目编号：20BYY178）的阶段性研究成果。

②　刘文，1988 年生，山东济宁人，山东大学文学院副教授、山东大学语言科学实验中心副主任、博士研究生导师，研究方向为实验语音学、应用语言学；潘晓声，1975 年生，浙江温州人，复旦大学大数据学院人文社会科学数据研究所副研究员，硕士研究生导师，研究方向为语音学、数字人文。

声调，以及先降后平型的声调。原因在于这些角拱型声调尽管在声学表现上存在诸多变异，然而我们并不清楚母语者在感知它们时所关注的信息线索。例如，新寨苗语存在两个先升后平型的声调，然而母语者在感知这类声调时只关注其中"升"的部分，而不关注后半段"平"，也即这两个先升后平型的声调本质上是升调（刘文，2020）。

就声调感知而言，在研究对象方面，以往研究多关注调型相异的声调，而对调型相同的声调关注较少。在研究结果方面，就声调感知模式而言，无论声调的调型是平，还是升，抑或是降，当声调的调型相异时，感知模式通常呈现为范畴感知。例如，平调与升调、平调与降调、升调与降调、升调与凹调（Wang，1976；Francis，et al.，2003；Hallé，et al.，2004；Xu，et al.，2006；Xi，et al.，2010；Peng，et al.，2010；Sun & Huang，2012；Shen，2015；Si，et al.，2017；孔江平，1995；高云峰，2004；杨若晓，2009；王韫佳、李美京，2010；王韫佳、覃夕航，2015；刘思维，2015；于谦，2017；刘文，2020、2021）。另外，当声调的调型相同时，感知模式则往往是连续感知。例如，平调与平调（Abramson，1979；Francis，et al.，2003；Liu，2020；刘文，2021）、升调与升调（Francis，et al.，2003；高云峰，2004）、降调与降调（刘文，2019）。

鉴于声调调型的异同可以形成不同的感知模式，这就使得关注同型声调的感知变得十分必要。在同型声调感知研究方面，前人研究的对象主要是音高运动方向单一的声调，即平调、降调和升调，目前还未见有研究报告音高运动方向复杂的同型声调之间的感知情况。从声调类型的视角看，通过梳理已有报道可以发现，在非入声调中，一种语言所能容纳的最小对立的凸调和凹调的最多数目各为两个。考虑到世界上存在两个凸调和两个凹调对立的语言，因此，探究凸凹调的感知是否与其他同型声调（平调、降调、升调）相同，以及凸凹调自身是否具有特定的加工机制就变得十分必要。

本文以回山吴语的两个凸调和两个凹调为例来回答上述问题。回山镇位于浙江省绍兴市新昌县南端，地理坐标为东经120°49′，北纬29°16′。该镇居民以汉族为主，通行语言是吴语。为了行文方便，本章将研究对象简称为"回山吴语"。新昌县的吴语属于吴语太湖片临绍小片，由于新昌地处浙北区的南缘，与浙南区的台州片和婺州片相邻，具有渐进地带语言的某些特征（新昌县志编纂委员会，1994）。

2017年4月，笔者第一次赴新昌调查回山吴语。2017年6月，笔者再赴新昌开展回山吴语凸凹调的感知实验。回山吴语的主要发音人是WYJ，女，1993年生，2017年第一次调查时24岁。主要发音人出生在回山镇，从小讲回山吴语。根据笔者的调查，回山吴语有八个声调（见表1）。

表1 回山吴语的声调

调类	T1	T2	T3	T4	T5	T6	T7	T8
	阴平	阳平	阴上	阳上	阴去	阳去	阴入	阳入
调值	52	22	343	121	434	212	53?	232?

需要说明的是，中古汉语的四个调类（平、上、去、入）根据声母的清浊在现代吴语方言中进一步分化为八个声调，即阴平（T1）、阳平（T2）、阴上（T3）、阳上（T4）、阴去（T5）、阳去（T6）、阴入（T7）和阳入（T8）。表中的调类 T1～T8 是基于中古汉语的分类。调值采用"五度标调法"（Chao，1930），5 代表最高、1 代表最低。

回山吴语有八个声调，包含一个降调（T1）、一个平调（T2）、两个凸调（T3、T4）、两个凹调（T5、T6）、两个入声调（T7、T8）。据目前所报道的材料来看，同一种语言中包含两个凸调和两个凹调的语音现象在声调类型中是较为罕见的。第二节首先展示回山吴语声调系统的声学分析，并着重讨论凸凹调的情况；第三节借助感知实验考察两个凸调和两个凹调的感知模式及其机制。

二、声学研究

（一）研究方法

基于笔者的田野调查，本项研究选取了包含八个声调的 34 个单音节语素（见附录）。所选取的单音节语素要求是零声母和单元音韵母（如：/i, y, a, o, u/），目的是避免声母与韵母的协同发音。随后，我们招募了两位出生在回山的女性母语发音人。录音地点选取在回山镇中的一所安静、密闭的居民房内，录音使用 Adobe Audition 2.0 软件，参数设置为采样频率 44.1 kHz，精度 16 bit。录音过程中，发音人需要在自然、放松的状态下朗读词表。要求每个词朗读两遍，并且每次朗读间隔两秒。所有例词均需要单独朗读，目的是消除连续语流中可能产生的声调协同发音现象。此外，我们还邀请主要发音合作人在整个录音过程中对另一位母语发音人进行监听，以评判其发音是否准确以及自然流畅。

在选取语音参数时，笔者选择了基频与时长两个常用声学参数。在数据分析方面，我们使用 VoiceSauce（Shue, et al., 2011）从语音信号中提取上述两项参数，每个元音都被分为九等份。绘图的具体程序是：第一，定位语音波形的起、终点。在对语音样本起、终点进行确定时，要求起点定位在语音波形趋稳的周期点，终点则定位在基频曲线、能量与第二共振峰结构相对稳定的位置。这种选择方式能够尽可能保证数据处理具有较好的内部一致性。第二，数据归一化处理。对每个例词提取 9 个基频及其所对应的时长，然后将同一调类下辖的例词的数据进行平均，并将相同声调里的不同样本的时长作归一化处理。

（二）研究结果

图 1 显示的是回山吴语八个声调的基频曲线，下面逐一进行说明。T1：基频曲线为

降，其从音域最高点下降，可以将其定义为高降调。注意，T1 的基频曲线在发音起始处存在一个上升过程，这是母语者由发音起始状态到达目标状态的过渡。T2：基频曲线总体为平，其处于音域的中偏下位置，可以将其定义为中低平调。需要说明的是，T2 的基频曲线在音节后半段有所下降，但是这并不影响听感上被感知为"平"的色彩。T3：基频曲线先升后降，其从音域的中间位置开始，升至音域中偏上位置，然后降至音域底部，相对于 T4 而言，可以将其定义为高凸调。T4：基频曲线与 T3 相似，亦是先升后降，其从音域的中偏下位置开始，升至音域中间位置，然后降至音域底部，相对于 T3 而言，可以将其定义为低凸调。T5：基频曲线先降后升，其从音域的中偏上位置开始，降至音域中偏下位置，然后略微上升，相对于 T6 而言，可以将其定义为高凹调。T6：基频曲线与 T5 相似，亦是先降后升，其从音域的中偏下位置开始，降至音域底部，然后再升至音域中偏下位置，相对于 T5 而言，可以将其定义为低凹调。T7：与 T1 相似，基频曲线为降，时长短（112 毫秒），是一个典型的入声调。T8：与 T3、T4 相似，基频曲线先升后降，时长短（157 毫秒），亦是典型的入声调。

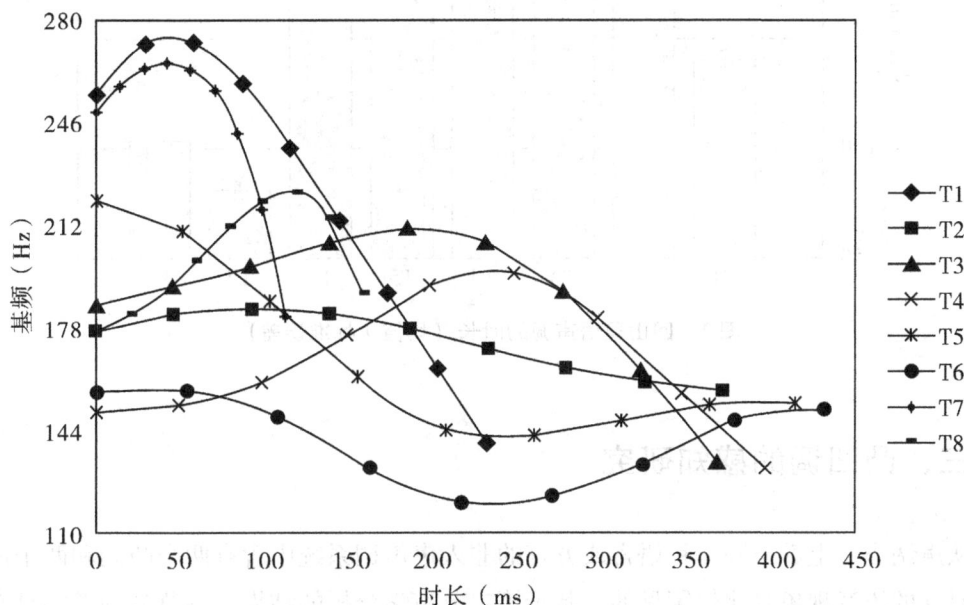

图 1 回山吴语声调曲线

基于调型的表现，可以将回山吴语的八个声调分为四类：一是降调，即 T1 和 T7；二是平调，即 T2；三是凸调，即 T3、T4 和 T8；四是凹调，即 T5 和 T6。图 1 显示，T1 和 T7 两个降调的起点均高于嗓音正常起始位置的音域，因此它们在发音起始处存在"弯头"。T3 和 T4 两个非入声的凸调的差异主要体现在音节的前半部分，即凸峰之前的部分，凸峰之后的部分大致相同。T5 和 T6 两个凹调除音节末尾相同，其他部分都存在差异。T7 和 T8 两个入声调的显著特征是时长短，并且在听感上音节末尾都有明显的喉塞色彩。

时长上，图 2 显示的是回山吴语八个声调的平均时长和标准误差，八个声调的时长由长到短依次为 T6、T5、T4、T2、T3、T1、T8、T7。以声调作为因子的方差分析显示声调在时长上存在显著性的主效应 [$F_{(7, 88)} = 256.391$，$p < 0.001$]，采用 Bonfer-roni 校正的事后成对比较发现 T7 和 T8 的时长显著短于其他六个声调（$ps < 0.05$），且 T7 和 T8 二者亦存在显著性差异（$p = 0.017$）。凸调 T3 和 T4（$p = 0.13$）、凹调 T5 和 T6（$p = 1.0$）在时长上都没有显著性差异。整体来看，凹调时长最长，其次是凸调，再次是平调，从次是降调，入声调时长最短。此外，在同一调型中，低音高的声调在发音时所占用的时间要长于高音高的声调，例如，T4 > T3、T6 > T5、T8 > T7。

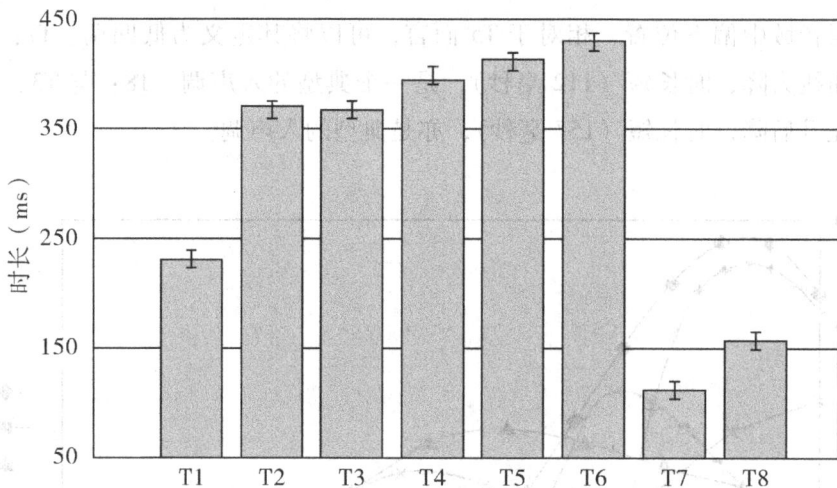

图 2　回山吴语声调的时长（均值 ± 标准误差）

三、凸凹调的感知研究

从声调类型上看，同一种语言或方言的非入声声调系统中含有两个凸调和两个凹调最小对立的语音现象是比较罕见的。基于第二节声学分析的结果，本节分别考察具有相同调型的凸调之间和凹调之间的感知模式及其背后的形成机制。

（一）研究方法

1. 材料

基于回山吴语两个凸调和两个凹调最小对立的常用单音节语素（"椅 [y343]""雨 [y121]""喂 [y434]""芋 [y212]"），本部分构建了以 [y] 为基本音节形式的四组声调连续统，即 T343 - T121、T121 - T343、T434 - T212、T212 - T434。

在本项研究中，这四个语素的原始语音样本采用的是主要发音合作人的发音。样本录音是在专业录音室进行的，麦克风为索尼公司生产的领夹式电容驻极 ECM – 44 麦克风，采样频率为 44.1 kHz，精度值是 16 bit。

四组声调连续统是在 Praat 软件中合成的，合成算法采用基音同步叠加法（PSO-LA），该算法在合成刺激样本时仅改变语音信号的基频，不改变嗓音质量的频谱特性（Moulines & Charpentier，1990；Moulines & Laroche，1995；杨若晓，2009）。例如，对于从声调 A 合成到声调 B 和从声调 B 合成到声调 A 的一对声调连续统而言，二者的基频相同、发声线索不同，前者保留的是声调 A 的发声信息，后者保留的是声调 B 的发声信息。研究假设是如果两个声调连续统具有相同的辨认得分和边界位置，那就说明发声信息没有影响到声调感知；相反，如果两个声调连续统在辨认得分和边界位置上存在明显差异，那就说明发声信息是影响声调感知的一个因素。

语音刺激样本的合成步骤如下：①提取出原始语音样本归一化的 11 个基频值与时长（见表 2）。具体来说，首先根据共振峰和能量包络确定元音段的起止点，其次是在时域上利用自相关算法（auto-correlation algorithm）提取准周期信号的即时基频值，最后通过等距间隔获得归一化的基频值。②根据合成方向选择所用原始样本的时长。具体来说，基于 T343 合成 T343 – T121 的声调连续统时采用 T343 的时长，基于 T121 合成 T121 – T343 的声调连续统时采用 T121 的时长；同理，基于 T434 合成 T434 – T212 的声调连续统时采用 T434 的时长，基于 T212 合成 T212 – T434 的声调连续统时采用 T212 的时长。这与以往采用固定时长的方案不同，理由有三：一是四个原始语音样本的时长几乎没有差异（见表 2）；二是合成保留母语者发音样本时长能够尽可能保持原始样本的细节信息，避免过度调节致使原始样本自然度受损；三是时长的变化并不会改变声调感知的模式（刘文、吴南开、孙顺，2021）。③通过调节原始样本的相应基频来合成新的刺激样本。具体来说，在从一个声调合成另一个声调的过程中使用内插的方法分十步调节特定声调的 11 个基频，进而合成含有 10 个刺激样本的声调连续统。上述四组声调连续统共合成 40 个刺激样本。④将所有刺激的均方根振幅值（Root Mean Square Amplitude，RMS）设定为 75 dB（相对于听觉阈值）。

表 2 　回山吴语凸凹调原始语音样本归一化的 11 个基频值（Hz）与时长（ms）

声调	例词	1	2	3	4	5	6	7	8	9	10	11	时长
T343	椅	180.2	186.2	189.8	198.7	206.1	209.2	204.1	191.9	171.3	142.8	115.3	390.3
T121	雨	143.4	148.5	154.4	161.1	175.8	198.8	210.6	200.1	181.1	155.6	129.8	392.4
T434	喂	212.3	207.2	198.5	177.9	158.3	140.8	142.3	150.2	161.5	165.3	161.4	390.3
T212	芋	150.5	158.3	156.3	150.5	141.5	124.8	118.6	121.3	133.1	149.4	157.4	390.4

图 3 是通过调节凸凹调的基频合成的四个声调连续统刺激样本的示意，其中上面两个图合成的是凸调连续统 T121 – T343 ［图（a）］和 T343 – 121 ［图（b）］，下面两个

图合成的是凹调连续统 T212－T434 ［图（c）］与 T434－T212 ［图（d）］，每个声调连续统包括 10 个刺激样本。左侧两个图表示的是基于一个原始凸调或凹调及其时长向上合成的样本，右侧两个图表示的是基于另一个原始凸调或凹调及其时长向下合成的样本。图中的实线是原始凸凹调归一化的基频，虚线是合成样本的基频，箭头显示合成方向。

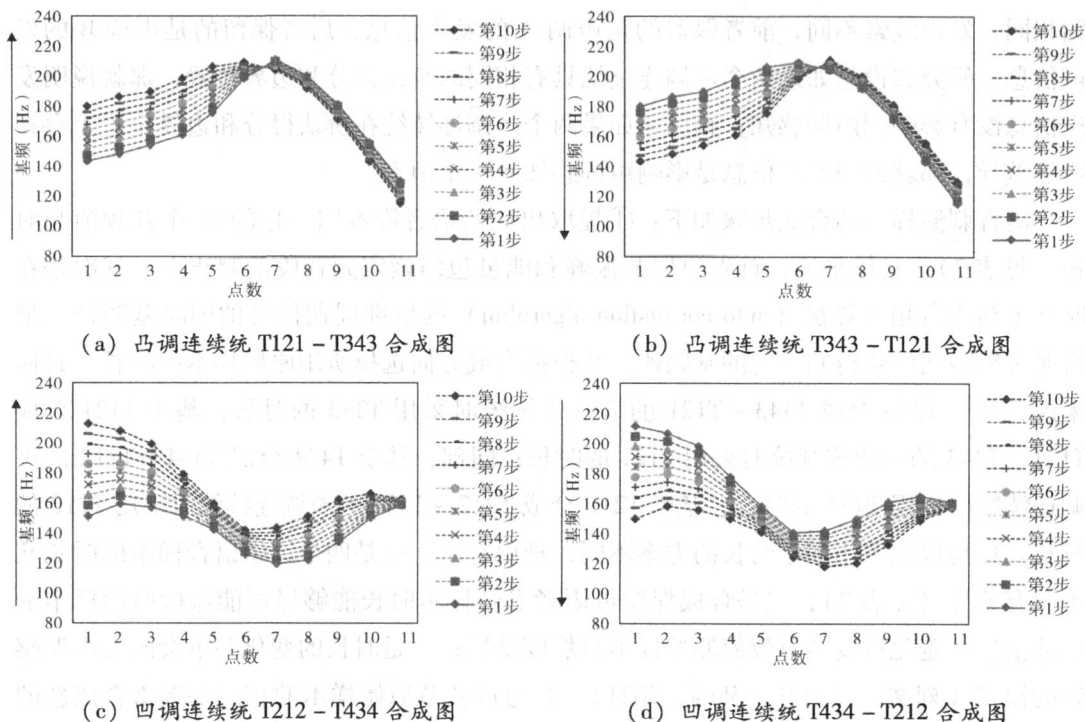

（a）凸调连续统 T121－T343 合成图　　　　（b）凸调连续统 T343－T121 合成图

（c）凹调连续统 T212－T434 合成图　　　　（d）凹调连续统 T434－T212 合成图

图 3　四个声调连续统刺激样本的示意

2. 被试

回山吴语凸凹调的感知测试共招募了 30 名母语者（15 男 15 女，年龄范围为 40～55 岁，平均年龄为 48.1，标准差为 4.5），均为右利手，每位被试均可在日常交流中熟练使用回山吴语。实验前与实验过程中无任何被试报告存在言语、语言及听力障碍。所有参加者都被要求签署一份知情同意书，并且实验结束后会得到一定额度的报酬。

3. 程序

听辨实验是在回山镇一所安静的房屋里进行的，通过 E-Prime 2.0 呈现实验中的所有刺激。刺激的播放音量调节至固定，所有被试均报告刺激音量大小适中。实验选取的凸凹调的原始语音样本是来自一名女性母语者（即主要发音合作人），实验开始前，主试首先要求被试熟悉语音样本，这样设计可以避免嗓音的性别差异对于后续实验结果产生影响。其次，为保证被试对实验流程和实验任务足够熟悉，并能够在正式实验中表现稳定，正式实验开始前被试还被要求进行练习实验。并且，通过被试在练习实验中的表现，我们可以将不符合实验条件的部分被试剔除出去。若被试无法很好地判断凸凹调的原始语音样本，即辨认实验中原始刺激样本的辨认正确率小于80%，该名被试的数据将在后续分析中被剔除。

实验包含辨认实验和区分实验两个部分。实验过程中，作为实验刺激的每个声调连续统中的刺激样本随机呈现，所有被试都需要完成以上两项任务，被试的反应按键和反应时间会被程序自动记录下来。在辨认实验里，声调连续统中的每一个刺激样本都会随机呈现给被试，并提示被试在电脑上进行按键判断。辨认实验使用二选一强迫性选择模式（Two-alternative Forced Choice，2AFC），被试在听到刺激后，必须在给定的两个声调中选择其一。在听辨过程中，每个刺激重复播放三次。区分实验采用 AX 范式，步长为两步。在一个声调连续统中（包含 10 个刺激样本），两个刺激的播放间隔为 500 ms，这是由于这个间隔时长能够使范畴间和范畴内的区分差异最大化（Pisoni，1973）。对于每个声学连续统（含 10 个刺激样本，刺激编号为 1 到 10），区分任务共有 26 个试次，其中 16 个试次含有正向、反向两种刺激（正向组合：1–3，2–4，3–5，4–6，5–7，6–8，7–9，8–10；反向组合：3–1，4–2，5–3，6–4，7–5，8–6，9–7，10–8），其余 10 个试次是完全一致的刺激样本对（1–1，2–2，3–3，4–4，5–5，6–6，7–7，8–8，9–9，10–10）。在每对刺激播放完毕后，系统会要求被试判断这两个声音是否相同。每对刺激将会重复播放三次。

4. 数据分析

根据经典范畴感知范式的三个特性，本部分提取出辨认正确率、辨认边界位置、辨认边界宽度、区分正确率、区分范畴内得分、区分范畴间得分六个参数，以探求不同凸凹调的音高对辨认与区分表现的影响。

在实验设计中，辨认正确率表示给定刺激样本被判断为特定声调（声调 A 或声调 B）的百分比。根据 Finney（1971），要获得辨认曲线的边界位置及边界宽度，需要对辨认曲线进行概率分析。其中，边界位置是辨认曲线上交叉点50%的位置，边界宽度则是通过计算平均值与标准差得到的、辨认曲线上25%到75%之间的线性距离（Best，et al.，1992）。在区分数据的计算方面，每一组样本包括 AB、BA、AA、BB 四个类型的对比对，其中 AB 和 BA 属于不同刺激的组合，AA 和 BB 属于相同刺激的组合，并且相邻比较组会包含重叠的 AA 和 BB。基于这一设计，想要得到每对刺激样本的区分正确率，本部分参考了 Xu 等（2006）提出的计算公式：将每个对比组的得分 P 定义为：$P = P$（"S"$\mid S$）P（S）$+ P$（"D"$\mid D$）P（D）。P（"S"$\mid S$）表示相同样本对被判定为相同的比率；P（"D"$\mid D$）表示不同样本对被判定为不同的比率；P（S）和 P（D）分别表示每组样本中相同对和不同对的比率。获得所有被试的区分数据后，进而可以计算区分曲线范畴间得分及范畴内得分。其中，范畴间得分反映出与辨认函数的范畴边界相对应的区分刺激对的得分，范畴内得分反映出除去与辨认函数范畴边界相对应的区分刺激对得分之外的、其他刺激对的平均得分。

（二）凸凹调的感知结果

本节首先考察凸凹调的感知模式及其特性，并在此基础上分析每个声调连续统的表现。图4显示的是所有被试平均后的辨认曲线和区分曲线，每一行中左侧的小图是基于声调对的一端合成样本的感知结果，右侧的小图则是基于声调对的另一端合成样本的感知结果。

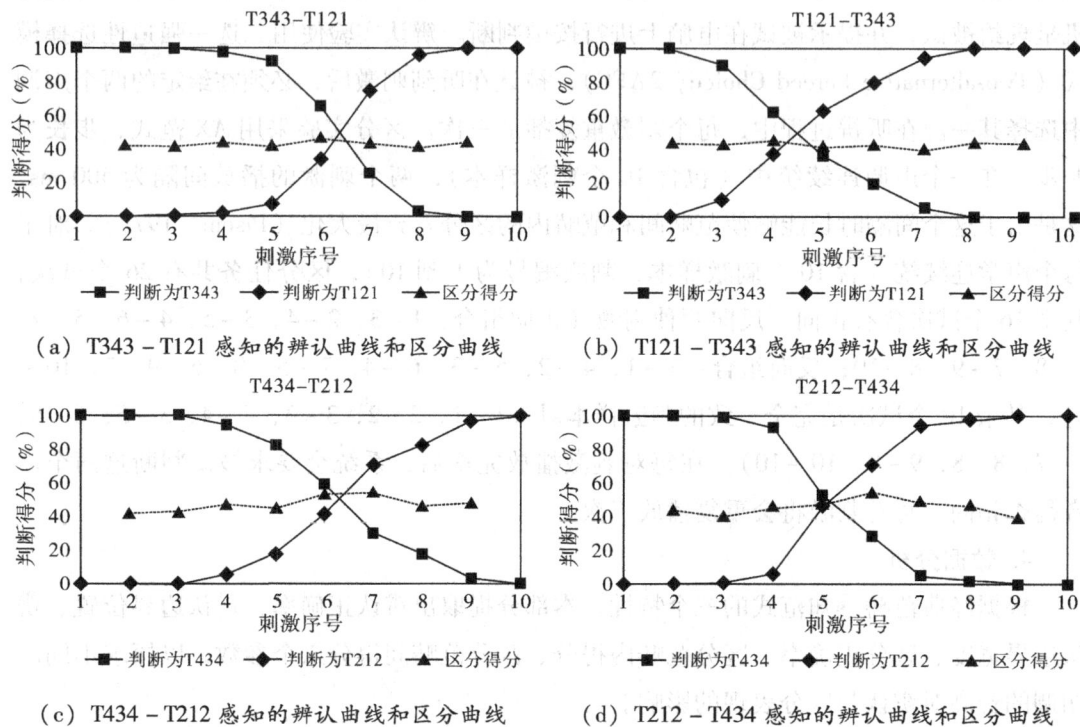

（a）T343 – T121 感知的辨认曲线和区分曲线　　（b）T121 – T343 感知的辨认曲线和区分曲线

（c）T434 – T212 感知的辨认曲线和区分曲线　　（d）T212 – T434 感知的辨认曲线和区分曲线

图4　回山吴语凸凹调感知的辨认曲线（实线）和区分曲线（虚线）

对每一个被试不同声调连续统之间的辨认曲线进行统计分析便可以得到每个声调连续统的辨认正确率、辨认范畴边界位置和边界宽度（见表3）。表3中的辨认正确率指的是被试对声调连续统中某一个声调的判断正确率，即 T343 – T121 和 T121 – T343 中被判断为 T343 的正确率，T434 – T212 和 T212 – T434 中被判断为 T434 的正确率。

表3　回山吴语凸凹调连续统间的辨认正确率、边界位置与边界宽度（均值 ± 标准误差）

声调连续统	辨认正确率（%）	边界位置	边界宽度
T343 – T121	58.33（1.20）	6.33（0.12）	1.01（0.10）
T121 – T343	41.44（1.89）	4.64（0.19）	1.09（0.09）
T434 – T212	58.67（2.03）	6.36（0.20）	1.20（0.10）
T212 – T434	48.22（1.48）	5.33（0.15）	0.91（0.08）

首先，从声调连续统的平均辨认正确率来看，无论是凸调连续统还是凹调连续统，从高凸调合成到低凸调的声调连续统（T343 – T121，58.33%）中的辨认正确率明显大于由低凸调合成到高凸调的连续统（T121 – T343，41.44%），同理，从高凹调合成到低凹调的声调连续统（T434 – T212，58.67%）的辨认正确率也明显大于由低凹调合成到高凹调的连续统（T212 – T434，48.22%）。换句话说，就辨认正确率而言，T343 – T121 > T121 – T343，T434 – T212 > T212 – T434。其次，观察辨认曲线上的边界位置，T343 – T121 与 T121 – T343、T434 – T212 与 T212 – T434 这两对声调连续统也存在差异。最后，看边界宽度，通常情况下边界宽度小的辨认曲线在边界位置就会更加陡峭，相应地，边界宽度大的辨认曲线在边界位置会呈现平缓趋势。图 4 和表 3 显示，尽管两对声调连续统（T343 – T121 与 T121 – T343、T434 – T212 与 T212 – T434）在边界宽度上存在差异，但是这种差异很小，未达到统计上的显著水平。

接下来考察凸凹调的区分表现。本部分首先考察回山吴语母语者对两个凸调和两个凹调原始语音样本的区分。区分实验使用 AX 范式，每次随机播放四个凸凹调中的两个，这两个声音可以是四个声调中的任意两两正序或逆序组合（不同样本：T343 – T121、T121 – T343、T343 – T434、T434 – T343、T343 – T212、T212 – T343、T121 – T434、T434 – T121、T121 – T212、T212 – T121、T434 – T212、T212 – T434），也可以是同一个样本的重复（相同样本：T121 – T121、T343 – T343、T212 – T212、T434 – T434），每个组合播放 3 次，要求 30 名被试判断所听到的两个声音是相同的还是不同的，结果如表 4 所示。表 4 显示的是来自区分任务中的四个凸凹调的相异度矩阵。理想的结果是相同声调之间的概率都为 0，不同声调之间的概率都为 1。从表 4 中可以看出，不同声调间的相异度接近 1，相同声调间的相异度接近 0。总体来说，回山吴语母语者能够很好地区分这四个凸凹调的原始语音样本。此外，两个凸调（0.02）的区分混淆情形要略微好于两个凹调（0.03）。

表 4　回山吴语凸凹调原始语音样本区分的相异度矩阵（1 代表完全不同，0 代表完全相同）

	T343	T121	T434	T212
T343	0.02			
T121	0.95	0.02		
T434	0.95	0.98	0.03	
T212	0.97	0.97	0.97	0.03

为了更加清晰地呈现回山吴语凸凹调的区分相异度，我们采用多维尺度分析（Multidimensional Scaling，MDS）进行展示。数据是基于母语者的感知而得，因此呈现的是一个感知空间，而非发音空间。在感知空间中，声调之间的距离是通过感知相异度计算出来的（Shepard，1972；Kreiman，et al.，1990）。通常来说，听者感知声调的区别性

越大，感知空间上样本间的距离也就越大。图 5 显示的是一个二维感知空间，这个空间可以解释 97.402% 的变异（应力值为 0.0 259 8）。由此可见，母语者在感知空间中可以很好地区分回山吴语的这四个凸凹调，因为这四个声调分别分布在二维感知空间中的不同位置。

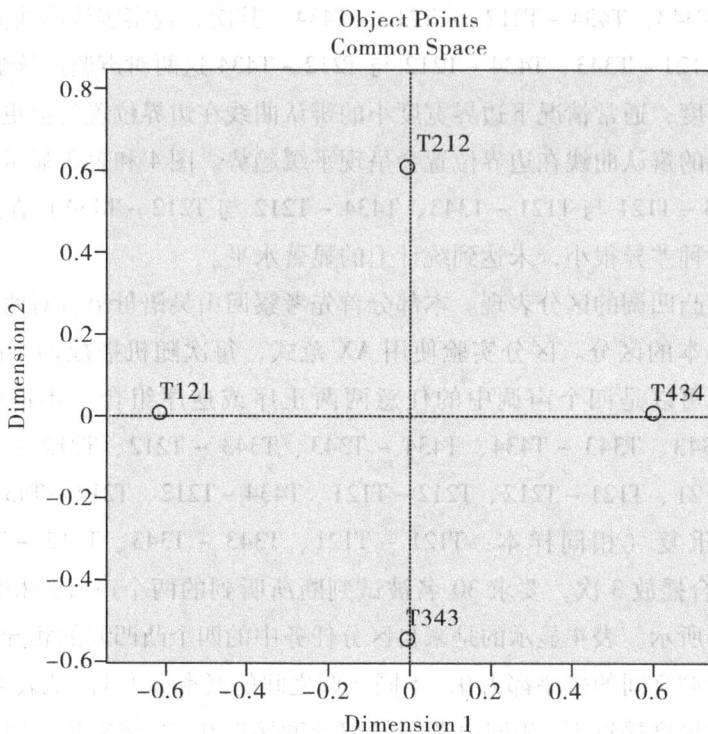

Object Points
Common Space

图 5　基于多维尺度分析的回山吴语凸凹调的感知空间

既然回山吴语母语者可以很好地区分这四个凸凹调的原始语音样本，那么母语者在区分凸凹调连续统中的刺激时表现又如何？基于经典范畴感知的实验范式，我们考察了凸凹调声调连续统的区分表现，图 4 显示这四个凸凹调声调连续统的区分曲线均为平状，并且区分正确率多处于随机水平（50%）。为了考察区分正确率在区分曲线上是否存在显著性的区分峰值，我们分别计算了区分曲线上的范畴间区分率和范畴内区分率（见表 5）。需要说明的是，由于感知实验的数据量较少，在进行统计检验之前，我们首先考察了数据的分布趋势，结果显示，所有声调连续统中的 Shapiro-Wilk 检验的 p 值均小于 0.05，说明这些声调连续统的区分范畴间正确率和区分范畴内正确率数据均不符合正态分布趋势，因此后续分析就不能采用要求数据呈正态分布和方差齐性的 T 检验。本节选用了非参数的 Mann-Whitney U 检验，结果显示，无论 T343 – T121（$p = 0.393$）、T121 – T343（$p = 0.493$）、T434 – T212（$p = 0.742$），还是 T212 – T434（$p = 0.109$），这四个声调连续统的区分范畴间正确率和区分范畴内正确率都不存在显著性差异，表明这四个声调连续统在区分曲线上均无区分峰值。

表5 回山吴语凸凹调连续统之间的区分正确率、范畴间区分率和范畴内区分率（均值±标准误差）

声调连续统	区分正确率（%）	范畴间区分率（%）	范畴内区分率（%）	范畴内外差值	p 值
T343－T121	43.13（1.45）	42.12（2.00）	43.46（1.74）	1.34	0.393
T121－T343	43.01（1.19）	43.53（1.95）	42.84（1.26）	0.69	0.493
T434－T212	46.90（1.37）	49.94（2.89）	45.88（1.37）	4.06	0.742
T212－T434	46.14（1.30）	50.19（2.42）	44.79（1.50）	5.4	0.109

结合辨认曲线和区分曲线的表现，在回山吴语两个凸调和两个凹调的感知中，我们发现 T343－T121、T121－T343、T434－T212 和 T212－T434 这四个声调连续统的感知结果均不符合范畴感知要求：区分曲线无区分峰值（表现为区分正确率在范畴间和范畴内均无显著性差异），辨认曲线在边界位置上无陡峭变化。换句话说，在回山吴语中，无论是凸调与凸调，还是凹调与凹调，它们之间的感知结果都属于连续感知。

四、讨论

图4和表3中显示了同一个声调对中的两个声调连续统在辨认正确率和边界位置两个参数上存在差异。为了更好地展示这种区分，我们重新绘制了辨认曲线（见图6）。图6显示的是所有被试在同一声调对中的两个不同声调连续统之间的辨认曲线，它们是通过计算特定声调在刺激样本顺序上的判断比率获得的。例如，第一个图中的第一个点代表第一个刺激样本被判断为 T343 的得分，第二个点代表第二个刺激样本被判断为 T343 的得分，以此类推。第二个图中的第一个点代表第一个刺激样本被判断为 T434 的得分，第二个点代表第二个刺激样本被判断为 T434 的得分，以此类推。由图可知，每一个声调对中的两个声调连续统之间在辨认正确率和边界位置上都存在差异。根据我们的实验设计与研究假设，从声调 A 合成到声调 B 和从声调 B 合成到声调 A 的两个声调连续统的基频相同、嗓音声源不同，由此可以推断造成这种差异的原因可能是嗓音发声类型的不同。具体来说，考虑到 T343－T121 是以 T343 作为母本来合成的，而 T121－T343 则是以 T121 作为母本来合成的，尽管这两个声调连续统的音高相同，但是嗓音发声类型却不同。从感知结果中可以发现，当合成样本以 T343 的声源作为母本时，辨认正确率要比相应的以 T121 的声源作为母本的高，这一表现意味着 T343 的嗓音类型很有可能影响了听辨的结果。同理，以 T434 的声源作为母本合成的声调连续统 T434－T212 的辨认正确率也显著大于以 T212 的声源作为母本合成的声调连续统 T212－T434。

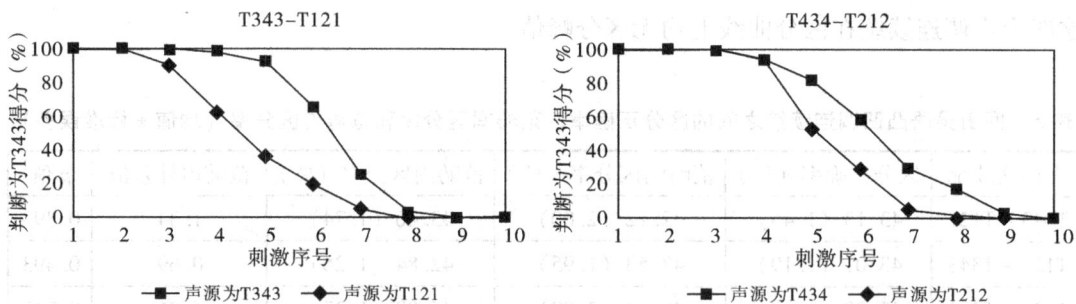

图6　回山吴语凸凹调的辨认曲线

注：每个小图内的两个连续统基频相同、噪音不同，分别由方形和菱形表示。

　　为了检验声源线索对回山吴语凸凹调感知的影响，将在适当时候伴随 Greenhouse-Geisser 校正的重复测量的方差分析应用于辨认正确率，组内因子有声调对（2 对）、声调连续统（每个声调对内包含 2 个声调连续统）、步长（每个声调连续统中有 10 步，即 10 个刺激样本），组间因子为性别（男性和女性）。结果显示辨认正确率在性别上没有呈现出显著性差异 $[F(1, 28) = 3.391, p = 0.076]$，在声调连续统 $[F(1, 28) = 79.254, p < 0.001]$ 和步长 $[F(9, 252) = 787.189, p < 0.001]$ 这两个因素上都有显著性的主效应。此外，声调对和声调连续统 $[F(1, 28) = 6.78, p = 0.015]$，声调连续统和步长 $[F(9, 252) = 30.692, p < 0.001]$，声调对、声调连续统和步长 $[F(9, 252) = 6.299, p < 0.001]$ 的交互方面也存在显著性的主效应。声调对和声调连续统的显著性主效应表明两个声调连续统的辨认正确率在一个声调对中显著不同于另一个声调对。将伴有 Bonferroni 校正的简单主效应分析应用于声调对和声调连续统的交互上，结果显示辨认正确率在 T343 - T121 与 T121 - T343、T434 - T212 与 T212 - T434 这两个声调对中都存在显著性差异（$ps < 0.001$）。声调连续统 T343 - T121 中被判断为 T343 的平均辨认正确率（58.33%）显著大于 T121 - T343 中被判断为 T343 的平均辨认正确率（41.44%）。考虑到声调连续统 T343 - T121 中保留的是 T343 的噪音声源，而声调连续统 T121 - T343 中则保留了 T121 的噪音发声特性，所以说 T343 和 T121 这两个声调的噪音声源的差异影响了感知的结果。同理，声调连续统 T434 - T212 中被判断为 T434 的平均辨认正确率（58.67%）显著大于 T212 - T434 中被判断为 T434 的平均辨认正确率（48.22%）。考虑到声调连续统 T434 - T212 中保留的是 T434 的噪音声源，而声调连续统 T212 - T434 中则保留了 T212 的发声特性，所以说 T434 和 T212 这两个声调的噪音声源的差异影响了感知的结果。此外，噪音声源对声调感知的影响也体现在辨认曲线的边界位置上。如图6所示，每个声调对中的两个声调连续统在辨认曲线的边界位置上都呈现出显著性的差异。

　　需要指出的是，噪音声源对声调感知的影响具有跨语言性，例如，汉语普通话（杨若晓，2009；Yang，2015）、河南禹州方言（张锐锋、孔江平，2014）、粤语（Yu & Lam，2014）、美国白苗（Garellek, et al.，2013）、黔东苗语（刘文、张锐锋，2016；

Liu，et al.，2024）。然而，本节仅从感知的角度论证了回山吴语凸调和凹调声源的差异对感知的影响，后续还需要通过声学分析来进一步验证这一结论。

五、结语

声调是一种语言现象，是母语者感知出来的范畴。前人对同型声调的研究对象多为音高运动轨迹单一的声调，即平调、降调、升调，而未有研究报告音高运动轨迹复杂的同型声调（凸调、凹调）之间的感知表现。本文以回山吴语中的两个凸调和两个凹调为研究对象，结合辨认和区分任务的表现，研究发现凸调与凸调之间、凹调与凹调之间的感知均不符合经典范畴感知的定义，具体来说，区分曲线上无区分峰值，并且辨认曲线在边界位置上缺少陡峭变化。回山吴语凸凹调的研究结果表明，与平调这种音高只有单一运动方向的声调相同，具有两个音高运动方向的同型声调之间的感知结果也属于连续感知。并在此基础上讨论了噪音发声类型对凸凹调感知结果的影响。本文研究结果进一步丰富了学界对同型声调感知的认识，尤其是那些音高具有多个运动方向的同型声调。

参考文献

[1] 高云峰 . 声调感知研究 [D]. 上海：上海师范大学，2004.

[2] 孔江平 . 藏语（拉萨话）声调感知研究 [J]. 民族语文，1995（3）.

[3] 刘思维 . 汉语相异调形和相似调形声调的范畴感知研究 [D]. 北京：北京大学，2015.

[4] 刘文，吴南开，孙顺 . 闽北赤岩话长短调的声学和感知研究 [J]. 语言学论丛，2021（2）.

[5] 刘文，张锐锋 . 鱼粮苗语低平调和低降调的声学感知研究 [J]. 语言学论丛，2016（2）.

[6] 刘文 . 升还是平：新寨苗语声调个案研究：兼论平调的感知判断 [J]. 民族语文，2020（1）.

[7] 刘文 . 同型声调感知的多维研究：基于声学、行为学和脑电的证据 [D]. 北京：北京大学，2019.

[8] 刘文 . 语音学田野调查方法与实践：黔东苗语（新寨）个案研究 [M]. 济南：山东大学出版社，2021.

[9] 王韫佳，李美京 . 调型和调阶对阳平和上声知觉的作用 [J]. 心理学报，2010（9）.

[10] 王韫佳，覃夕航 . 普通话单字调阳平和上声的辨认及区分：兼论实验设计对声调范畴感知结果的影响 [J]. 语言科学，2015（4）.

[11] 新昌县志编纂委员会 . 新昌县志 [M]. 上海：上海书店，1994.

［12］杨若晓. 基于发声的汉语普通话四声的范畴知觉研究［D］. 北京：北京大学，2009.

［13］于谦. 方言背景与普通话声调范畴感知研究［D］. 北京：北京大学，2017.

［14］张锐锋，孔江平. 河南禹州方言声调的声学及感知研究［J］. 方言，2014（3）.

［15］ABRAMSON A. S. The noncategorical perception of tone categories in Thai［M］// LINDBLOM B & OHMAN S. Frontiers of speech communication research. London：Academic Press，1979.

［16］BEST C T，STRANGE W. Effects of phonological and phonetic factors on cross-language perception of approximants［J］. Journal of phonetics. 1992，20（3）.

［17］CHAO Y R. A system of tone letters［J］. Le ma? tre phonétique，1930（30）.

［18］FINNEY D J. Probit analysis［M］. Cambridge：Cambridge University Press，1971.

［19］FRANCIS A L，CIOCCA V & NG B K. On the（non）categorical perception of lexical tones［J］. Percept psychophys，2003，65（7）.

［20］GARELLEK M，KEATING P，ESPOSITO C M，et al. Voice quality and tone identification in White Hmong［J］. The journal of the acoustical society of America，2013，133（2）.

［21］HALLÉ P A，CHANG Y C & BEST C T. Identification and discrimination of Mandarin Chinese tones by Mandarin Chinese vs. French listeners［J］. Journal of phonetics，2004，32（3）.

［22］KREIMAN J，GERRATT B R & PRECODA K. Listener experience and perception of voice quality［J］. Journal of speech and hearing research，1990，33（1）.

［23］LIU W，PENG G & KONG J P. The role of breathy voice in Hmu tone perception［J］. Journal of Chinese linguistics，2024（52）.

［24］LIU W. A perceptual study of the five level tones in Hmu（Xinzhai variety）［C］. Shanghai：Interspeech 2000，2000.

［25］MOULINES É & CHARPENTIER F. Pitch-synchronous waveform processing techniques for text-to-speech synthesis using diphones［J］. Speech communication，1990（9）.

［26］MOULINES É & LAROCHE J. Non-parametric techniques for pitch-scale and time-scale modification of speech［J］. Speech communication，1995（16）.

［27］PENG G，ZHENG H Y，GONG T，et al. The influence of language experience on categorical perception of pitch contours［J］. Journal of phonetics，2010（38）.

［28］PISONI D B. Auditory and phonetic memory codes in the discrimination of consonants and vowels［J］. Percept & psychophys，1973（13）.

［29］SHEN G N. Perceptual learning of lexical tone categories：an ERP study［D］. New York：Columbia University，2015.

［30］SHEPARD N R. Psychological representation of speech sounds［M］//DAVID E E &

DENES P B. Human communication: a unified view. New York: McGraw-Hill, 1972.

[31] SHUE Y L, KEATING P A, VICENIK C, et al. VoiceSauce: A program for voice analysis [C] //Proceedings of the 17th International congress of phonetic sciences, 2011.

[32] SI X P, ZHOU W J & HONG B. Cooperative cortical network for categorical processing of Chinese lexical tone [J]. Proceedings of the national academy of sciences, 2017, 114 (46).

[33] SUN K C & HUANG T. A cross-linguistic study of Taiwanese tone perception by Taiwanese and English listeners [J]. Journal of East Asian linguistics, 2012, 21 (3).

[34] WANG W S Y. Language change [J]. Annals of the New York academy of sciences, 1976, 280 (1).

[35] XI J, ZHANG L J, SHU H, et al. Categorical perception of lexical tones in Chinese revealed by mismatch negativity [J]. Neuroscience, 2010, 170 (1).

[36] XU Y S, GANDOUR J T & FRANCIS A L. Effects of language experience and stimulus complexity on the categorical perception of pitch direction [J]. The journal of the acoustical society of America, 2006, 120 (2).

[37] YANG R X. The role of phonation cues in Mandarin tonal perception [J]. Journal of Chinese linguistics, 2015, 43 (1).

[38] YU K M & LAM H W. The role of creaky voice in Cantonese tonal perception [J]. The journal of the acoustical society of America, 2014, 136 (3).

附录　回山吴语单字调词表

调类	T1	T2	T3	T4	T5	T6	T7	T8
调值	52	22	343	121	434	212	5	3
i	衣	移	乙	已	意	勛 磨损	一	食
y	淤	俞	椅	雨	喂	芋	郁	育
a	埃	鞋	矮		□ 形容茂盛		轭	
o	桠	华	哑	下	揸 硬给	画	恶	学
u	乌	湖		舞	濡 形容浸在水中	雾		

Acoustic and Perceptual Study on the Convex and Concave Tones in Wu Chinese （Huishan Variety）

LIU Wen   PAN Xiaosheng

【Abstract】 Categorical perception of tones has attracted much attention in phonetic research. Current studies primarily focus on tones with different contours, with relatively little attention given to the perception of tones with similar contours, especially complex tones exhibiting two pitch movement directions. As differences in tone contours can result in different perceptual patterns, even among tones with similar contours, their perceptual distinctions may still vary, underscoring the need for research on the perception of various types of similar-contour tones. Take the two convex tones and the two concave tones in Wu Chinese （Huishan variety） as the research object, the acoustic characteristics distinguishing the two convex and the two concave tones are revealed. On this basis, the perceptual experiments indicate that the perceptual pattern between the low-convex tone and the high-convex tone, as well as between the low-concave tone and the high-concave tone, belongs to continuous perception. Additionally, the voice qualities of speech signals also affect tone perception. These findings deepen the understanding of the perception of similar-contour tones with multiple pitch movement directions.

【Keywords】 Wu Chinese （Huishan variety）, convex tones, concave tones, acoustic analysis, perceptual experiment

明清后贵州移民汉语方言的声调格局与声调演变分析①

叶晓芬②

（贵州大学文学院　贵州贵阳　550000）

【提　要】本文梳理了明清以来贵州移民方言的主要声调演变类型，以及涉及的原因和机制等。从共时分布及文献佐证得出如下结论：①入声字的演变出现了四种类型：31调、24调、42调及55调；②去声字的调类普通型包括全浊上、去声为高升调35，有特色的为高降调53及按照声母清浊分出阴去调35和阳去调33三种；③阴平调来源颇为复杂，读音有五种情况：33调、213调（包括324调）、13调以及55调和35调。其中入声字中的前三类读法属内部接触演变，而55调属近现代时期跨方言之间的外部接触演变；去声字的不同读法或与湘语包括周边的酸汤话关联；阴平调33则是明清时期的底层调，而且因地域不同，对上声调或去声调都有同化的影响；曲折调和低升调仍与酸汤话有着千丝万缕的关系；阴平分出高平和中升则与周边民族语的借用紧密联系。这再次印证因地理位置及迁移等方面对声调造成的深远影响。

【关键词】移民方言　声调格局　语言接触　语音演变

一、引言

明清时期有大量江淮及江西等地的汉族移民进入贵州，从而也为贵州汉语方言的形成奠定了坚实的基础，查阅相关府志和县志便可知晓。从中部、西部、东部及南部等地区看，其底层调具有较强的一致性。③ 中部地区以贵阳花溪④以及安顺的汉语方言（包

---

① 本文是2019年国家社会科学基金重大项目"近代汉语后期语法演变与现代汉语通语及方言格局"（项目编号：19ZDA310）、贵州大学校级课题项目"安顺汉语方言的历史演变及其文化内涵研究"（项目编号：GDYB2021013）以及贵州大学引进人才科研项目［项目编号：贵大人基合字（2021）25号］的阶段性研究成果。

② 叶晓芬，贵州大学文学院副教授，文学博士，主要从事汉语史及贵州汉语方言的研究。

③ 本文的声调格局也基于此进行论证，排除近年来因政府干预等重新组建的移民新村所操方言情况。

④ 部分村寨因毗邻平坝贵安新区，除词汇和语法方面，声调方面亦有很大的相似性，即阴平调都为中平调33。

括所辖县份关岭、紫云、平坝、普定、镇宁以及屯堡①的方言）为代表；西部则以老派穿青话②独具特色；东部的黔东南汉语方言，尤以锦屏、天柱、黎平、天柱远口（酸汤话③）等县的为典型；南部则以都匀话为代表。

截至目前，从语言接触的视角将贵州几大片区的声调格局进行综合审视的尚不多见。微观方面，以往研究并未注意到去声字在老派屯堡方言中有高升调45和阴平调55的情况④，对穿青人的"老版腔"也缺乏相关的论述。因此，本文在田野调查和已有文献记载的基础上拟对这四个主要地区的声调格局以及由语言接触引发的相关问题进行一定的论证。同时，这亦有助于后续从语言上进一步佐证明清移民与当地汉语方言的关系。

二、贵州汉语方言的声调类型

贵州移民方言的声调类型共有两种情况，分别是五调型、四调型。其中五调型的主要分布在安顺屯堡、兴义晴隆（喇叭苗人话⑤）、黔东南锦屏南区（敦寨、新化、钟灵、隆里）、锦屏河口、黎平、丹寨、黔南独山、平塘、都匀市区；四调型的主要分布在贵阳、安顺（包括所辖普定、平坝、镇宁、紫云、关岭五个县份）、安顺屯堡、六盘水、遵义、黔东南锦屏北区（王寨、茅坪、铜鼓）、凯里、黄平，黔南龙里及福泉。其中屯堡方言的四调型存在三种声调格局共存的局面，据今高平调55的演变情况，可以反推过去该方言的声调可能为三调型。下面将结合具体实例分别进行考察。

（一）五调型

1. 安顺屯堡 a 型⑥

安顺屯堡（杨武乡）的声调情况如表1所示。

---

① "屯堡"是很明显的他称，习惯上指地域比较集中的安顺市西秀区大西桥、七眼桥以及平坝天龙镇一带的汉族村寨。

② "老派穿青话"俗称"老版腔"，下文会有进一步的交代。

③ 酸汤话是酸汤苗内部的交际语言，分布在湘黔交界地区，包括贵州的天柱、锦屏、黎平等县和湖南的会同、靖州、通道、新晃、芷江等县。

④ 为了直观呈现因语言接触、社会变异等因素造成的各地声调的变化，本文采用具体调类调型的描写方法。

⑤ 喇叭苗人话指当地苗族同胞所说的汉语，底层为湘语，但又夹有江淮官话、中原官话和现代西南官话的成分，语言特点较为复杂。

⑥ 据笔者调查该方言现有三种声调格局情况，本文中的五调型和四调型分别按照 a、b 次序进行命名，而龙异腾、吴伟军、宋宣等（2011）对九溪方言的声调类型则命名为 c 型（阴平33，阳平21，上声42，去声35）。

表1　安顺屯堡（杨武乡）声调表①

调类	调型调值	中古声调来源及例字
阴平	高平44	（1）全清平：高猪专尊低婚伤三飞 （2）次清平：开抽初天偏
阳平	中降31	（1）全浊平：穷陈床才唐平寒神徐扶 （2）次浊平：鹅娘人龙难麻文云 （3）全浊入：局宅食杂白合舌俗服 （4）全清入（个别）：急竹积得笔
上声	低降43	（1）全清上：古展纸走短比碗好手死粉 （2）次清上：口丑楚草体普 （3）次浊上：五女染老有
去声	高升45	（1）全清去：盖帐正醉对变爱汉世送饭 （2）次清去：抗唱菜怕 （3）全浊上：近柱是坐淡抱厚社似父 （4）全浊去：共阵助大病害树谢饭 （5）次浊去：岸让漏怒帽望用
入声	高平55	（1）全清入：黑湿锡歇说削发织 （2）次清入：曲出七秃匹缺尺切铁拍 （3）全浊入（个别）：割桌窄 （4）次浊入：六辣略肋熄陌

表1有五个类型的声调，分别是阴平44、阳平31、上声43、去声45及入声55。结合龙异腾、吴伟军、宋宣等（2011）的研究看，二者有同有异。相同之处为阳平调均是低降，包括对应的中古调类情况以及入声字读平声的情况也相一致。不同之处为本文是五个调类，即入声是高平调55，显然，调值明显高于龙异腾等记音的中平调33。实际上，这种情况在龙异腾等调查的时间内也是存在的。笔者根据多年来在安顺观察到的情形，发现这并不是个案。造成二者有差异的主要原因如下：

第一，龙异腾等选择的调查地为九溪，该村为典型的屯堡村寨。根据对方志和家谱等的考察，其祖先大多为元末明初朱元璋调北征南而来的将士，因此，村民大多具有较强的故土情结和深入骨髓的文化自信。尽管经历了600余年的风雨，后代依旧秉承了祖先的不少传统和习俗。反映在语言上也是如此，最为明显的便是"乡音不改鬓毛衰"。阴平调33为该方言的底层调，下文会有论及并将另文深入探究。尽管如此，值得注意的是，以九溪等地为代表的屯堡村寨，其方音并不是一成不变的，去声也已

① 屯堡a型并不限于安顺杨武乡，这里仅以调查者籍贯进行命名。同时，因该方言声调类型比较稳定，故属本文中的老派，并不因年龄而论。下文屯堡b型也是如此。

同贵州西南官话一致，即都为高升调 35。而难能可贵的是在离安顺西秀区稍远一点的杨武乡、双堡乡、刘官乡、旧州镇，即使在年轻人中都还能听到不少把去声字读为高升调 45 或高平调 55 的。

第二，屯堡方言的中平调 33 在各乡镇都有不同程度地朝着贵州西南官话高平调 44 或 55 走的趋势，如表 1 所示。这是大环境使然，因现代信息社会，屯堡村寨已不是故步自封的传统村落，它们与周边城镇交往都极为密切。在笔者的观察中，年过七旬的老人，就算是典型的九溪屯堡人，因长期居住在城里，其去声字的读法都处于极不稳定的状态，或读为高升调 45，或读作中平调 33。

2. 锦屏南区型

锦屏南区四乡镇的声调情况如表 2 所示。

表 2　锦屏南区四乡镇（敦寨、新化 、钟灵、降里）声调表①

调类	调型调值	中古声调来源及例字
阴平	低降升 324	全清平：诗夫 $_{丈~}$
阳平	低降 31	（1）全浊平：穷平
		（2）次浊平：麻龙
上声	中降 42	（1）全清上、次清上：古草
		（2）全浊上：坐是
		（3）次浊上：老有
去声	高升 35	（1）全清去、次清去：对唱
		（2）全浊去：树 $_{~木}$ 饭
		（3）次浊去：漏帽
入声	中升 24	（1）全清入：七得
		（2）全浊入：独服
		（3）次浊入：五药

从表 2 可看到锦屏南区同黎平片区②一样共有五个调类，与锦屏北区（王寨、茅坪、铜鼓）相比，二者阴平调都为 324，这是区别于中西部（贵阳、毕节、安顺等地都为平调）的显著特征之一。另外，两个区上声及去声字的读法也相同。不同点在于前者比后者多出一个入声调 24，后者则是入声字与阳平字合流，都读作 31 调，符合西南官话的主流演变趋势。

---

① 本表参见涂光禄，杨军. 锦屏县汉侗苗语方言志［M］. 贵阳：贵州大学出版社，2008：4.
② 该方言区阴平调 33、阳平 13、上声 31、去声 53、入声 24（黔东南州地方志办公室，2007）。

3. 平塘型和都匀型

平塘方言的声调情况如表3所示。

表3 平塘方言声调表

调类	调型调值	中古声调来源及例字
阴平	中平33	清平：天开高低尊
阳平	高降41	浊平：穷陈才唐平
上声	中升24	全浊上（大部分）、次浊上（少部分）：鬼毁左起嘴垒美
去声	高升35	（1）全浊上：厚社父是坐 （2）去声：凤抗汉共害岸
入声	低降31	（1）清入：血药芍各 （2）全浊入：薄匣昨宅 （3）次浊入：日疑弱陌

平塘方言同上述屯堡 a 型和锦屏南区都为五个声调，参照前文所述之"屯堡 c 型"及《黔东南方言志》所载之老派情况看，三个方言点阴平也都为中平调33。将本文调查数据与李华斌（2017）①的研究进行对比，差异之处在于阳平和去声的调类调值两方面。本文阳平为高降调41，而李文为高升调45，结合表4都匀方言已有研究成果来看，极有可能是被调查者的个人行为。除此之外，从去声读作35调，入声读作31调可发现，平塘方言的老派读音也已经受到现代西南官话的冲击，与大部分贵州西南官话趋同。与此同时，都匀老派方言的声调格局也在新的时代背景下受到挑战，最为明显的便是入声出现了消失的情况。此外，去声的层次也在悄然发生变化，即由低降变为低升，下一步不难推测，其也许会与现代西南官话的高升调35合流。都匀方言不同的调类和调型调值正体现出这样的变化（见表4）。

表4 都匀方言的不同调类和调型调值

调类	调型调值				
阴平	中平33	中平33	中平33	高平55	中平33
阳平	高降53	高降53	高降53	全降51	高降53
上声	高升45	高升35	高升45	高升35	高升35
去声	低升13	低升13	低降21	低升13	低降21
入声	中降42	中降42	—	—	中降42

---

① 李华斌（2017）的数据分别为：阴平33、阳平45、上声35、去声21、入声41。

（二）四调型

1. 贵阳城区型

贵阳城区汉语方言的声调情况如表 5 所示。

表 5　贵阳城区汉语方言声调表①

调类	调型调值	中古声调来源及例字
阴平	高平 55	（1）清平：东风吹张高先沾呼 （2）次浊平（个别）：焉庸
阳平	低降 31	（1）全浊平：穷才平寒人文茶 （2）次浊平（大部分）：云原人民忙文蒙 （3）清入：百瞎发～财泼刷刮 （4）全浊入：毒白活铡辖舌 （5）次浊入：叶绿灭孽篾月
上声	中降 42	全清上、次清上、次浊上：懂惨五仿搞美
去声	高升 35	（1）全浊上：社丈件祸淡混相～ （2）全清去、全浊去、次浊去：凤抗汉共害岸

从表 5 可看到，贵阳话只有四个调类，且并不复杂。古入声字的读音也已同阳平字的读音合并，读作 31 调。从目前贵州通行的汉语方言看，四个调类已是常态，各地方言的区别大多只在调值或调首、调尾的升降起伏方面略微有些差异。另外，与安顺城区相比，调类也一致。不同点仅在于后者的主要区别特征：①阴平调后头有时略升；②阳平调首有时稍升；③去声调首有时略降；④个别清去、清入及全浊上声字读阴平调 55，诸如"去""不""是"；⑤个别清入字读低声调 24，譬如"一"，这主要是有文白异读的情况，诸如"刹一脚"（意为停一会或停下）。结合上述屯堡方言的论证可知，此类零星情况亦说明了过去安顺城区的中平调 33 如今仅在个别字中得到了保留，并且这属于演变的第二层次。

除此之外，六盘水及遵义的声调类型与贵阳方言大体一致；而铜仁所辖的印江、沿河等县份的方言与贵阳话同调类、同调值，略微有区别的是其入声与去声合并，均为 24 调。

---

① 贵阳为贵州省会城市，作为全省的政治经济文化中心，我们有理由将城区汉语方言作为省内各地汉语方言的比较对象。

2. 安顺屯堡 b 型

安顺屯堡（双堡乡）的声调情况如表 6 所示。

表 6　安顺屯堡（双堡乡）声调表

调类	调型调值	中古声调来源及例字
阴平	高平 44	（1）全清平：高猪专尊低婚伤三飞 （2）次清平：开抽初天偏
阳平	低降 31	（1）全浊平：穷陈床才唐平寒神徐扶 （2）次浊平：鹅娘人龙难麻文云 （3）全浊入：局宅食杂白合舌俗服 （4）全清入（个别）：急竹积得笔沃
上声	中降 43	（1）全清上：古展纸走短比~较碗好~处手死粉 （2）次清上：口丑楚草体普 （3）次浊上：五女染老有
去声	高平 55	（1）全清去：盖帐正醉对变爱汉世送饭 （2）次清去：抗唱菜怕 （3）全浊上：近柱是坐淡抱厚社似父 （4）全浊去：共阵助大病害树谢饭 （5）次浊去：岸让漏怒帽望用 （6）全清入：黑湿锡歇说削发~头织得百 （7）次清入：曲出七秃匹缺尺切铁拍 （8）全浊入（个别）：割桌窄席 （9）次浊入：月纳麦药肉六月

与表 1 相比，例字大多相同。由于发音人能够准确地将"百、月、纳、卖、麦、铁"这些字读作高平调，而不受贵普话①的影响，因此表 6 中的例字数量稍多。调类与黔中汉语方言一致，仍为四个，不过与表 1 相比，仍有同有异。相同处为阴平读作高平调 44，阳平调为 31，上声读 43 调；不同处为去声与中古大部分入声字合流，都读作高平调 55。另外，还可看到这样一些层次问题：

第一，按照该方言的声调规律，清入应都读作高平调才对，但个别读低降调 31，很有可能是受到现代西南官话的影响而产生的新白读层。这种情况在表 1 的发音人以及别的老派屯堡方言中亦是真实存在的。杨武乡的胡姓发音人会将部分次浊入声字如"月、纳、麦"按照"贵普调"的方式读成 35 调；别的乡镇老派将"育、阅"以及个

---

① "贵普话"指阴平、阳平、上声及去声四个调类在调值方面与贵州西南官话一致，但入声字则按照贵州西南官话的规律往普通话靠，读作 24（或 35）调。在老派看来，这并不是正宗的读法。

别清入字"沃"读作 31 调，说明现代贵州西南官话影响之大，已对次浊入读高平调的主流情况进行了蚕食。

第二，全浊入读为低降调 31 是贵州西南官话的主流，但是"席"在九溪屯堡老派中却读作中平调 33，这说明在过去清入读中平是主流，有吞噬全浊入声字的情况。

综合上述两点不难发现，尽管屯堡方言亦属于西南官话的范畴，但从个别字的不规律对应不难发现，它在历时演变中亦存在着不同的层次。据此，可推测有如下先后次序的演变：

清入、次清入：中平调 33 ＞ 全浊入（个别）：中平调 33 ＞ 全浊入：中降调 31（主流）

另外，结合前述表 1 阴平为高平调 44，去声为高升调 45 的情况，以下情况也值得注意：

第一，通过对多个屯堡村寨的走访调查，发现屯堡方言确实存在着三种不同的声调格局，其中阴平调由三类合并而成：即清平、去声及清入、次浊入。清平和入声读 33 调可谓江淮官话的底层，而以往研究并未注意到今普通话中的去声字在老派屯堡方言中有读高平调 55 或高升调 45 的情况。论著中提到的一般也是四个调类：阴平调 33、低降调 31、中降调 42 及去声调 35，与安顺城区及贵阳大体无二。区别仅在于前者清入、次浊入声字都读 33 调。实际上，去声字读 35 调的大多是发音人本身具有一定的文化水平，基本按照现在通行的西南官话进行诵读。久而久之，其影响力逐渐扩大。笔者在调查过程中设计了非轻声两字组连读变调表进行检验，发现这一现象并未涉及该问题。再者，曾晓渝（2021：190）的调查数据为：阴平（55）和去声（35）[①] 组合时，读音为 44 + 324；去声（35）和阴平（55）、阳平（31）、上声（42）及去声（35）组合时，读音分别是 324 + 44、324 + 43、324 + 44、324 + 35。在连读变调中，去声字并未有读作高平调 44 或 55 的情况。

第二，屯堡 a、b 型的声调演变比较规律，如 a 型中，除表格例字外，全清入和次清入有少部分未到高平调 55，因此去声调也仅是高升到 45；而 b 型中，全清入、次清入都已经演变为高平调 55，因此去声调也相应地到了 55 的位置。

第三，表 1 和表 6 实际上反映了很重要的一个变化，那就是下文还会进一步论及的反映江淮官话的底层调 33 已经受到贵州西南官话的大势冲击，因此，阴平调已经到了44，不难预测，下一步便会与入声字合流到高平调 55 的位置。而 b 型中清入、次清入以及去声调合流到 55 的位置，这说明两个调类都想保持中平调 33 的格局，但在阴平朝着高平调发展的情况下，不免矫枉过正，越是想维持中平的格局，越是跟着现代西南官话走。与此同时，a 型的演变速度稍快于 b 型，即去声不再维持平调的格局，虽是高升调 45，但不难预测，下一步便会如同九溪方言那样，成为与贵州西南官话一致的 35 调。

第四，从去声字读作高平调 55 的情况推断，屯堡方言在过去很有可能也仅有三个

---

① 曾晓渝（2021）的调查中，九溪阴平为 55 调可能与发音人受现代西南官话影响有关，大部分老派仍是 33 调。

调类存在，即阴平33、阳平31、上声43、去声33。其中由于中平调33是强势调，对去声调有很大影响，故而二者合并成一个调类。另外一个有力的证据是笔者结合在安顺生活多年的观察，部分60岁以上的屯堡女性老人，尤其是没有文化或仅有小学文化水平的老女在日常交际中，在很自然的情况下，常将去声字读作中平调33，但如果再与之核实，便会不自觉地读成高升调35。

3. 安顺平坝型

安顺平坝片区汉语方言的声调情况如表7所示。

表7　安顺平坝片区汉语方言声调表

调类	调型调值	中古声调来源及例字
阴平	中平 33	(1) 清平：波都遭歌花追吹 (2) 清入（个别）：一忽 (3) 全浊之外的部分上声：打讨草考小走枕
阳平	低降 31	(1) 浊平：湖如鱼蛇柴崖闲 (2) 全浊入：日活黑核
上声	中降 42	清上、次浊上：短狗缴死纸假奶
去声	高升 35	(1) 全浊上：社户巨柱市雁阵 (2) 去声：练见站吏地次臂

安顺平坝与安顺城区及安顺市另外所辖三个县份镇宁、普定、紫云亦为四个调类，即阴平、阳平、上声、去声，与贵阳城区基本一致。前者的阴平调读为33调，这是其与其他几个方言点不同的特征之一。另外，入声字保留33调的相对较少。全浊之外的上声字有不少两读情形：一为中平33调；一为中降42调。在该方言中，上声字的读法很不稳定。前者以老派为首，后者以新派为代表。另外，双字调中老派的读音亦呈现出不稳定的趋势：①上声字居于词首，一般读作阴平调33，譬如"水泥"读作 suei³³ n̩i³³；出现在词尾，则倾向于读42调，诸如"潲水"为 sau²⁴suei⁴²。这亦是受到现代西南官话的影响所致。新派无论是上声字居于词首还是词尾，均多读为42调，仅少部分单字保留33调。②双字词组中，如其中一个为阴平调的话，则两个语素多读作33调，这是受同化影响所致。这种情形也常见于毕节老派穿青话和兴义普安方言当中。

4. 老派穿青话型

毕节纳雍老派穿青话的声调情况如表8所示。

表 8　毕节纳雍老派穿青话声调表①

调类		调型调值	中古声调来源及例字
阴平	阴平₁	中平 33	（1）清平：窗挑工天衣 （2）次浊平（少部分）：儿毛 （3）清上（部分）：小打口手傻滚 （4）次浊上（部分）：脑老母 （5）清入：竹不壳出扎嗝 （6）次浊入：纳掠墨勒刻客麦 （7）全浊入（少部分）：十学侄
	阴平₂	高平 55	清平：搬香蕉妈圈窝
阳平		低降 31	（1）浊平：蛾河牙麻爬除徒； （2）全浊入（大部分）
上声		中降 41/42	清上、次浊上声：酒改海两斗鸡鸟
去声		高升 35	（1）全浊上：皂道后淡丈上像； （2）去声：匠瞪顺遍暗料报

老派穿青话为四个调类，分别为阴平₁（白）33、阴平₂（文）55、阳平 31、上声 41/42、去声 35。具体来说，主要有这样一些特征：

第一，古平声字因为白与文的缘故分为中平调 33 和高平调 55 两个次类：白读多读中平调 33，如"窗、儿、小、学、侄、壳"等；源于普通话的文读多读高平调 55，如"搬、香、蕉、欢"等。

第二，部分古上声字（含清上和次浊上）亦读为中平调。诸如"小"读作 ςiau^{33}，"草"读作 ts^hau^{33}，"火"读作 xo^{33}，"苦"读作 k^hu^{33}。清上字今读有两个层次。巧的是安顺黄果树老派方言中"苦"有两读：①在"挖苦"中读作 k^hu^{55}，意为讽刺；②在"苦茶、苦涩"等中读作 k^hu^{42}②。尽管①为高平调读法，但在过去很有可能是中平调，因长期与安顺屯堡方言岛脱离，久而久之便随着现代西南官话的调势走了，如今仅个别单字保留白读。

第三，部分古去声跟上声字合流。如"哄"读作 $xo\eta^{42}$，"撞"读作 ts^huan^{42}，"拄"读作 tsu^{42}，"肚_子"读作 tu^{42}。这些常用字在北京话中也有读为上声的情况，二者较为相似。

第四，老派穿青话的入声字在归并上与屯堡方言有相似之处，基本情况是古清声母入声和次浊入声字归入阴平，而古全浊声母入声字今天绝大多数读阳平。这个格局与安徽中原官话相同。例外之处为个别字仍读阴平，如上所述很有可能是受过去中平调 33

---

① 老派穿青话以毕节市纳雍县勺窝乡巴雍村和中领镇沙木箐村居多，本次调查以前者为准。穿青人的族源由来，学术界和民间历来有多种说法，最常见的有三种：①土著说；②分支说；③混合群体说。根据摸底调查，老派穿青话的语言系统仍为西南官话，但涵盖有少部分其他官话方言的底层。

② 当地汉人大多是明清时期从江西迁入的汉族后裔，并且有些村民的祖先落脚安顺之后，先定居于屯堡村寨，而后又搬迁到别处的情形亦比较常见。

的包围影响，如"觅"读作 mi³³①，"实"读为 sʅ³³。

总的来说，老派穿青话、平坝话及屯堡方言都有阴平、阳平、上声及去声四个不同的调类。不过，老派屯堡方言则没有高平调 55 和去声调 35。除清入字归阴平调 33 外，现在普通话中的上声调在老派穿青话与平坝乡镇汉语方言中部分读作高降调 41。譬如"河口 xo³¹kʰi əu⁴¹""河底 xo³¹ti⁴¹""野狗 iɛ⁴¹ki əu⁴¹"。但由于与 42 调没有音位对立，故属自由变读。

5. 岑巩型

黔东南州岑巩县汉语方言的声调情况如表 9 所示。

表 9　黔东南州岑巩县汉语方言声调表②

调类	调型调值	中古声调来源及例字
阴平	中平 33/ 低降升 213	（1）全清平：山生公中兼
		（2）全浊平、全浊上、次浊去（三类为个别情况）：是又市样旋
		（3）全清去、次清去：退去印照政应线
		（4）全浊入、次浊入、全清入（三类为个别情况）：没玉叶物约
阳平	低降 31	（1）全浊平、次浊平：和原沿涵吃谈
		（2）全清入、次清入：吃得伯色铁说
		（3）全浊入、次浊入（大部分）：局学月六莫育
上声	中降 42	（1）全浊上（个别）：我
		（2）全浊上之外的上声（大部分）：可以早准五
阴去	高升 35	（1）次清上、次浊上：企~业撸~袖子将衣袖卷起整
		（2）全清去、次清去：气贵放细最漂晒
		（3）全浊上：善是舅下~来
		（4）全浊去：大艺校定病
		（5）次浊去：漏万又
阳去	中平 33	（1）全浊上：部是
		（2）全浊去：惠系步治病旧上~班、~去
		（3）次浊去：漏位为

从表 9 可看出如下几点：

第一，岑巩的声调类型有五个，与中西部汉语方言相比最为明显的表征是清声母去声部分为阴去，浊声母去声部分为阳去。实际上，不少清去和个别次浊去字又可自由变读为阴平调 33，诸如"病"等。与此同时，阴平调 33 的来源也颇为复杂，不仅有清声母平声字，而且亦包括：①全浊入、次浊入、清入；②个别全浊平、全浊上、次浊去；③清去。

---

① "觅"在老派穿青话中白读为 min⁴²，是一个高频词。

② 调查地点为岑巩县思阳镇亚坝村，调查者年龄为 32 岁，大学本科文凭。

结合上文论述，清声母平声字以及清去、个别次浊入声字对应中平调 33 较为常见，并且个别全浊入、全浊平都受到一定的同化。这亦说明在过去中平调 33 为强势调，在不同地区对中古调类的影响不尽相同。除此之外，一个双音节词中，如果前者为阴平调 33，后者为去声字，通常后者也倾向于读 33 调。这是成规律的后字变调。

第二，阴平调不仅可以读作 33 调，而且亦可自由变读为 213（这种情形仅限于清平字）。那么底层调到底是 33 还是 213？本文认为中平调 33 为底层调。理由详见下文关于"中平调 33"的讨论。

第三，除"没"① 字读作 35 调，与周边黎平 24 调较为相似外，该地少部分入声字派入阴平，大部分与阳平合并，读作 31 调。这种情形仍见于天柱县渡马镇盘龙村，仅"没"为中平调 33，"屑_{头皮~}"为高平调 55。这与现代西南官话相符。

综上，新派虽然保留有老派的读法，诸如阴平调保留 33 或 213 的读法，但也受到现代西南官话的影响，发生了一些新的变化：①大部分入声字读作阳平。这与黎平方言不同；②阴平调 33 的来源较多，涉及现代普通话的不少去声字，这与老派屯堡方言有相似之处。这说明 33 调在当地是一个强势声调，很有可能新派中的阴去调 35 是后面分化出来的。同时，阴平和阳去均为 33 调，说明该方言的底层调分阴去与阳去，只不过浊去派入阴平。

（三）小结

贵州汉语方言的声调类型如表 10 所示。

表 10　贵州汉语方言的声调类型②

调类	五调型				四调型				
	屯堡 a 型	锦屏南区型	平塘型	都匀型	贵阳城区型	屯堡 b 型	平坝型	老派穿青话型	岑巩型
平	阴平 44	阴平 324	阴平 33	阴平 33/55	阴平 55	阴平 44	阴平 33	阴平 33/55	阴平 33/213
	阳平 31	阳平 31	阳平 41/45	阳平 53/51	阳平 31	阳平 31	阳平 31	阳平 31	阳平 31
上	上声 43	上声 42	上声 24/35	上声 35/45	上声 42	上声 43	上声 42	上声 41/42	上声 42
去	去声 45	去声 35	去声 35/21	去声 13/21	去声 35	去声 55	去声 35	去声 35	阴去 35；阳去 33
入	入声 55	入声 24	入声 31/41	入声 42	—	—	—	—	—

从表 10 可以看到贵州汉语方言的声调类型以五调型和四调型为主。二者的共同特点为都有阴平调 33，这是明清以来汉族移民方言的底层调。其分布范围较广，并在今天较为偏远一点的地方仍有保留，这是难能可贵的。另外，屯堡（屯堡 a 型）、锦屏、

---

① "没"是黔东南地区的高频词，当地一般不说"没有"或"不"。
② 平塘型的部分调类提供了两个调值，后者为李华斌（2017）之调查数据。

平塘、都匀四地还有独立的入声系统，尽管入声韵尾已经消失，但仍自成一类。不过，在平塘方言中亦有入声归阳平的趋势，说明现代西南官话已在逐步渗入。

三、贵州汉语方言声调格局的成因

从上述典型声调格局的分析中可发现，在贵州中部、西部、东部及南部地区存在入声调、去声调及阴平调的演变问题。以下将分别阐述之。

（一）入声调的分合问题及成因

从目前掌握的数据看，入声字的演变具体来说主要有这样一些类别：①贵阳城区型，读音为 31 调[1]；②老派屯堡 c 型，读音为 33 调；③锦屏南区型，读音为 24 调；④大柱远口镇酸汤话型，读音为 55 调；⑤都匀市区型，读音为 42 调；⑥晴隆喇叭苗人话型，读音为 13 调。其中④和⑥都可比喻为当地苗人说汉语方言的"洋泾浜"。

当贵阳的入声调消失，派入浊平当中读作 31 调时，其他各地州市的方言也相应地发生了一些变化。这尤以安顺所辖镇宁、普定及平坝等县的表现最为明显。其中镇宁县最为明显的特征是个别清入字读为阴平调 55，譬如"不""一"；而安顺城区"一"并不读阴平调。也就是说，这与安顺城区有同有异。并且在这三个县当中，尤以平坝消失得最为彻底，仅有"一"仍读 33 调。可以说，贵阳城区包括安顺等地在内的黔中地区入声字同阳平字合流的情况符合西南官话的主流音变。

老派屯堡方言和老派穿青话基本是清入、次浊入派入阴平调 33 中，二者高度一致。略微有区别的是在后者中仅少部分次浊平，如"儿""毛"，以及少部分全浊入，如"十""学""侄"等，亦读作阴平调 33。曾晓渝（2021）将屯堡方言与安徽固镇汪庄子中原官话的古清、次浊入声归调异同进行了系统的比较，认为二者清入、次浊入声均在 90% 以上归阴平，二者一致，规律性很强。但是，据笔者的摸底调查，老穿青人大部分来自江西，而在清入、次浊入声的归并上与老屯堡方言出奇一致，且据一位将近百岁的女性老穿青人介绍，几十年前在毕节织金、纳雍一带，穿青人几乎都是一口纯正的"老版腔"，甚至包括兴义普安等地在内。这从由普安嫁到当地多年的女性老人口中再次得到了印证。因此，很有可能，在元末直至明清时期移民而来的汉人，多数来自江西九江一带，其方言属于江淮官话黄孝片。

锦屏南区包括河口乡及黎平在内的入声字读作 24 调，则是受到湘语底层的影响。因为从地理位置上看，黎平一带与湖南较为接近，历史上也曾归属湖南管辖。《贵州省志》所载："贵州大部分地区属夔州路，正州甚少，绝大部分是羁縻州，除夔州路而外，荆湖北路所属的辰州、沅州、靖州辖及黔东，但治所均在今湘西地区，只控制贵州

---

① 有些学者可能会标注为 21 调，这仅为调查者的习惯记音问题，并不涉及本质。

东部边缘。广南西路的融州及庆远府辖及贵州东南部边地。潼川路的泸州泸川辖及黔西北一隅。除此之外，在贵州的西部、南部建立了许多少数民族政权。"（贵州省地方志编纂委员会，1985：15）李蓝（2009）指出黎平方言从音系整体看与长沙话比较接近，可看作湘方言与西南官话之间的过渡方言；而据鲍厚星（2006）的研究，长株潭小片的声调模式则是：阴平33、阳平13、上声41（或42）、阴去45（或55）、阳去21（或11）、入声24。

天柱远口镇酸汤话大部分入声字与上声字合流，读作55调，与周边凯里及湖南怀化市漠滨点和远口点的酸汤话上声字一致。既然天柱和湖南怀化都有酸汤话，而且又都有相似的成分，那么我们不禁要问二者之间有何关联？一方面，天柱毗邻湖南怀化，并且在过去属于湖南管辖，历史上湖南和贵州大致是以清水江为界；另一方面，据天柱说酸汤话者陈述，他们亦是由湖南迁徙而来，且家庭住址离湖南会同县蒲稳乡很近。由此，就不难理解二者合流的缘由了。刘宗艳（2014：7）对酸汤苗人的籍贯进行了考证，认为："酸汤话人继续西迁至贵州西部、四川、云南等地，说明湘语在西部地区有一个逐渐演变的过程。"

都匀市区包括黔南的独山等地入声字为42调，这与福泉的上声字一致。由此说明都匀等地入声字消失以后，受福泉上声字读法的影响颇深。同时，几个方言点之间形成了错综复杂的交互关系。另外，这种关系还见于龙里的上声字与独山及都匀市区的阳平字一致，而入声字却与福泉相同，同贵阳话一致。五个方言点中，相对没有特色的要数福泉。这亦说明该地方言的演变速度相对较快。

晴隆喇叭苗人话与独山县黄后乡多乐村的入声字为低升调13。前者的读法与湖南酸汤话藕团点的读法一致。吴伟军（2017：8）结合民国葛咏谷《郎岱县访稿》中所载："古之荆蛮亦以明初移居来之……楚地人初到与苗争，用竹芭摺护身，当时谓之'攘（朗）芭摺（贼）'，多呼那巴子，盖转音也，二区多有之"，并立足于语言学的视角对"攘笆"进行了考证，认为其是一种湖南城步苗族使用的武器，前端装有梭镖刀头，左右有弓形挡把，上有耙齿。也就是说，"攘笆"具有盾牌的作用，能够抵御滚石的攻击。"老巴子"这个称呼来源于族群迁徙时期，湖广兵士在与当地土著相互斗争的过程中，土著用其武器或某种用具来代称之。这也从另一角度再次印证上文所述湘语在黔东南甚至包括黔西都留下了一定的印迹。但是，独山县黄后乡多乐村，从地理位置上看并不接近湖南怀化，与兴义晴隆相隔甚远，仍读低声调的原因还有待进一步考证。

（二）去声调的分合问题及成因

去声字的演变类型主要有如下几种：①贵阳城区包括安顺等地的黔中广大地区，黔东南的锦屏北区、南区，镇远及黎平部分区域为高升调35；②黔东南凯里、锦屏河口乡及丹寨为低升调13；③黎平另有部分区域为高降调53；④黔东南岑巩和天柱远口酸汤话去声字分出阴去和阳去，其中阴去为高升调35，阳去为中平调33。另外，①和②

很有可能是不同记音人的记音差异所致，其读音符合现代西南官话的主流演变趋势。本节重点讨论③和④。

黎平去声字的读法与丹寨、独山和都匀市区的阳平字及其龙里的上声字一致，都为高降调53。从地理位置上看，后四者是毗邻关系，因此阳平字读音都比较统一；而黎平及龙里相距甚远，因此黎平的去声读法不可能是受到龙里上声字的影响所致。那么探寻答案的突破口仍以距离黎平较近的湖南怀化靖州县入手。查阅《靖州县志》（湖南省靖州苗族侗族自治县县志编纂委员会，1994）获悉当地汉语方言有四个声调，分别是：阴平34、阳平13、上声31、去声54。也就是说，黎平去声字的读法与靖州片区的去声字读法大体契合。

黔东南岑巩和天柱远口酸汤话①去声字分出阴去和阳去的读法，很有可能前者是受天柱周边酸汤话的影响所致，而天柱等地的酸汤话结合上文所述移民迁移史又与湖南藕团点、三锹点等地去声分阴阳密切关联。贵州黔东南的此种情况与方言接触的逐步扩散有关。

另外，本次调查对象还涉及屯堡村寨迁往城镇居住的部分中老年屯堡人。由于长期居住在市区或非屯堡村寨，他们的去声字读法往往很不稳定。这尤以文化水平不高的女性老人表现最为明显。在第一遍自然交流的语境中，她们往往倾向于读成33调或45调；如再重复时，便极不稳定了；而具有一定文化水平的男性，几乎都会读成35调。这说明文化水平较高的男性其乡音演变速度要高于文化水平不高的女性。

（三）阴平调的多源性及调值变化的成因

阴平调目前主要有如下一些类型：①以贵阳和安顺城区等为代表的黔中为高平调55；②平坝片区型、屯堡 c 型、平塘型、都匀型（老派）为中平调33；③屯堡 a、b 型为高平调44；④纳雍老派穿青话有高平调55和中平调33；⑤锦屏北区、南区及镇远的是低降升调324；⑥岑巩则是中平调33和低降升调213自由变读；⑦兴义晴隆喇叭苗人话读作高平调44②；⑧天柱远口酸汤话为低升调13。

从来源上看，阴平调的分合问题也颇为复杂。如表11所示。

---

① 据李华斌、罗艳春（2018）的研究，该方言声调类型为：阴平32、阳平213、上声55、阴去13和阳去33。笔者对天柱竹林镇杨家村和新寨村的调查，发现与之有一定的差异，分别是：阴平33、阳平31、上声42、阴去13和阳去33；阴平33、阳平₁31（文读）、阳平₂41（白读）、上声42、阴去13和阳去33。

② 该地老派为中平调33，虽然中平调33和高平调44仅相差一个高度，但从整个音位系统看，这已可以说明该方言受现代西南官话影响较大，这一点与屯堡方言出现的新变化有相似之处。

表 11　贵州汉语方言阴平调类的来源

来源	调类调值	方言
①全清平，②次清平	阴平调 44	安顺杨武、旧州方言（屯堡话 a、b 型）
①全清平，②全清入，③次清入，④全浊入（个别），⑤次浊入	阴平调 33	安顺大西桥方言（屯堡话 c 型）
①全清平，②次清平，③次清入（个别），④全浊之外的部分上声	阴平调 33	平坝汉语方言
①全清平，②次清平	阴平调 33	平塘方言
		都匀方言
①全清平，②次清平，③全浊平（少部分），④次浊平（少部分），⑤全清入，⑥全浊入（少部分），⑦次浊入	阴平调 33/55	纳雍老派穿青话①
①全清平，②次清平，③全浊平（个别），④全浊上（个别），⑤次清去（个别），⑥全清入（个别）	阴平调 55	黔中汉语方言②
全清平	阴平调 324	锦屏南区（锦屏话）
①全清平，②全浊平（个别），③全浊上（个别），④次浊去（个别），⑤全清去，⑥次清去，⑦全清入（个别），⑧全浊入（个别），⑨次浊入（个别）	阴平调 33/213	岑巩（岑巩话）
①全清平，②次清平，③次清上（个别）	阴平调 44	晴隆喇叭苗人话
①全清平，②次清平	阴平调 55	独山黄后乡多乐村（独山话）
	阴平调 33	

1. 中平调 33

结合上文表 9 及表 11 的调研数据，值得注意的问题如下：

第一，中平调 33 为底层调，理由为：①西南地区的移民大多源自明清时期的江淮一带。除屯堡人的家谱记载外，曾晓渝（2021）结合《中国明代档案总汇》对贵州都司军官籍贯作了一定的数理统计，得出威清卫、平越卫、安南卫三卫军官中来自南直隶③的占主流的结论。也就是说，当时通行的官话应是以南京话为代表的江淮方言；②清平调读为平调符合贵州西南官话的演变规律；③结合现代贵州中西部方言清平字都读作平声的共时分布情况看，213 调显然是变调。除此之外，很有意思的是在贵州安顺东郊湾子村④仡佬

---

①　老派青话与平坝汉语方言最为接近。

②　这里指除屯堡村寨以外的大部分贵阳、安顺片区汉语方言。

③　明朝的南直隶范围很广，与今天的江苏、安徽和上海两省一市相当。移民方言很有可能是以南京为中心的江淮官话为主。

④　该村毗邻汉族村寨关脚村和头铺村。尤其是后者为典型的屯堡村寨（村落按照明代移民进入安顺城的次序依次进行命名）。该语言声调类型为：阴平 55（文读）和 33（白读）、阳平 31、上声 42、去声 35 五个调。

语的汉语借词中，但凡今安顺读为高平调的词语，一律对应为中平调33，这正与元代以来的共同语调值吻合（张玉来，2010）。这再次从侧面佐证了以上观点。

第二，阴平调33涵盖了贵州不少方言点，从现有分布情况看，在过去其应是强势声调。这种情况除安顺平坝、屯堡村寨以外，还见于毕节市纳雍县的老派穿青话，以及兴义普安，黔东南州天柱、岑巩、黎平等县。因此，该调类的形成较为久远。这有文献材料可作佐证。明末《西儒耳目资》对当时的汉语声调作了这样生动的描写："清平无低无昂，在四声之中。最低曰浊，次低曰上。清平不高不低，如钟声清远。浊平则如革鼓咚咚之音。旅人所知如是，恐于五方，未免有一二不相合耳。不高不低之清平，极高之去声，次下至上声，次高之入声，极低之浊平。其上其下每有二，最高曰去，次高曰入……清平不低不昂，去、入皆昂，上、浊皆低。"（金尼阁，1957：120）结合该文献，杨福绵（1995）、鲁国尧（1985）、曾晓渝（1992）及封传兵（2014）都对此进行了构拟，具体见表12。

表12　明代官话的音系构拟①

音系	调类				
	阴平（天声）	阳平（人言）	上声（雨水）	去声（万岁）	入声（百业）
杨福绵（1995）	55	21	42	34	534
鲁国尧（1985）	33	131/121	31	34	424
曾晓渝（1992）	33	24	22	34	34
封传兵（2014）	33	21	42	35	24

从贵州汉语方言的分布情况看，本文认为封传兵的构拟与之更为相符。贵州汉语方言的阴平调33真实地反映了明清时期的底层方言。从上述安顺东郊湾子村仡佬语的汉语借词中可窥一斑。这说明在较早的历史时期内，当地的少数民族便与汉族人民交往密切。

第三，阴平调33的底层调在贵州汉语方言中为强势调，而这种强势调或许在明清之际包括现在，已有将上声字或去声字吞并的情况。这从曾晓渝、鲁国尧对上声、去声字的构拟中可再次印证。本来上声调34与贵州上声字读为33调的情况就很相似，而曾晓渝对上声字的构拟也是一个低平调。除此之外，曾晓渝对入声字的构拟也是中升调34。这与贵州安顺一带，包括黔东南黎平等县在内的入声字读为低升调（无论是屯堡的全盘保留还是镇宁、普定等县的部分保留）基本一致。

抓住了这三点重要的信息，便不难得出如下结论：

第一，在现代社会经济快速增长的今天，加之交通等基础设施的日益完善，贵阳城

---

① 本表参照了封传兵（2014）和张玉来（2017）的调值构拟整合而成。

区、安顺城区以及镇宁、普定两县的阴平调已由过去的中平调 33 转为高平调 55。这是受到现代西南官话的影响。尤其是省会城市贵阳，在各个历史时期内来黔人员成分都较为复杂，因此，语言演变的速度相对其他地区来说便会更快一些；而其他州市或所辖县份因为受到贵阳强势方言的影响，阴平调由中平调 33 转换为高平调 55 便也在情理之中。换句话说，以安顺地区来说也仅有平坝和屯堡村寨仍保留了明清时期的底层调。

第二，语言接触时间有长有短。时间较短的通常不会对语言或某一方言产生质的影响，但也不乏偶发调整。譬如在临时交流语境中，一方会不自觉地受另一方的影响，带上对方的口音。这种情形也常见于一方对另一方产生好感，有意拉近距离，增强交流效果。一旦交流双方不在一起交流，此种偶发调整则很快消失。不过，如果同一字词的声调变换使用或自由变读较为频繁，势必会干扰到方言持有者对声调特征的范畴性感知。长此以往，方言持有者难免会产生字调音值感知上的混乱。同时，这在一定程度上亦为声调发生接触性变化奠定了一定的语音基础和心理基础。

曾晓渝对明代官话的构拟中，阴平、阳平、上声、去声及入声分别为 33、24、22、34、34；杨福绵的平声和去声为 55 和 34；而鲁国尧的则为 33 和 34。共同点是去声都为 34，与平声 33 调相比，仅略升一度。结合安顺大西桥镇九溪村、旧州镇刘官村等部分老派的三声调分析①，可作两种假设：一种是当时确实存在着五个调类，受同化的影响，双字调在语流中，如前一语素为平声调的话，后语素也倾向于读 33 调。久而久之，阴平调成为一种强势调，吞并了上声调和去声调。九溪等地去声调为 33，而平坝方言和老派穿青话包括普安方言则是上声调被吞并。因为，在听感上 34 调和 33 调差别微乎其微。另一种可能是一开始便仅是三个调类，随着语言的不断演变而产生出五个调类。但是由于受阴平调 33 的强势影响②，去声字和上声字容易产生同化现象③，语音格局再次调整为三个调类，回头演变也是极有可能的。

2. 曲折调 213/324

岑巩和锦屏北区、南区以及镇远在内的阴平字有曲折调 213 或 324，调值上的区别实乃记音人的记音差异所致。其他方言点大多为平调、低升调或中升调，而这些曲折调的出现说明其仍受周边酸汤话的影响颇深。譬如天柱酸汤话江东方言共有五个声调：阴平 32、阳平 213、上声 55、阴去 13 和阳去 33④，其中阳平为曲折调 213。另外，从表 13 中亦可看到，在湖南酸汤话中，诸如藕团点、三锹点等地阳平字的读法也是如此。湖南酸汤话的字调语音格局类型如表 13 所示。

---

① 实际上这属于老派，但因前面的 a、b 型较为稳定，因此本文的屯堡三种声调格局以 a、b、c 型作为基调。

② 有意思的是贵阳花溪、安顺黄果树及安顺黄蜡乡的布依语，甚至是安顺东郊湾子村仡佬语的汉语借词中，清平字或部分清上字都读作 33 调。

③ 这种情形也见于岑巩汉语方言当中，当一个双音节词中，前语素为 33 调的话，后语素若为去声，也倾向于读为 33 调。

④ 参见李华斌，罗艳春. 天柱酸汤话江东方言音系［J］. 黔南民族师范学院学报，2018（6）：37.

表 13　湖南酸汤话的字调语音格局类型①

方言点	调数	阴平	阳平	上声	去声	入声
藕团点（康头村）	六调	33	312	41	阴去 35	13
					阳去 22	
三锹点（凤冲村）	六调	23	312	33	阴去 35	14
					阳去 22	
江口点（地宅村）	六调	13	451	41	阴去 35	312
					阳去 22	
漠滨点（金子村）	五调	13	312	55	阴去 35	—
					阳去 22	
远口点（潘家寨村）	五调	312	51	55	阴去 35	—
					阳去 22	
米贝点（烂泥冲）	五调	55	312	22	阴去 215	—
					阳去 33	

　　表 13 可进一步印证因地理位置及迁移等因素对声调造成的深远影响。这主要体现在两点：①天柱远口镇酸汤话的阴平调为低升调 13，正与地宅村及金子村的一致，而上声字读法和漠滨点、远口点的也吻合；②除酸汤话使用群体之间发生关联外，周边汉族群体也在语言交际过程中有意无意地吸收了部分声调。这体现在除江口点和远口点外，其余地点的阳平字都读作 312，与黔东南岑巩方言中的阴平和阳平字自由变读为 213 的情况很相似；③除外部接触演变外，语言本身在长期的外部环境渗透下，也发生了一些细微的调整。诸如天柱远口镇酸汤话的入声字与上声字合并。其中①和②既是"触变"，也是"同变"。

　　3. 中升调 35

　　据李华斌（2014）的研究，多乐村汉语方言的阴平调 35 是明清以来受布依语的影响产生的，存在着调值相同或相近的情况。多乐村方言阴平调 55 是当地汉语村民的本调，35 调与布依语的接触有关。布依语的第一调、第三调和部分第七调是升调，在汉语与布依语几百年的接触和融合中，多乐村汉语方言的阴平调 35 或是从布依语中借入的。同时，他还参照了吴启禄等《布依语词典》中对"街 ka：i²⁴""书 sɯ²⁴"的记载，认为多乐村的古清声母阴平字"街"kai³⁵"书"su³⁵ 的读法正与作为第一土语区的独山布依语的情况契合。

　　除此之外，这种情形也见于兴义巴结，如"主 su³⁵""尺 çik³⁵"等。据曹广衡（1985）的研究，这应是早期借词。通过对兴义巴结、惠水羊场、贵阳花溪、清镇西南

①　参见刘宗艳. 酸汤话研究［D］. 长沙：湖南师范大学，2014：22 - 29.

及安顺黄蜡五个地区的布依语固有词和汉借词对比，并结合惠水羊场布依语的第二类声调为 13 调的情况分析，认为贵阳汉语阴平调的调值在近数百年中有过变化。这亦与本文所论不谋而合。

总的来说，通过对不同方言区的声调格局的摸底探究，我们可看到在方言之间的相互接触中，由于长时间的深度接触影响，调值、调类及由此引发的字调语音格局都会有显著变化。三者之间是你中有我，我中有你，互为表里的依附关系。

四、结语

本文梳理了贵州中部、西部、东部及南部四大汉语方言区的声调情况，其形成原因主要与明清时期以军屯、商屯、边疆流放等多种形式进入贵州的汉族移民有关。依照大部分地区都有阴平调 33 的共时分布情况以及相关的文献佐证可以推测，该调是明清时期的底层调，而且因地域不同，对上声调或去声调都有不同程度的同化，包括对周边的民族语也是如此。譬如在黄果树布依语、黔东南侗语、苗语的声调系统中，更常见的是民族语借用汉语声调，而其中就有阴平调读为 33 调之情形。再如天柱县竹林镇老派酸汤话的阴平调 33 亦是如此。笔者通过对当地方言的声母、韵母系统的摸底调查发现，酸汤话更多的是保留了赣语的底层。此内容将另文讨论。

在现代西南官话的影响下，中部保留完整的当属屯堡方言，其余安顺市所辖县份也仅体现在个别清入和次浊入声字上有所保留。西部以老派穿青话独树一帜，尤其是毕节纳雍一带，地处偏远，个别老穿青人还能保留纯正的"老版腔"。东部和南部则由于地理位置的接近，二者盘根错节。也就是说，无论是从文献资料还是实际田野调查来看，都充分证明了明清时期入黔移民规模之大。如文中提及的安顺屯堡村寨，以及兴义普安（当地有个地名直接叫江西村），甚至黔东南天柱等地都有不少军屯的遗址。因此，本文认为 33 调作为底层其能够在各地声调系统中得以留存的原因与明清时期移民规模之大、范围之广密切关联。尤其是方言岛或者稍微偏远一点经济不发达的地区亦保留较为完整。

另外，入声字和去声字的演变类型也体现出因地理位置或民族迁移等因素而导致了外部接触演变和语言自身的内在适应调整。黔东南锦屏及黎平等地的入声读作 24 调则是与湘语底层有关。一方面，从历代行政区划上，有文献可查当地的确曾归属湖南管辖；另一方面，在地理位置上，黎平一带与湖南靖州相距不远。明清时期，从靖州迁移到黎平的汉人亦有不少。而天柱远口镇酸汤话的入声字与上声字合流，读 55 调，则是因他们是从湖南迁徙而来，且与湖南会同蒲稳乡很近的缘故。都匀等地的入声为 42 调，与福泉上声一致，实乃地理位置毗邻而读音趋同。本文对独山县黄后乡多乐村的入声字读作 13 调的情况的论述稍微薄弱，此部分内容还需要进一步的探讨。

总之，方言间的深度接触，一开始由于方言持有者字调音值的不稳定，易造成接受的一方在感知层面上产生混乱，当由个例逐渐扩展为普遍使用，并且固定下来时，深层的语言接触便已发生。因此，由对语言结构特征范畴感知的混乱与变化，导致语言结构的重新分析亦是不可忽略的又一重要现象。

参考文献

[1] 鲍厚星. 湘方言概要 [M]. 长沙：湖南师范大学出版社，2006.

[2] 曹广衢. 从布依语的汉语借词探讨贵阳汉语阴平调值的历史变化 [J]. 贵州大学学报（社会科学版），1985（1）.

[3] 封传兵. 明代南京官话的语音系统及其历史地位 [J]. 中南大学学报（社会科学版），2014（4）.

[4] 贵州省地方志编纂委员会. 贵州省志·地志：上册 [M]. 贵阳：贵州人民出版社，1985.

[5] 胡翯. 民国镇宁县志 [M]//《中国地方志集成. 贵州府县志辑》编委会. 中国地方志集成：贵州府县志辑. 成都：巴蜀书社，2016.

[6] 湖南省靖州苗族侗族自治县县志编纂委员会. 靖州县志 [M]. 北京：生活·读书·新知三联书店，1994.

[7] 黄培杰. 道光永宁州志 [M]//《中国地方志集成. 贵州府县志辑》编委会. 中国地方志集成：贵州府县志辑. 成都：巴蜀书社，2016.

[8] 黄元超. 贵州苗夷丛考 [M]//季羡林，苏晋仁，徐丽华. 中国少数民族古籍集成：汉文版. 成都：四川民族出版社，2002.

[9] 金尼阁. 西儒耳目资 [M]. 北京：文字改革出版社，1957.

[10] 李华斌. 独山县黄后乡多乐村方言音系 [J]. 黔南民族师范学院学报，2014（1）.

[11] 李华斌. 贵州平塘方言的同音字汇 [J]. 贵州民族大学学报（哲学社会科学版），2017（4）.

[12] 李华斌，罗艳春. 天柱酸汤话江东方言音系 [J]. 黔南民族师范学院学报，2018（6）.

[13] 李蓝. 西南官话的分区（稿）[J]. 方言，2009（1）.

[14] 刘宗艳. 酸汤话研究 [D]. 长沙：湖南师范大学，2014.

[15] 刘祖宪. 道光安平县志 [M]//《中国地方志集成. 贵州府县志辑》编委会. 中国地方志集成：贵州府县志辑. 成都：巴蜀书社，2016.

[16] 龙异腾，吴伟军，宋宣，等. 黔中屯堡方言研究 [M]. 成都：西南交通大学出版社，2011.

[17] 鲁国尧. 明代官话及其基础方言问题：读《利玛窦中国札记》[J]. 南京大学学报（哲学社会科学版），1985（4）.

[18] 钱曾怡. 汉语官话方言研究 [M]. 济南：齐鲁书社，2010.

[19] 黔东南州地方志办公室，黔东南方言志 [M].成都：巴蜀书社，2007.

[20] 涂光禄，杨军.锦屏县汉侗苗语方言志 [M].贵阳：贵州大学出版社，2008.

[21] 涂光禄.贵州汉语方言特色词语汇编 [M].贵阳：贵州大学出版社，2011.

[22] 吴伟军.贵州晴隆县长流喇叭苗人话研究 [D].西安：陕西师范大学，2017.

[23] 杨福绵.罗明坚、利玛窦《葡汉词典》所记明代官话 [J].中国语言学学报，1995（5）.

[24] 曾晓渝.明代南京官话军屯移民语言接触演变研究 [M].北京：商务印书馆，2021.

[25] 曾晓渝.《西儒耳目资》的调值拟测 [J].语言研究，1992（2）.

[26] 张玉来.《中原音韵》时代汉语声调的调类与调值 [J].古汉语研究，2010（2）.

[27] 张玉来.明代官话声调系统及其音变特点 [J].汉语史与汉藏语研究，2017（2）.

[28] 郑伟.边界方言语音与音系演论集 [M].上海：中西书局，2016.

Analysis of Tone Patterns and Tone Evolution of Guizhou Immigrant Chinese Dialects after the Ming and Qing Dynasties

YE Xiaofen

【Abstract】 This paper reviews the main tone evolution types of Guizhou immigrant dialects since the Ming and Qing dynasties, as well as the causes and mechanisms involved. Based on synchronic distribution and documentary evidence, the following conclusions can be drawn: ①There are four types in the evolution of rusheng （入声） words: 31, 24, 42 and 55 tone. ②The tone types of qusheng （去声） words include quanzhuoshang （全浊上）, qusheng with a high pitch of 35, high drop 53, as well as yinqu （阴去） 35 tone and yangqu （阳去） 33 tone according to the voiceless and voiced initial consonant. ③Yinping （阴平） comes from a complex source. There are five pronunciations: 33, 213 （includes 324）, 13, and 55 and 35 tones. The first three types of rusheng words belong to the evolution of internal contact, while the 55 tone belongs to the evolution of external contact between dialects in modern times. The different pronunciations of qusheng words are association with Xiang （湘） dialect, including the surrounding Suantang （酸汤） dialect. Yinping 33 tone is the underlying tone in the Ming and Qing dynasties, and different regions have different assimilation effects on tones of shangsheng （上声） or qusheng. Twists and low rising tones are still closely related to Suantang dialect. Yinping which divides into high flat and middle rise that is closely related to the borrowings from the surrounding ethnic languages. This is another example of the profound effects of location and migration.

【Keywords】 immigrant dialect, tone pattern, language contact, phonetic evolution

潮州方言阴阳入 a 韵字的来源及本字考释

章露丹①

（中国电信股份有限公司潮州分公司　广东潮州　521000）

【提　要】所谓阴阳入 a 韵字，指的是来自阴声韵潮州读口音的 a、来自阳声韵潮州读鼻化音的 a 以及来自入声韵潮州读促音的 a 三个发音相近可以互押的韵母。潮州方言阴阳入 a 韵字来源的研究前人已经有不少成果，但仍不够全面。因此在前人研究成果的基础上，结合古今词语之音义关系和汉语语音发展规律，共考证潮州方言本字 41 个，并从考证的本字中进一步探讨阴阳入 a 韵字的来源，对本字研究工作和汉语语音史研究都有一定价值。

【关键词】方言本字　考证　潮州方言

一、引言

方言本字考有助于认识方言词语的古今不同形式，提供汉语词汇史信息，并为汉语语音史提供古今语音演变的个案材料，同时有利于促进辞书编纂。

潮州方言是形成较早的属于闽南方言的次方言，它不但保留了较多的古音特点，而且还保留了很多古语词（李新魁、林伦伦，1990），潮州方言本字考证虽然已有部分研究成果，但仍存在许多"有音无字"，无法写出的本字；或者用同音字、方言字、训读字代替，缺乏规范性，本文将对这些潮州方言字词进行考证。林伦伦《澄海方言研究》（1996）、张盛裕《潮阳方言的文白异读》（1979）对《广韵》韵部与潮州方言中的澄海话和潮阳话的韵母读音都作了比较，这些材料对研究潮州方言声韵的来源无疑提供了很有益的帮助。本文是在参考上述文章的基础上对潮州方言 a 韵字的来源作进一步的探索研究和本字考释，并对缺漏部分进行补充。考释本字应从该字的音、形、义入

---

①　章露丹，1992 年生，女，广东电信潮州分公司职工，毕业于韩山师范学院中文系。

手，并结合文献材料进行。《广韵》音系和现代方言音系有着直接相承的联系，各地方言的字音一般能在这个音系里找到相应的音韵地位，方言的音类能与这个音系形成对应关系（游汝杰，2016）。本文结合潮州方言声韵的古今对应关系，创建阴阳入 a 韵来源表，再结合要考证的某字的潮州方言读音与意义，从《集韵》《广韵》《说文解字》等相关古代字书的注音和释义中找出方言词的本字。本文的潮州方言注音以能比较清晰地反映不同音韵地位的老派府城音为依据。本文考释本字的体例是：以方言本字及读音为标题，标题下的正文列出潮州方言的义项并举例（[ ] 为例证解释），之后再运用文献材料讨论方言本字。文章一律采用国际音标宽式标音，声调采用调值标记法，连读变调标记时省略本调。以"□"加标方言读音的方式表示未考证出来的本字，以⌣表示合音字，< >表示词性。

二、本字考

1. 爁 [na³⁵]

爁，烧火。例如民谣："灶前爁火灶后熏，毋是姻缘毋对君，日昼无食确苦忍，暝昼无被盖腰裙。"（日昼 dzit⁵kua⁻²¹：白天；暝昼 mẽ⁵⁵kua⁻²¹：夜晚）《广韵》上声敢韵卢敢切："爁，火爁。"《玉篇》："火焱行。"《淮南子·览冥训》："火爁焱而不灭。"明·贾仲名《萧淑兰·第二折》："将韩王殿忽然火爁，蓝桥驿平空水渰。"谈韵读 [a]在潮州方言中有相关字证，例如：担 [ta³³]、淡 [ta³⁵]、篮 [na⁵⁵] 等，音义皆合。

2. 搏 [pʰaʔ¹]

搏，搏斗，对打。本字应作"搏"。例如民谣："生母添饭蜀饭瓯，后姨添饭蜀匙头，生母搏团用麻骨，后姨搏团掏 [hoŋ²¹³砸、抛] 樵头。"

在古代汉语文献中，"搏"意为搏斗，对打：①"吾二人不相说，士卒何罪？屏左右而相搏。"（《谷梁传·僖公元年》）②"晋侯梦与楚子搏。"杜预注："搏，手搏。"（《左传·僖公二十八年》）③"搏牛之虻，不可以破虮虱。"（《史记·项羽本纪》）

搏 [pʰaʔ¹]，《广韵》入声铎韵匹各切："搏，击也。"在潮州方言中，铎韵读音主要是 [ak]。读 [aʔ] 是塞音韵尾弱化的现象。王力（2010）认为入声韵尾 [p] [t][k] 在没有消失以前，大约是先经过合并为韵尾 [ʔ] 的阶段的。潮州方言铎韵也有个别字读 [aʔ]，可以互证。例如："头各错兀 [tʰau⁻¹²kaʔ⁻³tsʰaʔ⁻⁵ut⁵]将头各错开一边睡觉" 中的"各"和"错"、"讬汝暨伊导托你跟他说" 中表示托寄或托付的"讬 [daʔ¹]"。[1]

另外，潮州方言"搏"与"拍"同音都读作 [pʰaʔ¹]，在潮州方言中不同字义的本字写法不同，这里要注意搏与拍字义的差别。拍是用手掌打之意，例如："一手独拍，

---

[1] 各，《广韵》："古落切。"讬，《集韵》："闼各切。"《说文》："寄也"。暨 [kai¹¹]，译为跟、向、把、给。《史记·卷六·秦始皇本纪》："地东至海暨朝鲜。"《集韵》："居拜切。"

虽疾无声。"（《韩非子·功名》）因此在潮州方言中，当 $[p^ha\mathpzc{1}^1]$ 意为掌击时应当写作"拍"，例如：拍朒［鼓掌］、拍球、拍骹腿［拍大腿］、拍板等。当 $[p^ha\mathpzc{1}^1]$ 意为搏斗、对打时，写作"搏"，例如：相搏 $[\mathpzc{ci\varepsilon}^{-23}p^ha\mathpzc{1}^1]$。

3. 皅 $[pa^{33}]$

皅，花色白。例如民谣："阿嫂送姑松柏跤，松柏开花白皅皅，去时书童担书册，转来姜跤［婢女］担摇篮。"又如《集韵》平声麻韵披巴切："皅，草华之白也。"可见"皅"在古代指花色白。麻韵读［a］在潮州方言中还有相关字证（见表1）。

4. 胉 $[^mba\mathpzc{1}^1]$

胉，指肥肉或肥美的鱼。例如：①"猪胉"表示肥猪肉。②"胉鲫"指一种肉质肥美的豆娘鱼。③"胉蕉"指芭蕉，因肉多、果型肥大故名。④"欧胉 $[sa\mathpzc{1}^{-3m}ba\mathpzc{1}^1]$"表示痴心妄想。段玉裁《说文解字注》："胉，肥肉也。"《广韵》入声屑韵蒲结切："胉，胉奋，肥也。"依《广韵》反切，胉为并母屑韵字，有个别并母字潮州方言读为 $[^mb]$ 声母，例如：龅，龅牙 $[^mba^{-53}\mathpzc{ŋgɛ}^{55}]$。龅在《集韵》中为"蒲交切"。屑韵读［a\mathpzc{1}］在潮州方言中有相关字证（见表1）。

5. 临 $[n\tilde{a}^{11}]$

临，至。例如：①临处① $[n\tilde{a}^{11}ko^{-21}]$，指居住、停留。②临任 $[n\tilde{a}^{-213}\mathpzc{dz}im^{11}]$，指干部在职。

临，《集韵》去声沁韵良鸩切又平声侵韵力寻切："临，莅也。""临"意为到、至。例如：《诗经·秦风·黄鸟》："临其穴。"曹操《步出夏门行》："东临碣石，以观沧海。"

6. 趠 $[ta^{213}]$

趠，表示一跃而上、扑上去。例句：只狗见着主人来欢喜到仓趠佮趠。那只狗见到它家主人高兴得一扑再扑。"趠"解释为跳跃，有古籍用例可作证明。《广韵》去声看韵都教切："趠，趠趠跳貌。"即跳跃貌。又"漆身披发形怪狞，猨狙杂队工趠趠"。（清·黄景仁《平定两金川大功告成恭记》）效摄开口二等看韵在潮州方言中白读主要读［a］，例如：教 $[ka^{213}]$、较 $[ka^{213}]$、豹 $[pa^{213}]$、巧 $[k^ha^{53}]$ 等。

7. 䕡 $[la^{55}]$

䕡苕 $[la^{-12}tau^{55}]$，旧指凌霄花，例如民谣："井底种䕡苕，井面开花廿四抛，阿兄种放阿嫂插，细妹毋敢拗蜀抛。"又："䕡苕䕡苕条，䕡苕条条好搭寮，后生抹粉是本等，老侬抹粉老妖娆。䕡苕䕡苕青，䕡苕青青好搭棚，后生抹粉是本等，老侬抹粉老破家。"

䕡，《广韵》平声豪韵鲁刀切："䕡，野豆"，而凌霄花蒴果细长如豆荚，先端钝，每果含种子数粒，种子扁平，多数有薄翅。在读音上，潮州方言中效摄各等都可读

---

① 处 $[ko^{213}]$：地方、处所。《集韵》："居御切。"

[a] 韵，一等亦然，详见表1。

《康熙字典》："苕，徒聊切。《诗·陈风》邛有旨苕。《疏》苕苕，饶也。幽州人谓之翘，夏生，茎如劳豆而细，叶似蒺藜而青，其茎绿色，可生食，如小豆藿。又《诗·小雅》《苕之华》芸其黄矣。《注》陵苕，一名鼠尾，生下湿水中，七八月中花紫，似今紫草花，可染皂，煮以沐发即黑。"今人谓芦荟为刺篱苕，因其可护发而得名。"苕"在《汉语大字典》中的解释为："凌霄花，又名紫葳。落叶木质藤本。花冠漏斗状钟形，大而鲜艳，桔红色，栽培供观赏，花入药，破血去瘀。"

8. 盍 [kʰaʔ¹]

盍，指太，过。例如民谣："杉做水桶竹箍腰，三尺头毛披肩墙，叫声娘团知仔细，莫担盍重闪着腰。"

古籍中，《庄子·应帝王》："盖（蓋）功天下。"《诗经·小雅·正月》："谓天盖高，不敢不局；谓地盖厚，不敢不蹐。"《资治通鉴》："况刘豫州王室之胄，英才盖世，众士慕仰，若水之归海。"其中的"盖"为胜过，超出的意思。（《康熙字典》载："（盍）隶作盍，通作盖。"《说文》："艹部之蓋从盍会意。训苦，覆之引伸耳。今则蓋行而盍废矣。"）盍，《集韵》入声盍韵辖腊切："《说文》覆也，一曰何不也，亦姓。隶作盍，通作盖。"可见盖字本字应作盍，潮州方言中意为太、过，与胜过、超出意思相近。

9. 唠 [la⁵⁵]

例如：①唠啧 [la⁻¹² tse²¹³]，谓喜欢多言，说话絮絮不休。②冤家唠啧 [uɛn⁻²³ kɛ⁻²³la⁻¹²tse²¹³]，指发生口角。例句：伊侬两人蜀日冤家唠啧。他们两个整天吵架。

唠，《集韵》平声豪韵郎刀切："唠，声也。"豪韵读 [a] 在潮州方言中有相关字证（详见表1），而"唠"有说，谈的意思。唐·贯休《四皓图》："何人图四皓，如语话唠唠。"宋·释正觉《偈颂七十八首》："菩萨区区于进修，诸佛唠唠于演说。"音义皆合。

10. 飂 [la¹¹]

飂，于阴凉处让风吹。例如：①例句：块腊肉吊伊飂。那块腊肉吊起来让它风干。②童谣："睛盲敲铙，树下飂凉，橄榄斫橛，咸菜配糜。[敲铙：盲人敲钟；斫橛：剁成两半]"

飂，《集韵》平声萧韵怜萧切："飂，小风也。"《玉篇》："风也。"晋·陆机《羽扇赋》："翩媥媥以微振，风飂飂以垂婉。""飂"意为风势微弱，潮州方言中用作动词，破读为去声 11，意为被风吹，让风吹。（如"风"用作动词，普通话也是由平声 [fəŋ⁵⁵] 破读为去声 [fəŋ⁵¹]，意为"吹"）

11. 撩 [la³⁵]

撩，用棍子拨、搅。例如：①民谣："新娘行来撩潘缸，早生贵子坐琴堂，夫妻偕老两百岁，白发相守齿跤黄。"②熟语："俞撩俞生泡。谓事情越搞越乱。"也引申为挑拨、鼓动，例句：此里底硬乎有侬著撩苗。这里面一定有人在搅局。《说文》："理也。一曰取物也。拢取物为撩。"《魏志·庞德传》："但持长矛撩战。"韩愈《次同冠峡（赴阳山作）》："猿鸟莫相撩。""撩"意为挑弄。《广韵》上声筱韵卢鸟切："撩，抉也。"萧韵读［a］在潮州方言中有相关字证，例如：飋、脅①等，音义皆合。

12. 若［na⁵⁵］（或变音为［a⁵⁵]）

若，〈连〉假如；如果。例如民谣："骂声叔姆盍糊涂，无端掠妹嫁腰疴，此亲若是毋去退，好花插在牛屎衰。［衰：pu⁵⁵堆]"

若，《广韵》平声麻韵："若，蜀地名，出巴中记。人赊切又惹弱二音。"又"而灼切：若，如也"。潮州方言读书音用而灼切，而日常口语多用人赊切，上古日母归泥（唐作藩，2018），日母读如泥母［n］，麻韵读［a］在潮州方言中有相关字证（详见表1）。而泉漳片表示"如果"的假设连词［na¹¹］本字也为"若"。②"若"在古籍中有如果之意。例如：①"若反国，将为乱。"（《史记·赵世家》）②"寡人若朝于薛，不敢与诸任齿。"（《左传·隐公十一年》）③"天若有情天亦老。"（唐·李贺《金铜仙人辞汉歌》）音义皆合。

13. 餘［la³⁵]

餘，厌也、腻也、足够。例如民谣："长衫接短衫，开开后门摘雪柑，叫声阿婶汝勿摘，风吹搅落餘汝担。"《集韵》上声马韵女下切："餘，音絮，餍也。"以上均解释为厌。"餘"和上文的"若"均为麻韵读［a］，可以互证。

14. 茶［na?¹]

茶，犯傻、做事不合常理。□□□茶［çi?⁻¹pu?⁻¹sa?⁻¹na?¹]，表示办事、说话没有逻辑性，又蠢又笨，常常犯傻。例句：①其物做事□□□［çi?⁻¹pu?⁻¹sa?⁻¹]茶，怎好叫伊去?那家伙又蠢又笨,你怎么能叫他去? ②汝睨我今日偌茶，侬而解晓来，物件而毋［m⁵⁵，莫、勿、不要］知执。你看我今天不知道犯的什么傻,人是知道该来,而东西却忘了带。《汉语大词典》："茶：发呆、丧失知觉的样子。"郭澄清《大刀记》第十二章："俺爷儿俩又不傻不茶的，还能压着泰山不知重，顶着鹅毛不觉轻?"《说文解字注》："闛，智少力劣也。庄子：'茶然疲役而不知其所归。'郭云：'疲困茶然。'释文乃结反。按茶者，闛之变也。诸韵书皆于荠韵作闛，屑怗韵作茶，是不知为一字矣。"朱骏声《说文训定声》："𦷾，字亦作茶，假借为闛。"《说文》："闛，智力力劣也。"潮州方言中引申为犯傻、不合常理。《广韵》入声怗韵奴协切："茶，病劣貌。"怗韵读［a?］在潮州方言中有相关字证（见表1）。

15. 晻［hã⁵³]

晻，天色晚，天色昏暗或光线不亮。例如：①民谣："七月趁牛到七仓，同早到晻［从早到晚］无时空，牛皮做衫裈解破，铁做草鞋裈破空。"②熟语："晻而上

---

① 参看林伦伦，李新魁. 潮汕方言词本字研究：兼谈本字考的方法［J］. 汕头大学学报，1990（3）：10.
② 参看洪晓婷. 闽南语三个次方言区疑问代词"偌""若""夥"［J］. 韩山师范学院学报，2021（1）：48.

灯。暗就点灯。"［hã⁵³］是潮州方言疑问语气词"什么"的意思，因与晻同音。

晻，《集韵》上声感韵邬感切："晻，《说文》不明也。"潮州方言中的意义与古义相同，均为阴暗、昏暗，有古籍用例可作证明：①"晻，不明也。从日，奄声。"（《说文》）②"晻，障也。又冥也。"（《博雅》）③"三光晻昧。"（《前汉·元帝纪》）④"日光晻。"（《汉书·五行志》）音义皆合。

16. 执［tsaʔ¹］

（1）执，携带。例如民谣："正月侬营翁，单身娘团守空房，喙食槟榔面抹粉，手执珊瑚去揣［寻］翁。"又如：执目［tsaʔ⁻⁵mak⁵］，表示注意观察。

（2）掌握、控制。例如：执力［tsaʔ⁻⁵lak⁵］，指掌握好自身的力气。

执，《广韵》入声缉韵之入切："执，持也操也。"《诗·周颂·执竞》："执竞武王。"《礼记·曾子问》："执束帛。"《文选·张衡·东京赋》："献琛执贽。"其中"执"为"持，拿"之意。《史记·魏公子列传》："公子执辔愈恭。［执辔：握着驭马的缰绳］"其中"执"为掌握、控制之意。若解释为携带则是拿、持的引申义。缉韵读［aʔ］在潮州方言中有相关字证（见表1）。

17. 縶［tsaʔ¹］

縶，即扎；卷起，折，拉等动作。例如：縶浮［卷起］手裣［袖子］，縶浮裤脚，等等。例句：伊縶浮裤脚去池底掠鱼。他卷起裤脚到池塘里抓鱼。

《诗经·小雅》："縶之维之。"韦应物《洛都游寓》："轩冕诚可慕，所忧在縶维。""縶"在这里是栓，捆，系的意思。潮州方言中将其引申为卷起，折，拉等。《广韵》入声缉韵陟立切："縶，繫马。"音义皆合。

18. 痿瘷［ka⁻²³sau²¹³］

痿瘷：咳嗽。例如：①拍痿嚏［pʰaʔ⁻³ka⁻²³tʰi²¹³］，指打喷嚏。②民谣："蜀个篮饭吊著桁，阿伯食老字后生，稚姆生雅毋敢笑，蜀笑痿瘷搅落牙。［著to³⁵/lo⁵³：表示存在或出现，译为在］"

痿，《集韵》平声肴韵虚交切："痿，痿瘷，喉病。"《正字通》："一说久咳不已，连喘，腰背相引，坐寝有音者。俗名为痿病。"肴韵读［a］在潮州方言中有相关字证（见表1）。

19. 佮［kaʔ¹］

佮，表吻合。例如：佮佮［kaʔ⁻³kaʔ¹］，指刚好；与佮［kiəu⁻²⁴kaʔ¹］、配佮［pʰuɛ⁻⁴²kaʔ¹］，指配合；作料、菜佮［tsʰai⁻⁴²kaʔ¹］，指浇头；相佮插［çiɛ⁻²³kaʔ⁻³tsʰaʔ¹］、相兼佮［çiɛ⁻²³kiom⁻²³kaʔ¹］，指相互调配；合舒佮［haʔ⁻¹su⁻²³kaʔ¹］，指合适。熟语："舒佮著侬，盖被捍风。"意为人各有所好。

佮，《集韵》入声合韵葛合切："佮，合取也。"清代陈昌治刻本《说文解字》："合也。"合韵读［aʔ］在潮州方言中有相关字证（见表1），音义皆合。

20. **及** [kaʔ^{5}]

及，和、跟、同的意思。表偕同对象或关系对象。例如民谣："三更半暝斩物樵，也畏乌熊及老虎，也畏海狗在门跤，也畏樵刀割着手，还畏沤莿 [lau^{-12} tɕ^{h}i^{213}，芦荟刺] 刺姑骹。""及"解释为和、跟、同，有古籍用例可作证明。例如：①"扣其乡及姓字。"（明·魏禧《大铁椎传》）②"女心悲伤，殆及公子同归。"（《诗经·豳风·七月》）③"称病，不肯见王及使者。"（《史记·南越列传》）《广韵》入声缉韵其立切："及，至也逮也连也辞也。"音义皆合。

21. **盍** [k^{h}aʔ^{1}]

盍，表示疑问或反问。例如：①民谣："玫瑰开花将侬迷，高墙怎能断情丝，金真扫窗会文举，盍知谁日再团圆?" [谁日：何日] ②童谣："兄，兄，兄，门跤侬来诶亲情；谁侬爱汝去做姆，盍是山顶老猴精?" [盍：岂、可] 盍，又音 [kaʔ^{1}]。盍宁 [kaʔ$^{-5}$nan^{55}]，表示何不，不如，宁可。例句：①伊去着尔馨 [dʑi^{-24} hẽ^{33}] 久物事无做，盍宁叫伊转来好。他去了这么久什么事也没干，你宁可叫他回来更好。②盍是也！哪是这样呢！③盍有也？哪里有的事？

《左传·桓公十一年》："盍请济师于王？" [盍：表示反问，何不]《左传·襄公二十一年》："季孙谓臧武仲曰：'子盍诘盗?'"《管子·戒》："桓公外舍而不鼎馈，中妇诸子谓宫人盍不出从乎？君将有行。" [盍：表示疑问，为何]《广韵》入声盍韵胡腊切："盍，何不也。"盍韵读 [aʔ] 在潮州方言中有相关字证（见表1），音义皆合。

22. **儑** [ŋa^{213}]

儑，指愚昧，愚蠢。例句："弟呀，公鱼细细有个鳔，汝莫睇侬盎过儑。"意为地位再卑微的人都有自尊心。熟语："蟹有樸穗，侬有稙儑。"意为螃蟹有肥实的也有瘦空的，人有聪明的也有愚蠢的。熟语："儑神毋食猪头肉。"意为猪头肉很好吃，不吃是傻瓜。

儑，《集韵》去声勘韵五绀切又平声淡韵五含切："儑，不慧也。"音义皆合。

23. **爻** [ha^{55}]

爻，拴、系，拿绳子、带子之类的长条物两头相交用以系住东西。例如：①爻皮带。系皮带。②爻裙带。系裙带。③挈条布条草略爻蜀下。拿条布条稍微系一下。清·段玉裁《说文解字注》："爻，交也。"《广韵》平声肴韵胡茅切："爻，交也。"

24. **垫** [t^{h}ã^{35}]

垫，意为叠起。例句：块物暨伊垫放箱顶。把某件东西叠在箱子上。

垫，《广韵》去声添韵都念切："垫，下也。"与之相应的入声帖韵有读 [aʔ] 的，如"贴"。《红楼梦》第十九回："扶着宝玉坐下，又用自己的脚炉垫了脚。"《儿女英雄传》第四回："二人就摘下草帽子来，垫着打地滩儿。"其中"垫"表示用别的东西衬在下面，使物加高、加厚或起隔离作用。音义皆合。

25. **熻** [haʔ^{1}]

(1)〈形〉热。例如：①喙臭熻 [ts^{h}ui^{213} ts^{h}au^{-42} haʔ^{1}]，指口臭。②天时热蜀间

熻熻。夏天天气炎热。

（2）〈动〉指被热气所伤。例句：只手乞伊熻着。这只手被热气烫伤了。

（3）〈动〉用热气热。例如：①熻烧［haʔ⁻³ɕiɛ³³］，指把食物拿到正在出蒸气的地方，利用蒸气使食物变热。②簇饭放饭锅底熻烧。把凉了的饭重新放进锅里利用蒸气使饭变热。

熻，《广韵》入声缉韵许及切："熻，熻热。"《玉篇》："热也。"清·乾隆《上元灯词八首·其三》："灯熻冰光冰映月，浑成世界净琉璃。""熻"，意为燃烧。《博雅》："爇也。"可见古籍里"熻"既有燃烧也有热的意思。潮州方言取其引申义为热气灼烧或天气炎热。肴韵读［aʔ］在潮州方言中有相关字证（见表1），音义皆合。

26. 也［a⁵³］

也，〈助〉表示选择，意为或者、还是，变调为［a⁻²⁴］。例句：①汝睇只物其猫牯也是猫母？你看那一只是公猫还是母猫？②是也毋是？是不是？《广韵》上声马韵羊者切："也，语助，辞之终也。"古籍里"也"作为助词，表示或者、还是。例如：元·李文蔚《燕青博鱼·第三折》："奸夫在那里？姓张姓李？姓赵姓王？可是长也矮，瘦也胖？"宋话本《京本通俗小说·西山一窟鬼》："只要嫁个读书官人，教授却是要也不？"另外，吴方言里也用"也"表示选择，读弱化促化音［aʔ］。例如：何里去？杭州也上海？(三门话)①潮州方言"也"还可用在句末表示判断、疑问或肯定语气，读为［a³⁵］：①表示判断语气。例如，个天睇着乌乌，其有雨也。这天看起来黑黑的，怕是要下雨吧。②表示肯定语气。例如，免用免用，伊解知也。不用不用，他知道的。③表示疑问语气。例如，伊噂伊无爱来矣，汝毋知也？他说他不来了，你不知道吗？④用在前半句的末了，表示停顿，舒缓语气，后半句将对前半句加以解说，后半句有强调作用。例如，令妈真实怪牛也，又劢煮食，又牛教团，还解绽到付衫裤酱雅。你妈妈可真厉害，又会做饭，又会教孩子，还能够把衣服做得这么漂亮。

27. 魔团［ᵐba⁵⁵⁻¹²kiã⁵³］

魔团，鳄鱼。例如熟语：暹罗魔团有侬食侬，无侬食影。暹罗鳄鱼有人就喫人，无人就喫影子。意为捕风捉影诬陷人。《集韵》平声戈韵眉波切："魔，鬼也。"古代潮州曾饱受湾鳄的危害，每年不知多少百姓葬身鳄口，韩愈曾写下《祭鳄鱼文》，带领群众捕杀鳄鱼，消除了鳄鱼之患。因此古代潮州百姓视鳄鱼为恶魔怪物，故称其为"魔团"。戈韵合口一等字潮州话多读［ua］［ue］［o］，因［ᵐba⁵⁵］是唇音声母［ᵐb］，绝大多数合口呼或撮口呼的唇音字演变为开口呼，读［a］应该是由［ua］演变而来，这同普通话里唇音声母［p］［pʰ］［m］［f］后面没有［u］［y］是同一道理。（王力，2010）

28. 穮［pʰã²¹³］

穮，与模相对，指空的或不饱满的。例如：①穮粟［秕谷］、穮豆、诐穮［闲聊］、锯穛弦［聊天］。②熟语："蟹有檬穛，侬有稙偌。"意为螃蟹有肥实的也有瘦空的，人有聪明的也有愚蠢的。《集韵》去声效韵披教切："穛，穛秙，禾虚貌。"肴韵在潮州方言中白读主要读［a］（见表 1），［pʰã²¹³］韵母鼻化。在潮州方言中，穛粟、穛豆指籽实不饱满的稻谷和豆，而诮穛、锯穛弦则进一步引申为空谈闲聊，音义皆合。

29. 硟［tã³⁵］

硟，指砸，击打。例如民谣："阿公爱食匏，㪺匏硟着胭头骱。"［胭头骱：膝盖骨］

清代段玉裁《说文解字注》："舂已复擣之曰硟。硟之言沓也。取重沓之意。"《广雅》："硟，舂也。从石以石舂。"古代汉语中，"舂"意为用杵臼捣去谷物的皮壳。《谷梁传·文公十三年》："礼，宗庙之事，君亲割，夫人亲舂，敬之至也。"这里"舂"即用杵臼撞击或捶打谷物以除去其外壳。这与潮州方言中用重物击打的意思是相互联系的。《集韵》上声感韵徒感切："硟，再舂。"《正字通》："今俗设臼，以脚踏碓舂米曰硟。"潮州方言引申为被物所砸。

30. 赚［tã¹¹］

赚，错误，犯错误。例如：①民谣："鸡啼天光是五更，囝便叫母食杯茶，昨日是我暜［tã²¹³⁻⁴²］赚话，今日请母气勿生。"这里"暜赚话"即说错话。②赚做赚来［tã¹¹tso⁻⁴²tã¹¹lai⁻¹¹］：将错就错。

徐铉《稽神录拾遗》："讶，赚矣！此辟谷药也。"王阳明《传习录·答聂文蔚》："然已只在康庄大道中，决不赚入蹊曲径矣。"赚即错也。《集韵》去声陷韵直陷切："赚，一曰市物失实。"咸韵读［ã］在潮州话中有馅［ã¹¹］、搳［tsã³⁵］等字，相应入声洽韵，例如：插、闸、炸等。在一些汉语方言中，也用"赚"表示错误义的本字，例如：福州［taŋ²］、厦门［tã²］、温州［dza²］、宁波［dzɛ²］等。（王福堂，2003）

31. 保准［pa⁵³⁻²⁴ tsut¹］

保准，保证。例句：甜歆无〵解歇［无〵解歇：老咳嗽不停；无〵解ᵐboi³⁵，合音字，不会］，用番薄荷七叶，斫碎炒青皮鸭卵，食几次保准就好。保《广韵》博抱切，准《集韵》朱劣切，两切音对应潮州方言可读［pa⁵³⁻²⁴ tsut¹］，音义皆合。

32. 瓟甄［pa⁵⁵⁻¹² pi⁵⁵］

瓟甄，旧指装药物的容器，引申义为不可告人的秘密，含贬义。例句：①毋知伊其瓟甄也。不知他葫芦里卖的什么药。②此底卩硬乎有谁物瓟甄。这里面一定有什么不可告人的秘密。瓟，《说文》："瓞。从包，从夸声。包，取其可包藏物也。"瓞是葫芦的一种，与包合成会意字。《广韵》平声肴韵薄交切："瓟，似瓟，可为饮器。"甄，《广韵》平声齐韵部迷切："甄，瓦器。"古籍里二字皆为容器，潮州方言指装药物的容器，引申为秘密，意义相通。

33. 拍嘈［pʰaʔ⁻³ᵐba³³］

拍嘈，打鸣。例如民谣："鸡啼鸡拍嘈，嫂且叫姑去斩樵［tsʰa⁵⁵］，三句叫姑姑无〵解应，就骂阿姑沤樵猫［ᵐba⁵⁵］。"《集韵》平声肴韵蒲交切："咆（嘈），《说文》嗥也。或从麃。"《玉篇》："鸣也。"

34. 譙诟 $[ts^ha^{-12}kau^{55}]$

譙诟，吵架。"譙"，在文献中的含义为责备。《管子·揆度》："力足荡游不作，老者譙之。"《韩非子·五蠹》："今有不才之子，父母怒之弗为改，乡人譙之弗为动。"《广韵》平声宵韵："昨焦切。"诟，《博雅》："骂也。"《玉篇》："耻辱也。"《集韵》去声侯韵下遘切："诟，《博雅》骂也。"侯韵读 $[au]$ 潮州话中有相关字证，例如：偷、头、楼、斗、走等。

35. 罨 $[p^ha^{33}]$

罨，〈动〉用网捕获、用网网。例如：①罨鱼：撒网捕鱼。②童谣："拍下轻，拍下重；阿世来，老罨网；罨网罨三角，世来姆，卖薄壳。"罨也通"罘"，现代汉语"罘网"即泛指渔猎用网。《说文解字注》："罨，覆车也。王风。雉离于罦……诗曰。雉离于罦。今毛传作罝。""罒"形符，甲骨文中为一张网。《集韵》平声爻韵披交切："罨，覆车网也。"《汉语大字典》："古代一种设有机关的捕鸟兽的网，即覆车网。"罨字与抛字同为披交切，潮州方言用为动词，带有用网抛撒之意，指用网捕获。

36. 媌旼 $[^{m}ba^{-23}{}^{m}bun^{33}]$

媌旼，眼里欢喜，眉开眼笑。例如：①媌旼笑：微笑。②民谣："东爿落雨白溃溃，娘团擎 [持、执] 伞待郎君，两侬相共蜀枝伞，四目相睇笑媌旼。"媌，《说文》："目里好也。"《集韵》平声爻韵谟交切："媌，方言河济之间谓好而轻者为媌"。又"旼"者，和乐也，《汉书·司马相如传下》："旼旼穆穆，君子之态。"《广韵》平声真韵武巾切："旼，和也"。音义皆合。

37. 趵 $[^{m}ba^{11}]$

趵，扑跳。例如：只虎趵来咬人。《集韵》去声效韵巴校切："趵，音豹。跳跃也。"

38. 佁踃鳞 $[p^ha^{-23}sa^{-23}lin^{33}]$

佁踃鳞，打空翻。佁，《说文》："行胫相交也。"《集韵》平声爻韵披交切："佁，牛行足外出也"。元·戴侗《六书故》："今人谓筋骨弱，举足不随为尬掉。"犹潮州方言谓走路不稳为"行路佁鳞颠"。踃，《集韵》平声宵韵思邀切："踃，跳踃动也。"《玉篇》："跳踃。"空翻时双腿弯曲翻转跳跃，与古籍里"佁""踃"的含义基本相符合。

39. 嫽 $[la^{53}]$

（1）相嫽 $[çiɛ^{-23}la^{53}]$，即嬉戏，打情骂俏，指男女调情。例句：勿相嫽。别嬉戏。

（2）好嫽 $[ho^{-35}la^{-31}]$，指好样子，了不起。例句：通街市侬拢总盎囊其，清汝上好嫽? 难道天下人全都是窝囊废，只有你才是好样的? 汝好嫽耶? 你就那么了不起吗?

（3）毋好嫽 $[mo^{-35}la^{-31}]$，很不好，不好交往。例句：伊其侬怪毋⌣好嫽，女得知预。他那个人真损，你们得防着点。《集韵》上声筱韵朗鸟切："嫽，《说文》好貌，一曰戏也。"段玉裁《说文解字注》："嫽：'相嫽戏也'。"

40. 藞苴 $[la^{55-12}tsa^{55}]$

藞，《集韵》上声马韵吕下切："藞薝不中貌。"苴，《集韵》上声麻韵侧下切：

"苴，土苴和粪草也，一曰糟魄。"又平声麻韵锄加切："苴，水中浮草。"潮州方言读叠韵。古文献里，"藞"意为凌乱破旧。例如：宋·李光《己巳二月已发书殊不尽意偶成长句寄诸子侄并示元发商叟德举资万里一笑》的"旧日琴书都藞蓿，新年行步渐赢垂。""苴"意为粗劣、不精致。例如：《墨子·兼爱下》的"昔者晋文公好苴服。"在潮州方言里藞苴泛指无用零散、杂乱不堪之物，均为其引申义。

41. 歊 [ha³³]

歊，吹气、哈气。例如民谣："阿公跛着跤，三个新妇走来歊……"《广韵》平声宵韵许娇切："歊，热气。《说文》："歊歊，气出貌。"

三、潮州方言阴阳入 a 韵来源讨论

潮州方言阴阳入 a 韵来源情况如表 1 所示。

表 1　阴阳入 a 韵来源情况①

潮州音韵母	主要来源			其他来源	
	音韵地位	例字		音韵地位	例字
a	效开二肴	咬 [ka³⁵]、胶 [ka³³]、饱 [pa⁵³]、绞 [ka⁵³]、铰 [ka³³]、敲 [kʰa²¹³]、抛 [pʰa³³]、泡 [pʰa³⁵]、炒 [tsʰa⁵³]、豹 [pa²¹³]、罩 [ta²¹³]（蠓~、~紧）、窖 [ka²¹³]、教 [ka²¹³]、巧 [kʰa⁵³]、校 [ka²¹³]、较 [ka²¹³]、孝 [ha²¹³]、飚（~瓶 [pa⁻¹²pi⁵⁵]）、骲 [pa¹¹]、匏 [pʰa³³]、疱 [pʰa³⁵]、嚗 [ᵐba³³]、猫 [ᵐba⁻²³]（~眳）、鉋 [ᵐba²¹³]、趵 [ᵐba¹¹]、桃 [ta⁵⁵]、趘 [ta²¹³]		效开一豪	早 [tsa⁵³]、保 [pa⁵³]
				假开三麻	也 [a³⁵]、惹 [la⁵³]、觥 [la³⁵]、若 [na⁵⁵]
				果合一戈	魔 [ᵐba⁵⁵⁻¹²]（~团）
	假开二麻	巴 [pa³³]、疤 [pa³³]、芭 [pa³³]、拿 [na⁵³]、差 [tsʰa³³]、沙 [sa³³]、把 [pa⁵³]、马 [ma⁵³]、霸 [pa²¹³]、坝 [pa²¹³]、爸 [pa⁵⁵]、茬 [tsʰa⁵⁵]、乍 [tsa²¹³]、渣 [tsa³³]、家 [ka³³]、吧 [pa³³]、藞 [la⁵⁵]		蟹开二佳	罢 [pa³⁵]、柴 [tsʰa⁵⁵]、摆 [pa pa⁻²⁴]（~摸）
	效开三宵	猫 [ᵐba⁵⁵]、樵 [tsʰa⁵⁵]、谯 [tsʰa⁻¹²]（~诟）、踃 [sa⁻²³]（疪~蟟）、哨 [sa²¹³]、歊 [ha³³]		效开四萧	脬 [la⁵⁵]、撩 [la³⁵]、飚 [la¹¹]、嫽 [la⁵³]
	果开一歌	他 [tʰa³³]、搓 [tsʰa³³]、那 [na⁵³]、哪 [na⁵³]		假合三麻	傻 [sa³⁵]

----

① 表中部分例字作以下说明：惹 [la⁵³]，招惹。毋～可惹（不好惹，毋～可为合音字 mo⁵³，意为不能）《集韵》："人奢切。"摆，摆摸 [pa⁻²⁴mak¹]，意为摆弄。今，当～今，合音字，音 [ta³³]，当今 [tŋ⁻²³ka³³] 的合音。樵 [tsʰa³⁵]，柴。桃 [ta⁵⁵]，禾。

（续上表）

潮州音韵母	主要来源		其他来源	
	音韵地位	例字	音韵地位	例字
ã	咸开一谈	担 [tã³³]、淡 [tã³⁵]、篮 [nã⁵⁵]、蓝 [nã⁵⁵]、三 [sã³³]、橄 [kã⁵³]、柑 [kã³³]、胆 [tã⁵³]、榄 [nã⁵³]、敢 [kã⁵³]	咸开二衔	衫 [sã³³]、衔 [kã⁵⁵]
			咸开二咸	馅 [ã¹¹]
	深开三侵	临 [nã¹¹]（~处）、今 [kã³³]（当~）、林 [nã⁵⁵]	效开二肴	酵 [kã²¹³]、槱 [pʰã²¹³]
			假开二麻	怕 [pʰã²¹³]、炸 [tsã²¹³]、榨 [tsã²¹³]
aʔ	咸开一盍	塔 [tʰaʔ¹]、腊 [laʔ⁵]、蜡 [laʔ⁵]	宕开一铎	搏 [pʰaʔ¹]、各 [kaʔ¹]、托 [taʔ¹]
	咸开一合	搭 [taʔ¹]、踏 [taʔ⁵]、合 [haʔ⁵]	山开一曷	瘌 [laʔ⁵]
	咸开二洽	插 [tsʰaʔ¹]、闸 [tsaʔ⁵]、炸 [tsaʔ⁵]	山开四屑	截 [tsaʔ⁵]、胍 [ᵐbaʔ¹]
	咸开二狎	押 [aʔ¹]、鸭 [aʔ¹]、甲 [kaʔ¹]、胛 [kaʔ¹]、压 [aʔ¹]	梗开四锡	历 [laʔ⁵]
	咸开三叶	猎 [laʔ⁵]、接 [saʔ¹]	梗开二陌	拍 [pʰaʔ¹]、魄 [pʰaʔ¹]（骨~）
	咸开四帖	叠 [tʰaʔ⁵]、贴 [taʔ¹]	梗开二麦	栅 [tsaʔ⁵]
	深开三缉	及 [kaʔ⁵]、缉 [tsaʔ¹]		

通过对表 1 中潮州方言阴阳入 a 韵字来源进行比较归纳，有以下几点新发现：一是部分宕摄开口一等铎韵字读 [aʔ]，出现塞音韵尾弱化的现象。二是张盛裕（1979）认为潮州方言假摄开口三等麻韵字多读 [ia] [e]，个别读 [ua] [ai] [iã] [ẽ]，但假摄开口三等麻韵字其实有部分字读 [a]，没有 [i] 介音，可能是保留了上古三等韵没有介音的特征，"也""若"都是高频虚词，高频虚词常常音变滞后，读 [a] 是上古音的残留层。三是效摄开口四等萧韵少数字读 [a]。个别果摄合口一等戈韵的唇音声母字读 [a]，应为唇音声母影响的结果。

四、结语

潮州方言是古闽语发展而来的。古闽语实际上是有着古代吴越语、楚语以及中原汉语的遗存。（梁东汉、林伦伦、朱永锴，1992）它很好地保存了古汉语的成分。本文通过以古今音韵的对应关系为主证，并辅以文献例证，从形音义入手，对潮州方言中部分有音无字或者用字不确的阴阳入 a 韵字加以考证，记录一些口语中代代相传或者逐渐消失的词语和文字，对方言研究、汉字研究以及词典编纂等提供一些参考，同时对 a 韵字的来源作进一步补缺及探讨，为语音演变的研究提供材料。

参考文献

［1］李新魁，林伦伦 . 潮汕方言词本字研究：兼谈本字考的方法［J］. 汕头：汕头大学学报，1990，6（3）.

［2］梁东汉，林伦伦，朱永锴 . 第二届闽方言学术研讨会论文集［C］. 广州：暨南大学出版社，1992.

［3］林伦伦 . 澄海方言研究［M］. 汕头：汕头大学出版社，1996.

［4］唐作藩 . 学点音韵学［M］. 北京：商务印书馆，2018.

［5］王福堂 . 方言本字考证说略［J］. 方言，2003（4）.

［6］王力 . 汉语语音史［M］. 北京：商务印书馆，2010.

［7］游汝杰 . 汉语方言学教程［M］. 上海：上海教育出版社，2016.

［8］张盛裕 . 潮阳方言的文白异读［J］. 方言 . 1979（4）.

Textual Research on Original Characters of Rhyme ［a］ in Chaozhou Dialect

ZHANG Ludan

【Abstract】 Chaozhou's rhyme ［a］ includes rhyme ［a］, ［ã］, ［aʔ］ . There have been a lot of achievements in investigation into the rhyme ［a］ in the Chaozhou dialect. However, these studies remain incomplete. By investigating the phonological and semantic relations of ancient and modern words and the law of Chinese phonetic development, this thesis confirmed 41 original characters in Chaozhou dialect on the basis of predecessors' research results, then explored sources of the rhyme ［a］ in Chaozhou dialect . It is not only useful for the research on original characters but also provides reference value for the research of the history of Chinese phonetics.

【Keywords】 original characters in dialect, textual research, Chaozhou dialect

基于频率效应的普通话上声三字组
连读变调声学实验研究①

孙逸恒②

（暨南大学文学院　广东广州　510632）

【提　要】本文通过声学实验和统计分析，讨论了组合模式和频率效应对上声连读变调的影响，解释了上声三字组的连读变调模式，发现"半上＋阳平＋上声"的变调模式选择率和三字组的使用频率呈正相关关系，随使用频率降低而下降；"阳平＋阳平＋上声"的变调模式选择率和三字组的使用频率呈负相关关系，随使用频率降低而上升；三字组使用频率越高，选择越模糊，反之，选择越稳定。本文希望从频率效应的角度，为普通话上声三字组连读变调寻找语言本体之外的观察角度，进一步拓展和加深普通话三字组连读变调的研究。

【关键词】频率效应　三字组　上声连读变调　声学实验

一、引言

上声声调在汉语普通话声调体系中较为特殊。根据赵元任（1980）的研究，上声是普通话中唯一的曲折调。他根据"五度标记法"，将上声单字调调值标记为214，其变调主要分为"半上"和"直上"两种；林茂灿（1965）通过音高显示器的实验，区分了"调型段"中的普通话四声，认为从上声的音高变化模式来看，上声为低降升的声调。

普通话中上声多字组的连读变调较为复杂，声调会根据上声前后字的声调，以及多字组中上声字的数量发生改变。其中较为特别的，是由三个普通话中读上声（三声）的字组成的三音节的词和词组，即三字组。

---

①　本文是2022年度国家社会科学基金重点项目"广东粤闽客三大方言语音特征的系统分层实验研究"（项目编号：22AYY010）和中央高校教育教学改革专项"面向中文系语言学系列课程的语音及语言信息处理虚拟仿真实验"（项目编号：82623728）的阶段性研究成果。

②　孙逸恒，2003年生，江苏南京人，暨南大学文学院2022级汉语言文学专业本科生。指导老师刘新中，暨南大学汉语方言研究中心主任，暨南大学—科大讯飞校企联合实验室主任，暨南大学文学院教授、博士生导师。

根据曹文、谢君（2018）对三字组的定义，三字组指三音节的词语，包括三音节的词及词组。据"中国知网"的可视化分析，2007—2021 年间，以"三字组"为主题的文献数量不断上升，发文量最高为 68 篇/年，与"两字组""前/中/后字"和"单字调"等术语的共现频率高，主要研究方向是汉语习得偏误、方言语音等。

三字组在汉语中是一个较为特殊的语言现象。三字组既可以是词语，也可以是一定句法成分搭配而成的短语和句子；既可以通过减字成为新的词语，也可以通过增字成为新的句子、短语和词语。因此，三字组是上声连读变调的重要单元，介于词语和句子之间，通过研究上声字组成三字组时的连读变调，有助于进一步了解上声连读变调的特性。

自 20 世纪 80 年代以来，出现了许多关于上声三字组连读变调的研究。徐世荣（1981）认为，北京话中三个上声字连读时，前两个字的声调会发生改变，近似于阳平；而吴宗济（2004）通过语图仪的窄带滤波器进行声学实验，研究声调的音高频率值和音强振幅，发现上声字组成的三字组在快读中会失去原有调型而成为一连串调域很小的平顺调势。根据受试者朗读时语义焦点的不同，三个上声字组成的三字组有着"半上 + 阳平 + 上声"和"阳平 + 阳平 + 上声"两种变调模式。此外，他还发现在全部皆由上声字构成的句子中，上声字是通过组成多字组连读形成变调的，上声的连读规律，不是语调的规律，而是基本单元的规律——这些研究结果也证明了组合模式对于上声多字组连读变调发音模式的影响。

以往对于上声连读变调的本体研究较多，但当遇到如"卡塔尔"等一些没有组合模式的三字组时，其发音模式的选择既不能用语义焦点解释，也不能用组合模式解释——这种现象使得三字组的上声变调研究需要寻找新的角度。对于这个现象，频率效应或许可以提供一种新的解释。

频率效应，是指词语的使用频率影响着词语的语义和语音。Bybee（2007）认为，频率（frequency）或重复（repetition）在语法形成过程中发挥了重要的作用。部分词语因为使用频率高而被重复，逐渐脱离一般规则的限制，成为独立结构。而使用频率低的词语，通过遵循一般规则获得稳定性。

不仅是以上基于英语等印欧语系语言的实验证明了频率对于语义、语音的影响，汉语的实验同样可以证明。由 Taft、Huang 和 Zhu（1994）的汉语复合词研究可知，当词语使用频率相近时，人们识别具有两个高频词素的复合词的时间，要明显短于识别具有一个低频词素的复合词的时间。李洋、邓轶（2022）对英汉交替传译的语料库的研究发现，频率是语块原型的决定性因素，高频语块可以提升口译的效率和质量。李乐、武和平（2024）对汉语母语者和汉语二语学习者的研究也发现，搭配的频率与语言水平都会影响搭配的加工速度，频率效应还会随着语言水平的提升而更加明显。此外，搭配的结构类型对搭配加工也产生了影响，汉语二语学习者对汉语搭配的不同结构类型的加工是基于双加工模型的。

虽然关于汉语语义和语音的频率效应研究已经取得了以上这些成果，但它们很少关注频率效应是否影响了汉语特殊的声调系统。目前，讨论了声调与频率效应关系的，是金耀华、王非凡（2023）对于异读词声调和搭配频率的研究。他们发现，词语搭配频率影响语音，搭配频率低的读音会异化为搭配频率高的读音，其错误类型可以被分为两种：一是把应当音变的读音当作原读音的"对号入座"；二是把不应当音变的读音进行音变的"矫枉过正"。词语的使用频率影响了汉语语音中的声调。

因此，本文将从频率效应的角度出发，重新观察三字组的上声连读变调，进一步讨论上声连读变调的影响因素。

二、研究方法与实验过程

首先，制作词表（见表1）。共选取50个由三个上声字组成的、日常口语使用的三字组，涵盖因三字组内部语义产生的不同组合模式（见表2），包括主谓结构、谓宾结构、状谓结构的词组和短语，以及单纯词和合成词。

表1　总词表

我可以	买保险	好处理	吐口水	米老鼠	很勇敢	总导演	煮米粉
养蚂蚁	很猥琐	纸老虎	董小姐	洗枸杞	洒点水	小马甲	老厂长
小港口	马总管	史可法	李可染	蒋百里	孔乙己	手挽手	手指甲
小组长	我想你	卡塔尔	索马里	史努比	酒鬼酒	冷与暖	母与子
玛尔塔	稳准狠	酒酒井	我与你	塔尔卡	仿古瓦	蒙古马	哪把伞
五斗米	选举法	指导者	女子组	几匹马	展览馆	采访者	手写体
管理组	洗脸水						

其次，选择24位受试者，并对其相关信息进行问卷调查。调查内容包括受试者的年龄、学历、方言背景、普通话水平以及汉语拼音掌握情况。受试者均为本科及以上学历，年龄在20～30岁之间，分别来自闽方言区，粤方言区，北方方言的江淮官话区、西南官话区，会使用当地方言。受试者普通话水平均为二甲及以上，且口齿清晰、说话流利。

实验在外界干扰少、录音相对安静的标准实验室进行，采用独立麦克风连接华为Matebook13录制，输入设备的格式为2通道、16位、4 800 Hz，录音软件为Moo0录音专家。

为避免受试者根据顺序类推发音，词表经随机排序后才让受试者朗读。录制音频前，要求受试者在规定时间内，按照其日常表达习惯，用普通话朗读词表。

得到数据后进行分类统计。由于受试者的用语习惯不同，声调没有完全一致的调值，所以先规定"半上＋阳平＋上声"（图表中简称"模式一"）和"阳平＋阳平＋上声"（图表中简称"模式二"）两类变调模式。其频数代表在发音时受试者采用某连读变调模式的数量，其频率代表该连读变调模式被选择的频率，即选择某变调模式的受试者数量在所有受试者中的占比。

基于受试者的实际读音情况对单个三字组变调所属类型进行划分，具体如下。当有

91%以上的受试者选择"半上＋阳平＋上声"时（17个），约占总体的三分之一，判定为"半上＋阳平＋上声"变调模式选择率较高的三字组；当有79%以上的受试者选择"阳平＋阳平＋上声"时（16个），约占总体的三分之一，判定为"阳平＋阳平＋上声"变调模式选择率较高的三字组，以上两种是受试者变调模式选择稳定的三字组；其余三字组为17个，同样约占总体的三分之一，属于既不满足"半上＋阳平＋上声"，也不满足"阳平＋阳平＋上声"变调模式的三字组，判定为受试者变调选择模糊的三字组。

三、组合模式对连读变调模式选择的影响

为厘清影响上声三字组连读变调的因素，先根据三字组的组合模式，将其划分为四类：中间字只能和前字成词的"2＋1"组；中间字只能和后字成词的"1＋2"组；中间字既可以和前字成词，也可以和后字成词的"1＋2/2＋1"组；中间字既不可以和前字成词，也不可以和后字成词的"1＋1＋1"组（见表2）。单个三字组变调所属类型依据上文的划分情况进行划分。

由于"1＋2/2＋1"组和"1＋1＋1"组不能通过结构来讨论，所以本节主要讨论的组合模式为"2＋1"组和"1＋2"组，"1＋2/2＋1"组和"1＋1＋1"组将在后两节中依照使用频率来划分并进行讨论。

表2　三字组的组合模式分类

"2＋1"组							
管理组	洗脸水	展览馆	采访者	手写体	五斗米	选举法	指导者
女子组	几匹马	蒙古马	仿古瓦	哪把伞	酒鬼酒		
"1＋2"组							
我可以	买保险	好处理	吐口水	米老鼠	很勇敢	总导演	很猥琐
纸老虎	董小姐	洗枸杞	洒点水	小马甲	老厂长	小港口	马总管
史可法	李可染	蒋百里	孔乙己	手挽手	养蚂蚁	煮米粉	
"1＋2/2＋1"组							
手指甲	小组长	我想你					
"1＋1＋1"组							
卡塔尔	索马里	史努比	塔尔卡	我与你	冷与暖	母与子	玛尔塔
稳准狠	酒酒井						

在"2＋1"组的连读变调中（见表3），"阳平＋阳平＋上声"的变调取得优势。在"2＋1"组的三字组中，共10个"阳平＋阳平＋上声"变调的三字组，如"管理组""洗脸水"等，占71.43%；还有4个变调选择模糊的三字组，如"五斗米""几匹马""仿古瓦""指导者"等，占28.57%。

表3 "2+1"组的变调模式统计

	管理组	洗脸水	展览馆	采访者	手写体	五斗米	选举法
模式一频数	3	4	1	0	5	9	2
模式一频率	12.50%	16.67%	4.17%	0.00%	20.83%	37.50%	8.33%
模式二频数	21	20	23	24	19	15	22
模式二频率	87.50%	83.33%	95.83%	100.00%	79.17%	62.50%	91.67%
	指导者	女子组	几匹马	蒙古马	仿古瓦	哪把伞	酒鬼酒
模式一频数	6	2	14	0	11	0	0
模式一频率	25.00%	8.33%	58.33%	0.00%	45.83%	0.00%	0.00%
模式二频数	18	22	10	24	13	24	24
模式二频率	75.00%	91.67%	41.67%	100.00%	54.17%	100.00%	100.00%

在"1+2"组的连读变调中（见表4），"半上+阳平+上声"变调模式取得绝对优势。在"1+2"组的三字组中，共1个"阳平+阳平+上声"变调的三字组，如"洒点水"，占比为4.35%；共17个"半上+阳平+上声"变调的三字组，如"我可以""买保险"等，频率为73.91%；还有5个变调模糊的三字组，如"史可法""李可染""手挽手""孔乙己""洗枸杞"等，占比为21.74%。

表4 "1+2"组的变调模式统计

	我可以	买保险	好处理	吐口水	米老鼠	很勇敢	总导演	煮米粉
模式一频数	23	23	24	24	24	24	24	22
模式一频率	95.83%	95.83%	100.00%	100.00%	100.00%	100.00%	100.00%	91.67%
模式二频数	1	1	0	0	0	0	0	2
模式二频率	4.17%	4.17%	0.00%	0.00%	0.00%	0.00%	0.00%	8.33%
	养蚂蚁	很猥琐	纸老虎	董小姐	洗枸杞	洒点水	小马甲	老厂长
模式一频数	23	24	23	24	20	0	23	24
模式一频率	95.83%	100.00%	95.83%	100.00%	83.33%	0.00%	95.83%	100.00%
模式二频数	1	0	1	0	4	24	1	0
模式二频率	4.17%	0.00%	4.17%	0.00%	16.67%	100.00%	4.17%	0.00%
	小港口	马总管	史可法	李可染	蒋百里	孔乙己	手挽手	
模式一频数	24	23	9	15	24	20	17	
模式一频率	100.00%	95.83%	37.50%	62.50%	100.00%	83.33%	70.83%	
模式二频数	0	1	15	9	0	4	7	
模式二频率	0.00%	4.17%	62.50%	37.50%	0.00%	16.67%	29.17%	

总体而言，组合模式对于上声三字组连读变调模式的形成起主导作用。上声三字组连读变调根据组合模式的不同形成了"半上＋阳平＋上声"和"阳平＋阳平＋上声"的模式。其中，"2＋1"组中"阳平＋阳平＋上声"三字组占据优势（71.43%），"1＋2"组的"半上＋阳平＋上声"三字组占据优势（73.91%）。同时，变调模式选择模糊的三字组受到组合模式的影响较小。"2＋1"组和"1＋2"组中变调选择模糊的三字组占比分别为 28.57% 和 21.74%，两者占比相近，这也说明变调模式的选择可能受到除组织模式以外的其他影响因素，需要依据三字组的使用频率进行研究。

四、频率效应对变调模式选择的凸显

基于上文根据组合模式划分的结果可以得出结论，组合模式对于上声三字组连读变调模式的形成起主导作用，在"2＋1"组和"1＋2"组中产生了显著的影响。但是，由于组合模式无法解释"1＋1＋1"组和"1＋2/2＋1"组的变调模式选择，需要从其他角度分析上声三字组连读变调的影响因素，其中可能产生影响的是词语的使用频率，即频率效应。本文依据所调查的三字组数量和在数据库中检索出的单个三字组字段数进行排序，划分高频三字组（17 个）、中频三字组（17 个）、低频三字组（16 个）。

先根据 CCL 语料库中单个三字组的字段数进行排序，划分高频三字组（17 个）、中频三字组（17 个）、低频三字组（16 个）。其中，单个三字组变调所属的类型依据上文的划分情况进行划分。

在高频三字组中（见表 5），"半上＋阳平＋上声"的三字组取得较大优势，变调模式选择稳定。在高频的上声连读三字组中，有 7 个"半上＋阳平＋上声"变调的三字组，如"我可以"等，占比为 41.18%；使用"阳平＋阳平＋上声"变调模式的有 4 个，如"展览馆""选举法""女子组""管理组"等，占比为 23.53%；还有 6 个三字组变调模式选择模糊，如"索马里""卡塔尔""李可染""手指甲""指导者""我与你"等，占比为 35.29%。

表 5　CCL 语料库中高频三字组变调模式统计

	我可以	索马里	展览馆	卡塔尔	我想你	纸老虎
字段数	30 838	15 029	13 496	12 192	7 169	5 214
模式一频数	23	17	1	20	22	23
模式一频率	95.83%	70.83%	4.17%	83.33%	91.67%	95.83%
模式二频数	1	7	23	4	2	1

（续上表）

模式二频率	4.17%	29.17%	95.83%	16.67%	8.33%	4.17%
	选举法	小组长	女子组	买保险	总导演	李可染
字段数	4 934	4 802	4 710	3 968	3 031	2 361
模式一频数	2	23	2	23	24	15
模式一频率	8.33%	91.67%	8.33%	95.83%	100.00%	62.50%
模式二频数	22	1	22	1	0	9
模式二频率	91.67%	8.33%	91.67%	4.17%	0.00%	37.50%
	管理组	米老鼠	手指甲	指导者	我与你	
字段数	1 962	1 399	1 115	1 049	1 013	
模式一频数	3	24	21	6	10	
模式一频率	12.50%	100.00%	87.50%	25.00%	41.67%	
模式二频数	21	0	3	18	14	
模式二频率	87.50%	0.00%	12.50%	75.00%	58.33%	

在中频三字组中（见表6），变调模式选择模糊的三字组占优势，变调模式的选择不稳定。在中频三字组中，有7个"半上＋阳平＋上声"变调的三字组，如"很勇敢"等，占比为41.18%；有6个"阳平＋阳平＋上声"变调的三字组，如"母与子""采访者""洗脸水""蒙古马""玛尔塔""手写体"等，占比为35.29%；还有4个三字组变调模式模糊，如"手挽手""孔乙己""五斗米""史可法"等，占比为23.53%。

表6 CCL语料库中中频三字组变调模式统计

	手挽手	很勇敢	好处理	孔乙己	母与子	史努比	五斗米	采访者	洗脸水
字段数	999	917	915	870	789	760	639	616	568
模式一频数	17	24	24	20	4	22	9	0	4
模式一频率	70.83%	100.00%	100.00%	83.33%	16.67%	91.67%	37.50%	0.00%	16.67%
模式二频数	7	0	0	4	20	2	15	24	20
模式二频率	29.17%	0.00%	0.00%	16.67%	83.33%	8.33%	62.50%	100.00%	83.33%
	吐口水	蒙古马	史可法	玛尔塔	董小姐	手写体	小马甲	老厂长	
字段数	568	521	433	386	359	323	310	234	
模式一频数	24	0	9	5	24	5	23	24	
模式一频率	100.00%	0.00%	37.50%	20.83%	100.00%	20.83%	95.83%	100.00%	
模式二频数	0	24	15	19	0	19	1	0	
模式二频率	0.00%	100.00%	62.50%	79.17%	0.00%	79.17%	4.17%	0.00%	

在低频三字组中（见表7），"阳平＋阳平＋上声"的三字组取得优势，变调模式

选择较稳定。在低频的上声连读三字组中，有 6 个"半上＋阳平＋上声"变调的三字组，如"小港口""蒋百里""很猥琐""煮米粉""养蚂蚁""马总管"等，频率为 37.50%；有 6 个"阳平＋阳平＋上声"变调的三字组，如"稳准狠""洒鬼酒""塔尔卡""冷与暖""洒点水""哪把伞"等，占比为 37.50%；还有 4 个三字组变调模式模糊，如"几匹马""酒酒井""仿古瓦""洗枸杞"等，占比为 25.00%。

表 7　CCL 语料库中低频三字组变调模式统计

	稳准狠	几匹马	酒鬼酒	小港口	塔尔卡	蒋百里	很猥琐	冷与暖	洒点水
字段数	219	210	167	147	134	115	74	71	41
模式一频数	1	14	0	24	3	24	24	4	0
模式一频率	4.17%	58.33%	0.00%	100.00%	12.5%	100.00%	100.00%	16.67%	0.00%
模式二频数	23	10	24	0	21	0	0	20	24
模式二频率	95.83%	41.67%	100.00%	0.00%	87.5%	0.00%	0.00%	83.33%	100.00%
	酒酒井	煮米粉	养蚂蚁	马总管	仿古瓦	哪把伞	洗枸杞		
字段数	23	21	18	14	6	2	1		
模式一频数	10	22	23	23	11	0	20		
模式一频率	41.67%	91.67%	95.83%	95.83%	45.83%	0.00%	83.33%		
模式二频数	14	2	1	1	13	24	4		
模式二频率	58.33%	8.33%	4.17%	4.17%	54.17%	100.00%	16.67%		

　　总体而言，在 CCL 语料库中，变调模式的选择率和三字组使用频率呈现出相关关系。"半上＋阳平＋上声"变调模式的选择率和使用频率呈负相关关系，当三字组使用频率高时，选择率较高，选择率随着使用频率下降而降低；"阳平＋阳平＋上声"变调模式的选择率和使用频率呈正相关关系，当三字组使用频率高时，选择率较低，选择率随着频率的下降而升高。

　　变调模式选择的稳定性也受到使用频率的影响，呈正相关关系，而变调模式选择的模糊率和三字组使用频率呈负相关关系。在高频三字组中，变调模式选择的模糊率较高。在中频三字组中，其占比下降，在低频三字组中，其略微抬升，说明总体上变调模式的选择会随着频率的升高而变得较为模糊，随着频率的降低而变得较为稳定。

　　再根据 BCC 语料库中单个三字组的字段数进行排序，重新划分为高频三字组（17 个）、中频三字组（17 个）和低频三字组（16 个）。其中，单个三字组变调所属的类型依据上文的划分情况进行划分。

　　在高频三字组中（见表 8），"半上＋阳平＋上声"三字组取得较大优势，而变调模式选择较稳定。在高频的上声连读三字组中，有 8 个"半上＋阳平＋上声"变调的三字组，如"我可以"等，占比为 47.06%；有 4 个"阳平＋阳平＋上声"变调的三字组，如"展览馆""选举法""管理组""女子组"等，占比为 23.53%；还有 5 个三字组变调模式选择模糊,如"卡塔尔""索马里""我与你""指导者""手指甲"等,占比为29.41%。

表8 BCC语料库中高频三字组变调模式统计

	我可以	我想你	卡塔尔	索马里	我与你	展览馆	选举法	很勇敢	管理组
字段数	47 914	15 610	3 703	3 673	1 458	1 436	1 250	1 222	1 136
模式一频数	23	22	20	17	10	1	2	24	3
模式一频率	95.83%	91.67%	83.33%	70.83%	41.67%	4.17%	8.33%	100.00%	12.50%
模式二频数	1	2	4	7	14	23	22	0	21
模式二频率	4.17%	8.33%	16.67%	29.17%	58.33%	95.83%	91.67%	0.00%	87.50%
	米老鼠	女子组	小组长	纸老虎	总导演	指导者	买保险	手指甲	
字段数	1 095	1 064	1 017	969	886	771	644	598	
模式一频数	24	2	23	23	24	6	23	21	
模式一频率	100.00%	8.33%	91.67%	95.83%	100.00%	25.00%	95.83%	87.50%	
模式二频数	0	22	1	1	0	18	1	3	
模式二频率	0.00%	91.67%	8.33%	4.17%	0.00%	75.00%	4.17%	12.50%	

在中频三字组中,"半上+阳平+上声"的三字组取得优势,而三字组变调模式选择稳定性较差(见表9)。在中频三字组中,有8个"半上+阳平+上声"变调的三字组,占比为47.06%;有4个"阳平+阳平+上声"变调的三字组,如"采访者""玛尔塔""洗脸水""蒙古马"等,占比为23.53%;还有5个三字组变调模式模糊,如"孔乙己""李可染""手挽手""五斗米""几匹马"等,占比为29.41%。

表9 BCC语料库中中频三字组变调模式统计

	孔乙己	吐口水	李可染	手挽手	采访者	很猥琐	洗脸水	史努比	好处理
字段数	593	522	411	387	385	376	354	334	257
模式一频数	20	24	15	17	0	24	4	22	24
模式一频率	83.33%	100.00%	62.50%	70.83%	0	100.00%	16.67%	91.67%	100.00%
模式二频数	4	0	9	7	24	0	20	2	0
模式二频率	16.67%	0.00%	37.50%	29.17%	100.00%	0.00%	83.33%	8.33%	0.00%
	五斗米	小马甲	蒋百里	几匹马	玛尔塔	董小姐	老厂长	蒙古马	
字段数	234	204	204	200	182	161	128	119	
模式一频数	9	23	24	14	5	24	24	0	
模式一频率	37.25%	95.83%	100.00%	58.33%	20.83%	100.00%	100.00%	0%	
模式二频数	15	1	0	10	19	0	0	24	
模式二频率	62.50%	4.17%	0.00%	41.67%	79.17%	0.00%	0.00%	100.00%	

在低频三字组中（见表10），"阳平＋阳平＋上声"变调模式取得优势，而变调模式选择较模糊。在低频的上声连读三字组中，有4个"半上＋阳平＋上声"变调的三字组，如"小港口""马总管""养蚂蚁""煮米粉"等，占比为25.00%；有8个"阳平＋阳平＋上声"变调的三字组，如"酒鬼酒"等，占比为50.00%；还有4个三字组变调模式模糊，如"史可法""洗枸杞""仿古瓦""酒酒井"等，占比为25.00%。

表10　BCC语料库中低频三字组变调模式统计

	酒鬼酒	手写体	史可法	稳准狠	母与子	小港口	马总管	煮米粉
字段数	117	108	105	79	72	40	29	20
模式一频数	0	5	9	1	4	24	23	22
模式一频率	0.00%	20.83%	37.50%	4.17%	16.67%	100.00%	95.83%	91.67%
模式二频数	24	19	15	23	20	0	1	2
模式二频率	100.00%	79.17%	62.50%	95.83%	83.33%	0.00%	4.17%	8.33%
	冷与暖	洒点水	养蚂蚁	哪把伞	洗枸杞	仿古瓦	酒酒井	塔尔卡
字段数	20	14	6	1	0	0	0	0
模式一频数	4	0	23	0	20	11	10	3
模式一频率	16.67%	0.00%	95.83%	0.00%	83.33%	45.83%	41.67%	12.50%
模式二频数	20	24	1	24	4	13	14	21
模式二频率	83.33%	100.00%	4.17%	100.00%	16.67%	54.17%	58.33%	87.50%

总体而言，在BCC语料库中，不同频率的三字组所对应的变调模式选择率和CCL语料库相似。"半上＋阳平＋上声"变调模式的选择率和使用频率呈负相关关系，当三字组使用频率高时，选择率较高，选择率随着使用频率下降而降低；"阳平＋阳平＋上声"变调模式的选择率和使用频率呈正相关关系，当三字组使用频率高时，选择率较低，选择率随着频率的下降而升高。

而变调模式的稳定性和CCL语料库的结果相仿，也受到使用频率的影响。在高频三字组和中频三字组中，变调选择模糊的占比较高，在低频时占比下降，也说明变调模式的选择会随着频率的升高而变得模糊，随着频率的降低而变得稳定。

五、总结

综上所述，结合CCL语料库和BCC语料库的结果分析，组合模式主导着上声三字组变调模式，而上声三字组使用频率影响着连读变调模式的选择和选择的稳定性。

在"2＋1"和"1＋2"两种组合模式的影响下，上声三字组划分为"阳平＋阳平＋

上声"和"半上＋阳平＋上声"两种变调模式，且在"2＋1"组中，"阳平＋阳平＋上声"为主要的变调模式，在"1＋2"组中，"半上＋阳平＋上声"为主要的变调模式。

在使用频率的影响下，"阳平＋阳平＋上声"的选择总体呈现出随着使用频率下降而上升的趋势，"半上＋阳平＋上声"的选择呈现出随着使用频率下降而下降的趋势。其中，与Bybee（2007）的发现相似，低频更稳定，高频更倾向模糊和脱离规则，说明了在连读变调方面，频率效应也产生了与语法方面相似的影响。

参考文献

［1］曹文，谢君．汉语普通三字组重音分布感知研究［J］．中国语音学报，2018（2）．

［2］董少文．语音常识［M］．增订版．上海：上海教育出版社，1988．

［3］金耀华，王非凡．搭配频率与普通话声调异读现象［J］．语言教学与研究，2023（4）．

［4］李乐，武和平．频率、结构类型及语言水平对汉语二语词语搭配加工的影响［J］．世界汉语教学，2024（3）．

［5］李洋，邓轶．口译中语块频率效应的语料库研究［J］．中国翻译，2022（4）．

［6］林茂灿．音高显示器与普通话声调音高特性［J］．声学学报，1965（1）．

［7］林茂灿，吴宗济．实验语音学概要［M］．北京：高等教育出版社，1989．

［8］罗常培，王均．普通语音学纲要［M］．北京：商务印书馆，2001．

［9］覃夕航．母语经验对汉语普通话声调范畴化感知的影响：基于北京话母语者和粤方言母语者的研究［D］．北京：北京大学，2012．

［10］邵敬敏．现代汉语通论［M］．3版．上海：上海教育出版社，2016．

［11］王德强．汉语双音节复合词识别中的频率效应［D］．石家庄：河北师范大学，2013．

［12］王士元．王士元论文集［C］．北京：商务印书馆，1967．

［13］吴宗济．吴宗济语言学论文集［C］．北京：商务印书馆，2004．

［14］徐世荣．普通话语音讲话［M］．北京：文字改革出版社，1981．

［15］荀恩东，饶高琦，肖晓悦，等．大数据背景下BCC语料库的研制［J］．语料库语言学，2016（1）．

［16］殷洁．普通话上声的性别、年龄和方言背景变异［D］．上海：上海外国语大学，2021．

［17］于谦．普通话上声的范畴感知与发声类型［J］．中国语音学报，2019（1）．

［18］赵元任．语言问题［M］．北京：商务印书馆，1980．

［19］BYBEE J. Frequency of use and the organization of language［M］．Oxford：Oxford University Press，2007．

［20］BAAYEN R H，2011. Analyzing linguistic data［M］．Cambridge：Cambridge University Press，2008．

［21］PENG S H. Lexical versus 'phonological' representations of Mandarin sandhi tones ［M］//BORE M B & PIERREHUMBERT. Papers in laboratory phonology Ⅴ: acquisition and the lexicon. Cambridge: Cambriclge University Press, 2000.

［22］TAFT M, HUANG J T, ZHU X. The influence of character frequency on word recognition responses in Chinese ［J］. Advances in the study of Chinese language processing, 1994 (1).

［23］ZEE E. A spectrographic investigation of Mandarin tone sandhi ［J］. EUCLA Working papers in phonetics, 1980 (49).

An Acoustic Experimental Study on Tone Sandhi of Falling-rising Tone in Mandarin Three-word Group Based on Frequency Effect

SUN Yiheng

【Abstract】 Through acoustic experiments and statistical analysis, this paper discusses the influence of the combination pattern and frequency effect on the tone sandhi of falling-rising tone. It explains the tone sandhi patterns of three-word groups with falling-rising tones. It is found that there is a positive correlation between the selection rate of the tone sandhi pattern of "half-rising tone + rising tone + falling-rising tone" and the usage frequency of the three-word group, and the selection rate decreases as the usage frequency decreases. There is a negative correlation between the selection rate of the tone sandhi pattern of "rising tone + rising tone + falling-rising tone" and the usage frequency of the three-word group, and the selection rate increases as the usage frequency decreases. The higher the usage frequency of the three-word group, the more ambiguous the selection; conversely, the lower the usage frequency, the more stable the selection. From the perspective of the frequency effect, this paper hopes to find an observation angle outside the linguistic noumenon for the tone sandhi of three-word groups with falling-rising tones in Mandarin, and further expand and deepen the research on the tone sandhi of three-word groups in Mandarin.

【Keywords】 frequency effect, three-word group, tone sandhi of falling-rising tone, acoustic experiments

韶关白土镇苏拱村"虱婆声"共时分布和古今演变的实验研究[①]

毛文艺[②]

（暨南大学文学院　广东广州　510632）

【提　要】本文基于粤北曲江白土镇苏拱村采集的"虱婆声"声学数据进行了系统的声学实验，归纳了"虱婆声"单字调声学模式，总结了该点"虱婆声"声调各调类的声学特点及分布情况，并将共时的调类分布与中古声调调类进行了对比分析，得出了各调类古今演变的规律。根据声调的特点和演变规律，我们认为"虱婆声"的声调特征更接近客家方言。

【关键词】粤北土话　虱婆声　声调　古今演变　声学实验

一、引言

"虱婆声"是粤北土话中一种归属未明的方言，《中国语言地图集（第2版）》（2012）称之为"韶州土话"，又被称为"船话""本城话""曲江话"和"老韶关话"等。

庄初升（2004）将韶州土话的方言分为三片：雄州片、韶州片和连州片。本文选取的方言点属于韶州片，该片土话"主要分布在以韶关市为中心的低丘陵、宽谷盆地中，尤其是在北江及其支流两岸的坝地上。从县（市、区）来说，韶州土话主要分布

① 本文是2022年度国家社会科学基金重点项目"广东粤闽客三大方言语音特征的系统分层实验研究"（项目编号：22AYY010）和中央高校教育教学改革专项"面向中文系语言学系列课程的语音及语言信息处理虚拟仿真实验"（项目编号：82623728）的阶段性研究成果。

② 毛文艺，2003年生，广东韶关人，暨南大学文学院2022级汉语言文学专业本科生。指导老师刘新中，暨南大学汉语方言研究中心主任，暨南大学—科大讯飞方言语音科技校企联合实验室主任，暨南大学文学院教授、博士生导师。

在曲江、武江、浈江、仁化、乐昌和乳源六个县（市、区）"①。在历史发展与人口迁入的影响下，各地土话的差异越发明显，但地理位置相近的土话使用者仍能基本理解对方的话语并进行沟通。

学界对"虱婆声"已有不少研究，相关专著有庄初升的《粤北土话音韵研究》（2004），李冬香、庄初升的《韶关土话调查研究》（2009）等；相关论文有林立芳等的《韶关市近郊"虱婆声"的初步研究》（1995）、伍巍的《广东曲江县龙归土话的小称》（2003）以及李冬香的《粤北犁市土话音系》（2013）等。

在声调调值研究方面，《韶关市浈江区志》（韶关市浈江区地方志编纂委员会，2012）载："韶州土话共包括7个声调（不包括两个变调）：阴平13、阳平21、上声24、阴去44、阳去22、阴入5、阳入3。"前人对"虱婆声"的声调系统研究部分归纳如表1所示。

表1　前人对"虱婆声"的声调系统研究（不含变调）

调类	调值					
	林立芳等（1995）（北郊上窑村）	李冬香（2013）（浈江区黎市）	李冬香、庄初升（2009）（浈江区石陂村）	李冬香、庄初升（2009）（武江区向阳村）	李冬香、庄初升（2009）（曲江区大村）	伍巍（2003）（龙归镇后坪村）
阴平	13	21	11	12	13	21
阳平	21	53	42	21	21	42
上声	24	35	24	24	24	24
阴去	44	55	55	44	44	44
阳去	22	33		22	22	22
阴入	5	445	5	5	5	5
阳入	3	223	3	3	3	2

学者对于"虱婆声"声调调类的认识大体一致，但由于各村落的口音存在些许差异，"虱婆声"声调调值的研究结论并不完全一致。

使用"虱婆声"的方言点大多是多方言地区，居民除了使用土话外，还会兼用不同的方言，如粤语、客家话等。（李冬香、庄初升，2009）韶关市曲江区白土镇苏拱村内存在粤语、客家话、土话等多种方言，居民对内说土话，对外大多说客家话，在韶关市区则转用普通话或粤语。本文将以其为方言调查点进行单字调语音实验，通过语音采集、标注、数据提取分析等工作总结"虱婆声"的单字调格局，旨在运用实验语音学的研究方法

---

① 李冬香，庄初升. 韶关土话调查研究［M］. 广州：暨南大学出版社，2009：7.

科学客观地总结曲江区白土镇苏拱村"虱婆声"的单字调特征,并在此基础上观察其古今演变的规律及影响演变的相关因素,以此论证"虱婆声"的方言归属。

二、发音人、语料和实验过程

本次实验研究使用了老男、老女、中男、中女、青男、青女 6 位发音人的数据,他们都是土生土长的苏拱村人,为"虱婆声"母语者,发音地道。实验以中国社会科学院语言研究所编的《方言调查字表》(1981)为基础,选择中男、中女两人为主要发音人,进行全部字表内容的采集,并以 xRecorder 软件为录音工具,Praat 软件为标注工具,使用中国社会科学院语言研究所熊子瑜博士研发的脚本,系统分析了超过三千单字的数据,初步总结声调的主要规律。经调查,录音数据中中女的有效音节共 3 393 个,中男的共 2 948 个,它们可以反映系统的声调特点。对于其余四位发音人的数据,我们则根据已有的规律进行了比较研究,结果比较一致。

实验过程如下:

(1)采集中男、中女的语料;

(2)对语料进行音节标注和音高数据分析;

(3)整理声学数据,对录音数据进行核对检查;

(4)提取单字调音高数据作均值分析,并用可视化手段作图观察其共时分布和历时演变;

(5)以《方言调查字表》为基础,设计"虱婆声"调查简表;

(6)采集另外四位发音人的语料;

(7)对语料进行标注和数据分析,并对已有规律进行验证。

三、声学模型与调域分布

本文将获得的音高数据进行均值计算并整合,计算出五度值参考标度,并将平均录音时长进行均等划分,平均分配至各 10 个点位。由此得到中女和中男的"虱婆声"单字调格局如图 1 所示。

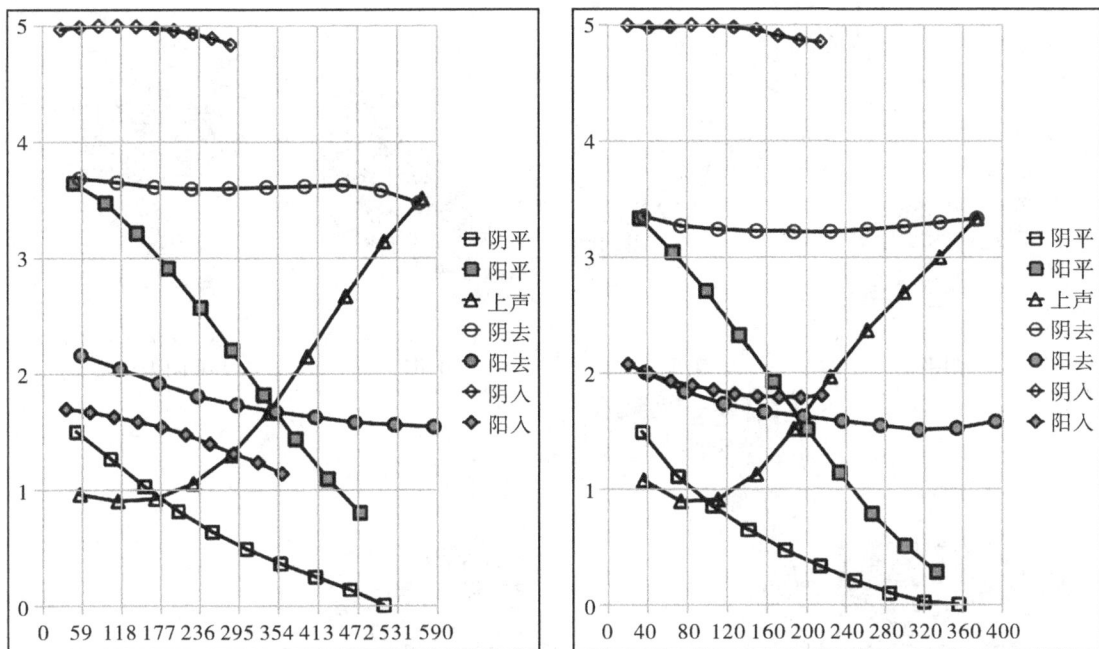

（a）中女　　　　　　　　　　　　（b）中男

图1　中女、中男"虱婆声"单字调图

由所得数据可知苏拱村"虱婆声"的调值：阴平21、阳平41、上声24、阴去44、阳去32、阴入55、阳入22。而通过分析"虱婆声"各声调的来源及调域，能够更准确地把握"虱婆声"声调的声学模式及共时分布情况。我们提取了部分单字的音高数据，分别绘制出中女和中男的声调调域分布图，如图2、图3所示。

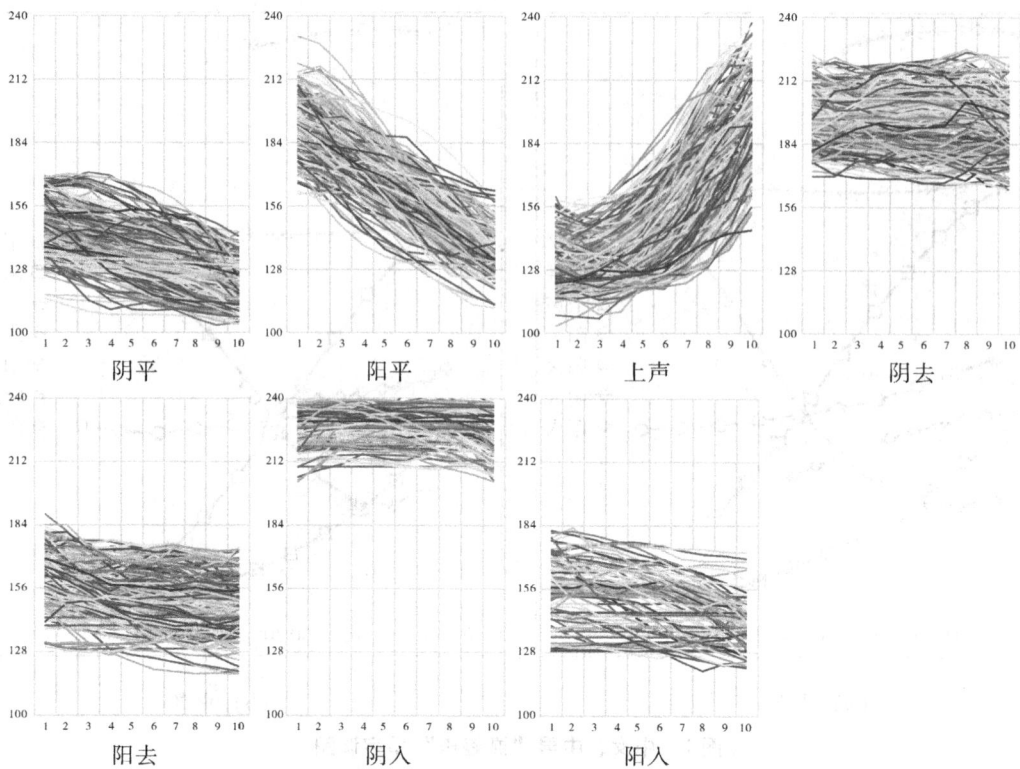

图2　中女各声调调域分布图

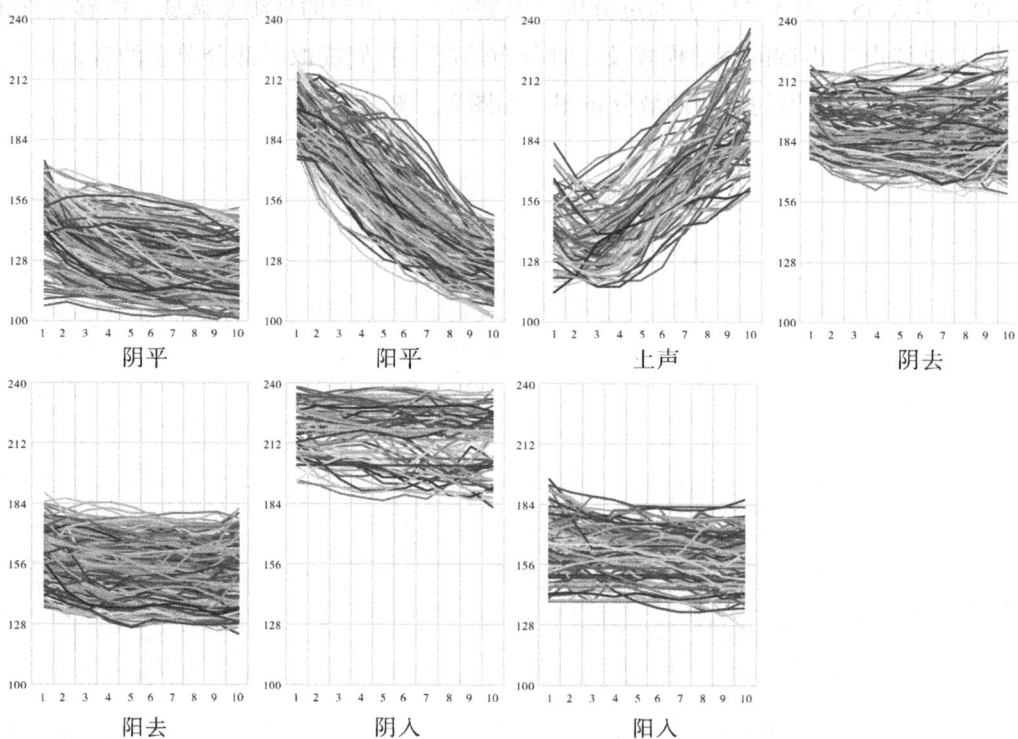

图3　中男各声调调域分布图

阴平字共收集 667 个，其来源为古平声字、古上声字及古去声字，以古清平声字为主。其中，古清平字有 616 个，古浊平字有 28 个，古清上字有 13 个，古浊上字有 9 个，古清去字有 1 个。中女声调调域主要分布在 100 至 170 之间，中男声调调域主要分布在 100 至 200 之间，整体趋势平稳略向下。

阳平字共收集 721 个，其来源分布于古四声字中，以古浊平声字为主。其中，古清平字有 38 个，古浊平字有 599 个，古清上字有 4 个，古浊上字有 10 个，古清去字有 5 个，古浊去字有 21 个，古清入字有 1 个，古浊入字有 43 个。中女声调调域主要分布在 114 至 226 之间，中男声调调域主要分布在 100 至 220 之间，整体趋势向下，下降幅度大。

上声字共收集 488 个，其来源分布于古四声字中，以古清上声字为主。其中，古清平字有 7 个，古浊平字有 5 个，古清上字有 345 个，古浊上字有 109 个，古清去字有 12 个，古浊去字有 7 个，古清入字有 3 个。中女声调调域主要分布在 110 至 240 之间，中男声调调域分布在 100 至 240 之间，整体趋势明显向上，上升幅度大。

阴去字共收集 550 个，其来源分布于古四声字中，以古清去声字为主。其中，古清平字有 14 个，古浊平字有 2 个，古清上字有 15 个，古浊上字有 100 个，古清去字有 384 个，古浊去字有 30 个，古清入字有 2 个，古浊入字有 3 个。中女声调调域主要分布在 170 至 230 之间，中男声调调域主要分布在 150 至 220 之间，整体趋势平稳。

阳去字共收集 467 个，其来源为古上声字与古去声字，以古浊去声字为主。其中，古清上字有 6 个，古浊上字有 63 个，古清去字有 71 个，古浊去字有 327 个。中女声调调域主要分布在 115 至 184 之间，中男声调调域主要分布在 120 至 190 之间，略有向下趋势。

阴入字共收集 303 个，其来源均为古入声字，以古清入声字为主。其中古清入字有 248 个，古浊入字有 55 个。中女声调调域主要分布在 200 至 240 之间，中男声调调域主要分布在 180 至 240 之间，总体趋势平稳，较为短促。

阳入字共收集 144 个，其来源均为古入声字，以古浊入声字为主。其中古清入字有 23 个，古浊入字有 121 个。中女声调调域主要分布在 120 至 184 之间，中男声调调域主要分布在 128 至 200 之间，整体调值趋势略向下，较为短促。

四、古四声的今读

（一）古四声今读的主要特点

通过运行音高脚本，提取每个单字的音高及时长数据，并按四声分类后计算音高及音长的均值，然后对数据进行归一化处理，再绘制古四声今读图，由此可了解古四声在"虺婆声"中的演变情况及其特点，具体如图 4、图 5 所示。

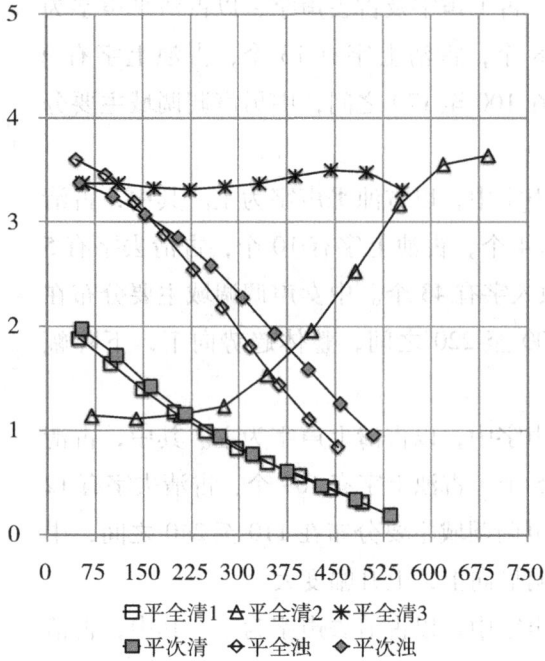

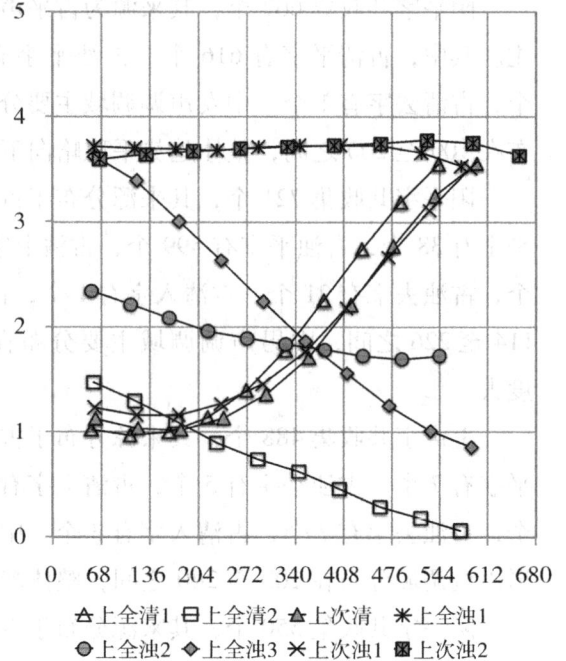

| 平全清1 | 平全清2 | 平全清3 |
| 平次清 | 平全浊 | 平次浊 |

古平声今读

| 上全清1 | 上全清2 | 上次清 | 上全浊1 |
| 上全浊2 | 上全浊3 | 上次浊1 | 上次浊2 |

古上声今读

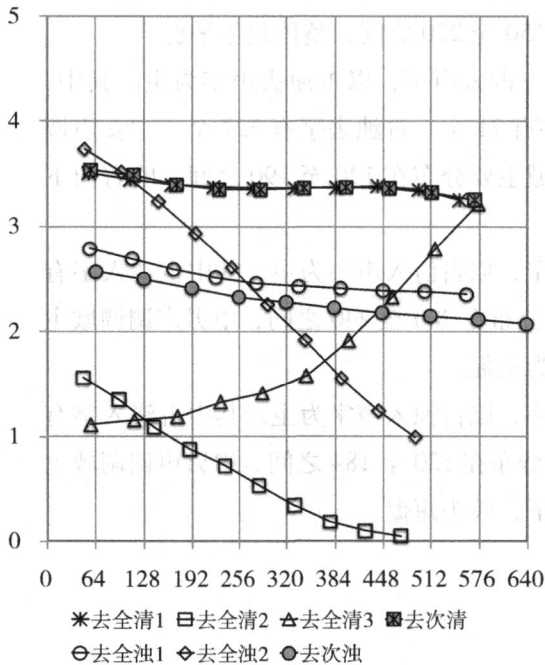

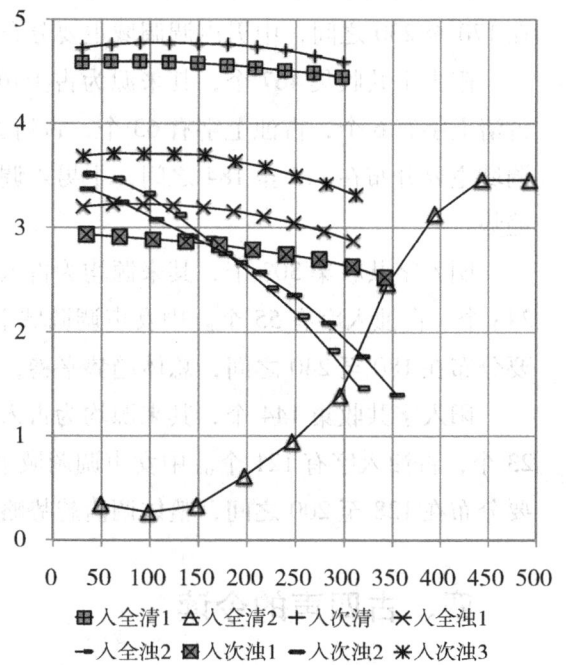

| 去全清1 | 去全清2 | 去全清3 | 去次清 |
| 去全浊1 | 去全浊2 | 去次浊 |

古去声今读

| 入全清1 | 入全清2 | 入次清 | 入全浊1 |
| 入全浊2 | 入次浊1 | 入次浊2 | 入次浊3 |

古入声今读

图4　中女古四声今读图

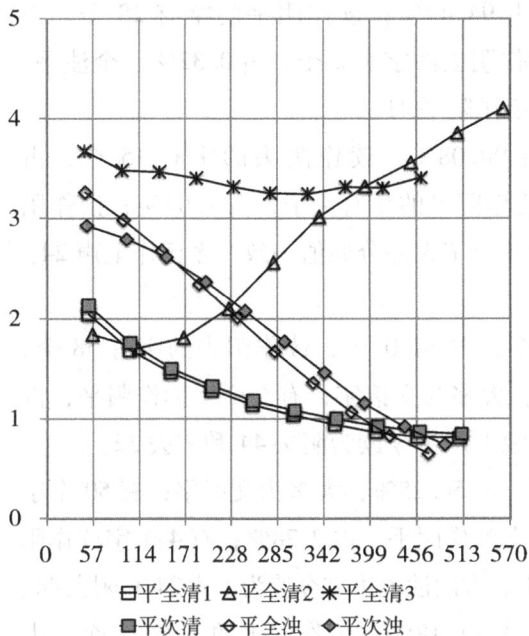

古平声今读

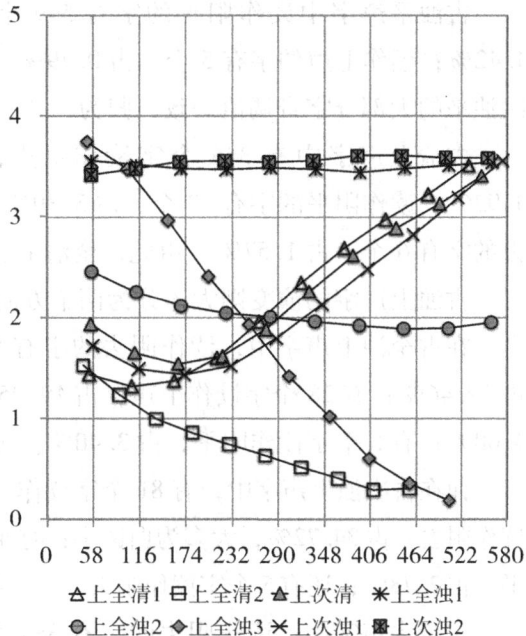

古上声今读

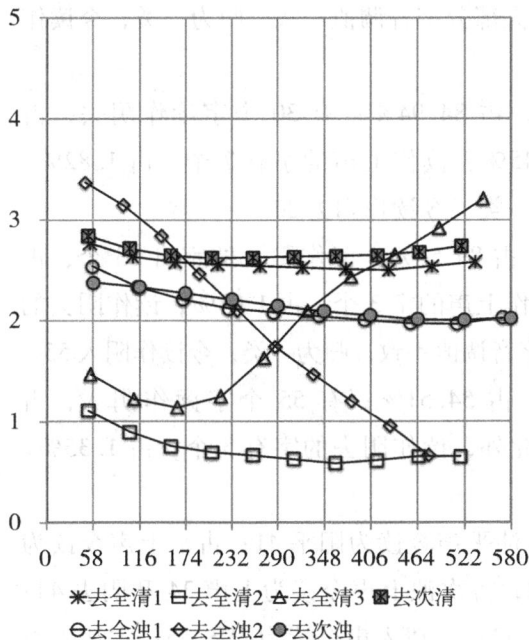

古去声今读

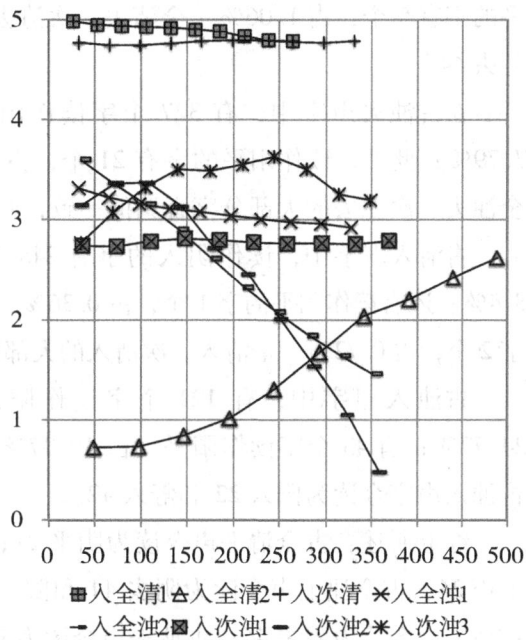

古入声今读

图5 中男古四声今读图

　　平分阴阳。在本次实验中,古清平声字中有616个字读作阴平,占91.26%;有38个字读作阳平,占5.63%;有7个字读作上声,占1.04%;有14个字读作阴去,占2.07%。由此,全清平、次清平字大部分调值一致,归为一类,今读作阴平21。

古浊平声字中读作阳平的字有 599 个，占 94.47%；读作阴平的字有 28 个，占 4.42%；读作上声的字有 5 个，占 0.79%；读作阴去的字有 2 个，占 0.32%。全浊平、次浊平的大部分字音调值一致，归为一类，今读作阳平 41。

古清上声字中有 345 个字读作上声，占 90.08%；读作阴去的字有 15 个，占 3.92%；读作阴平的字有 13 个，占 3.39%；读作阳平的字有 4 个，占 1.04%；读作阳去的字有 6 个，占 1.57%。由此，全清上、次清上字大部分调值一致，今读作上声 24。

古浊上声字的演变则大体分为两个方向。

在古全浊上声字中，读作阴去的字有 50 个，占 34.01%；读作阳去的字有 58 个，占 39.46%；有 28 个字读作上声，占 19.05%，大多为文读字；有 6 个字读作阳平，占 4.08%；有 5 个字读作阴平，占 3.40%。古全浊上声字今读为阴去 44 和阳去 32。

而在古次浊上声字中，有 81 个字读作上声，占 56.25%，大多为文读字；有 50 个字读作阴去，占 34.72%，大多为白读字；有 4 个字读作阴平，占 2.78%；有 4 个字读作阳平，占 2.78%；还有 5 个字读作阳去，占 3.47%。古次浊上声字今读为上声 24 和阴去 44。

古清去声字中，读作阴去的字有 384 个，占 81.18%；读作阳去的字有 71 个，占 15.01%；读作阴平的字有 1 个，占 0.21%；读作上声的字有 12 个，占 2.54%；读作阳平的字有 5 个，占 1.06%。全清去、次清去的大部分字音调值一致，归为一类，今读作阴去 44。

在古浊去声字中，有 327 个字读作阳去，占 84.94%；有 30 个字读作阴去，占 7.79%；此外，读作阳平的字有 21 个，占 5.45%；读作上声的字有 7 个，占 1.82%。全浊去、次浊去的大部分字音调值一致，归为一类，今读作阳去 32。

古清入声字中，读作阴入的字有 248 个，占 89.53%；读作阳入的字有 23 个，占 8.4%；还有读作阴平的字 1 个，占 0.36%；读作上声的字 3 个，占 1.08%；读作阴去的字 2 个，占 0.72%。全清入、次清入的大部分字音调值一致，归为一类，今读作阴入 55。

古浊入声字中，有 121 个字读作阳入，占 54.51%；有 55 个字读作阴入，占 24.77%；有 43 个字读作阳平，占 19.37%。此外，读作阴去的字有 3 个，占 1.35%。古浊入声字今读为阳入 22 和舒入 42。

综上所述，古全清平声今读为阴平 21；古浊平声今读为阳平 41；古清上声今读为上声 24；古全浊上声今读为阴去 44 和阳去 32；古次浊上声今读为上声 24 和阴去 44；古清去声今读为阴去 44；古浊去声今读为阳去 32；古清入声今读为阴入 55；古浊入声今读为阳入 22。

（二）影响今读的因素

在四声演变过程中，我们观察到部分字音与主流规律存在差异，主要是受到本地特色腔调、周边方言、文读系统三种因素的影响。

一是部分字音保留了本地"虱婆声"的特色腔调。上声字中个别字念阴平，如

"呇、挤、痒、篓"等字；个别字念阳平，如"唯、慷、蠓"等字；个别字念阳去，如"两、跛"等字。去声字中个别字念阴平，如"思、经、双"等字；个别字念阳平，如"傍、薯、离"等字；个别字念上声，如"映"等字。此外，部分多音字存在多个声调归并至一读的现象，如上声字中"搂"字归至阴平，"扫、处"字归至阴去；去声字中"称、亲"字归至阴平，"和、宁、横、为、缝、华"字归至阳平，"假、卷、转"字归至上声。

二是周边方言的影响。部分字音受本地或乐昌粤方言影响，声调与之相似。例如平声字中个别字念上声，如"扳、淤、豌、跑、闽"等字；个别字念阴去，如"俱、胜、嬉、听、过、靴"等字。上声字中个别字念阴平，如"妇、癸、舵"等字；个别字念阳平，如"傻、吵、囤"等字；个别字念阴去，如"伞、剐、灸、矿、纪"等字；个别字念阳去，如"象、尽"等字。去声字中个别字念阳平，如"谜"字；个别字念上声，如"仅、妹、泳、统、署、翡、访、铳"等字。入声字中个别字念阴上，如"饺"字。另有部分字因受本地或从化、梅县客家话的影响，发音声调与之相似。平声字中个别字念上声，如"蚊"字；个别字念阴去，如"拼"字。上声字中个别字念阴平，如"殴、浩、稻、纠"等字；个别字念阳平，如"旅、橡、脑"等字；个别字念阴去，如"拄"字；个别字念阳去，如"攒"字。去声字中个别字念阴平，如"绕"字；个别字念阳平，如"谊"字。

三是文读系统的影响，该类字使用频率偏低。如上声字中有"侉、叩"等字念阴平声，去声字中有"暇"字念阳平声。

五、从声调的今读特征看"虱婆声"的归属

粤北土话的系属还没有定论。本文根据对"虱婆声"声调系统的共时分布与其古今演变情况进行分析，认为该方言点"虱婆声"与客家话关系密切，并深受粤方言的影响。

黄雪贞（1988）认为："古上声的次浊声母及全浊声母字，有一部分今读阴平，这是客家话区别于其他方言的重要特点。"[①] 黄雪贞（1989）又指出："有少数古平声次浊声母字多数客家话都读阴平，这也是客家话声调的特点。"[②] 从声调演变特点看，"虱婆声"存在少数次浊平声字、极个别次浊上声与全浊上声字归阴平的现象，在保留自身特色的同时留存了客家话的一些特征。

庄初升（2008）从调类层面入手，全面考察了广东省客家方言文白读层调类特征，将广东省客家方言分为"老客家话"和"新客家话"，并将"老客家话"分为三个类型：梅桂型、雄州型、惠韶型。其中，本研究的方言点在地理上分属惠韶型。从调类层

---

① 黄雪贞 . 客家方言声调的特点 [J]. 方言，1988（4）：241.
② 黄雪贞 . 客家方言声调的特点续论 [J]. 方言，1989（2）：122.

面看，该点声调的演变中存在次浊上声今读上声，次浊和全浊上声今读阴去、阳去的现象，与惠韶型古浊上声的白读层今读阴去或去声的调型特点具有紧密联系。

从语言环境与词汇看，苏拱村周边的村落大多为客家方言区，居民对外交际时大多处于客家方言环境中，对外常使用客家方言。在语言的长期交互使用中，其用词习惯与口音腔调也与客家话相似。作者将客家话中部分核心词汇与"虱婆声"词汇进行初步比较，其中有80%与客家话一致。

而在调型演变中，"虱婆声"中阴阳上声合并、阴高阳低的现象与粤方言相似。同时，在调值上，"虱婆声"中的上、去、入等调值与粤方言相似，反映了当地"虱婆声"与粤方言在语言接触和融合的历史进程中产生了影响。

综上所述，"虱婆声"在调类演变、词汇腔调、社会环境等方面与客家方言存在明显的相关性，同时又在调型、调值等方面与粤方言有所联系。从整体的演变规律来看，"虱婆声"更接近于客家方言；而现代的声调格局则受到粤方言及周边地区方言的影响。从初步的核心词汇对比来看，"虱婆声"的词汇大部分与客家话相同。综合以上特点，我们认为该点"虱婆声"的声调具备客家方言的相关特征，初步认定其为深受粤方言影响的客家话。

六、结语

本文使用声学实验的方法，采集粤北曲江白土镇苏拱村两位典型发言人的发言语料进行分析，完成了初步的验证，归纳了"虱婆声"单字调声学模式，并在此基础上讨论了古四声今读的规律及其影响因素。通过分析其声调格局和演变规律，我们认为粤北曲江白土镇苏拱村的"虱婆声"更接近于客家方言。

经过本次实验，我们对该方言点"虱婆声"的共时分布与历史演变规律已经有所了解，但仍不能完全把握其整体特征，还需进行更深入的研究。

参考文献

[1] 甘于恩，陈敏华. 论广东粤方言的声调格局［M］// 甘于恩. 南方语言学：第17辑. 广州：世界图书出版广东有限公司，2021.

[2] 黄雪贞. 客家方言声调的特点［J］. 方言，1988（4）.

[3] 黄雪贞. 客家方言声调的特点续论［J］. 方言，1989（2）.

[4] 李冬香. 粤北犁市土话音系［J］. 方言，2013（4）.

[5] 李冬香，庄初升. 韶关土话调查研究［M］. 广州：暨南大学出版社，2009.

[6] 林立芳，邝永辉，庄初升. 韶关市近郊"虱婆声"的初步研究［J］. 韶关大学学报（社会科学版），1995（1）.

［7］刘新中，曾玲．汉语方言声调古今对照与共时分布的研究方法：基于字音系统实验研究工具［J］．中国语音学报，2020（2）．

［8］韶关市浈江区地方志编纂委员会．韶关市浈江区志［M］．广州：广东人民出版社，2012.

［9］石锋，王萍．北京话单字音声调的统计分析［J］．中国语文，2006（1）．

［10］伍巍．广东曲江县龙归土话的小称［J］．方言，2003（1）．

［11］中国社会科学院语言研究所，中国社会科学院民族学与人类学研究所，香港城市大学语言资讯科学研究中心．中国语言地图集：汉语方言卷［M］．2版．北京：商务印书馆，2012.

［12］中国社会科学院语言研究所．方言调查字表：修订本［M］．北京：商务印书馆，1981.

［13］庄初升．粤北土话音韵研究［M］．北京：中国社会科学出版社，2004.

［14］庄初升．广东省客家方言的界定、划分及相关问题［J］．东方语言学，2008（2）．

Experimental Research on the Synchronic Distribution and Diachronic Evolution of Shiposheng（虱婆声） in Sugong Village，Baitu Town，Shaoguan City

MAO Wenyi

【Abstract】 Based on the acoustic data collected from Sugong Village，Baitu Town，Qujiang District，northern Guangdong province，this paper conducted systematic acoustic experiments，summarised the acoustic pattern of single-word tones of Shiposheng，analysed the acoustic characteristics and distribution of various tonal categories of Shiposheng，and compared the distribution of the common tonal categories with those of the medieval tonal categories to derive the evolution of the tonal categories from ancient to modern times. Based on the characteristics and evolution of the tones，we concluded that the tonal characteristics of Shiposheng are more similar to those of the Hakka dialect.

【Keywords】 Tuhua in northern Guangdong，Shiposheng，tone，diachronic evolution，acoustic experiments

新会话四韵律词语句音高时长焦点效应研究[①]

黄凤兰　王茂林[②]

（暨南大学华文学院　广东广州　510610）

【提　要】本实验设计了四种焦点位置不同的窄焦点语句，通过对比宽焦点与窄焦点条件下关键韵律词的声学数据，探讨了四邑方言新会话四韵律词语句在音高和时长上的焦点效应。结果表明：①音高部分，宽焦点句存在高音线下倾规律。窄焦点句焦点重音对焦点成分的作用集中在高音点和调域上，表现为抬高高音点和扩大调域。焦点前后成分受焦点影响不大。②时长部分，焦点影响下四种焦点句内部韵律词时长存在差异，但整体表现为前短后长模式。

【关键词】焦点　音高　时长　新会话

一、引言

　　焦点是说话者认为听话者不知道的信息，是说话者希望强调的信息，包含语调中心（Chomsky，1971），通常以重音或某种语法手段标记。语调是指和功能句型相关的，包括音高、音长、音强等要素在内的句子的语音特征（赵元任，1979），反映句子内部韵律特征的变化。语调能对重音的强度、时长等表达产生影响，从而影响焦点目标的实现，重音表达的不同也会引起语句语调的变化。因此，焦点与语调关系密切，研究焦点时对语调进行分析是必要的。

　　关于焦点的语音标记手段，学界广泛认可 Gussenhoven（1983）提出的焦点—重音理论（Focus-to-Accent）。该理论认为，音高重音是语句中突显焦点成分的主要手段。这

---

　　① 本文是 2022 年度国家社会科学基金重点项目"广东粤闽客三大方言语音特征的系统分层实验研究"（项目编号：22AYY010）以及广东语言文化海外传承研究基地 2023 年度资助科研项目"广东方言与文化在东南亚的传承研究"（项目编号：23GHCY04）的阶段性研究成果。

　　② 黄凤兰，1999 年生，暨南大学华文学院硕士研究生；王茂林，1965 年生，暨南大学华文学院教授，博士，博士生导师，主要从事语音学研究。

一点在汉语的研究中也得到验证（赵元任，2002；林茂灿，2011）。具体来看，汉语普通话焦点成分的音高特征普遍表现为高音点抬升和调域扩大（Shih，1988；陈怡、石锋，2011），低音点各学者研究结论不一致（王蓓等，2002；贾媛等，2008）。此外，焦点成分所在的位置也会影响焦点音高的表现。Xu（1999）发现句末焦点相比其他位置的焦点没有出现明显的高音线上抬现象。陈怡、石锋（2011）发现焦点词调域随着位置的后移而降低。王韫佳等（2016）则指出句末焦点音高是在焦点音高和句末音高默认值之间获取平衡的结果。

焦点对语句音高的作用不仅在焦点位置上，还涉及相邻位置。Xu（1999）提出焦点重音的三个不同作用域：焦点位置音域扩展，焦点前位置音域基本不变，焦点后位置音域压缩。但焦点后压缩不是语言的普遍现象，台湾闽语（Chen, et al., 2009）和香港粤语（Wu & Xu，2010；韩维新等，2013）等部分南方方言中没有出现该现象。不同方言的焦点前后成分音高表现各有特点，从全面认识语言韵律特征的角度来看，考察更多方言的韵律表现是有价值的。除了音高变化外，重音还会使焦点成分的时长增加，并且这种变化在语句节律强的位置上更为显著（林茂灿，2011；贾媛等，2008）。

总体来看，相较于方言，汉语普通话在焦点研究方面取得的成果更为丰硕。目前，关于方言的焦点研究成果相对较少，例如香港粤语和台湾闽语等（Wu & Xu，2010；韩维新等，2013；Chen, et al., 2009），方言焦点还有很大一片领域值得探索。而通过声学实验的方法研究方言，一方面能够利用量化数据精确描述方言的韵律特征，总结焦点效应规律；另一方面所获得的实验数据有望对方言识别与合成技术的发展有所帮助，所以这种研究是有价值的。黄凤兰、王茂林（2024）对四邑方言新会话三韵律词语调焦点效应进行了研究，但焦点会受到句长的影响（Shih，2000），因此本文在三韵律词的基础上将句长延长，考察新会话四韵律词语句的音高和时长模式。

新会属广东省江门市辖区，距离广州市中心约 90 公里。区内以使用新会话为主，使用地区包括会城、三江、大泽、双水、罗坑、古井、沙堆等镇（街）的大部分地区，属粤语四邑片，部分地区还使用司前话、沙田区话、客家话等方言。① 本文作者之一为新会话母语者。

二、研究方法

（一）实验材料

本实验之目的是考察在新会话四韵律词语句中，当焦点成分位于句中不同位置时所传达的重音对音高和时长变化的作用，以及焦点成分对相邻成分的音高和时长影响。实

---

① 新会区相关介绍源自新会区人民政府网（http：//www.xinhui.gov.cn/）。

验中的四韵律词语句是指由 4 个双音节韵律词组成的实验语句。

为减少无关因素的影响，句型句式上，我们将句子控制为"主谓宾"句式的陈述句。句长上，实验语句由 4 个常用度高的双韵律词，共 8 个音节组成。

由于不同声调本身的音高时长特征不同，对前后音节的影响也不同，实验语句设计时，我们对双音节词内部音节的声调进行了控制。为了更好获取高、低音点的实验数据，我们最终采用"阴上（45）＋阳上（21）"[①] 组合，前字具有高特征，后字具有低特征。如："老人［lou⁴⁵ ŋ₃n²¹］"和"保姆［pou⁴⁵ m₃u²¹］"。

曹文（2010）指出焦点可以分为宽焦点和窄焦点，宽焦点指整个句子都是焦点，窄焦点指句中某个成分作焦点。为了探讨新会话焦点效应下关键成分的音高时长变化，我们设置了宽焦点和窄焦点两组实验句子，以宽焦点的情况作为对照，分析窄焦点情况下焦点成分的韵律变化。而为了考察焦点成分在语句不同位置上的音高和时长情况，我们给每种焦点句设置了特定的疑问句，通过疑问句来引导发音人说出相应焦点的答句。具体例子如下：

宽焦点句：

（1）老人谂住海虾炆饭。［lou⁴⁵ ŋ₃n²¹ n₃m⁴⁵ tsi：²¹ hoi⁴⁵ hā：²¹ m₃n⁴⁵ fa：n²¹］

（老人想着海虾焖饭。）

窄焦点句：

（2）首词焦点句

问句：啊谁谂住海虾炆饭？（谁想着海虾焖饭？）

答句：<u>老人</u>谂住海虾炆饭。（<u>老人</u>想着海虾焖饭。）

（3）词二焦点句[②]

问句：老人做么海虾炆饭？（老人怎么了海虾焖饭？）

答句：老人<u>谂住</u>海虾炆饭。（老人<u>想着</u>海虾焖饭。）

（4）词三焦点句

问句：老人谂住么嘢炆饭？（老人想着什么焖饭？）

答句：老人谂住<u>海虾</u>炆饭。（老人想着<u>什么</u>焖饭。）

（5）末词焦点句

问句：老人谂住海虾么嘢？（老人想着海虾什么东西？）

答句：老人谂住海虾<u>炆饭</u>。（老人想着海虾<u>什么</u>。）

（二）发音人及录音

本实验发音人共 4 男 2 女，年龄在 20 到 55 岁，均为新会区双水镇人，以新会话为

---

① 邵慧君，甘于恩．广东四邑方言语音特点［J］．方言，1999（2）．文章中对四邑方言的语音调查结果显示新会话有 8 个声调，在舒声调中，阴上（45）调值最高，阳上（21）调值最低。

② "词二""词三"分别代表第二个韵律词和第三个韵律词，"词二焦点句"指的是在该实验句中，第二个韵律词所在位置为焦点位置，下文同理。

母语且长期生活在当地，无听说障碍。

录音设备使用山逊话筒接外置声卡，录音环境安静。录音前，发音人熟悉语料，进行适当练习。录音时，每位发音人以中等语速、无任何强调重音的方式把宽焦点句自然流畅地说出来，避免强调和语速对时长带来的影响。窄焦点句采用一问一答形式进行，我们以新会话提问，发音人用新会话回答，确保实验语句焦点成分得以突显。每个实验材料录5遍，所有材料在录音前进行乱序处理，最终得到300份录音样本，录音结束后文件保存为 wav 格式。

（三）语音样本处理及声学分析

本实验使用 Praat 语音分析软件对录音材料进行声学处理。首先使用 xSegmenter 程序①完成音段自动标注，并将其保存为相应的 TextGrid 文件，然后对自动标注进行人工校对。接着运行 Praat 脚本，批量提取出声学数据。最后使用统计软件 SPSS 和 Excel 进行数据分析。通过 SPSS 对获取的声学数据进行统计检验，再结合 Excel 制作图表，将声学数据直观展示。

为了消除男女基频的差异，实验获取的音高数据采用赫兹—半音转换公式进行了转换：

$$St = 12 \times \log_2\left(\frac{F_0}{F_0 \min}\right)$$

公式中 F_0 是某点的基频值，$F_0 \min$ 为发音人的基频下限，St 即该点的半音值。

三、实验结果

本实验研究新会话四韵律词语句的语调焦点效应，通过对比宽焦点和窄焦点句中的相关数据，归纳出四韵律词语句的韵律变化模式，并在此基础上与三韵律词语句的模式作简要比较。前人研究发现汉语重音首先对音高和时长产生影响，其次才是强度，而其中音高的作用尤为关键，而时长则起到辅助作用（赵元任，1979；林茂灿，2011），因此本研究将着眼点放在音高和时长两个因素上，音高方面具体分析高音点、低音点和调域的变化情况。分析思路为：①分析宽焦点句的音高和时长模式，以此作为窄焦点句结果的对照；②将窄焦点句按照焦点位置分成首词焦点句、词二焦点句、词三焦点句和末词焦点句，探讨四种窄焦点句中焦点成分的音高模式，并观察焦点成分对前后音节成分的影响；③讨论窄焦点句的时长模式。

---

① xSegmenter 程序是用于音段自动切分与标注的程序，由中国社会科学院语言研究所研究员熊子瑜博士设计开发，特此感谢熊子瑜博士为语言学研究提供这一宝贵程序。

（一）宽焦点句音高和时长模式

本小节观察宽焦点条件下，句中各韵律词的音高和时长情况，并归纳出相应的音高和时长模式。不同韵律词之间音高和时长的差异使用重复测量方差检验（下文所有检验同）。

1. 韵律词音高分析

图 1 为宽焦点句韵律词音高模式，（a）（b）（c）分别显示出四个韵律词之间高音点、低音点和调域的比较情况。

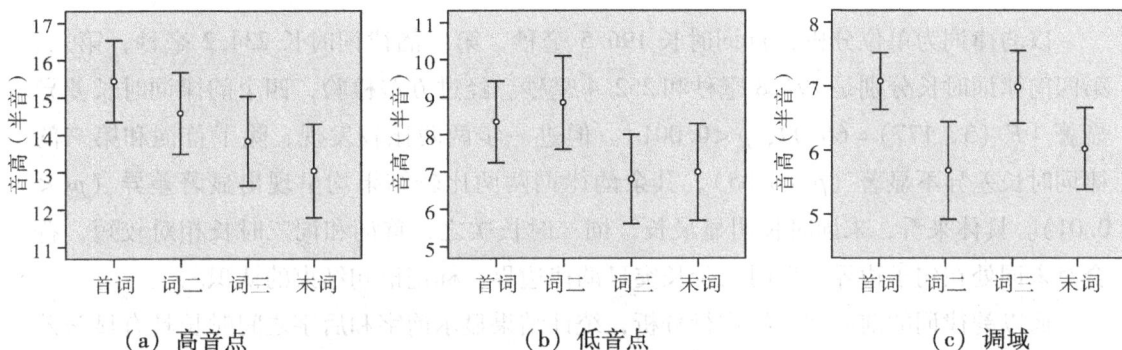

（a）高音点　　　　　　　（b）低音点　　　　　　　（c）调域

图 1　宽焦点句韵律词音高模式

先看高音点，观察图 1（a）可以看出，宽焦点句中四个韵律词的高音点随着位置的后移，音高呈现出阶梯状下降趋势。统计结果也表明，四个韵律词高音点的差异是显著的 $[F(3, 177) = 127.7, p < 0.001]$。进一步成对比较显示，四个韵律词两两之间的高音点差异同样显著 $(ps < 0.001)$[①]。因此，宽焦点条件下，四个位置韵律词高音点从前往后具体半音值为：15.43、14.57、13.82、13.03，符合高音线下倾规律。

低音点的情况与高音点有所差异，尽管四个韵律词低音点在主效应检验中差异显著 $[F(3, 177) = 25.086, p < 0.001]$。在成对比较中发现，首词和词二低音点并不具有显著差异 $(p > 0.05)$，词三和末词的低音点同样差异不显著 $(p > 0.05)$，结合图 1（b）可以发现，首词和词二低音点明显高于词三和末词。

至于调域，主效应检验结果显示四个韵律词的调域差异显著 $[F(3, 177) = 9.09, p < 0.01]$，但成对比较显示首词和词三调域不具有显著差异 $(p > 0.05)$，词二和末词调域之间同样差异不显著 $(p > 0.05)$，首词和词三调域显著大于词二和末词调域，具体如图 1（c）所示。

2. 韵律词时长分析

图 2 为宽焦点句韵律词时长模式。

---

① *ps* 为 *p* 的复数，表示两次或两次以上的比较 *p* 均为同样的结果，用 *ps* 表示。

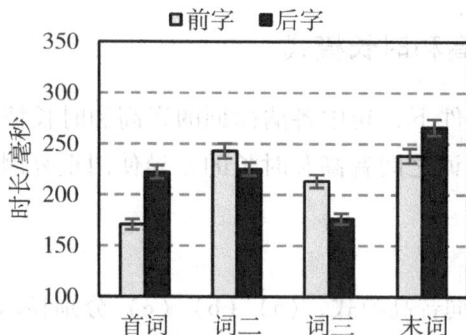

图 2　宽焦点句韵律词时长模式

以韵律词为单位分析，首词时长 196.5 毫秒，第二韵律词时长 234.2 毫秒，第三、第四韵律词时长分别是 194.8 毫秒和 252.4 毫秒。经过方差检验，四个韵律词时长差异显著 [F (3，177) = 66.09，$p < 0.001$]。但进一步两两比较发现，除了首词和第三韵律词时长差异不显著（$p > 0.05$），其余韵律词两两比较结果均呈现出显著差异（$ps < 0.01$）。具体来看，末词时长明显最长，词二时长次之，首词和词三时长相对较短，符合对末词处在句子边界，以时长延长突显韵律边界，标记语句结束的认识。

而以韵律词的前后字位置进行分析，统计结果显示前字和后字之间时长具有显著差异 [F (3，177) = 5.584，$p < 0.05$]。前字时长 216.3 毫秒，后字时长 222.6 毫秒，后字时长比前字时长长 6.3 毫秒。至于韵律词与前后字位置的交互作用，方差分析结果也显示出四个韵律词内各自的前字和后字的时长同样具有显著差异 [F (3，177) = 42.74，$p < 0.001$]。

3. 小结

本小节考察了宽焦点句的音高和时长情况。高音点部分，四个韵律词的高音点呈现出明显下倾趋势，符合高音线下倾规律，与之前三韵律词语句研究的结果一致。而低音点部分，首词和词二的低音点没有显著差异，词三和末词的低音点同样差异不显著，但首词和词二低音点显著高于词三和末词的低音点。调域的情况则是，首词和词三调域差异不显著，词二和末词差异也不显著，但首词和词三调域显著高于词二和末词。至于时长，无论是韵律词、前后字，还是两者的交互作用，统计结果都呈现出显著差异，表现为"短—中—短—长"模式。

（二）窄焦点句音高模式

上文对宽焦点句的情况进行了考察，本小节则按照焦点位置将窄焦点条件下的实验语句细分为 4 种不同的焦点句：首词焦点句、词二焦点句、词三焦点句和末词焦点句。在此基础上对焦点成分及焦点前后成分的音高进行分析，观察焦点重音的作用位置和方式。

1. 焦点韵律词音高分析

学界普遍认为在焦点作用下,焦点成分的音高会发生变化。下文将以宽焦点作为参照,观察四种焦点句中焦点韵律词在高音点、低音点和调域的变化。

(1) 首词焦点。

图 3 为首词焦点句韵律词音高模式。首词焦点句中,焦点所在位置为首词。图 3 (a) 显示了首词在宽焦点和窄焦点条件下的音高差异。宽焦点条件下,音高半音值为 15.43,窄焦点条件下则为 16.34。方差分析结果显示,两种条件下首词高音点的差异十分显著 $[F (1, 59) = 34.91, p < 0.001]$。窄焦点句中首词高音点显著高于宽焦点句,焦点重音对于首词高音点有明显的抬升作用。

而低音点部分,根据方差分析结果,两种条件下首词的低音点不具有显著差异 $[F (1, 59) = 0.031, p > 0.05]$。这说明首词低音点受焦点重音影响不大,两种条件下表现相似。

至于调域,统计结果显示两种条件下调域差异显著 $[F (1, 59) = 15.33, p < 0.001]$。如图 3 (c) 所示,窄焦点句中的调域显著宽于宽焦点句。从具体数值来看,宽焦点句调域的上限与下限半音值相差 7.08,窄焦点句调域的上限与下限半音值相差 8.02,这说明焦点重音对首词调域有显著的扩大作用。而结合高、低音点的变化,我们得知调域的扩大主要是由上限的抬升,即高音点的抬升造成的。

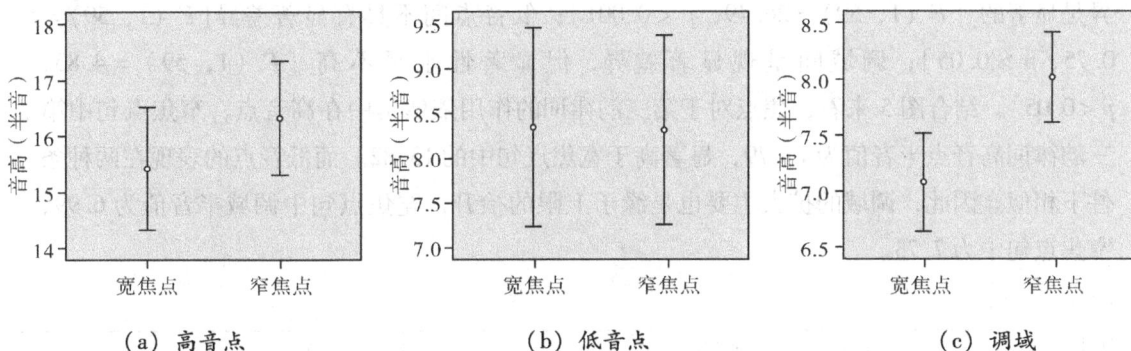

(a) 高音点　　　　　　　(b) 低音点　　　　　　　(c) 调域

图 3　首词焦点句韵律词音高模式

(2) 词二焦点。

图 4 为词二焦点句韵律词音高模式。第二韵律词作为焦点时,高音点的变化和首词焦点一致,两种条件下高音点都呈现出显著差异 $[F (1, 59) = 45.35, p < 0.001]$。从图 4 (a) 中可明显看出,窄焦点句的高音点要比宽焦点句高。具体来看,宽焦点句中半音值仅为 14.57,而窄焦点句中达到 15.40。

低音点部分,词二焦点句和首词焦点句的变化也是相似的,统计结果显示宽焦点句和窄焦点句中词二的低音点没有显著差异 $[F (1, 59) = 1.189, p > 0.05]$。如图 4 (b) 所示,词二低音点在窄焦点句和宽焦点句中半音值相近,受焦点重音影响不大。

调域的方差分析结果则显示，两种条件下词二调域的差异是显著的 $[F(1, 59) = 23.32, p < 0.001]$。其中，宽焦点句中半音值为 5.68，窄焦点句中半音值为 6.75，窄焦点句中词二调域受焦点影响变化明显，表现为调域扩大。由前面分析可知焦点对词二的影响集中为高音点抬升，低音点变化不大，因而调域的扩大主要是由上限抬升带来的。

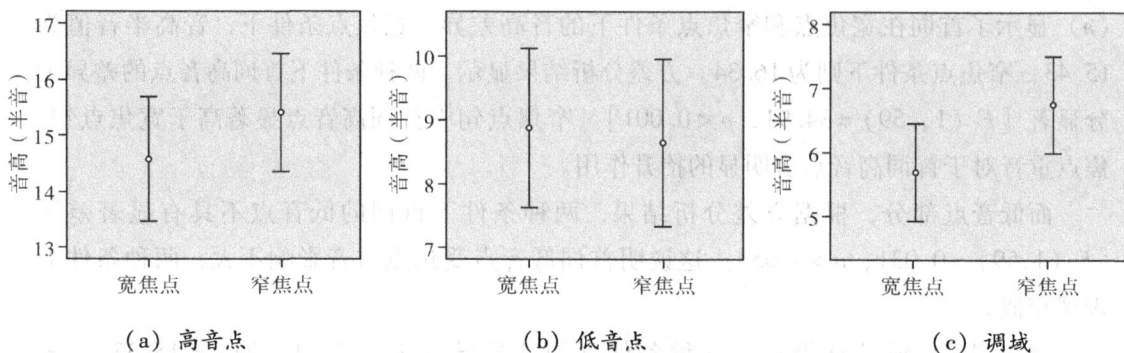

（a）高音点　　　　　　　　（b）低音点　　　　　　　　（c）调域

图 4　词二焦点句韵律词音高模式

（3）词三焦点。

图 5 为词三焦点句韵律词音高模式。第三韵律词作为焦点时，音高变化与首词、词二焦点句也一致。根据方差分析结果，第三韵律词在宽焦点句和词三焦点句中，高音点的差异是显著的 $[F(1, 59) = 26.49, p < 0.001]$；低音点间不具有显著差异$[F(1, 59) = 0.75, p > 0.05]$；调域间呈现显著差异，但显著性水平不高 $[F(1, 59) = 4.83, p < 0.05]$。结合图 5 来看，焦点对于第三韵律词的作用依然集中在高音点，窄焦点句中第三韵律词高音点半音值为 14.79，显著高于宽焦点句中的 13.82。而低音点的表现在两种条件下相似。因此，调域的扩大主要也是缘于上限的抬升，宽焦点句中调域半音值为 6.99，窄焦点句中为 7.73。

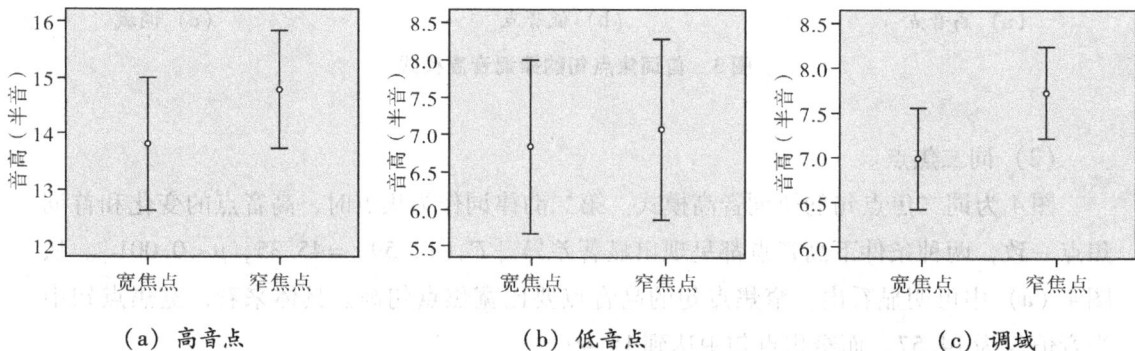

（a）高音点　　　　　　　　（b）低音点　　　　　　　　（c）调域

图 5　词三焦点句韵律词音高模式

（4）末词焦点。

图 6 为末词焦点句韵律词音高模式，显示末词焦点在宽焦点句和窄焦点句的音高情况。方差分析结果显示，两种条件下，末词的音高变化与其他三种焦点句的变化一致。宽焦点句和窄焦点句中，高音点差异显著 $[F(1, 59) = 27.71, p < 0.001]$，其中宽焦点句中半音值为 13.04，窄焦点句中高音点抬升到 13.81；低音点间则没有呈现显著差异 $[F(1, 59) = 0.32, p > 0.05]$；调域间差异显著，但显著性水平不高 $[F(1, 59) = 4.60, p < 0.05]$，其中宽焦点句中半音值为 6.02，窄焦点句中半音值为 6.74。

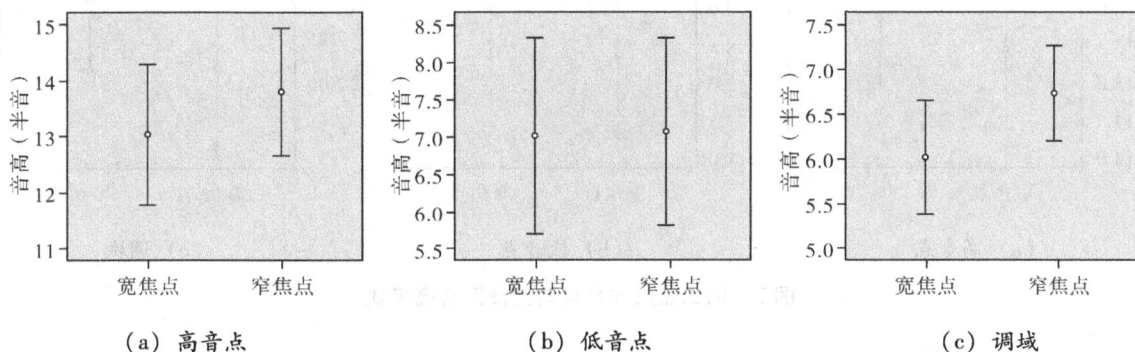

（a）高音点　　　　　　　　（b）低音点　　　　　　　　（c）调域

图 6　末词焦点句韵律词音高模式

（5）小结。

对四种焦点句的焦点成分音高进行分析发现，焦点对焦点成分所在位置的韵律词作用明显。无论焦点韵律词在句子的句首、句中还是句末，焦点重音都显著抬升了焦点韵律词的高音点，扩大了焦点韵律词的调域，对低音点则影响不大。这与三韵律词语句的研究结果有所差异，三韵律词语句在句末焦点条件下，高音点和低音点变化不显著，仅调域出现扩大。

2. 焦点前韵律词音高分析

焦点前韵律词音高分析的情况有三种：当词二为焦点时，分析首词的音高变化；当词三为焦点时，分析词二的音高变化；当末词为焦点时，分析词三的音高变化。具体情况见图 7、图 8、图 9。

（1）词二焦点。

先看高音点，作为焦点前韵律词的首词在两种条件下高音点差异显著 $[F(1, 59) = 17.84, p < 0.001]$。如图 7（a）所示，首词在词二焦点句中高音点（半音值为 15.92）显著高于宽焦点句中（半音值为 15.43），词二焦点重音对前接韵律词高音点抬升作用明显。

再看低音点，两种条件下的首词低音点差异不显著 $[F(1, 59) = 0.599, p > 0.05]$。如图 7（b）所示，首词作为焦点前韵律词在词二焦点句和宽焦点句中表现相似，受到后接焦点重音成分的影响较小。

调域的分析结果与低音点相似，首词在词二焦点句和在宽焦点句中的调域不具有显著差异 $[F(1, 59) = 3.378, p > 0.05]$。其中，宽焦点条件下调域上限与下限半音值相差 7.08，词二焦点条件下调域上限与下限半音值相差 7.43。结合高、低音点的分析结果来看，焦点对前接韵律词调域的上限有一定抬升作用，对下限没有明显影响，整体上调域没有发生显著变化，焦点前韵律词受到焦点成分的影响较小。

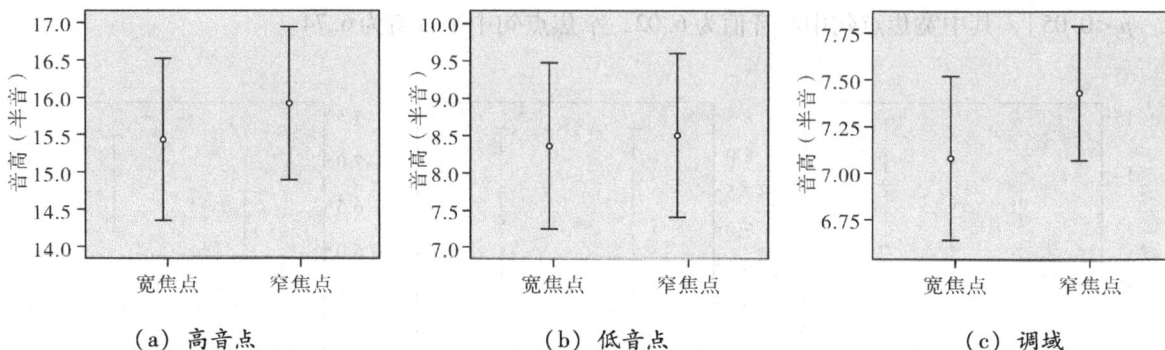

（a）高音点　　　　　　　（b）低音点　　　　　　　（c）调域

图 7　词二焦点句焦点前韵律词音高模式

（2）词三焦点。

第三韵律词作为焦点时，焦点前韵律词的音高变化与词二焦点句的情况有所不同。如图 8 所示，词三焦点条件下，作为焦点前韵律词的词二无论高音点、低音点还是调域都与宽焦点条件下表现相似，均没有显著差异。从具体统计结果来看，两种焦点条件下高音点差异不显著 $[F(1, 59) = 0, p > 0.05]$；低音点差异同样不显著 $[F(1, 59) = 0.078, p > 0.05]$；调域差异依然是不显著的 $[F(1, 59) = 0.059, p > 0.05]$。这说明词三焦点对前接韵律词的音高影响非常小，与前人研究的焦点前韵律词音高变化不大的结论一致。

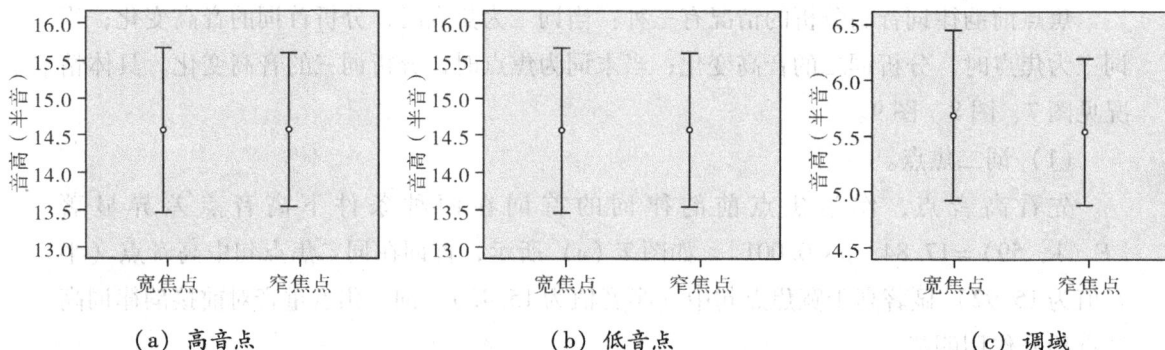

（a）高音点　　　　　　　（b）低音点　　　　　　　（c）调域

图 8　词三焦点句焦点前韵律词音高模式

（3）末词焦点。

末词焦点句中，焦点前韵律词的音高表现情况则与词二焦点句的表现情况类似。观察图9（a）可知道，末词焦点句中焦点前韵律词词三的高音点对比宽焦点句中有一定抬升。统计结果表明，高音点的差异在两种条件下显著 $[F(1, 59) = 11.83, p < 0.01]$。具体来看，宽焦点句中高音点半音值为13.82，末词焦点句中半音值抬升为14.43。如图9（b）、图9（c）所示，两种条件下低音点和调域均没有表现出显著差异，低音点方差检验结果为：$F(1, 59) = 0.028, p > 0.05$。调域的方差分析结果为：$F(1, 59) = 3.252, p > 0.05$。这说明末词焦点对前接韵律词的音高影响十分有限，其影响主要集中在高音点的抬升上。

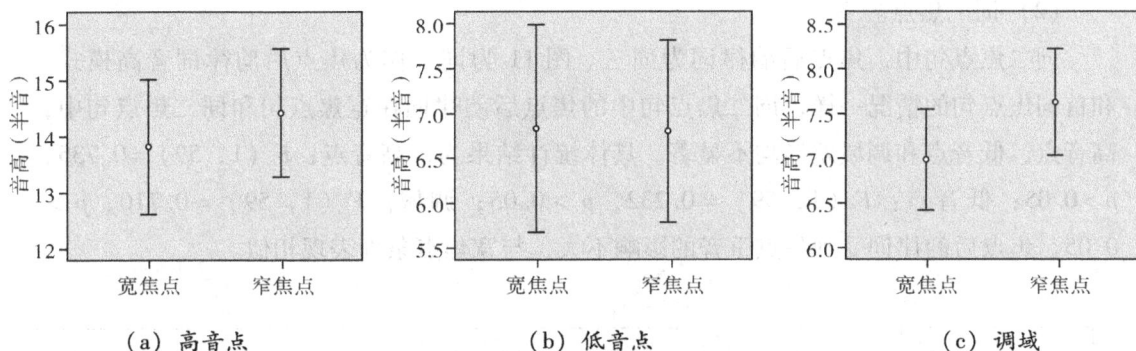

图9 末词焦点句焦点前韵律词音高模式

（4）小结。

本小节对焦点前韵律词的音高情况分析发现，焦点成分对前接韵律词的音高影响十分有限。词二和末词焦点句中，焦点前韵律词高音点出现抬升，低音点和调域没有显著变化。而词三焦点句中，无论高音点、低音点还是调域，都没有出现显著变化。这与三韵律词语句的研究结果相似，三韵律词语句中仅有首词高音点出现一定抬升，其余因素均无显著变化。

3. 焦点后韵律词音高分析

焦点后韵律词音高分析的情况同样有3种：当首词为焦点时，分析词二的音高变化；当词二为焦点时，分析词三的音高变化；当词三为焦点时，分析末词的音高变化。

（1）首词焦点。

首词为焦点韵律词时，词二为焦点后韵律词。统计结果表明，无论是高音点、低音点还是调域，词二在两种条件下均没有显著差异（见图10）。从具体统计数据来看，两种条件下词二高音点的变化不显著 $[F(1, 59) = 0.017, p > 0.05]$；低音点也没有显著变化 $[F(1, 59) = 0.102, p > 0.05]$；调域依然不具有显著差异 $[F(1, 59) = 0.063, p > 0.05]$。这说明，首词焦点对后接韵律词的音高影响不大，首词焦点句中没有出现焦点后压缩现象。

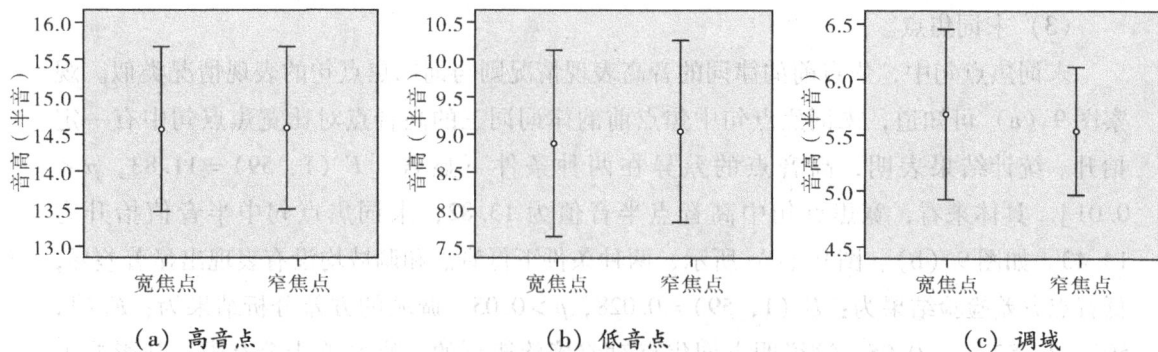

（a）高音点　　　　　　（b）低音点　　　　　　（c）调域

图 10　首词焦点句焦点后韵律词音高模式

（2）词二焦点。

词二焦点句中，焦点后韵律词为词三。图 11 为词三作为焦点后韵律词音高模式。和首词焦点句的情况一样，词二焦点句中的焦点后韵律词在宽焦点句和词二焦点句中，高音点、低音点和调域差异均不显著。具体统计结果为，高音点：$F(1, 59) = 0.735$，$p > 0.05$；低音点：$F(1, 59) = 0.232$，$p > 0.05$；调域：$F(1, 59) = 0.710$，$p > 0.05$。焦点后韵律词受到焦点重音的影响不大，与宽焦点条件表现相似。

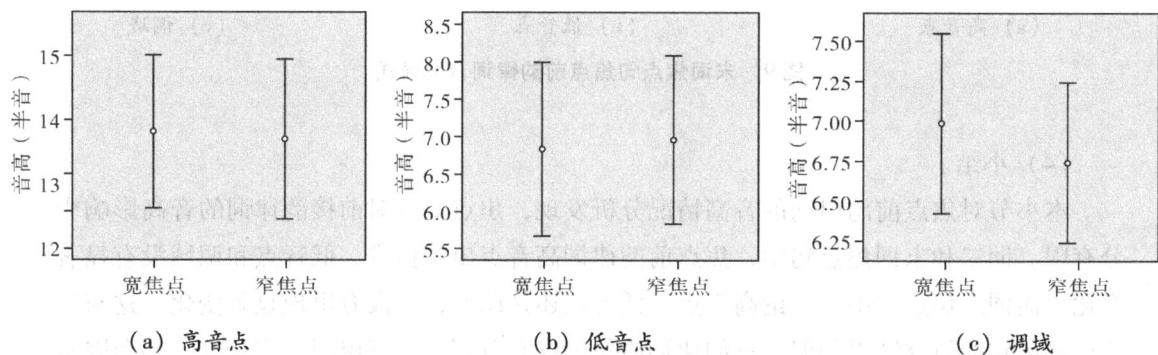

（a）高音点　　　　　　（b）低音点　　　　　　（c）调域

图 11　词二焦点句焦点后韵律词音高模式

（3）词三焦点。

当第三韵律词作为焦点时，焦点后韵律词为末词。经过方差检验，末词在宽焦点和窄焦点两种条件下，高音点依然不具有显著差异〔$F(1, 59) = 1.271$，$p > 0.05$〕。低音点之间同样差异不显著〔$F(1, 59) = 3.215$，$p > 0.05$〕。调域也没有出现显著变化〔$F(1, 59) = 1.333$，$p > 0.05$〕。词三焦点句焦点后韵律词的音高情况和首词、词二焦点句一样，无论高音点、低音点还是调域，受临近焦点的影响不大，对比宽焦点句中音高没有发生明显变化（见图 12）。

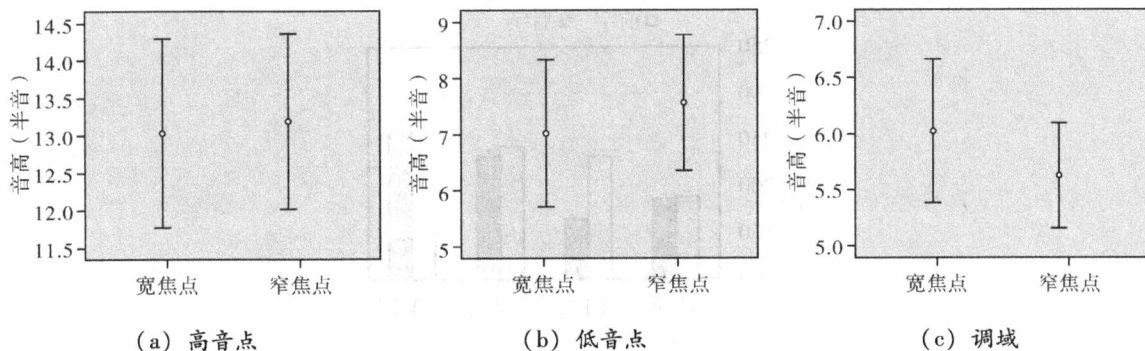

（a）高音点　　　　　　（b）低音点　　　　　　（c）调域

图12　词三焦点句焦点后韵律词音高模式

（4）小结。

对焦点后韵律词的音高变化情况分析后发现：新会话四韵律词语句没有出现焦点后压缩现象。无论首词、词二还是词三焦点句，焦点后韵律词的高音点、低音点和调域受到焦点影响都不大，音高没有出现明显的变化。而三韵律词语句中也仅首词焦点句的焦点后韵律词高音点出现微弱降低。结合两次实验结果可以看出，新会话中基本不存在焦点后压缩现象。

（三）窄焦点句时长模式

上文对不同位置的窄焦点句音高变化进行了分析，本小节将以同样的分类方法，对首词、词二、词三和末词焦点句的时长进行考察，以此分析焦点重音下的时长模式。

（1）首词焦点。

从韵律词的角度分析，首词时长为187.5毫秒，词二时长为198.9毫秒，词三时长为237.6毫秒，末词时长为233.2毫秒。对此进行方差检验，结果显示四个韵律词时长的差异显著 $[F(3, 177) = 72.69, p < 0.001]$。但进一步成对比较发现词三和末词时长差异是不显著的（$p > 0.05$），其余韵律词词间时长具有显著差异（$ps < 0.001$）。因此首词焦点句时长模式为"短—中—长—长"，具体见图13。首词为焦点重音的作用，仍然无法突破原本"短"的模式。而从前后字的角度看，统计结果显示，前字和后字时长不具有显著差异 $[F(1, 59) = 2.464, p > 0.05]$。至于韵律词和前后位置的交互作用，方差分析结果显示两者交互作用显著 $[F(3, 177) = 43.72, p < 0.001]$。这说明不同韵律词内前后字时长差异大。

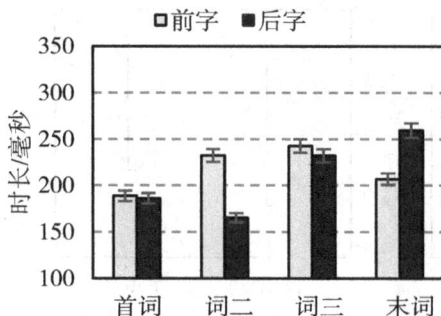

图 13　首词焦点句时长模式

（2）词二焦点。

当第二个韵律词为焦点时，方差分析结果显示四个韵律词的时长差异十分显著 $[F(3，177) = 150.6，p < 0.001]$。进一步成对比较也显示，两两韵律词之间时长的差异也是显著的（$ps < 0.01$）。具体数值上，按照位置从前往后分别为：首词 179.26 毫秒，词二 192.29 毫秒，词三 257.67 毫秒，末词 245.14 毫秒。结合词二焦点句的分析结果可得（见图 14），词二焦点词时长模式为"短—次短—长—次长"。而与首词焦点句不一样的是，词二焦点句中前后字之间差异是显著的 $[F(1，59) = 8.506，p < 0.01]$。其中，前字时长为 224.7 毫秒，后字时长为 212.5 毫秒，前字时长长于后字时长。至于韵律词与前后位置的交互作用，方差分析结果显示，两者的交互作用依然显著 $[F(3，177) = 32.99，p < 0.001]$。

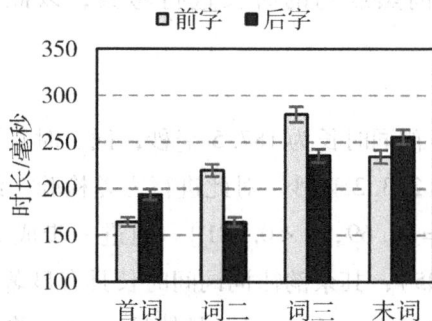

图 14　词二焦点句时长模式

（3）词三焦点。

词三焦点句的分析结果（见图 15）与词二焦点句一致。首先，四个韵律词时长差异显著 $[F(3，177) = 35.47，p < 0.001]$。但词三焦点句成对比较结果显示，首词和词二时长差异不显著（$p > 0.05$），词三和末词时长差异也不显著（$p > 0.05$），其余情况差异显著（$ps < 0.001$）。首词、词二、词三和末词的时长分别为 201.3 毫秒、205.7 毫秒、237.3 毫秒和 236.4 毫秒，时长模式为"短—短—长—长"。其次，前后字位置的时长也具有显著差异 $[F(1，59) = 78.01，p < 0.001]$，后字时长显著长于前字时

长，前字时长为 202.5 毫秒，后字时长为 237.4 毫秒。最后，前后位置与韵律词的交互作用也显著 $[F(3，177)=29.25，p<0.001]$。

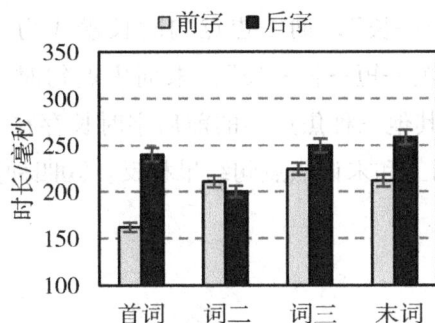

图15　词三焦点句时长模式

（4）末词焦点。

当末词为焦点时，经过方差检验，四个韵律词时长存在显著差异 $[F(3，177)=97.75，p<0.001]$。但进一步成对比较发现，词三和末词的时长差异并不显著 $(p>0.05)$，其余两两韵律词之间时长则具有显著差异 $(p<0.001)$。从首词开始，从前往后韵律词的具体时长分别为 181.9 毫秒、200.2 毫秒、244.5 毫秒和 250.2 毫秒。结合末词焦点句的分析结果可得（见图16），末词焦点句时长表现为"短—中—长—长"模式。前后字时长经过方差检验，也显示出显著差异 $[F(1，59)=40.32，p<0.001]$。其中，前字时长为 205.1 毫秒，后字时长为 233.3 毫秒，前字时长短于后字时长。这一点与词三焦点句的结果一致。至于前后位置与韵律词的交互作用，统计结果显示两者与韵律词皆具有显著的交互作用 $[F(3，177)=25.12，p<0.001]$。

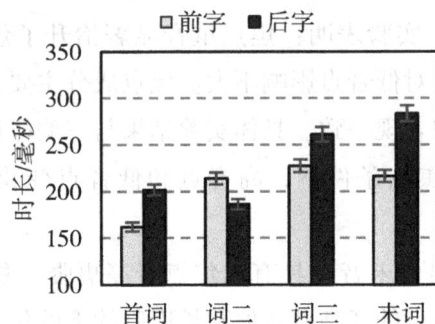

图16　末词焦点句时长模式

（5）小结。

本小节对窄焦点句时长模式进行分析，结果发现：①四种焦点句内部韵律词时长之间存在差异，时长模式各不相同，但整体上呈现为前短后长模式。具体来看，首词焦点句时长模式为"短—中—长—长"，词二焦点句时长模式为"短—次短—长—次长"，词三焦点句时长模式为"短—短—长—长"，末词焦点句时长模式为"短—中—长—长"。②除首词焦点句外，其他三种焦点句的前后字时长存在显著差异，词二焦点句中前字时长长于后字时长，词三和末词焦点句结果相反。③四种焦点句的前后字位置与韵律词之间均存在显著差异。

四、讨论

（1）通过对宽焦点句音高分析，本研究发现：宽焦点句四个韵律词高音点从前往后逐渐降低；低音点部分，首词和词二低音点显著高于词三和末词的低音点；调域部分，首词和词三调域显著大于词二和末词。整体来看，宽焦点句的音高特征可以总结为：高音点存在下倾现象，低音点前高后低，调域呈现前宽后窄趋势。这个结果与新会话三韵律词宽焦点句的音高表现基本一致，也基本符合自然语句下倾的规律。

与窄焦点句通过一两个音节抬高或压低突显关键信息的听感不同，宽焦点的"重"常常表现为明显度和清晰度高（林茂灿，2011），前面音节的高音点高于后面音节，使得语句以明亮突出的音响特性开始，给人一种清晰而易于辨认的听感，后面音节低音点高于前面音节，使得语句听感逐渐转为沉稳丰满。这种音高走势表现为语调的自然下倾，使得语句能够以清晰而平滑的听感来传递信息，避免突兀之感。词二调域收窄可能是为了降低句首宽调域带来的强调效果，维持宽焦点自然下倾的韵律框架，而末词调域收窄是为了标记语句结束，使得语句不会产生高音结束的突兀感。

（2）关于窄焦点音高，实验表明：焦点重音显著抬升了焦点成分所在位置韵律词的高音点，扩大了调域，但对低音点影响不大。焦点成分主要通过音高的变化来实现突显，这一点与普通话焦点句表现一致。具体实验结果与三韵律词语句的研究结果有所差异，三韵律词语句在句末焦点条件下，高音点和低音点变化都不显著，仅调域出现扩大。

王韫佳等（2016）指出句末音高具有比焦点音高更强的稳定性，当焦点处于句末时，需要在满足暗示句末结束的音高默认值和长度制约下的焦点音高默认值之间寻找妥协。三韵律词语句句末焦点变化不显著是因为焦点作用所带来的音高变化不及句末表征结束本身需要的音高作用大。随着句子的延长，为了能在更多语句信息中突显句末的重点信息，焦点发挥作用增大，焦点成分音高相应提高。在四韵律词语句中句末焦点条件下，焦点作用带来的音高变化超过句末音高，末词高音点得到显著提高。

（3）对焦点前后韵律词音高变化考察发现：焦点成分对前后韵律词的音高影响十

分有限。焦点前韵律词部分，仅词二和末词焦点句中，焦点前韵律词高音点出现一定抬升，低音点和调域没有显著变化。这一点与三韵律词语句的研究结果相似，三韵律词语句中仅词二焦点句中的首词高音点出现一定抬升，其余因素均无显著变化。两种韵律词语句的首词高音点都出现抬升，一方面可能与高特征声调音节组成有关，高特征声调音节具有进一步抬升的空间；另一方面可能因位于句首，高音点抬升更容易吸引听者注意，以指示相邻的焦点信息。另外，新会话语句没有出现焦点后压缩现象，这符合前人发现中国南方一些方言没有出现焦点后压缩现象的结论（Chen, et al, 2009；Wu & Xu, 2010；韩维新等，2013）。

（4）对语句时长的研究发现：受焦点影响，四个韵律词时长发生一定变化，但整体上影响不大，仍表现为前短后长模式，与宽焦点条件下表现保持一致。在三韵律词语句的分析中也出现了这一现象。这是因为音高对重音起的作用是关键性的、第一位的，而时长是起辅助作用的、第二位的（林茂灿，2011），相比于时长，听者感知音高变化的敏感度更高，音高的变化能够显著影响听者对于音色的感知，而时长的延长需要达到一定的程度才能被听者轻易察觉。粤语作为一种典型的音节型语言，每个音节时长相对恒定，不具备大幅度延长时长的能力，因此时长受焦点影响的延长幅度非常有限。新会话作为粤语四邑片方言，在这一点上的表现也是一致的。另外，新会话语句在焦点作用下高音点得到显著抬升，能够实现突显焦点信息的目标，时长并不需要起关键作用。因此，音节时长受焦点影响相对较轻，未能显著超越其固有的时长特征。即便在焦点的作用下，时长模式并未发生显著变化，保持了模式稳定性。

五、结语

本研究考察了新会话四韵律词语句焦点效应下的音高和时长模式，得出以下结论：①宽焦点句中，在高音点部分，语句存在高音线下倾规律，符合自然语句一般特点；在低音点部分，首词和词二低音点显著高于词三和末词的低音点；在调域部分，首词和词三调域显著高于词二和末词；时长模式表现为"短—中—短—长"。②窄焦点句中，新会话语句的焦点成分通过音高的变化来实现突显，这一点与普通话基本相同，也符合焦点—重音理论，具体表现为焦点显著抬升焦点韵律词的高音点，扩大焦点韵律词的调域，但对低音点影响不大。另外，焦点重音对前后韵律词音高的作用十分有限，仅词二和末词焦点句中，焦点前韵律词高音点出现一定抬升，焦点后韵律词音高没有骤缩，没有出现焦点后压缩现象，新会话这一点与普通话完全不同，而与香港粤语、台湾闽语相似。③四种窄焦点句内部韵律词时长整体呈现为前短后长模式，与宽焦点句模式一致，新会话韵律词时长受焦点影响不如普通话明显。

参考文献

［1］曹文.汉语焦点重音的韵律实现［M］.北京：北京语言大学出版社，2010.

［2］陈怡，石锋.普通话强调焦点句语调的音高表现［J］.南开语言学刊，2011（1）.

［3］韩维新，王萍，石锋.香港粤语强调焦点句语调的音高表现［J］.中国语音学报，2013（0）.

［4］黄凤兰，王茂林.新会话语调焦点效应研究［J］.南方语言学，2024（1）.

［5］贾媛，李爱军，陈轶亚.普通话五字组焦点成分音高和时长模式研究［J］.语言文字应用，2008（4）.

［6］林茂灿.汉语焦点重音和功能语气及其特征［J］.汉字文化，2011（6）.

［7］马秋武.汉语语调焦点重音的韵律实现方式与类型［J］.韵律语法研究，2017（1）.

［8］王蓓，杨玉芳，吕士楠.汉语语句中重读音节音高变化模式研究［J］.声学学报，2002（3）.

［9］王韫佳，东孝拓，丁多永.焦点和句末音高的恒定、变异及其相关问题［J］.语言学论丛，2016（2）.

［10］赵元任.汉语口语语法［M］.吕叔湘，译.北京：商务印书馆，1979.

［11］赵元任.中国言语字调底实验研究法［C］//赵元任语言学论文集.北京：商务印书馆，2002.

［12］钟良萍.焦点重音韵律编码的方言对比研究［D］.南京.南京师范大学，2015.

［13］CHEN S W, WANG B & XU Y. Closely related languages, different ways of realizing focus［C］. Brighton：Interspeech 2009, 2009.

［14］CHOMSKY N. Deep structure, surface structure, and semantic interpretation［M］// STEINBERG D D & JAKOBOVITS L A. Semantics：an interdisciplinary reader in philosophy, linguistics and psychology. Cambridge：Cambridge University Press, 1971.

［15］GUSSENHOVEN C. Focus, mode and the nucleus［J］. Journal of linguistics, 1983, 19（2）.

［16］SHIH C L. Tone and intonation in Mandarin［J］. Working paper of the Cornell phonetics laboratory, 1988（3）.

［17］SHIH C L. A declination model of Mandarin Chinese［M］//BOTINIS A. Intonation：analysis, modelling and technology. Dordrecht：Springer, 2000.

［18］WU W L & XU Y. Prosodic focus in Hong Kong Cantonese without post-focus compression［C］. Chicago：Speech Prosody 2010, 2010.

［19］XU Y. Effects of tone and focus on the formation and alignment of F0 contours［J］. Journal of phonetics, 1999（27）.

A Study on the Focused Pitch and Duration Patterns in the Sentences Composed of Four Prosodic Words in the Xinhui Dialect

HUANG Fenglan　　WANG Maolin

【Abstract】 In this experiment, four narrow-focus sentences with different positions are designed, and the acoustic data of key prosodic words under these two conditions are compared. The aim of the experiment is to explore the focus effects of the sentences composed of four prosodic words in Xinhui dialect of Siyi dialect on pitch and duration. The results show: ①In terms of pitch, there is a downward trend in the high pitch line for sentences with wide focus. In sentences with narrow focus, the focal stress has a concentrated effect on the focal component, which is manifested by raising the high pitch point and expanding the tonal range. The components before and after the focus are minimally affected by the focal stress. ②In terms of regarding duration, there are variations in the internal duration of prosodic words within the four types of focal sentences influenced by the focus, but the overall pattern is characterized by shorter durations preceding the focus and longer durations following it.

【Keywords】 focus, pitch, duration, Xinhui dialect

江西安远客家话"在"的用法及其演变路径

叶源辉[①]

（四川大学文学与新闻学院　四川成都　610064）

【提　要】 江西安远客家话的"在"具有弱动词、弱介词、介词和强介词多种用法。经考察，其演变路径主要有三条：①NP＋在＋NP＞NP＋在＋NP_1＋VP_1＞NP＋在＋NP_2＋VP_2＞NP＋在＋箇＋VP，即弱动词＞弱介词＞介词＞强介词；②NP＋在＋NP＞NP＋在＋NP＋VP＞在＋NP＋NP＋VP，即弱动词＞介词＞介词；③NP＋在＋NP＞NP＋VP＋在＋NP_1＞NP＋VP＋在＋NP_2，即弱动词＞弱介词＞介词。

【关键词】 安远客家话　在　用法　演变路径

一、引言

安远县位于江西省赣州市东南部，东毗会昌县、寻乌县，南邻定南县，西连信丰县，北接赣县和于都县。《中国语言地图集（第2版）》（2012）将安远方言归入客家方言于信片。本文所讨论的为安远县天心镇天心村、嶂脑村一带的方言，语料来自笔者内省及调查。

以往关于"在"的研究主要集中在用法方面，对于其演变路径的研究不多，加之安远话的"在"至今未有学者研究，因此，本文将在描写"在"的用法的基础上探讨其演变路径。

---

① 叶源辉，1998年生，男，江西赣州人，四川大学文学与新闻学院硕士研究生。

二、江西安远客家话 "在" 的用法

（一）（NP）+ 在 + NP

安远话 "在" 的用法与普通话有相同之处，都可以表示人或事物的位置。如：

（1）𠊎在灶下我在厨房。

（2）快点告下゠𠊎尔在哪回快点告诉我你在哪里。

（3）快速面在脑高方便面在上面。

（4）国庆节在新历个十月一号国庆节在阳历的十月一日。

"在" 后的宾语可以是处所词，如例（1）；可以是指代词，如例（2）；可以是方位词，如例（3）；也可以是时间短语，如例（4）。

同时，安远话 "在" 的用法与普通话有不同之处，主要表现在三方面：

第一，安远话的 "在" 不可以表示 "存在；生存" "留在" "参加（某团体）；属于（某团体）" "在于；决定于" 等动词义。如例（5）~（8）在安远话中不能说，但译为普通话后都能说：

（5）＊尔怎底子话事个？𠊎个父母都还在。

（6）＊老弟唔晓得爱爱要不要继续在学堂。

（7）＊在组织。

（8）＊学习好唔好主要在尔自家个努力。

第二，安远话的 "在" 要求主语必须为名词性成分，而不能是动词性成分。如：

（9）＊学在清华。

"学在清华" 在普通话中是主谓宾结构，意义为：N 是活动 V 发生的最佳场所，表达一种褒赞性的主观评价（于赛男、李劲荣，2022）。

第三，安远话 "在" 宾语位置的名词性成分必须出现。如：

（10）a. ＊𠊎在。

      b. 𠊎在屋下我在家里。

普通话中，说话者在基于听话者已知主语或宾语信息的情况下，可以选择性地省略主语或宾语，而在安远话中，只有主语可以省略，宾语不可以省略，否则句子不成立，如例（10a）。

（二）（NP）+ 在 + NP + VP

安远话的 "在" 可以表示动作发生的时间、范围、条件等。如：

（11）隔壁个李阿姨在过节个时今正会包饺子隔壁的李阿姨在过节的时候才会包饺子。

（12）箇篇论文在研究方法项゠还可以改进这篇论文在研究方法上还可以改进。

（13）渠在偓个帮助下拿到一个好成绩他在我的帮助下拿到了一个好成绩。

需要说明的是，出现在"在"后面的"一起"只能是名词，而不能是副词。如：

（14）a. 偓众在一起住我们在一起住。

　　　　b. 偓众（*在）一起去我们一起去。

例（14a）中的"一起"是名词，表示"同一个处所"，因此"在"能出现；而例（14b）中的"一起"是副词，表示"一同"，因此"在"不能出现。

安远话的"在"除了可以表示动作发生的处所之外，还可以表示动作的始发处、经由处和终到处。如：

（15）老伯在北京来嘚哥哥从北京来的。

（16）在彼回经过个时今，偓看到一只老虎在那里经过的时候，我看见了一只老虎。

（17）爹爹在庙项＂烧香去爹爹到庙里烧香去了。

例（15）中的"北京"是动作开始时的地点，例（16）中的"彼回"是动作发生时的地点，例（17）中的"庙项＂"是动作结束时的地点。根据韩玉强（2011）的说法，普通话"在"的这些用法从中古汉语开始出现，现代汉语中这些用法已不多见。"在"字像例（15）和例（17）表达始发处和终点处的用法，在普通话里已经被介词"从"和"到"替代了。

（三）在 + NP + NP + VP

安远话的"在"可以表示事件发生的处所、条件等。如：

（18）在农村，大家天一光就要出去做工在农村，大家天一亮就要出去干活。

（19）在阿底个情况下，什个东西都寻唔倒在这样的情况下，什么东西都找不到。

不过这种用法受到一定限制。例（20）、例（21）中的"在 + NP"原是为说明主语 NP 或动作 VP 发生的位置，而非说明"NP + VP"这一事件活动发生的位置，因此不能前移至句首。同样，"在 + NP"也不能后移至句末。如：

（20）a. *在旁边，渠打麻将。

　　　　b. *渠打麻将，在旁边。

（21）a. *在楼脑，衫裤挂稳。

　　　　b. *衫裤挂稳，在楼脑。

（四）（NP）+ VP + 在 + NP①

安远话的"在"表示动作完成后事物所处的位置（包括具象的空间位置和抽象的

---

① 有些句子表面上具有和"（NP）+ VP + 在 + NP"相同的句模，但是对应的深层结构不同，例如"我知道在哪里"表面上是"（NP）+ VP + 在 + NP"结构，但是实际上对应的是"（NP）+ VP + NP + 在 + NP"结构，如"我知道他在哪里"，或者是"（NP）+ VP + NP + VP + 在 + NP"结构，如"我知道书包放在哪里"，这类句子是基于上下文的省略句，本节讨论的对象仅限于真正具有"（NP）+ VP + 在 + NP"结构类型的句子。

时间位置)。如：

（22）讨箇些书放在一起_{把这些书放在一起。}

（23）箇件事发生在今朝下晡_{这件事情发生在今天下午。}

（24）衫裤一直挂在外头_{衣服一直挂在外面。}

单从 VP 来说，VP 既可以有实现过程，也可以没有实现过程。如例（22）在"一些书出现在同一位置"这个事态，出现前有"从一个位置转移到另一个位置"的动态过程，即在时间轴上有一个从"前时点"到"实现点"的转化过程（石毓智，1992），这个转化过程可以是瞬间完成的，如例（23）中的"发生"；例（24）由于副词"一直"截掉了"挂着"这个状态出现前的实现过程，所以 VP 本身就是状态。不过，不管VP 情况如何，"在"只表示动作结束后事物所处的位置。

VP 可以是动宾短语，如例（25）；可以是动补短语，如例（26）；也可以是形容词性成分，如例（27）和例（28）：

（25）多花一些时间在学习项[＝]_{多花一些时间在学习上。}

（26）瓶子跌烂嘚在地下_{瓶子在地上摔烂了。}

（27）莫拿饭菜馊了在冰箱项[＝]_{不要让饭菜在冰箱里馊了。}

（28）事情怪就怪在箇_{事情怪就怪在这。}

安远话的"在"有时候相当于普通话的"给"。如：

（29）记稳写封信在倕_{记着写封信给我。}

（30）想倕表演在尔看，梦都莫想_{想要我表演给你看，别做梦！}

需要强调的是，"（NP）＋VP＋在＋NP"结构中的"在"不能表达运动趋向。如：

（31）箭射在靶项[＝]_{箭射在靶子上。}

（32）手表掉在海项[＝]_{手表掉在海里。}

从整个句子看，例（31）、例（32）确实可以表达位移意义，如"箭射在靶子上""手表掉在海里"，但这是由于"始发处"和"终点处"存在明显距离，人们基于认知经验所填补出的意义，并不是"在"本身的意义。如：

（33）渠走＊在/到上海_{他走到上海。}

（34）尔讨倕守在/＊到屋下_{你给我待在家里。}

如果"在"本身可以表达运动趋向，那么"在"和"到"就应该呈现出对等的句法分布，而事实上存在许多像例（33）和例（34）这样不对称的例子。"到"凸显的是动态义，"在"凸显的是静态义，这在例（24）、例（27）中也可以看出。

"VP"可以与持续体标记"稳着"搭配使用，但对动词的类有选择限制。如：

（35）a. 警察徛稳在外头_{警察在外面站着。}

b. ＊雨落稳在外头。

在安远话中，当动词同时具有［＋完成］［＋持续］［＋状态］三项特征，如"贴""挂""装""盖""拿""着穿"等，那么"（NP）＋VP＋着＋在＋NP"类的句子能够成立，因此例（35a）能说，而"话说""落下""看""收拾""挖""敲""食吃"虽然能够与"着"搭配，但反映的是动作行为本身的持续义，表示动作连续反复施行，而不表示动作行为造成的状态义（马庆株，1981），因此例（35b）不能说。

"VP"也可以与"嘞了"搭配，但对"嘞"出现的位置有限制。如：

（36）a. 李阿姨今朝晏昼晕倒嘞在房间项＝ _{李阿姨今天中午在房间里晕倒了。}

b. * 李阿姨今朝晏昼晕倒在嘞房间项＝。

在安远话里，"在"对后面的名词性成分具有很强的依赖性，一旦"嘞"将"在"和"房间里"分隔开，句子就变得不合格，如例（36b）。

（五）（NP）+ 在 + 箇 + VP

安远话中的"在"总是和辅助性成分"箇这"合用，表示活动 VP 的进行。如：

（37）A：嫂嫂在灶下舞什个 _{嫂嫂在厨房干什么}？

B：渠在箇煮饭 _{他在煮饭。}

从对话可以知道，问话人并不在厨房，不知道"嫂嫂"在厨房里干什么，而答话者也不在厨房，但他并没有使用远指代词"那"，而是使用了近指代词"箇"。根据吕叔湘、江蓝生（2017）的说法，此时的"箇"已经弱化，不实指会话位置，虽然普通话中的"这"也有虚化用法，但不和"在"搭配表示进行意义，如不说"她在这煮饭"，而是直接说"她在煮饭"。另外，安远话不像英山方言（项菊，2012）、新化方言（罗昕如，2004）、永新方言（龙安隆，2016）等可以通过"在这里""在那里"等表示进行或持续，它只能通过"在这"表达进行意义。[①]

例（37）通常需要通过上下文才能确定"在箇"是体标记还是作地点状语，而如果当主语是处所短语或者"箇"不能理解为主语的处所时，则不用通过特定语境识别。如：

（38）山项＝有人在箇唱歌 _{山上有人在唱歌。}

（39）又在箇落雨 _{又在下雨。}

例（38）中的"在箇"不能表示处所，只能表示时间，因为前面已经有了一个处所词语"山项＝"；例（39）中的"箇"不可能是主语（如果有的话）"天"所处的实际位置，因而"在箇"也只能是体标记。

三、江西安远客家话"在"的演变路径

对于"在"的词性，学界一般从结构的角度来划分，如"他在家里"中的"在"

---

① 我们认为，安远话的"在"没有借助"箇回_{这里}""奔＝回_{那里}"表达时态意义主要有两个原因。第一，安远话中"回_里"的处所意味很强，语义上不易虚化。第二，"在箇"中的"箇"在读音上已经发生弱化，而双音节词相对不易弱化。之所以没有借助"奔＝"来表达时态意义是因为在安远话中"箇"的虚化用法比"奔＝"用得多，并且表达进行意义需要对事件有一定的认识，表近指的"箇"比表远指的"奔＝"更容易掌握情况，因此选择"箇"而没有选择"奔＝"。

是动词,"他在家里看书"中的"在"是介词,"他在看书"中的"在"是副词,这样的划分对于一般的教学或许比较方便,但不利于我们认清"在"的本质特征。"在"的不同用法是历时连续演变的过渡阶段在共时平面的反映,所以,在同一语法位置,"在"仍有可能呈现不同的语义特征和语法功能,在分析"在"的词性时,不能持一种非此即彼的离散认知观,而是要根据具体的语言环境进行分析。Hopper 和 Traugott(2003)认为语法化是词汇项目(lexical item)或词汇结构(lexical construction)带上语法特征,语法项目(grammatical item)更具有语法性(more grammatical)的过程,并提出"词汇词(content item)> 语法词(grammatical word)> 附缀(clitic)> 屈折词缀(inflectional affix)"的演变斜坡(cline)。"在"在语法化的过程中会伴随着词性的降格,鉴于此,我们可以从词性的角度来观察"在"的演变路径。

对于现代汉语"(NP)+ 在 + NP"结构中的"在"是动词基本上不存在争论,因为它和典型的动词一样,结合的名词性成分的数量可以是 0 个,1 个,2 个。如:

(40) a. 他在家里。

　　 b. 谁现在在家里啊?我在。

　　 c. 他在哪里啊?在家里。

　　 d. 他在不在家里啊?在。

对于典型动词来说,它们结合的名词性成分数量可以根据语境的变化而变化,但安远话的"在"后面必须出现名词性成分,否则句子不成立。可见,安远话的"在"与普通话的"在"是有一定差异的。

另外,典型的二价动词一般都能受"不"的修饰,而安远话中的"在"不行。如:

(41) a. 渠唔读书_{他不读书。}

　　 b. 渠唔看电视_{他不看电视。}

　　 c. 渠唔讨渠_{他不给她。}

(42) 渠 * (唔)在屋下_{他(不)在家里。}

"读""看""给"是典型的二价动词,在安远话和普通话中都能受"不"的修饰,普通话的"在"也可以受"不"修饰,因而普通话的"在"是典型的动词,但安远话的"在"却不能受"唔_不"修饰。

由上可见,安远话的"在"不具备典型动词的特征,我们将其称为"弱动词"。

当"(NP)+ 在 + NP + VP"结构中"在"表示的位置是主语所在位置时,我们把这类句子记为:"(NP)+ 在 + NP$_1$ + VP$_1$"。如:

(43) 爹爹在店项⁼买米线_{爹爹在店里买米线。}

该类句式除了"在",还有另外一个动词性成分,"在"除了可以表示主语"爷爷"的位置,也可以表示"买米线"这一动作发生的位置,这就形成了动词和介词的争论。杨树达(1984)将这类例子的"在"分析为介词,张伯江、方梅(2014)支持这一观点,他们认为动词和介词之间是存在一些普遍特征的,比如动词的宾语往往可以被外移和删除，介词宾语却不太允许自由外移或删除。如：

（44）a. 苹果［𠮶唔曾食○］_{苹果[我没有吃○]}。

b. ［渠昨日食○］个苹果_{[他昨天吃○]的苹果}。

（45）a. ＊学堂，渠［从○］跑出来。

b. ＊［渠从○跑出来］个学堂。

（46）a. ＊教室，渠［在○］读书。

b. ＊［渠在读书］个教室。

例（44a）动词"食"的宾语"苹果"可以话题化，例（45a）介词"从"的宾语"学堂_{学校}"不可以话题化；例（44b）可以删除动词的宾语"苹果"，例（45b）不可以删除介词的宾语"学堂"。例（46a）和例（46b）显示，"在"不允许其宾语外移和删除，应视作介词。但这样的分析忽略了一个问题，即连动结构中第一个动词的宾语也不能自由前移和删除。如：

（47）a. ＊图书馆，渠［去○］读书。

b. ＊［他去○读书］个图书馆。

（48）a. ＊车，奶奶［坐○］去学堂。

b. ＊［奶奶坐○去学堂］个车。

例（47）和例（48）中的"去"和"坐"都是典型动词，可是它们的宾语同样无法进行外移和删除，可见这种测试方法并不十分有效。

张赪（2002）认为"（NP）+在+NP₁+VP₁"这类结构应该分析为动词，因为句子可以理解为"在某地""发生某件事"的并列，可以分析为"在+处所宾语，动词+宾语"。王灿龙（2008）通过Awobuluyi提出的动词和介词的四个区分方法及自己补充的一个方法判定句中的"在"为不完全动词。如：

（49）a. 渠买芦菔做饭食_{他买萝卜做饭吃}。

b. 渠买芦菔_{他买萝卜}。

c. 渠唔买芦菔_{他不买萝卜}。

d. 渠买芦菔/渠做饭食_{他买萝卜/他做饭吃}。

e. 渠买唔买芦菔做饭食_{他买不买萝卜做饭吃}？

f. 渠系买芦菔做饭食_{他是买萝卜做饭吃}。

（50）a. 渠从广东坐车归来_{他从广东坐车回来}。

b. ＊渠从广东_{他从广东}。

c. ＊渠唔从广东_{他不从广东}。

d. ＊渠从广东/渠坐车归来_{他坐车回来}。

e. 渠从唔从广东归来_{他从广东回来还是不从广东回来}？

f. 渠系从广东坐车归来_{他是从广东回来}。

（51）a. 爹爹在店项ᵓ买米线_{爸爸在店里买米线}。

  b. 爹爹在店项⁼_{爷爷在店里。}

  c. *爹爹唔在店项⁼。

  d. 爹爹在店项⁼/爹爹买米线_{爷爷在店里/爷爷买米线。}

  e. *爹爹在唔在店项⁼买米线。

  f. 爹爹系在店项⁼买米线_{爷爷是在店里买米线。}

"爷爷在店里买米线"删除"买米线","在"可以充当简单句的述语,如"爷爷在店里";"在"可以直接和否定算子"不"结合表达否定命题,如"爷爷不在店里";"爷爷在店里买米线"可以分化为"爷爷在店里""爷爷买米线"两个句子;"爷爷在店里买米线"可以通过"爷爷在不在店里买米线"来进行提问;"在"可以被强调,如"爷爷是在店里买米线"而不是"在街边马路买米线"。根据上面的判定标准,王灿龙(2008)将普通话的"在"视为动词。但是,这种分析仍然存在一些问题。普通话的"在"本身就存在动词和介词两种词性,并且分别对应"(NP)+在+NP"和"(NP)+在+NP+VP"两种结构,不能因为通过后者删除VP得到了前者就说两种结构的"在"性质是一样的,实际上,例(51a)、例(51b)、例(51d)只能反映"在"的一个特征。其次,"×不×+VP"对于许多动介难分的词来说都可以成立,如"你给不给他吃""你往不往这边走""你跟不跟他混"等,因此对于区分动词和介词并没有太大效力。另外,"强调"对于典型的介词也同样成立,如例(50f),该条对于汉语动词介词的判定没有效果。更重要的是,例(51c)和例(51e)两项特征,安远话的"在"并不具备,唯一能证明安远话"爹爹在店项⁼买米线"这类句子中的"在"为动词的证据就是"在"与前面的主语相关联。但前面说过,"(NP)+在+NP"结构中"在"的动词性已经很弱了,不宜再将"(NP)+在+NP₁+VP₁"中的"在"视作动词。而且,根据"线性增量"原则,在没有干扰因素的条件下,随着句子从左往右移动,句子成分负载的意义越来越重要。也就是说,在无标记的情况下,语义表达的重点在后面的"买米线",而不在处所,"在店里"只是背景性的存在,因而"(NP)+在+NP₁+VP₁"中的"在"相比于"(NP)+在+NP"结构中的"在"显然更具语法属性,应该归属到介词范畴里。不过,此时的"在"与主语仍存在联系,介词性比较弱,因而我们称这一阶段的介词为"弱介词"。

  当"(NP)+在+NP+VP"结构中的位置只表示动作发生的位置时,我们把这类句子记为:"(NP)+在+NP₂+VP₂"。如:

(52) 听话渠在报纸项⁼发了一篇文章_{听说他在报纸上发了一篇文章。}

  "(NP)+在+NP₁+VP₁"中的"在"表示主语所在位置,兼表动作发生的位置,而例(52)中的"在"不能表示主语所在的位置,即不能说"渠在报纸项_{他在报纸上}"。也就是说,这一阶段的"在+NP"和主语NP的关系已经完全脱离,表现出对动词性成分VP的依附性。之所以出现这种结果是因为"(NP)+在+NP₁+VP₁"结构内部发生了重新分析:

$$(NP) \text{ // } + 在 + NP_1 \text{ // } + VP_1 \xrightarrow{\text{重新分析}} (NP) \text{ // } + 在 + NP_1 + VP_1 \rightarrow (NP) \text{ // } + 在 +$$

NP₂ + VP₂

重新分析后，处所动词自然会发生"降级"变为次要动词，但是这无法解释为什么"在"和主语邻接却不与之发生关系①，我们认为原因是编码顺序发生变化，原先的"（NP）+ 在 + NP₁ + VP₁"类句子是为主语 NP 依次编写出"在 + NP₁"和"VP₁"的，而 NP₁同时是主语 NP 和 VP₁的处所位置，但是随着注意焦点的全部后移，说话者首先编写主语的动作行为"VP₁"，而后编写补充说明动作发生位置的"在 + NP₁"：

$$\frac{(NP)}{①} + \frac{在+NP_1}{②} + \frac{VP_1}{③} \rightarrow \frac{(NP)}{①} + \frac{在+NP_1}{③} + \frac{VP_1}{②} \rightarrow \frac{(NP)}{①} + \frac{在+NP_2}{③} + \frac{VP_2}{②}$$

人们对"（NP）+ 在 + NP₁ + VP₁"的编码顺序发生转变后，"在 + NP₁"只和 VP₁发生关系，这样可以解释两种情况的产生：第一，动词的类型泛化，如前面提到的"来""经过""烧香去了"等。第二，处所的引申。处所可以是具象的，如"渠在黑板项写字_{他在黑板上写字}"，也可以是虚指的，如"日日就晓得在彼偷懒_{天天就知道在那儿偷懒}"。太田辰夫（1987）和张斌（2001）都认为这类句子中的"在"是介词，因为删除"在 + NP"后的动词性成分句子就不成立了。我们也认同这一观点，故将"（NP）+ 在 + NP₂ + VP₂"结构中的"在"称作"介词"。

"在 + NP + NP + VP"在安远话中的使用频率较低，一个主要的原因就是人们基于心理完形会不自觉地为"在 + NP"填充主语，当该主语和"NP + VP"中的主语不一致时，句子就难以接受。这也说明"在 + NP + NP + VP"不可能来源于"NP + 在 + NP + NP + VP"，因为如果第一个 NP 和第三个 NP 是不同主语的话，那么"NP + 在 + NP + NP + VP"类型描述的是两件关联性不强的事件，如"我在房间，她看电视"，可视作并列式复句，而如果第一个 NP 和第三个 NP 是相同主语的话，两者必定删略其一，根据从左往右的线性处理原则，人们会倾向删除靠后的 NP，如"我在房间，我看电视"经处理后是"我在房间看电视"而不是"在房间我看电视"。因此，我们认为"在 + NP + NP + VP"中的"在 + NP"不可能来自"NP + 在 + NP"中的"在 + NP"。那"在 + NP + NP + VP"结构类型的句子有没有可能是由"NP + 在 + NP + VP"移位而来的？我们认为很有可能。第一，"在 + NP + NP + VP"和"NP + 在 + NP + VP"两种结构类型的句子只有语用上的差别，而语义上基本没有差别。第二，虽然"NP + 在 + NP + VP"不能都转化为"在 + NP + NP + VP"，但是"在 + NP + NP + VP"都可转化为"NP + 在 + NP + VP"。如：

（53）a. 在农村，老人跟大细崽都要做工_{在农村,老人和小孩子都要干活。}

      b. 老人跟大细崽在农村都要做工_{老人和小孩子在农村都要干活。}

---

① 石毓智（1995）认为凡是可以引进施事、受事、与事、工具、处所、时间、范围、目的、方式、原因等对象的动词用作次要动词的频率都较高。经过长期使用，这些次要动词丧失了指示时间信息有关的句法特征，从而发展为介词。石文解释的是时间一维性对介词衍生的影响，而没有解释介词为何从"与主语发生直接句法关系"到"不与主语发生直接句法关系"。

（54）a. 在俚个印象中，李乐唔太过喜欢话话在我的印象中，李乐不太喜欢讲话。

　　　b. 李乐在俚个印象中唔太过喜欢话话李乐在我的印象中不太喜欢讲话。

例（53a）和例（54a）的"在农村""在俚个印象中"是事件发生的处所位置，而事件必然包含 VP，因而处所位置也是 VP 的位置，所以例（53a）、例（54a）可以转化为例（53b）、例（54b）。例（53a）和例（54a）之所以发生移位，是因为"在＋NP"是说话人着意要强调的内容，移位到句首能产生这种效果。并且，如果"在＋NP"中的 NP 过长的话，说话人也会倾向将"在＋NP"移位至句首。也就是说，"在＋NP＋NP＋VP"是由于语用或篇章因素才形成的，这也是"在＋NP＋NP＋VP"类型的句子出现频率不高的原因。

"在＋NP＋NP＋VP"中的"在＋NP"并不指示某一事物所处的位置，而是指事件活动发生的场所，但同时无法将"NP＋VP"中的 NP 理解为"在＋NP"的主语，因而"在＋NP＋NP＋VP"中的"在"的动词语义特征和功能已经丧失，我们可以通过与"用"进行对比说明。如：

（55）a. 渠用铁锹讨石头铲下去嘞他用铁锹把石头铲下去了。

　　　b. 渠在灶下发现嘞一只猫公他在厨房发现了一只猫。

（56）a. 用铁锹，渠讨石头铲下去嘞用铁锹，他把石头铲下去了。

　　　b. 在灶下，渠发现嘞一只猫公在厨房，他发现了一只猫。

按照传统语法观点，在例（55）中，不管是"用"还是"在"都可以被视作动词，因为"用"和"在"都拥有自己的主语，例（55a）中的"用"意为"使用"，但是当移位后，主语和"讨石头铲下去"的关系更加紧密，而与"用"的关系疏远了，所以例（56a）中的"用铁锹"只能理解为引进动作行为所凭借的工具，作介词用。同样地，例（56b）中的"在＋NP"也应理解为引进动作行为地点的介词。换言之，"在＋NP＋NP＋VP"中"在"的动词义已经削弱了。

当"NP＋VP＋在＋NP"中的主语 NP 跟 VP 和"在"同时发生关系时，我们将其记为"NP＋VP＋在＋NP_1"。如：

（57）爹爹出现在学堂爹爹出现在学校＝爹爹出现爹爹出现＋爹爹在学堂爹爹在学校

（58）衫着在身项[＝]衣服穿在身上＝着衫穿衣服＋衫在身项[＝]衣服在身上

（59）脑盖磕在石头项[＝]头磕在石头上＝脑盖磕石头项[＝]头磕石头上＋脑盖在石头项[＝]头在石头上

"NP＋VP＋在＋NP_1"类型的句子可以看成两个句子的合成，"NP＋VP＋（NP_1）"侧重于描述动作事件，而"NP＋在＋NP"则是事件导致的结果或状态，如例（59）的"脑盖磕在石头项[＝]"的结果必然包含着"脑盖在石头项[＝]"这一状态，状态维持时间可长可短，主要取决于主语或支配主语者的意愿。可以看出，"NP＋VP＋在＋NP"结构中的"在"与主语 NP 关系紧密，表现出"事物处于某一位置"的动词义，与"VP"地位相当。但前文说过，安远话"（NP）＋在＋NP"中的"在"动词性本身就弱，再加上"在＋NP"状态的出现取决于"NP＋VP＋（NP）"事件的发生，且"在"相比于

"VP"语义泛性程度高，具有一定的背景性，因此，我们把"NP + VP + 在 + NP₁"中的"在"称为"弱介词"。

当"NP + VP + 在 + NP"中的主语 NP 只和 VP 发生关系而不和"在"发生关系时，我们将其记作"NP + VP + 在 + NP₂"。如：

（60）尔看在偃个面子项＝ _{你看在我的面子上} ＝ 尔看 _{你看} ＋ ＊ 尔在偃个面子项＝

（61）簡些搞个送在偃 _{这些玩的送给我} ＝ 簡些搞个送偃 _{这些玩的送我} ＋ ＊ 这些搞个在偃

随着时间推移，"在 + NP"与动词性成分 VP 的关系逐渐紧密，成为其说明性成分，而与主语 NP 的关系发生脱离，结构内部发生重新分析：

$$NP// + VP// + 在 + NP_1 \xrightarrow{重新分析} NP// + VP + 在 + NP_1 \rightarrow NP// + VP + 在 + NP_2$$

在"NP + VP + 在 + NP₂"结构阶段，"在 + NP₂"只是 VP 的补语，不再与主语 NP 有任何的关系，此时"在"的动词意义和功能已经大大减弱，我们将其称为"介词"。

那"NP + VP + 在 + NP"与"NP + 在 + NP + VP"之间是否存在先后的演变关系呢[①]? 我们认为两者是独立形成的，因为如果"NP + 在 + NP + VP"是由"NP + VP + 在 + NP"移位而来的或者"NP + VP + 在 + NP"是由"NP + 在 + NP + VP"移位而来的，那么拥有两种结构的句子绝大部分能够相互转换，可事实并非如此。如：

（62）a. 在房间里哭 → ＊哭在房间里

　　　b. 在梦里叫 → ＊叫在梦里

（63）a. 掉在河坝 → ＊在河坝掉

　　　b. 落在地下 → ＊在地下落

"NP + VP + 在 + NP"倾向于表达非重复性、非意愿性和非进行性动作，"NP + 在 + NP + VP"则倾向于表达重复性、意愿性和进行性动作（张国宪，2009），两类结构的句子具有不同的功用。

"（NP）+ 在 + 这 + VP"与"（NP）+ 在 + NP + VP"不仅结构一致，而且都能表达进行时意义，因而我们认为"（NP）+ 在 + 这 + VP"是从"（NP）+ 在 + NP + VP"发展出来的[②]。但是，具体是从"（NP）+ 在 + NP₁ + VP₁"这类句子发展出来的还是从"（NP）+ 在 + NP₂ + VP₂"这类句子发展出来的呢？我们认为产生于前者，完成于后者[③]。因为前者已经具有动词性成分，在特定的情境下是可以表达体意义的。如：

---

① 关于普通话"NP + VP + 在 + NP"与"NP + 在 + NP + VP"演变关系主要存在两种观点：一是认为动词前的介宾短语是从动词后移位来的，如张赪（2002）等；二是认为动词前的介宾短语并非从动词后移位来的，而是分别独立形成的，如赵元任（1979）等。

② 关于普通话时间副词的来源主要有三种观点：其一认为"在"由"正在"省略而来，以萧斧（1957）为代表；其二认为"在"来自"NP + 在 + NL + VP"中处所结构 NL 的省略脱落，以朱德熙（1982）为代表；其三认为"在"由于自身语义的逐渐抽象和泛化，"在 VP"从动宾结构变为状中结构，以张谊生（2000）为代表。而安远话中的"在"对后面的名词性成分具有很强的依附性，因此只可能来自"NP + 在 + NL + VP"结构。

③ Bybee、Perkins 和 Pagliuca（1994）表达了类似的观点：如果一个主体在某个位置参与活动，那么这个主体不可避免地也会在某个时间参与这个活动。因此空间概念蕴含着时间概念，并且时间义一直存在于该构式中，由空间义丢失的发生而派生出进行体这个意思。

（64）A：渠在房间舞什个_{他在房间干什么}？

B：渠在房间做作业_{他在房间写作业}。

在例（64）中，问话人已经知晓主语所在的位置信息，因此焦点在主语目前的动作行为上，根据会话合作原则，答话者传递出新信息，告知对方主语所从事的活动，当动作活动处于进行时态时，"在"已经具有时间的意味了。但是，此种情况并不能说明"在"具备时间副词的特征，因为进行时意义并不是"在"给予的，而是动词自身与时态联系起来的结果。当"在"与虚化的指示代词"箇"结合在一起时，它便不再标示动作发生的处所，而是揭示动作的时间性特征，这时的"在箇"已经不需要借助特定情境就能表达出进行时意义。不过，这种情况下的"在"相比于普通话中的"在"仍有区别：它不能直接与动词性成分结合在一起表示进行意义，而是需要黏附后面的"箇"。这说明时间副词的演化还没有完成，我们称其为"强介词"。

通过以上的梳理，我们认为，安远话的"在"主要有三条演变路径：（1）NP + 在 + NP ＞ NP + 在 + NP₁ + VP₁ ＞ NP + 在 + NP₂ + VP₂ ＞ NP + 在 + 箇 + VP，即弱动词 ＞ 弱介词 ＞ 介词 ＞ 强介词；（2）NP + 在 + NP ＞ NP + 在 + NP + VP ＞ 在 + NP + NP + VP，即弱动词 ＞ 介词 ＞ 介词；（3）NP + 在 + NP ＞ NP + VP + 在 + NP₁ ＞ NP + VP + 在 + NP₂，即弱动词 ＞ 弱介词 ＞ 介词。①

四、结语

安远话"在"的三条演变路径表现出共同特征："在"的语法化程度越来越高。虽然目前"在"对后面的名词性成分表现出较强依赖性，但我们推测，在其他因素影响下，如语义重心的进一步偏移或其他语言系统"在 + VP"用法的推动，"箇"的语音会进一步弱化，甚至发生脱落，到那时，"在"将发展出真正的时间副词用法。

参考文献

［1］韩玉强."在 + L + VP"结构中处所介词的形成的语法化历程和机制［J］. 语文研究，2011（1）.

［2］龙安隆. 赣语永新方言的体标记"在 + 指示代词"［J］. 汉语学报，2016（4）.

［3］罗昕如. 湖南方言中的"在 N"［J］. 汉语学报，2004（1）.

［4］吕叔湘，江蓝生. 近代汉语指代词［M］. 北京：商务印书馆，2017.

---

① 以上均为句子结构的演变路径，而非某一句子的演变路径。如"NP + 在 + NP ＞ NP + 在 + NP₁ + VP₁"这一演变过程是指"NP + 在 + NP"结构的产生先于"NP + 在 + NP₁ + VP₁"，且由前者衍生出后者，而不是指所有"NP + 在 + NP₁ + VP₁"类型的句子都必定产生于所有"（NP）+ 在 + NP"类型的句子之后。后者所指要求更高，必须依靠更多的证据。

［5］ 马庆株. 时量宾语与动词的类［J］. 中国语文, 1981 (2).

［6］ 石毓智. 论现代汉语的"体"范畴［J］. 中国社会科学, 1992 (6).

［7］ 石毓智. 时间的一维性对介词衍生的影响［J］. 中国语文, 1995 (1).

［8］ 太田辰夫. 中国语历史文法［M］. 蒋绍愚, 徐昌华, 译. 北京: 北京大学出版社, 1987.

［9］ 王灿龙. 试论"在"字方所短语的句法分布［J］. 世界汉语教学, 2008 (1).

［10］ 项菊. 湖北英山方言"在"的用法及相关问题［J］. 方言, 2012 (3).

［11］ 萧斧. "在那里"、"正在"和"在"［M］//中国语文杂志社. 语法论集: 第二集. 北京: 中华书局, 1957.

［12］ 杨树达. 高等国文法［M］. 北京: 商务印书馆, 1984.

［13］ 于赛男, 李劲荣. 褒赞性构式"V＋在＋N$_{地点}$"的形成动因与机制［J］. 语文研究, 2022 (2).

［14］ 张斌. 现代汉语虚词词典［M］. 北京: 商务印书馆, 2001.

［15］ 张伯江, 方梅. 汉语功能语法研究［M］. 北京: 商务印书馆, 2014.

［16］ 张赪. 汉语介词词组词序的历史演变［M］. 北京: 北京语言文化大学出版社, 2002.

［17］ 张国宪. "在＋处所"构式的动词标量取值及其意义浮现［J］. 中国语文, 2009 (4).

［18］ 张谊生. 论与汉语副词相关的虚化机制: 兼论现代汉语副词的性质、分类与范围［J］. 中国语文, 2000 (1).

［19］ 赵元任. 汉语口语语法［M］. 吕叔湘, 译. 北京: 商务印书馆, 1979.

［20］ 中国社会科学院语言研究所, 中国社会科学院民族学与人类学研究所, 香港城市大学语言资讯科学研究中心. 中国语言地图集［M］. 2 版. 北京: 商务印书馆, 2012.

［21］ 中国社会科学院语言研究所词典编辑室. 现代汉语词典［M］. 7 版. 北京: 商务印书馆, 2016.

［22］ 朱德熙. 语法讲义［M］. 北京: 商务印书馆, 1982.

［23］ BYBEE J, PERKINS R & PAGLIUCA W. The evolution of grammar: tense, aspect, and modality in the languages of the world［M］. Chicago: University of Chicago Press, 1994.

［24］ HOPPER P J & TRAUGOTT E C. Grammaticalization［M］. 2nd ed. New York: Cambridge University Press, 2003.

The Usages and Evolutionary Path of Zai（在）in Anyuan Hakka Dialect of Jiangxi Province

YE Yuanhui

【Abstract】The Zai（在）in Anyuan Hakka dialect has multiple usages of weak verb, weak preposition, preposition and strong preposition. After investigation, there are three main evolutionary paths： ①NP + 在 + NP > NP + Zai + NP_1 + VP_1 > NP + Zai + NP_2 + VP_2 > NP + Zai + Gu（箇）+ VP, that is, weak verb > weak preposition > preposition > strong preposition； ②NP + Zai + NP > NP + Zai + NP + VP > Zai + NP + NP + VP, that is, weak verb > preposition > preposition； ③NP + Zai + NP > NP + VP + Zai + NP_1 > NP + VP + Zai + NP_2, that is, weak verb > weak preposition > preposition.

【Keywords】Anyuan Hakka dialect, Zai（在）, usages, evolutionary path

湖南沅陵北溶话"儿"尾与主观量表达①

向 琼 周敏莉②

（中山职业技术学院 广东中山 528400；广东第二师范学院 广东广州 510000）

【提 要】 北溶话"儿"尾可与实词组合成种种小称形式表主观小量，在特定语境中"儿"尾甚至可通过套叠使用加强主观程度量。名词重叠构成的儿尾词及双词尾名词主要通过缩减空间量或隐喻生成新词等方式表主观小称；"儿"可进入多种量词结构，通过缩小语义范围、加强小义等表主观小量；"儿"尾具有名词化功能，通过"重叠式＋'儿'尾"，"子、儿"双词尾共现可将部分非名词转化为具有小称义的名词。"儿"尾由小称义派生出两种特殊用法：在重叠形容词后有加强性质程度的作用；在特定构式中有表极比义程度的功能。

【关键词】 北溶话 "儿"尾 主观量

一、引言

沅陵县隶属于湖南省怀化市，位于湖南省西北部，素有"湘西门户"之称。据《中国语言地图集（第2版）》（2012），沅陵官话属于西南官话湖广片湘西小片。沅陵县内除了官话，还有"乡话""死客子""蝴蟆闹"③ 三种系属未明的汉语方言。其中，"乡话"近年来被越来越多研究者关注，而"死客子""蝴蟆闹"作为与乡话、官话"毗邻"或"杂居"的两种汉语方言鲜有人关注。本文选取北溶话（"蝴蟆闹"典型方

---

① 本文为广东省普通高校人文社科重点研究基地"母语教育与研究基地"（项目编号：2022WZJD007）的阶段性研究成果。

② 向琼，1979年生，湖南沅陵人，中山职业技术学院副教授，研究方向为方言学、汉语语法；周敏莉，1980年生，湖南邵阳人，广东第二师范学院副教授，研究方向为方言学。

③ "蝴蟆"在方言中意为"蛤蟆"，"蝴蟆闹"即言其混沌难懂。20世纪80年代末五强溪库区移民，沿沅江而居的"蝴蟆闹"方言区（深溪口乡、北溶乡、肖家桥乡等）居民大量外迁，人数骤减。就地搬迁的原北溶乡集镇，因山体滑坡举镇分散外迁。随着语言使用者（俗称"蝴蟆客"）的大幅减少，"蝴蟆闹"成为一种濒危方言。

言区）中"儿"尾作为研究对象。

本文有音无字的用"□"表示，同音替代者用下加线表示，均加音标或注释。

北溶话中，"儿"［zʅ］用作词尾相当普遍，用法多样。其中，很多用法不同于普通话，例如：

（1）吾今朝买条鸡五斤儿。我今天买了一只鸡只有五斤。

（2）帮吾添点尕［ka⁵⁵］儿儿饭。给我加一点点饭。

（3）么条鱼一個［ku⁵³］儿大些。那条鱼最大。

（4）一摆摆［pai⁵³］儿甘蔗要一块钱。一小截甘蔗要一块钱。

（5）么個片片（／子）儿高头满是皱子（／皱）儿。那个小布片上满是小褶皱。

例（1）"五斤"是客观描述，"儿"是说话人根据心理参照留下的评价印记，具有主观小量义，意指这只鸡不算重。例（2）出现了词尾"儿"形式上的叠用，以此强调主观更小量，还可通过不断追加"儿"尾加深主观程度量，如"帮我添点尕儿儿儿儿饭"。例（3）在"NP＋一個儿＋VP/AP＋些"中"儿"尾具有表极性程度"最"的语法意义。例（4）量词重叠式"一摆摆儿"表主观小量。例（5）"片片儿""皱子儿"分别通过"重叠式＋儿"、双词尾共现将量词、形容词转化成了具有小称义的名词。

北溶话是汉语方言中仍将"儿"作为独立音节保留至今的一种方言。李思敬（1986）认为，"儿"音的历史演变分三个阶段：隋唐［n̠ʑi］、金元［n̠］、明代［ɚ］。王力（1980：165）认为，"儿"在《中原音韵》（14世纪）中属支思韵，读音是［zʅ］，此后声母丢失，韵母也发生了较大变化，到17世纪（或更早）读［əɹ］。郑张尚芳（1980）认为，"儿"［n̠ji］分化出两条路径，一条以鼻音形式为主"n̠i－n̠－n－ŋ"，一条以浊擦音为主"ʑi－zʅ－z/l/ɹ"。总的来看，在现代各地方言中"儿"多是具有鼻音特征的元音或一个鼻辅音音节，如：北京［ɚ³⁵］、武汉［ɯ²¹³］、苏州［n̠i³⁴］、温州［ŋ¹³¹］等（石毓智，2005）。而北溶话沿着浊擦音的路径演化，成为现代汉语方言中为数不多的舌尖前浊擦音［zʅ］，自成音节。北溶话的"儿"尾由表"儿子"义的实语素虚化、泛化而成。北溶话中"儿"有两种用法：一是"儿"［zʅ¹³］用于表"儿子"义，可引申指动物的幼崽等。如：侄儿、孙儿、□［pau²⁴］儿孵/下崽。二是"儿"［zʅ］用作词尾，主要表"小、少、短、轻"等语法意义。表实义的"儿"读原调［zʅ¹³］；表主观小量义的"儿"，读轻声［zʅ］。后者是本文探讨的重点。

"量"是人们认识世界、表述世界的重要范畴。人们认识量的过程并不是对事物、动作、性状的量进行简单再现，而是常常带有主观的感受、态度、情感和评价，主观性投射到量范畴便形成了主观量。陈小荷（1994）将主观量划分为主观大量和主观小量。例（1）~例（5）中"儿"［zʅ］用于表达主观小量，即有意把量说得"小、少、低、弱、浅……"。语言的主观性与语言使用者对客观情景概念化的方式密切相关。以下对"儿"表主观量的情况作四类分析：一是"名词＋儿"；二是"量词＋儿"；三是"形容词＋儿"；四是"其他实词＋儿"。

二、名词 + 儿

（一）指人名词 + 儿

北溶话中"儿"尾使用频率相当高，人与人之间皆以"名 + 儿"称呼。王力（2014）认为，魏晋南北朝时"儿"就用作小字（小名）的词尾了。这种用法在北溶话中保留至今，如：张秋双（排行第三）—秋双儿（三儿）、张小燕（排行最大）—燕妹儿（大妹儿）、向耀（男）—耀佬儿。受语音、语义等因素影响，"儿"尾经历了从表昵称向土称的转变。北溶话中"儿"［zɹ］在演变中发展成了浊擦音，发音较浑浊费力，并不能传递轻松的语感。且"儿"尾常在贬义词中表轻蔑色彩，如"久［tɕiou⁵³］子儿特别忤逆的孩子""贼头儿贼""华［xuA⁵³］生子儿咒骂的恶毒语""芍［sau¹³］包儿笨蛋""蛆儿搞破坏的人"。种种因素导致"名 + 儿"的用法不受年轻人喜爱，使用频率呈递减趋势，在不久的将来这种称呼方式有可能会消失。除了面称，很多背称也有此类用法。如：后生儿（家）—姑娘儿（家）、伢儿家、妹（妹）儿—佬（佬）儿、媳妇儿、两爷［jo¹³］儿。

（二）普通名词 + 儿

"儿"作为小称标记词，在具体名词后主要有两种作用。一是加强小义表类称。有些名词所指的事物本身就比较细小，人们一般不作大小比较。这类词的"儿"尾主要起加强小义表类称的作用，包括动植物、日常事物及人体相关名称等。如："蛇□［luŋ⁵⁵］子儿蚯蚓""乡夹子儿蟑螂""蒜头儿""眼珠子儿""颌［xuo⁵³］巴儿下巴""弹仔儿弹珠""沫索儿碎屑""索子儿细绳""吐咪子儿吐沫"等。

二是强调在同类事物中较小。比较"牛—牛儿、刀—刀儿、眼洞—眼儿、车子—车子儿"，不加"儿"表类称，加了之后表同类中较小者。这类词有时也用小称表类称，如"他屋养好多猪儿、牛儿、羊儿"，这里不论"猪、牛、羊"的大小，主要表类名。区别大小时小称前可用表小义的词修饰，如"逼尕［ka⁵⁵］大小小的个牛儿"等；表类称时则不受表小义词语限定。

（三）名词重叠 + 儿、词尾"子、儿"共现

名词重叠具有缩小物体三维空间量的语法功能，常有指小、表爱的感情色彩，但除了儿语一般不单用。"名词重叠 + 儿"构成小称加强式可单独使用，受数量词、形容词修饰，名词一般指称无生命事物。如："两个缸缸儿（盆盆儿/圈圈儿）""好多籽籽儿（泡泡儿/缝缝儿）"等。根据语言习惯，部分名词也可用"子"尾表小称，"儿"尾表加强义，如："缸子儿""盆子儿"。一些"重叠式 + '儿'尾"词、双词尾词可通过

隐喻产生新词新义，所指多为细小事物。如：

口口（/子）儿_{小缺口、伤口等}　　齿齿（/子）儿_{细小的齿状物}　　嘴嘴（/子）儿_{容器的小出口}

沟沟（/子）儿_{长条形小凹陷}　　窝窝（/子）儿_{圆形小凹陷}　　骨骨（/子）儿_{细长型支架，如伞里的铁丝}

皮皮（/子）儿_{薄薄的皮状事物}　　头头（/子）儿_{物体的顶端、带头的人}　　脚脚（/子）儿_{小支架}

三、量词＋儿

（一）"儿"作（数）量词词尾

"儿"常用作（数）量词词尾表"小、少、短、轻"等语法意义。如例（1）中的"鸡五斤儿"，说话人对量的识解从客观转向了主观。名量词、动量词（时量词）构成的数量短语后均可加"儿"尾，如："一匹儿叶子""几块儿钱""两三米儿长""一口儿饭""行一趟儿"。日常有两个量词（短语）使用频率相当高。

一是不定量词构成的特殊表达形式"点 +（尕［ka⁵⁵］）+ 儿"。"一点"属于不定量词，数词"一"通常可以省略。"儿"用作词尾表"形小、量少、时间短、程度轻"等附加意义。量词"点"和词尾"儿"中间常嵌入一个音节尕［ka⁵⁵］（无实义）。"点尕儿"常出现在名词前或在动词、形容词后作补语，如"点尕儿钱""挖深点尕儿""快点尕儿"等。这种结构可以通过"儿"尾层层套叠追加主观小量义，如：

（6）今朝钓得点尕儿儿鱼。_{今天钓了一点点鱼。}

（7）你再攒点尕儿儿儿儿劲，就考起大学底［ti⁵³］。_{你要是再努力一点点，就考上大学了。}

以上两例中"点尕儿"表主观小量，说话人通过在"点尕儿"后再追加"儿"尾表达主观更小量，形成了形式上"儿"尾套叠越多、主观表量越小的表达方式。这种"儿"尾套叠使用的方式还常出现在单音节容器量词后，如：

（8）他喫［tɕʰiɛ⁵³］_喝一杯儿儿酒（一碗儿儿饭/一口儿儿水）。

例（8）通过"儿"尾的套叠表达主观小量，"'一杯/碗/口 + 儿' + 儿"强调量少到不值一提。

二是"（一）下［xau²⁴］儿"（相当于"一会儿"）。"V 一下"常省略"一"作动词补语，如："港_讲下儿""困_睡下儿""耍_玩下儿""试下儿"。"一下"本身有两层意思："一次"（客观量义）和"短暂"（主观小量义），加"儿"尾后凸显并加强主观小量义。加上"儿"尾后用于表"时间短暂"义，传达了说话人认为时间较短或少的主观判断。由此，"儿"尾由表空间小义扩展至表时间小量义，体现了"空间＞时间"概念域的移变。

（二）量词重叠式与"儿"尾

北溶话中量词重叠式与"儿"尾组合构成了多种结构类型。既有与"儿"尾组合的既有量词直接重叠式数量结构，也有由数量短语直接或间接重叠构成的结构式，这些结构在与"儿"尾组合后表达出多种语法意义。

一是"一MM儿（的）"，这种量词重叠式可表多种语法意义。

（9）a. 豆腐着［tso⁵³］割成一块块的。_{豆腐被切成一块块的。}

　　 b. 豆腐着割成一块块儿的。

例（9a）"一块块"指的不是"一块"，表示"若干个一块"；加"儿"尾表示"若干个一小块"。显然，加"儿"尾后话语焦点（focus）发生了变化。量词重叠具有量的离散性特征，以量词"块"为单位对总量（豆腐）进行离散，"一块块"可理解为"一块一块"，"儿"尾的主要功能是缩小指量范围，凸显离散后的量点，强调离散单位之"小"。类似的如"鸡蛋数颗颗儿卖""西瓜割尕尕［ka⁵⁵］_{小块}儿卖""木耳称两两儿卖""白菜港［kaŋ⁵³］_说蔸蔸儿卖"。这里预设事物量大，"颗颗""尕尕"等对一堆事物进行了单位性离散，按"一颗一颗""一尕一尕"分开。分割后的事物小且多，"儿"凸显离散后的量点，表主观小量。

总的来看，"一MM"［如例（9a）］表主观大量义，"一"不是实指，不能替换其他数词，因此，与其对应的小称形式"一MM儿₁"［如例（9b）］中，"儿"的小量义只附着在量词上。另一种形式"数词+MM儿"，这里的数词为"一"时表实指，记作"一MM儿₂"，可理解为"一小M"。如例（4）"一摆摆儿甘蔗要一块钱"，"一摆摆儿=一小摆_{一小截}"。以"摆"为单位对一整根甘蔗进行离散，重点强调离散单位"小"。日常也可说"两摆摆儿""三摆摆儿"等。

"数词+MM儿"中有些MM离散事物的特征明显，如："添_加一坨坨儿饭""作_洒两撮撮儿盐""砍一块块儿精_瘦肉"，重点突出单位量之小。相比较，有的MM离散功能不明显，如："一块块儿肥皂""两把把儿调羹_{勺子}""三朵朵儿花"。从认知层面来看，这些量词伸缩性小，所指称对象本身就具有小、少、短、轻的特征，那么，"量词重叠+儿"主要功能在于确认、加强主观小量义。

二是表逐指、遍指义的量词结构。"一M（一）M儿地（／的）""一M（儿）一M儿地（／的）"和"M是M儿的"。"儿"尾通过缩小语义范围凸显话语焦点，强调以总量为背景的个体。如：

（10）他帮帕子一块（一）块儿（地）尽晒到索子高头底。_{他把一条条毛巾都晒在绳子上了。}

（11）栗子漏到土头，他一个（儿）一个儿地捡起来。_{板栗掉在地上，他一个一个地捡起来。}

（12）他屋几条伢儿家個是個儿的（在行）。_{他家的几个孩子个个都听话。}

例（10）的量词结构"一MM儿（地）"可看作"一M一M儿（地）"的变体，转换成"一块一块儿（地）"，同时具有"每一""都"两层意义。"儿"尾具有缩小语义范围的功能，将焦点指向"每一块"。例（11）量词结构表"逐一、每一"，强调"无一遗漏"。如果不加"儿"尾，说话人只是客观表述"一个一个地捡起来"的行为和方式，加上"儿"尾，信息聚焦于构成总量的"小量"，表达了"小量多次拾捡的不易"。例（12）"个是个儿的"强调在所列举范围内的个体"无一例外"，同样凸显的是量点，相当于"每一个"。

三是表约量、不定量的量词结构"M把（M）儿""个把+月（/星期）+儿"。

（13）只条把条儿裤子□［mi²⁴］洗索利。只有一条左右的裤子没洗干净。

（14）到他屋里头去回把回儿要［piau¹³］紧的。到他家里去一两回没关系的。

"条把（条）儿""回把回儿"均表主观小量，类似的如"餐把（餐）儿""趟把（趟）儿""斤把（斤）儿""日把（日）儿"。

（三）特殊量词结构

北溶话中存在一个特殊的极比义程度构式" NP + 一個儿 + VP/AP + 些（点/点尕）"。数量短语"一個儿"［i²⁴ku⁵³zʅ］由数量短语"一個"组合"儿"尾构成，NP为表示定指义的单数名词或代词，VP/AP为有等级义的形容词或动词及其短语；"些［ɕiɛ⁵⁵］/点/点尕［tian⁵³ka⁵⁵］"为不定量词。"儿"尾在该结构中具有缩小指称范围表极性程度的语法功能，这是"儿"尾表小称的引申用法，如例（3）"么条鱼一個儿大些"。再如：

（15）姊妹里头，她一個儿奔得些/有钱些。姐妹们中，她发展得最好/她最有钱。

（16）他一個儿高点。他一个人最高。

（17）这筒木一個儿轻点尕。这根木条最轻。

例（15）的比较对象为"姊妹（们）"，表达"NP 最 VP/AP"的极比意义。在此类构式中，有的比较对象或范围并不出现，但具有较强的可推导性。比如，例（16）和例（17）的完整结构是"（×中）NP + 一個儿 + VP/AP + 些/点尕"。×是一个隐性的比较范围，例（16）的×是"他所在的人群"，例（17）的是"这筒木所在的木堆"。"一個儿"回指前面主语，"儿"具有主观小量义，对潜在的整个范围进行了扫描，"在整个人群中凸显他一个""在整堆木头里凸显这一筒"。与上文表主观小量义的"儿"尾相比，"儿"尾从强调数量极少、极小转向了表程度最高，完成了从空间域数量向性质域程度量的移变，用于强调极性程度。

四、形容词 + 儿

形容词与上文提到的特殊量词"点尕儿"共现频率极高，如"快（大/小/轻/重/高/矮/松活轻松/舒服等）+点尕儿"，其"儿"尾表主观小量义。单音节形容词通常情况下不能直接加"儿"，一般后面接数量短语（多由数词与度量词、时量词构成）作补语，如"迟一日儿""厚一寸儿"。但单音节形容词与近指或中指代词组合时可以直接加"儿"，即"这（/么）们+单音节形容词+儿"，"儿"尾表主观小量义，如"这们高儿"。

少量多音节形容词可直接加"儿"尾表小义，如："偷呛［tɕʰiaŋ²⁴］儿话_悄悄话" "做点正经儿事_做点正业（等同于"做点尕儿正经事"）"。多数形式为"形容词重叠＋儿"，如：

AA 儿的：乖乖儿的、团团儿的_圆圆儿的、红红儿的、鼓鼓儿的_眼睛瞪得圆圆的、瘪瘪儿的

ABB 儿的：光溜溜儿的、肥坨坨儿的、矮墩墩儿的

AABB 儿的：清清常常儿的_清清楚楚的、索索利利儿的_干干净净的、慢慢生生儿的

ABAB 儿的：灵泛灵泛儿的_聪明聪明的、绯红绯红儿的、在行在行儿的_乖巧乖巧的

"形容词重叠式＋儿"与程度量密切相关，起着加强性质程度的作用，较少用于贬义词后。这种语义特点看上去似乎与上文提到的表小量不一致，其实"儿"尾的这种功能是从表小称的用法派生而来的。Jurafsky（1996）曾指出，很多语言的小称也具有加强性质程度的作用，但没说明原因。（转引自石毓智，2005：35）下面我们以"红红儿的"为例来解析一下"儿"的这种功能是如何从小称用法派生出来的。

（18）么_那块布红的。

（19）么块布红红儿的。

例（18）"红"是性质形容词，主要起区别作用，即"这块布是红的，不是其他颜色的"，这里的程度量是隐性的。例（19）"红"重叠并加"儿"成"红红儿"，转换成了状态形容词。状态形容词占据的是一个量点（张国宪，2000：449）。"儿"尾的作用是缩小重叠式形容词的语义范围（石毓智，2005：35），帮助其在量幅上更准确定位量点。定位范围越小，量点边界越清晰，与"红"比，程度量的凸显度越高。为了了解"红红儿"在"红"的量幅上的定位，我们作了一个调研，首先罗列出北溶话中常见的与"红"有关的形容词，让被调查者（"蝴蝶客"30 人）① 将"红红儿"放入"水红、淡红、粉红、桃红、绯红、老红"这一概念场进行排序。总的来看，对于"红"的程度量较难划分出明显的界限，因此，并未得到完全一致的认知排序，但超过一半人（19 人）作出了较为统一的排序。参考张国宪（2000）对程度量认知图式的绘制方法，结合调研情况，我们对北溶话中关于"红"的认知作如图 1 所示的呈现。

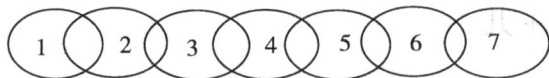

1 水红；2 淡红；3 粉红；4 桃红；5 红红儿；6 绯红；7 老红

图 1　北溶话中关于"红"的认知示意图

虽然主观上能感觉到状态形容词所指的红色之间是有界的，但这个分野是模糊的，

---

① 男 15 人，女 15 人；30 岁以下 10 人，30～50 岁 10 人，50 岁以上 10 人。

各种程度的"红"构成了一个无明显边界点的连续序列轴，越往右程度量越深。调研中多数人在1与2、5与6的排序上有差异。我们作了第二个尝试，让参与调查的对象，按程度量将这些词分出低、中、高三组。这次的结果较为一致，其中29人将"红红儿"与"绯红""老红"归为"高程度量"组。这一类词多数情况下可以被北溶话中表程度量高的"好红"（相当于普通话中的"很红"）替代，可见，"红红儿"在量幅上定位了大致的区域，表达的是主观大量。在这个高程度量的区域里，相比较而言，"老红"颜色偏暗，有"红得发黑"的语义，而"绯红""红红儿"颜色偏亮，在语用上"红红儿"指小表爱的色彩更明显。总之，从性质形容词到状态形容词，是一个从隐性量转变成显性量的定量化过程。"儿"尾通过缩小重叠式形容词的语义范围，使其在量幅上定位了一个相对的量点。在"红→红红的→红红儿的"这个过程中，经历了"性质形容词表隐性程度量→状态形容词表显性程度量→细致定位量点"的变化。与"红"比，"红红儿的"定位范围缩小，量点边界相对清晰，程度量的凸显度增强，因此，在重叠式形容词后"儿"尾起到了加强性质程度的作用。

五、其他实词 + 儿

（一）副词与"儿"组合

单音节副词不能直接与"儿"尾组合，部分双音节或多音节副词可加"儿"尾表主观小量义。如："偷呛儿偷偷地（也可作形容词）""一背身儿一转身""阵子儿赶快""一趟伙儿一起""一路儿一起"等。副词也有重叠式加"儿"尾的形式，数量比形容词少，如："将将儿刚刚""下下儿常常,间隔时间短（来）""多多少少儿至少"等。

（二）指示代词与"儿"组合

北溶话中的指示代词分为近指、中指、远指，分别是：这［tso²⁴］、么［mo²⁴］、那［luo¹³］。指示代词一般不直接与"儿"尾组合。主要形式见表1。

表1 常见代词"儿"尾使用情况

类型	指代对象		
	人、事、物	性质、状态、程度	处所、时间
带"儿"尾指示代词	这（么/那）+量词（个/只/根/把等）+儿	这们（么们）+单音节形容词(高/矮/长/短等)+儿	这（么/那）丈里［tsaŋ²⁴］儿；这（么/那）时［sai¹³］儿
与上对应的"儿"尾疑问代词	话［xuA²⁴］+量词（个/只/根/把等）+儿	好+单音节形容词（高/矮/长/短等）+儿	话丈哪里儿；么时什么时候儿

量词、形容词等能否进入表1所示的结构受语言习惯影响，如"回"常用"子"，不用"儿"尾；"一下儿"只与近、中指组合。在"这（么/那）＋量词＋儿"中指示或疑问的对象是认知层面认为较小的事物；"这们（么们）＋单音节形容词＋儿"表主观小量，如"这们高儿"通常配合手势指"不高"；在表时间、方位等代词后，"儿"尾具有缩小指代范围的语法功能。例如：

（20）a. 帮_把沙堆到这丈。_{把沙堆到这里。}

　　　b. 帮沙堆到这丈儿。

例（20a）和例（20b）均指把沙子放到说话人指定的地方。与例（20a）比，例（20b）指代的范围更小更具体，通常是一个有边界的区域。在指代词后"儿"尾就像一根指针将方位聚焦并定位到一个具体的点上。"指代词往往代表一个宽泛的范围，'儿'尾的作用是缩小其指代范围，因此就有了'指示某一具体时间点或者方位点'（Jurafsky，1996：533－578）的表达效果。"（转引自石毓智，2005：35）这是"儿"尾小称作用扩展的结果。

（三）"儿"的名词化功能与主观小量

除了与普通话一样，"儿"尾在动词、量词、形容词后有名词化功能（如"画儿""滚儿""缺儿""躲捋_{找儿捉迷藏游戏名}"等），北溶话中更常见的名词化方式是"重叠式＋儿"、词尾"子、儿"共现。如：

动词→名词：钩钩（/子）儿、罩罩（/子）儿、盖盖（/子）儿、刷刷（/子）儿

量词→名词：条条（/子）儿_{纸条、细长的树枝}、卷卷（/子）儿、把把（/子）[po²⁴]儿_{手柄}

形容词→名词：弯弯（/子）儿_{弯道、鬼主意}、尖尖（/子）儿、皱皱（/子）儿

很多非名词通过重叠或"子"尾名词化，重叠式一般要与"儿"尾组合方可使用（除了儿语）。也就是说，"儿"尾与重叠式一起具有名词化功能，并使名词指称的三维物体具有主观小量义；"子"尾词可单用，加上"儿"尾小称义得到加强。

"儿"尾还可出现在叠音拟声词后，如："嗡嗡儿（响）""吱吱儿（叫）""嘎吱嘎吱儿（一响）"，拟声词通常描摹的是比较细微的声音。也可以与数词组合，表示主观小量，如："两百儿""三千儿"等。词尾"儿"与非名词搭配虽不直接表物体大小，但都与量的表达有关，这是小称用法的引申。

六、结语

北溶话中词尾"儿"[ʐ]的使用极其普遍。"儿"尾能与实词组合成种种小称形式表主观小量，而在特定语境中多层套叠式"儿"尾还具有加强主观程度量的功能。名词重叠构成的儿尾词及双词尾名词主要通过缩减空间量或隐喻生成新词等方式表主观

小称;"儿"可进入多种量词结构,通过缩小语义范围、加强小义等表主观小量;"儿"尾还具有名词化功能。"儿"尾由小称义派生出两种特殊用法:在重叠形容词后具有加强性质程度的作用;在特定构式中有表极比义程度的功能。关于北溶话"儿"尾表主观量的探讨还可以更深入,比如,在表极比义的构式"NP+一個儿+VP/AP+些(点/点尕)"中,"些""点""点尕"表主观量的程度有什么差异?选用的语境有什么不同?再如,为何"子、儿"双词尾通常不出现在重叠式后面等。进一步基于语言现象及语言事实深入探索其背后的文化和社会因素、语言与语境的相互作用以及使用者的真实动机等,这有助于我们更好地理解语言的本质和功能。

参考文献

[1] 陈才佳.广西贺州桂岭本地话的"儿"小称[J].方言,2017(2).

[2] 陈淑梅.鄂东方言的小称与主观小量[J].江汉学术,2014(4).

[3] 陈小荷.主观量问题初探:兼谈副词"就"、"才"、"都"[J].世界汉语教学,1994(4).

[4] 李思敬.汉语"儿"[ɚ]音史研究[M].北京:商务印书馆,1986.

[5] 石毓智.表现物体大小的语法形式的不对称性:"小称"的来源、形式和功能[J].语言科学,2005(5).

[6] 司罗红.河南新密方言附着于量词和数量结构的"子"[J].语文研究,2021(3).

[7] 王力.汉语史稿[M].北京:中华书局,1980.

[8] 王力.汉语语法史[M].北京:中华书局,2014.

[9] 张国宪.现代汉语形容词的典型特征[J].中国语文,2000(5).

[10] 张淑敏.兰州话量词的用法[J].中国语文,1997(2).

[11] 郑张尚芳.温州方言"儿"尾词的语音变化(一)[J].方言,1980(4).

[12] 中国社会科学学院语言研究所,中国社会科学院民族学与人类学研究所,香港城市大学语言资讯科学研究中心.中国语言地图集:汉语方言卷[M].2版.北京:商务印书馆,2012.

The Ending Er（儿）and Subjective Quantity Expression of Beirong Dialect in Yuanling County, Hunan Province

XIANG Qiong   ZHOU Minli

【Abstract】 In Beirong dialect the ending er（儿）can form various diminutive forms after content words to represent subjective small quantity, and can strengthen the subjective degree of measure through multiple overlapping in certain context. The combination of noun duplication and er or the use of two endings can indicate the subjective diminutive by the reduction of space or the generation of new words through metaphor. In a variety of quantifier structures, er expresses the subjective small quantity by narrowing the semantic scope and strengthening the small quantifier. The ending er has the function of nominalization, the combination of content words reduplication with er or the co-occurrence of er and zi（子）can turn non-nouns into diminutive ones. Er derives two special usages from the meaning of the diminutive: the function of strengthening the degree after the reduplicated adjectives, and the function of indicating the superlatives in a particular sentence pattern.

【Keywords】 Beirong dialect, the ending er（儿）, subjective quantity

湖北方言形容词"A×A"重叠式

——兼及语言接触①

崔山佳②

（浙江财经大学人文与传播学院　浙江杭州　310018）

【提　要】 湖北方言有形容词"A×A"重叠式，有"A 得/［te⁵⁵］/［tɛ⁵⁵］A""A 得儿 A""差×差"等，在语法功能、语义、量级、感情色彩等方面有特别之处，很有语言价值。湖北境内的土家语有"A［le］A"重叠式。一些研究者认为，湖北恩施方言的"A 得 A"重叠式是受土家语的影响。我们以为，语言事实证明恰恰相反，是汉语影响了土家语。

【关键词】 湖北方言　形容词重叠　A×A　共时　历时　土家语　语言接触

一、引言

汉语方言有不少方言点有形容词"A×A"重叠式，有 52 个小类，分布范围广，北方有，南方更多，其语法意义、语法功能、感情色彩也多种多样。"×"有多种类型，有程度副词、中缀等，也有单音节、双音节、多音节之分。南方民族语言有"A×A"重叠式，如彝语、哈尼语、土家语、基诺语、傈僳语、多续话（以上属彝语支），景颇族载瓦语、浪速语、勒期语、波拉语（以上属缅语支），独龙语（景颇语支），木雅语、贵琼语（以上属羌语支），瑶族勉语、苗语、巴哼语（以上属苗瑶语族），横县壮语、拉基语（以上属侗台语族）等，涉及汉藏语系的好几个语族。南亚语系的德昂语、徕语也有。湖北方言也不例外。就方言与方言的关系来看，"A×A"有的涉及区域方言学；就汉语方言与民族语言的关系来看，"A×A"有的涉及语言接触，具有较高的语言价值。

---

① 本文为 2021 年度国家社会科学基金重大项目"晚明以来吴语白话文献语法研究及数据库建设"（项目编号：21&ZD301）的阶段性研究成果。

② 崔山佳，1957 年生，浙江仙居人，浙江财经大学人文与传播学院教授，硕士研究生导师，研究方向为近代汉语、汉语方言、民族语言语法、汉语欧化语法。

二、湖北方言形容词 "A×A"

（一）A 得/［te⁵⁵］/［tɛ⁵⁵］A

"A 得/［te⁵⁵］/［tɛ⁵⁵］A" 分布在恩施（市区、建始、巴东、咸丰、宣恩、来凤、鹤峰、利川，属西南官话）、安陆（属江淮官话）。"A×A" 中的 "×"，有的写作 "得"，有的记作 "［te⁵⁵］"，有的记作 "［tɛ⁵⁵］"，音相同或相近，只是作者凭借自己的语感所作的记录而已。（龙庄伟，1988；屈哨兵，1992；屈哨兵，1993；郭万明，1995；李崇兴、刘晓玲，2004；游红明，2005；罗姝芳，2007；向嵘，2007；金小栋、赵修，2010；陈俞蓉，2014；张华，2018；王冬芝，2020）

（二）A 得儿［·tɚ］A

"A 得儿［·tɚ］A" 分布于英山（属江淮官话）。"得儿"，读作［·tɚ］，一般念作轻声，有时为了强调须重读作［tɚ³⁵］。英山的 "得" 是儿化的。（项菊，2012：52）不仅形容词能进入 "A 得儿 A"，连名词、动词也可以，但都是单音节。（项菊，2012：52）这与恩施等方言应该有联系。

（三）差×差

"差×差" 以湖北的罗田方言最为典型，英山、浠水、麻城、红安等地使用也较为普遍。（张志华，2005：43）张志华（2005：37）指出，罗田方言中的 "差"［tʂʰa³⁴］是一个很特殊的方言词，常用来表示人们所从事的某种活动没有节制、没有限度，或说明事物的某种结果很糟糕，或某种状况不好、不如人意等，在方言中应用的范围广，使用的频率高，表达的意义丰富而又灵活。其意义相当于普通话中的 "糟""乱""非常厉害" 等。根据 "×" 的不同，可将这种类型再分为三种基本形式："差乎差""差呀差""差吧差"。还有变式 "差乎子差""差呀子差""差吧子差"，两个 "差" 字一般都念上声，并且需读得又重又长。

三、土家语的 "A×A" 重叠式

湖北恩施的土家语也有 "A×A" 重叠式，土家语属汉藏语系藏缅语族彝语支。田德生等（2009：321）认为土家语形容词可以重叠，表示程度加深。重叠形式有中间带和不带重读音节［le²¹］两种。土家语重读音节主要元音读相应的长音，声调读相应的长调。中间带重读音节［le²¹］有三种情况：

A. 单音节形容词的重叠："sa⁵⁵le²¹sa⁵⁵很冷""ze⁵⁵le²¹ze⁵⁵很美"。

B. 双音节形容词的重叠："so³⁵li⁵⁵le²¹so³⁵li⁵⁵很干净""a⁵⁵ka²¹le²¹a⁵⁵ka²¹很干"。

C. 三音节形容词的重叠："te³⁵kha⁵⁵la⁵⁵le²¹te³⁵kha⁵⁵la⁵⁵很坏""çi³⁵ka⁵⁵lai⁵⁵le²¹çi³⁵ka⁵⁵lai⁵⁵很细的"。

田德生等（2009：321）指出："上述各例中的［le²¹］都必须重读，其实际音值为［lieː꜒］。"

土家语形容词和动词都有 "A×A" 重叠式。田德生等（2009：322）指出："土家语的形容词可以重叠，但重叠后其语法意义与动词重叠的不同。"下面是两者的比较：

形容词本形	重叠式	语法意义
tsha³⁵	tsha³⁵le⁵⁵tsha³⁵	
好	很好	表示程度加深
a⁵tçe⁵⁵	a⁵tçe⁵⁵le⁵⁵a⁵tçe⁵⁵	
熟	很熟	表示程度加深

动词本形	重叠式	语法意义
ka³⁵	ka³⁵le⁵⁵ka³⁵	
吃	吃了又吃	表示反复
a³⁵ɣa³⁵	a³⁵ɣa³⁵le⁵⁵a³⁵ɣa³⁵	
搅	搅了又搅	表示反复

以上说明，［le⁵⁵］既可用在形容词重叠中间，也可用在动词重叠中间，但表示的语法意义是不同的。田德生等（2009：322）还说："有比较级，分为原级（形容词本形）、加深级、最高级三种。"例如：

原级	加深级	最高级
tsha³⁵好	tsha³⁵le⁵⁵tsha³⁵很好	tsha³⁵çi²¹thai³⁵（xẽ⁵⁵）最好
ɣie²¹长	ɣie²¹le⁵⁵ɣie²¹很长	Äɣie²¹çi²¹thai³⁵（xẽ⁵⁵）最长

以上说明，"A×A" 重叠式只是表示程度的加深，是"加深级"，并非表示最高级。恩施方言中的 "A×A" 比较复杂，有的表示最高级，有的不是。田德生等（2009：322）指出：上面所说的原级由形容词本形表示；加深级由形容词重叠式表示；最高级由形容词加助词［çi⁵⁵］引导的副词［thai³⁵］［xẽ⁵⁵］等述补结构表示。田德生等（2009：323）认为土家语的形容词经常充当谓语，还可以充当定语、状语和补语，但 "A×A" 只举作谓语的例子，例如：

nai⁵⁵sa⁵⁵, phu²¹ni²¹kɨ²¹le²¹kɨ²¹。

今天冷，昨天热　热　今天冷，昨天很热。

四、"A×A" 重叠式方言与民族语言的接触

（一）土家语影响恩施方言

龙庄伟（1988：68－69）指出，土家语形容词有级的形式，分原级、加深级、最高级三种。原级由形容词本形表示，加深级由形容词重叠式表示，最高级由形容词加助词［ɕi⁵⁵］引导的副词［thai³⁵］［xɛ̃⁵⁵］等述补结构表示。它的形容词重叠式，有中间带和不带重读音节［le²¹］两种。由此，龙庄伟（1988：69）认为，恩施话形容词的级正是土家语加深级的遗留，是土家语底层在恩施话中的反映。试比较：

土家语		恩施话	
原级	加深级	原级	高级
sa⁵⁵	sa⁵⁵ le²¹ sa⁵⁵		
冷	很冷	冷	冷［te⁵⁵］冷_{很冷}
tsha³⁵	tsha³⁵ le²¹ tsha³⁵		
好	很好	好	好［te⁵⁵］好_{很好}
ɣɪe²¹	ɣɪe²¹ le²¹ ɪe²¹		
长	很长	长	长［te⁵⁵］长_{很长}

龙庄伟（1988：69）指出，上面的例子可以让我们相信恩施话形容词级的形式来源于土家语。土家语的［le²¹］，在汉语恩施话中变成了［te⁵⁵］。

［1］与［t］都是舌尖音，［1］与［t］是塞化，从［t］到［1］是弱化。

罗姝芳（2007：63）指出："恩施地区汉语方言中'A 得 A 式''AB 得 AB 式（A 得 AB 式）'，与土家语中的带 le²¹ 的形容词重叠式非常近似，只是中间语气词的读音由'le²¹:'变为了'tɛ⁴⁵:'而已，无论形式、意义还是功能，个中的联系显而易见。现在的问题是：汉语和土家语中均存在双音节形容词 AABB、ABAB 式重叠，它们之间的关系又是怎样的呢？"罗姝芳（2007：63）认为，"A 得 A 式""AB 得 AB 式（A 得 AB 式）"重叠式是恩施方言中特有的现象。在这样的指导思想影响下，罗姝芳（2007：64）指出："只有 A le²¹ A、AB le²¹ AB 式重叠才是土家语形容词重叠的最本原的形式，也是土家语形容词'级'的变化最主要、最鲜明的体现，当该地区的土家语被汉语取代后，它作为土家语语言体系中一个显著的语法特征在战胜语言——汉语方言中留下了自己的印记，并与汉语本来就有的 AA 式、AABB 式、ABAB 式等构成了除基式之外的两个级别——比较级和最高级。"

郭万明（1995：80）谈及恩施方言（恩施市、宣恩县、来凤县等县市在内）"A 得 A"和"AB 得 AB"的探源，认为这种重叠方式起于何时尚不清楚，它是活跃在人们口头的语言形式，未见可考文字记载。初步推测当是受少数民族语言影响而形成。其理由

有二,其一是恩施话中的这种重叠形式,与土家语形容词"级"的表示法有惊人的相似之处。其二,恩施是汉族、土家、苗族、侗族等各民族杂居之地,作为最重要的交际工具的语言,自然而然会互相发生影响,发生变化。

(二) 土家语、苗语影响湘西土家族苗族自治州汉语方言

与土家语影响恩施方言有关的是土家语、苗语与湘西土家族苗族自治州(下文简称湘西州)汉语方言的关系。李启群(2002a:80)指出,湘西州汉族、土家族、苗族人民长期接触,语言相互渗透、相互影响。既有汉语方言对土家语、苗语的影响,又有土家语、苗语对汉语的影响。就"A×A"重叠式来看,是后者。所举"A 嘞 A"是土家语、苗语对汉语的影响的例子。

我们的看法正好相反。我们认为,就湖北恩施话的"A×A"与土家语的"A×A"来看,应该是前者影响了后者可能性更大。土家语、苗语与湘西州汉语方言的关系也是汉语方言影响了土家语与苗语。

五、汉语影响土家语

(一) 汉语方言形容词"A×A"的形式与分布

汉语方言形容词"A×A"重叠式分布很广,南方有,北方也有,如晋语、江淮官话、冀鲁官话、中原官话等。据考察,共有 52 个小类。中加成分"×"有单音节,也有双音节,还有多音节。"A"有的是单音节、双音节都可,有的只能是单音节,有的只能是双音节;有的只能是形容词,有的也可以是动词等;有的绝大多数形容词可进入,有的只有极个别形容词可进入。"×"有的是程度副词,有的是中缀等,也很复杂。语法意义、语法功能、感情色彩也多种多样。如表 1 所示。

表 1　汉语方言形容词"A×A"的形式与分布表

序号	重叠形式	中加成分	方言点	方言归属
1	A 显/险 A	显/险	浙江温州;丽水	吴语、闽语
2	A 猛/蛮 [mã⁴¹]/们 A	猛/蛮 [mã⁴¹]/们	浙江台州、丽水、金华、衢州、温州;云南华坪;湖南道县祥霖铺	吴语、西南官话、湖南土话

（续上表）

序号	重叠形式	中加成分	方言点	方言归属
3	A打A	打	浙江全省；湖南涟源杨家滩话、沅江；广西资源延东直话；江西南丰、新余，湖南耒阳；广东梅州，江西安远；贵州毕节；江苏赣榆	吴语、湘语、平话、赣语、客家话、西南官话、中原官话
4	A里A	里	江苏苏州、浙江绍兴	吴语
5	A完A	完	江苏苏州	吴语
6	A顶A	顶	安徽徽州华阳	徽语
7	A了/嘞/勒/[lə⁵³/le/lai²¹] A	了/嘞/勒/[lə⁵³/le/lai²¹]	云南昆明、马龙、沾益、勐海、湖南湘西州（永顺）；广西两江；江苏苏州；山西原平	西南官话、平话、吴语、晋语
8	A得/[te⁵⁵]/[tɛ⁵⁵] A	得/[te⁵⁵]/[tɛ⁵⁵]	湖北恩施、建始、巴东、咸丰、宣恩、来凤、鹤峰，黔东南方言，湖南常德；湖北安陆；山西临汾、洪洞	西南官话、江淮官话、中原官话
9	A得儿A	得儿	湖北英山	江淮官话
10	A呔A	呔	湖南吉首	湘语
11	A哒A	哒	湖南岳阳	湘语
12	A又/也A	又/也	河北深泽、安平	冀鲁官话
13	A上A	上	河北新乐、无极、晋州、栾城、元氏、赵县；浙江武义	冀鲁官话、吴语
14	A啊A	啊	河北藁城；湖南益阳（泥江口）	冀鲁官话、湘语
15	A拄A	拄	福建漳州	闽语
16	A仔A	仔	福建厦门	闽语
17	A一A	一	广东广州	粤语
18	A死A	死	江西铅山；泰国曼谷潮州方言	赣语、闽语
19	A是A	是	甘肃酒泉	中原官话
20	A肚A	肚	广西临桂义宁	平话
21	A个[kə⁴⁵/²²] A	个[kə⁴⁵/²²]	广西秀水、贺州九都话	平话
22	A鬼A	鬼	广西平南	平话
23	A嘿A	嘿	广西宁明白话	粤语
24	A恁A	恁	阳朔葡萄平声话	平话
25	A来A	来	湖南保靖	西南官话

（续上表）

序号	重叠形式	中加成分	方言点	方言归属
26	A 喃 A	喃	云南华坪	西南官话
27	A 安 A	安	云南华坪	西南官话
28	A han A	han	浙江玉环陈屿话	闽语
29	A［nat³］A	［nat³］（缩、赖、找、荡、捺、溺）	广西横县	平话
30	A 了个/咾/唠个/了槐/兀［ɯə］A	了个/咾/唠个/了槐/兀［ɯə］	山西太原、晋源、天镇、左云、朔州、大同、应县、灵石；山西洪洞、古县；河北冀州、武邑	晋语、中原官话、冀鲁官话
31	A 上个 A	上个	河北无极	冀鲁官话
32	A 了格 A	了格	浙江玉环	吴语
33	A 死 luo（了）A	死 luo（了）	福建浦城	吴语
34	A 勿/勿得 A（B）	勿/勿得	湖南宁远	平话
35	A□［mə³⁵］A（B）	□［mə³⁵］	湖南宁远	平话
36	A 啊格 A	啊格	湖南娄底	湘语
37	AB 呀不 AB	呀不	山西原平	晋语
38	A 里啯 A	里啯	浙江绍兴	吴语
39	A 交关 A	交关	浙江衢州、奉化	吴语
40	A 死/鬼咁/嗽 A	死/鬼咁/嗽	广西玉林、宁明、南宁	粤语
41	A 死恁/更 A	死恁/更	广西两江、阳朔葡萄平声话；广西桂林	平话、西南官话
42	A 死哏 A	死哏	广西柳州	西南官话
43	A 得恁 A	得恁	阳朔葡萄平声话	平话
44	A 死口 A	死口	广东增城	客家话
45	A 死（去）的 A	死（去）的	贵州黔东南	西南官话
46	A××A	××	河南济源	晋语
47	A 死冇咁 A	死冇咁	广西博白地佬话	平话
48	A 死人恁 A	死人恁	阳朔葡萄平声话	平话
49	A 死哩个/×里咕 A	死哩个/×里咕	湖南湘潭、娄底、涟源、邵阳	湘语
50	A×× 嘞 A	×× 嘞	河北邯郸磁县、成安	晋语
51	A 得要死恁 A	得要死恁	阳朔葡萄平声话	平话
52	A 得要死（去）的 A	得要死（去）的	贵州黔东南	西南官话

除此以外，汉语方言还有一些零星用法。云南昆明方言有"ABA"，"真正真"是使用频率较高的一个，可充当状语，也可充当定语。例如：

（1）这份儿_{这种}才是<u>真正真</u>的玉石，你买的那份儿_{那种}是人造的。

（2）<u>真正真</u>的，我亲眼看见他们两个在大观楼玩。

"真正真"强调的确是真的，"真正"语义中心在"真"，所以重复语素"真"。（丁崇明，2005：93）比较特殊的是，"真正真"是在"真正"的基础上再追加"真"而成。

湖南慈利方言有"ABA"式，如"浩脑浩_{很了不起}""依合依_{很稳妥}"。此式的原形"AB"（浩脑_{了不起}、依合_{稳妥}）是性质形容词，只调查到 2 个例子，均表示程度加重。例如：

（3）兀个人硬<u>浩脑浩</u>。

（4）兀个人是个<u>依合依</u>的人。（姬凤霞，2006：36）

陕西吴堡方言也有"A×A"。"吴堡话有一种'ABA'式三音节形容词，其中前后音节是同一个语素，中间的语素类似中缀，可以看作一种特殊的重叠式构词形式。通过这种构词形式，表示一种状态的程度很高。如'净打净'表示将所有的东西全部拿出，没有保留，'净'是形容词性词根，'打'类似重叠的词根之间的中缀，重叠后表示'净'的程度高。'光溜儿光'指完全没有，一点儿也没有；'紧上紧'指情形紧迫、紧急。这种词所表状态的程度，比'AA儿'式的还高。有的词不表示程度高，这时大多数后头的 B 要儿化。"例如：

原旧儿旧_{原封不动}

玄不玄儿_{不连续地,分开,多次少量地}

闲不闲儿_{不是专门做某事,试试看}

滑一滑儿_{差不多,略微差一点}（邢向东、王兆富，2014：323）

河南巩义方言也有"A×A"。在形容词重叠式"A×A"中，"A"是单音节形容词，"×"是自由语素，用以加强"A"的程度。因此，形容词"A"所表达的情感由于双重形态手段——重叠和加强而被强化。巩义方言的"A×A"是形容词重叠，数量较少，使用不广泛。例如：

nan^{42} ʂɑŋ^{312} nan^{42} 极其困难

kuei^{312}sʅ^{53}kuei^{312} 非常昂贵

wən^{53}iou^{312}wən^{53} 非常稳定

巩义方言"A×A"的形成分两步：首先将形容词"A"复制为"AA"，然后将词"×"插入复制的"AA"中。巩义方言有 3 种"A×A"："A iou^{312} A""A ʂɑŋ^{312} A"和"A sʅ^{53} A"。前两种数量极少，仅收集了 7 个例子，但由于它们的使用频率高，构词方式独特，被选为本文的研究对象。与"A iou^{312} A"和"A ʂɑŋ^{312} A"不同的是，最后一种重复形式"A sʅ^{53} A"在"A×A"重叠式中占很大比例，高达 85%。语素"iou^{312}

（又）""ṣaŋ³¹²（上）"和"sɿ⁵³"（死）的不同搭配能力解释了为什么重叠式"A iou³¹²
A""A ṣaŋ³¹² A"和"A sɿ⁵³ A"在数量上如此不同。虽然可以出现在"A×A"中的形
容词"A"是极其有限的，但在"iou³¹²""ṣaŋ³¹²"和"sɿ⁵³" 3 个语素中，语素"sɿ⁵³"
的搭配和生成能力是最强的。因此，重叠式"A sɿ⁵³ A"的数量大大超过了其他两个。
（魏盼盼，2019：17－18）而"又""上""死"，其他方言也有。

还有湖北罗田等方言的"差×差"，也是很有特色的类型。

同时，汉语方言除形容词有"A×A"重叠外，名词、动词、数词、量词、副词都
有，是一个系列。

可以相信，随着方言语法的深入考察，应该还会找到更多的方言点有"A×A"。

（二）近代汉语中的"A×A"

近代汉语也有"A×A"，是一些方言"A×A"的源头。

1. A 里 A

石汝杰（2009：29）说到近代汉语吴语文献中有"A 里 A"："'里'插入单音形容
词的重叠形式中，表示程度很高。"例如：

（5）差千差万跌心头，想起情郎嘴薄嚣嚣，真是油里油。（《夹竹桃》）

（6）倪吃格嫁人格苦，吃得足里足格哉。（《九尾龟》第 37 回）

（7）他这头媒已做得错里错了，还要去讨没趣。（《轰天雷》第 10 回）

（8）教得老虎熟里熟，赛过白相一只猫，弄一只猢狲。（《九尾狐》第 37 回）

此前，石汝杰、宫田一郎（2005：387）收"里"，义项三是助词："（里）用在重
叠的单音节形容词中间，构成'A 里 A'格式，作用相当于中缀，表示很高的程度。"
由上可见，苏州方言的"A 里 A"至少在明代已有。

2. A 打 A

"A 打 A"重叠式用例较多，"A"大多为单音节，偶尔也有双音节，分布范围也较
广，南北方皆有。例如：

（9）单打单一世无婚配，精打精到老受孤凄，光打光长夜难支对。（明·冯惟敏
《僧尼共犯》第 4 折）

（10）和尚相打光打光，师姑相打扯胸膛。（明·冯梦龙《山歌》）

（11）到了明日，张狼牙当先出阵，高叫道："……你今日明打明的出来，我和你
杀三百合来，你看一看。"（明·罗懋登《三宝太监西洋记通俗演义》第 62 回）

（12）止有女婿人一个，或者他俩平打平，谁打过谁来谁得胜。（清·蒲松龄《翻
魇殃》第 1 回）

（13）夏鼎道："……大哥若失了肥业厚产，与我一样儿光打光，揭账揭不出来，
他们怕大哥做什么？……"（清·李绿园《歧路灯》第 84 回）

（14）如今没别的，水过地皮湿，姑娘就是照师傅的话，实打实的这么一点头，算

你瞧得起这个师傅了。（清·文康《儿女英雄传》第 27 回）

"A"也有双音节形容词，如：

（15）（正旦唱）您脱空脱空，我朦胧打朦胧。（元·无名氏《桃花女破法嫁周公》第 4 折）

也有后一个"A"是双音节的，如：

（16）谁知陈学究早准备了，冷不防，一连几耳刮子，都实打实落的打在邹东瀛先生脸上。（民国·不肖生《留东外史续集》）

"实打实落"是"A 打 AB"式重叠，方言中也有"A×AB"，如恩施方言。

3. A 又 A

"A 又 A"至少在南宋就已产生，温锁林（2010：98）举有如下例子：

（17）示众云："……既然如是。为甚么那吒扑帝钟？"良久云："波斯鼻孔长又长。"（宋·赜藏主《古尊宿语录》卷 11）

李小平、安拴军（2013：164）举有如下例子：

（18）师曰："大海水，深又深。"曰："学人不会。"（宋·普济《五灯会元》）

（19）傍翠阴。解尘襟。婆娑小亭深又深。（元《赛儿令》）

（20）一齐来爬时，那石高又高，峭又峭，滑又滑，怎生爬得上？（明·冯梦龙《喻世明言》卷 21）

（21）只有我家小姐奇又奇，偏背了我们自偷汉。（明·孟称舜《娇红记》第 20 出）

（22）只因这枝枣树大又大、长又长，伍保气力又大，成都的兵器短，所以倒退了。（清·如莲居士《说唐》第 17 回）

4. A 上 A

北京大学 CCL 语料库（古代汉语）有"A 上 A"例子，如：

（23）则见几个巡捕弓兵如虎狼，赶得俺慌上慌？忙上忙。（元·施惠《幽闺记》第 7 出）

（24）把这些道士吓得慌上慌，一个个都到小酒店里去讨法衣，把这灵官吓得忙上忙，一个个都到徒弟床上去摸冠儿。（明·罗懋登《三宝太监西洋记通俗演义》第 9 回）

总之，近代汉语至少有"A 里 A""A 打 A""A 又 A""A 上 A"共 4 种"A×A"。可见，汉语形容词"A×A"重叠式有一定的历史。

同时，近代汉语中不仅形容词有"A×A"重叠式，量词、副词也有"A×A"。

以上是大的背景，无论是从横向看，还是从纵向看，汉语有类型多样的形容词"A×A"。

（三）其他与恩施方言有关方言的形容词"A×A"重叠式

除恩施市所有方言有"A 得 A"重叠式外，湖北安陆方言（属江淮官话）也有"A 得 A"，湖北英山方言（属江淮官话）有"A 得儿 A"。此外，恩施邻近的其他方言也有类似"A得A"重叠式。

1. A哒A

湖南岳阳（属湘语）有"A哒A"式，如："暴哒暴_{突然之间}""亘哒亘_{整整地}""单哒单_{单独地}"。例如：

（25）几年不见，要是<u>暴哒暴</u>看到嗯，我还不认得哒。

（26）那件事，我<u>亘哒亘</u>搞了两年。

（27）我反正是<u>单哒单</u>一个人住，几点回去都冒事。（马彪，2010：184）

根据上面的例子来看，"A"似乎只是单音节，不见有双音节的描写。如果真是这样的话，"A哒A"显然不如"A得A"等来得成熟。语义表达上也与前面所说恩施方言的"A×A"不同，并不是表示语义的加强、加深。"哒"与"得"的音比较近，都属于［t］类声母。罗自群（2006：91 - 96）就把"得"与"哒"等持续标记放在一起，因为它们的声母都是［t］。

岳阳与恩施相距不是很远。

2. 很得很

湖南常德方言有"很得很"。"常德人嫌'×得很'仍不能表示程度之深，在后面再加上'得很'，构成'×得很得很'格式，后一个'很'常常重读，极言程度之深。"例如：

（28）他喜欢吃零食<u>得很得很</u>。

（29）他打伢儿打<u>得很得很</u>。（易亚新，2007：118）

易亚新（2007：118）指出："由于'很得很'在句中连续出现，使之逐渐凝固成一个词，在句中作补语。如'他把伢儿打得很得很'其内部结构是'他把伢儿打得 + 很得很'。'很得很'可以单独充当谓语。如：这个人很得很｜很得很。"

易亚新（2007：121）说："总的说来，普通话里的'很'为程度副词，常德方言里的'很'则表现出形容词的特征。笔者怀疑常德方言里的'很'很可能是'狠'。聂志平在《关于'×得很'中'很'的性质》一文中认为：程度副词只能作状语，但是'很'作为程度副词，却可以作补语，这是一个孤例。'很×'与'×得很'中的'很'可能并不同源，因而具有不同的性质。'很×'中的'很'是副词，'×得很'中的'很'是形容词'狠'。笔者同意这一看法。常德方言里的'很'也有两个基本点来源：一是副词'很'，出现在'很×'格式里；一是'狠'，出现在其他格式里，作补语、定语、谓语。常德方言里，'很'极少作状语，因而'很'在大多数情况下应为'狠'。"

常德方言里的"很得很"比较单一，远远不如恩施、宣恩等丰富多彩。

常德离恩施距离更近。

3. A呔A

湖南吉首（属西南官话）有"A呔A"式。李启群（1994：47 - 48）说吉首方言有"A呔A","A"可以是单音节，例如：

（30）那条（座）坡<u>高呔高</u>，爬死个人。

（31）这口箱子<u>重呔重</u>。

"A"也可以是双音节，例如：

（32）那条人<u>鹊宝儿呔鹊宝儿</u>_{极滑稽}。

（33）你看他那样子，<u>老夹呔老夹</u>_{相当老练}。

李启群（2002b：242）也举有"重呔重""湿呔湿""闹热呔闹热"的语例。"A呔A"在语法意义上表示程度很深，多带有说话人的主观感受和情绪，语气夸张。如"跑得热呔热"，表示跑得热极了；"他做事过细呔过细"，表示他做事极仔细；"过劲呔过劲"，表示极过分、太过分了。

龙仕平、林丽（2014：64-65）也持相同看法。

沈从文小说中也有例子，如：

（34）石牌溪是一个场，五日一场卖生熟货，这里苗子<u>多呔多</u>。（《阿丽思中国游记》第2卷第10章）

该小说有一个注释："多呔多：极多。"

李启群（1994：47）指出："A呔A"式可转换成"AA的"式，但所表示的语法意义稍有差异。"AA的"是客观描述事物性状程度的加深，含"很A"的意思。而"'A呔A'则带有说话人的主观感受和情绪"。"A呔A"，即"太A，A过分了"。试比较：

A式	AA的式	A呔A式
热	热热的_{很热}	热呔热_{太热,让人受不了}
重	重重的_{很重}	重呔重_{太重,使人拿不动}
湿	湿湿的_{很湿}	湿呔湿_{太湿,湿过了头}
厚	厚厚的_{很厚}	厚呔厚_{太厚,厚过了头}

李启群（1994：48）指出："AB呔AB"式与"ABAB的"式的构成和语法意义基本相同，二者可相互转换，如"干冷呔干冷"可说成"干冷干冷的"，不过"AB呔AB"式多带有说话人强调程度的主观色彩，语气更为夸张。说话人常常用控制"呔"的音长或在"AB呔"后面加叹词"啧啧"来加深程度，表示说话人的主观倾向，"AB呔AB"即"极_{非常}AB，没有比这更AB了"的意思，而"ABAB的"，则只有"非常AB"的意思。

吉首方言不仅有形容词的"A呔A""AB呔AB"重叠式，还有动词的"V呔V""VP呔VP"重叠式，均表示动作状态程度的加深或动作的持续进行，语法意义与不加语缀"呔"的直接重叠式基本相同，两类重叠式可以相互转换，只是加语缀"呔"的间接重叠式强调程度的意味更浓，常带有夸张的意味。

李启群（2002b：232）也提到吉首方言动词的"V呔V"式。例如：

（35）脑壳<u>晕呔晕</u>_{头晕得厉害}。

（36）　壶里的水<u>开呔开</u>壶里的水不停地沸腾。

（37）　外头<u>吹呔吹</u>外面风刮得很凶。

（38）　独心<u>跳呔跳</u>心脏跳得厉害。

（39）　他帮伢儿<u>惯势呔惯势</u>他十分娇惯孩子。

（40）　我<u>渴水呔渴水</u>我非常口渴。

（41）　伢儿考起大学，一屋人<u>喜欢呔喜欢</u>孩子考上大学，一家人非常高兴。

"V 呔 V"表示动作状态程度的加深或动作的持续进行，语法意义与"VV₂"基本相同，但在句中只充当谓语，强调程度的意味更浓，常常有夸张的意味。

上面所说的动词，有的是心理活动动词，它本身可接受程度副词的修饰。

吉首方言的量词也有"A×A"重叠式，如"A 把 A"，表示出现的事物或现象在所列举的范围内只是偶然的、不常有的。"A 是 A（儿）"表示出现的事物或现象在所列举范围内无一例外，大致相当于北京话中量词"AA"式重叠的意思。"A 呔 A"，物量词加语缀"呔"构成的重叠式，这种形式常带有对所表数量极力夸张的意味。

以上可见，吉首方言的"A×A"重叠式多种多样，既有形容词，也有动词，动词重叠主要表动作状态程度的加深，与恩施方言更近。还有量词"A×A"重叠，且有3种重叠形式。因此，我们怀疑李启群（2002a：80）所说"A 嘞 A"是土家语、苗语对汉语的影响的说法的正确性。更重要的是，吉首是湘西州的首府，其方言是西南官话，既有形容词、动词的"A 呔 A"重叠式，又有量词的"A 呔 A"重叠式，是比较成熟的，受土家语、苗语的影响可能性不大，而反之的可能性更大。"呔""嘞"的关系也与恩施方言的"得"与土家语的［le²¹］相似，都是［t］与［l］的关系。

4. A 欵 A 的

陈叶红（2010：31）指出，湖南张家界方言形容词有"A 欵 A 的"和"AB 欵 AB 的"。几乎任何单音节、双音节都可以进入"A 欵 A 的"格式，表示程度加深，感情色彩丰富。在"A 欵 A 的"中，中性词占多数；在"AB 欵 AB 的"中，褒贬相当。陈叶红（2010：31）认为，附缀型形容词重叠在张家界方言中的运用之频繁，涵盖语义范围之广泛，决定了这种格式是张家界形容词重叠的主要形式。陈叶红（2011：272）从韵律句法学视角介绍了"A 欵 A 的""AB 欵 AB 的"。例如：

（42）　菜炒得<u>麻欵麻的</u>，喰不得菜放多了花椒，太麻了，不能吃。

（43）　听到讲他嘎嘎过世呔，他硬<u>伤心欵伤心的</u>，几天糜喰饭听说外婆去世了，他非常伤心，几天没吃饭。

与其他形容词"A×A"相比，张家界方言的"A 欵 A 的"重叠式后面多了"的"，且"欵"的语音与"得"或"了"不同。

5. A 得 A

黔东南方言用"A 得 A"表示程度深，"得"原来读音为［tɛ²¹］，音变为［tɛ³⁵↗］。如："咸得咸（的）很咸""骂得骂（的）骂得很厉害""病得病（的）病得很厉害"。（肖亚丽，2007：51）

从表1可知，属中原官话的山西临汾、洪洞也有"A得A"。

6. A 了/嘞/［lə⁵³/le/lai²¹］A

上面的"×"（即"了/嘞/［lə⁵³/le/lai²¹］"）与恩施方言相同或相近，与土家语更接近的是下面这些方言的"A×A"式（即"A了/嘞/［lə⁵³/le/lai²¹］A"）：云南昆明、马龙、沾益、勐海，黔东南，湖南湘西州（永顺，属西南官话），广西两江（平话）。

黄伯荣（1996：324）说云南方言有形容词"A了A"式，这种形容词重叠形式是强调形容词的程度，有到了极点的意思，昆明方言几乎所有的形容词都可以构成"A了A"重叠式，如："好了好""坏了坏""深了深""香了香""臭了臭""生了生""熟了熟""高了高""矮了矮""大了大""小了小""苦了苦""甜了甜""远了远""近了近""新了新""黄了黄""尖了尖"。未见双音节形容词描写。①

黄伯荣（1996：324）说昆明方言的"A了A"式表示程度的加深，相当于普通话中的形容词重叠或形容词加程度副词的补充式，可作谓语、补语、定语、状语。例如：

（44）枣子甜了甜。（作谓语）

（45）新了新呢衣裳。（作定语）

（46）油条炸呢黄了黄。（作补语）

（47）尖了尖呢叫了一声。（作状语）②

"A了A"能作状语比较特殊。丁崇明（2001：189）认为昆明方言有"形容词重叠式嵌入中缀"现象："汉语有的方言里有的形容词重叠式比较特殊。李兆同先生（1984）讨论了属于北方方言的昆明方言中形容词中间嵌入中缀［lə:⁵³］表示程度更深的语法意义的现象。"如："好 lə:⁵³ 好""快 lə:⁵³ 快""坏 lə:⁵³ 坏""红 lə:⁵³ 红""烦 lə:⁵³ 烦""酸 lə:⁵³ 酸""硬 lə:⁵³ 硬""白 lə:⁵³ 白"。（单音节）"漂亮 lə:⁵³ 漂亮""干净 lə:⁵³ 干净""整齐 lə:⁵³ 整齐""嘈耐 lə:⁵³ 嘈耐_脏得使人恶心"。（双音节）但丁崇明（2001：189）认为，昆明方言的"A lə:⁵³ A"重叠式的句法功能是作谓语。丁崇明、荣晶（2013：124 – 125）再次提到"A了A"式。张宁（1987：27）说昆明话"A嘞A"式与"A嘞"式并存，正好可以说明"A嘞A"式不是以"AA"式中嵌入语气词"嘞"的方式构成的，而是"A嘞"式加"A"构成的一种昆明话所特有的动词重叠式（昆明话的形容词也有这种重叠式，如"好嘞好 | 好瞧嘞好瞧"）。

叶树全（2020：91 – 92）指出，云南曲靖马龙方言形容词有"A了A"重叠式。"A了A"式有褒有贬，这一结构比较对立，非褒即贬，一般褒贬情况取决于"A"。如："脏了脏_很脏""臭了臭_很臭""丑了丑_很丑""醉了醉_很醉""想了想_很想""美了美_很美""香了香_很香""爱了爱_很爱"。（叶树全，2020：95）

山娅兰（2005：20）指出，同动词一样，沾益方言的形容词可以重叠为"A了A"

---

① 原作为毛玉玲. 云南方言的语法特点［J］. 玉溪师专学报，1987（1）.
② 原作为冯英. 昆明话形容词的生动形式［J］. 云南语言研究，1989（2）.

式，表示程度高。如："滑了滑""烂了烂""亮了亮""恶俗［wu²¹³su³¹］了恶俗_{很恶心}"。沾益方言的"A"既可以是单音节，也可以是双音节。

梁金荣（2005：186）说广西临桂两江也有"A了A"式，如："高了高_{很高}""肥了肥_{很胖}""远了远_{很远}""黑了黑_{很黑}""臭了臭_{很臭}""深了深_{很深}""矮了矮_{很矮}""瘦了瘦_{很瘦}""近了近_{很近}""白了白_{很白}""香了香_{很香}""浅了浅_{很浅}"。未见双音节形容词的描写。

李启群（2002a：80）说湖南湘西州的永顺话中有"A嘞［leɹ］A"重叠式，土家语有"A［leɹ］A"：

这丘田很小。

永顺话：tsai tɕʰiəuɹ tʰian ɕiau le ɕiau

   这　丘　田　小　嘞小。

土家语：kai sɿ tʰieɹ keiɹ la kʰeiɹ suan leɹ suan

   这　田　一丘　小　嘞　小。

他的脸通红。

永顺话：tʰ aɹ·ti lian xoŋ le xoŋ

   他的脸　红嘞红。

土家语：ko ȵie ku miaɹ tɕie leɹ miaɹ tɕie

   他的　脸　红嘞红。

李启群（2002a：80）认为湘西州的"A嘞A"进一步强调生动色彩及表示程度的加深。

薛才德（1997）指出，苏州话有"新里新_{很新}""怕里怕_{很怕}""哭勒哭_{表示'哭'的动作重复发生}""好吃勒好吃_{很好吃}"。可见，苏州方言除了形容词"A里A"重叠外，动词也能作"A勒A"重叠，形容词还能作"AB勒AB"重叠。这与土家语有相似之处。但两者在地理上相隔遥远，不可能有语言上的影响。

奇怪的是，山西的原平方言（属晋语）也有"A了A"，几乎所有的单音节形容词都可以进入该形式，表示程度的加强。较其他形式而言，更加口语化，生动化。如："精了精_{很精明}""丑了丑""寡了寡_{无趣}""死了死_{呆板}""黑了黑""灰了灰_{坏透了}""蔫了蔫""挤了挤""旧了旧""乖了乖""烂了烂""老了老_{不嫩}"。某些双音节的形容词也可以这样重叠，是形容词极致程度的表达法。如："便宜了便宜""舒服了舒服""小气了小气""袭人了袭人""干净了干净""日脏了日脏""日怪了日怪""日能了日能"。例如：

（48）这菜才卖的<u>贵了贵</u>了。

（49）外人才<u>寡了寡</u>了，以后不和他处了。

（50）这人才<u>日能了日能</u>了。

（51）问他寻些纸哇，才给了点点，<u>小气了小气</u>了。（张俊英，2010：12）

单音节形容词的搭配能力远远高于双音节形容词。

西南官话多处方言点有"A 了/嘞/［lə⁵³/le/lai²¹］A"，可能与人口迁徙有关。杨朝兴《乡音土话》（2018：1）说："多年来，本乡本土的马龙人一直都流传着自己的祖籍是'南京应天府柳树湾高石坎'这样的说法，部分'老马龙'还能够从家谱、族谱、神主和祖坟的碑刻墓志上找到相关的文字记载，但是，要仔细问询其中的缘由，得到的回答往往只是'那是多少年前的事了，我也是听我老人说的'。数百年来，这种说法一直延续着，成为我们心中一个解不开的'谜'。通过查阅资料可知，其实，何止是马龙人，只要说云南的汉族人来自哪里，许多人都会说自己的祖籍是'南京应天府柳树湾高石坎'。"

曾晓渝、陈希（2017）说到云南官话特殊语法现象有"VV 瞧"。曾晓渝、陈希（2017：185）认为，云南官话的"瞧、瞧瞧、VV 瞧"的用法异于西南官话的主流特点。川黔鄂西南官话里基本上不存在单音节动词重叠"VV"形式，其含义大多用"V +（一）下（子）"来表示。（钱曾怡，2010：87）曾晓渝、陈希（2017：185）的"云南官话'瞧''VV 瞧'分布比较图"中，"VV 瞧"也只见于云南，不见于四川、重庆、贵州、湖北。曾晓渝、陈希（2017：186）的"云南官话主要特殊现象与西南、江淮、中原官话比较表"中，"VV 瞧"也不见于西南官话的四川、重庆、贵州、湖北、湘桂。

有学者考证，在明清时期，江南、江西、湖广、南京一带有大量人口迁徙到云南一带，他们把当地的方言也带到云南去了，而且一直用到现在，以至于云南方言有一些与吴方言、江淮方言有联系。（王健，2007）就"VV 瞧"来看，主要应是受江淮官话的影响。另据中央电视台"远方的家·边疆行"第 28 集在说到云南腾冲的和顺古镇时，提及这里的汉族百姓是明代从江苏、安徽来屯戍于此的士兵的后代，而腾冲属于保山市，故保山的"VV 瞧"很有可能就是受江淮官话的影响。

后来，随着人口迁徙，"VV 瞧"又被带到泰国。据陈晓锦、肖自辉（2019：499）的研究，表示尝试时，泰国西南官话尤其是麻栗坝话，最常用的是"AAB"式，即动词重叠后加"瞧"字，即"VV 瞧"式，如清迈麻栗话："看看瞧看一下""去去瞧去一下""听听瞧听一下""吃吃瞧吃一下""穿穿瞧穿一下""比比瞧比一下"。例如：

（52）给我看看瞧。（清迈麻栗话、清莱澜沧话）（陈晓锦、肖自辉，2019：529、536）

目前泰国云南籍华人群体共有 15 万人左右，其中清莱府稍多，有 6 万~7 万人；清迈府 5 万~6 万人；其他府 1 万~2 万人。这些云南籍移民主要来源于一支国民党的溃败军队和他们的家属构成的一股"难民"潮。（陈晓锦、肖自辉，2019：7）

这样看来，西南官话各地的"A 了/嘞/［lə⁵³/le/lai²¹］A"很有可能是随着人口迁徙带到各地的，并不是受到土家语或是苗语的影响。

龙庄伟（1988：68）说，恩施方言形容词的级显然不属于西南官话的特点。在汉语各个方面中都没有看到这种形式。在汉字系统中也找不到合适的字来记录［te⁵⁵］这个音节。就是在这样的观点的指导下，龙氏才得出了恩施方言"A［te⁵⁵］A"是受土家语的影响的结论。不过，龙庄伟（1988：69）又有这样的说法：汉语中的土家语成分不是消极地被保留着，它有极强的生命力。这种表形容词高级形式的［te⁵⁵］使用相当广泛，不但所有的形容词都可以用，而且还推广运用到一些表心理活动的动词，例如：

想　　　想［te⁵⁵］想非常想

恨　　　恨［te⁵⁵］恨非常恨

喜欢　　喜欢［te⁵⁵］喜欢非常喜欢

其实，恩施方言中并非只有心理活动的动词才可以进入重叠式，其他动词也可以。

郭万明（1995：80）也承认：所不同的只不过是恩施方言里这种重叠式已不仅仅局限于形容词，而是扩大到了其他一些词类（其实，土家语中也有动词进入"A×A"重叠式）。

这就很难解释为什么一定是土家语影响了汉语。

郭万明（1995：78）说，昆明方言中动词、形容词"A勒A"重叠式与恩施方言中形容词、动词的这种重叠式有很强的一致性。它们是否同源尚不得而知，不过有一点很清楚：昆明方言与恩施方言同属西南官话，二者在语音、词汇与语法方面都很相近。昆明也是多民族杂居之地，那里的"A勒A"重叠式是否也是受到某个少数民族语言的影响而形成的呢？

恩施离昆明很远，不大可能同时受某个民族语言的影响。

罗姝芳（2007：63）认为，"A得A式"和"AB得AB式（A得AB式）"重叠是恩施方言中特有的现象。在这样的指导思想影响下，得出恩施方言的形容词"A×A"重叠是受土家语影响，显然是不可靠的。

（四）恩施方言"A×A"重叠与普通话形容词重叠的不同

恩施方言的形容词重叠有一些与普通话不同。朱景松（2003：10）认为，如果形容词所表示的性质可感知性差，其重叠能力也弱，甚至不能重叠，如"笨""差（chà）""鬼机灵""灵""贪""奥妙""保险""薄弱""出色""高深"。双音节词中意义抽象的词、书面语词多一些，但是也有一些口语色彩相对较强的词。如："奥妙""薄弱""单纯""高超""缓和""美丽""软弱""特殊""狭隘"。而"奥妙"等词意义比较抽象，书面语色彩也比较浓，因而这些词基本上不能重叠。但罗姝芳（2007：61）指出："在恩施方言中，形容词'A得A式''AB得AB式（A得AB式）'重叠，基本上不受单、双音节，是否具有明显的感知性、自主性与非自主性的影响。"除"笨""差""鬼""奥妙""薄弱"外，其余都可重叠。例如：

（53）狗的鼻子灵得灵。

（54）他的心贪得贪。

（55）钱存进银行保得保险/保险得保险。

（56）任务完成得<u>出得出色/出色得出色</u>。

（57）教授的学问<u>高得高深/高深得高深</u>。

（58）这女孩儿<u>单得单纯/单纯得单纯</u>。

（59）他的武艺<u>高得高超/高超得高超</u>。

（60）气氛<u>缓得缓和/缓和得缓和</u>。

（61）她<u>美得美丽/美丽得美丽</u>。

（62）她<u>软得软弱/软弱得软弱</u>。

（63）情况<u>特得特殊/特殊得特殊</u>。

（64）思想<u>狭得狭隘/狭隘得狭隘</u>。

朱景松（2003）认为，如果在说话人意识里双音节某一个音节无法等分到词义表示性质的一部分，就不会把这些词重叠使用，如"不安""不利""不满""好吃""好听""难受""难得""难听""难闻""好客""好胜""好奇""可爱""可观""可贵""有利""有力""有趣""自爱""自豪""自觉""自信"等。罗姝芳（2007：61）认为这类词在恩施方言都能进行"AB 得 AB 式"或者"A 得 AB 式"重叠。朱景松（2003：10）认为"次""对""乏""够""古""广""浑""假""窘""渴""枯""偏""紫"不能重叠，原因是"这些词表示的是所谓绝对的量，其性质在程度上无法变化"①。

罗姝芳（2007：61）指出，在恩施方言中，对于那些有明显程度变化比较的形容词，毫无疑问地能够重叠，同时那些表示绝对量的、在现代汉语普通话中一般不能重叠的形容词，在恩施方言中基本上也能重叠。如"次""对""乏""够""古""广""假""窘""枯""偏""紫"等均能进行"A 得 A 式"重叠。即朱景松（2003：10）所举的 13 个形容词，除了"浑""渴"外，其余都能重叠。例如：

（65）这东西质量<u>次得次</u>。

（66）他说得<u>对得对</u>。

（67）你够了没有？我已经<u>够得够</u>了。

（68）这本书<u>古得古</u>了。

（69）范围<u>广得广</u>。

（70）他笑得<u>假得假</u>。

（71）叶子<u>枯得枯</u>。

（72）那个地方<u>偏得偏</u>。

（73）颜色<u>紫得紫</u>。

罗姝芳（2007：61）说，"昂贵""繁荣""崇高""高超""豪华""辽阔""伟大""硕大""旺盛"等也表示了量已到极致，无所复加的双音节形容词，不能进行

---

① 朱景松（2003：17）注释说：朱德熙（1956）说到不能重叠的单音节形容词其中的一类是"绝对的性质形容词，例如'错''假''横''竖''粉（粉牡丹）''紫'等"。这里采用了朱德熙先生关于表示绝对性质的形容词的分析意见。当然，朱德熙先生列举的单音节形容词有的后来已归入区别词。

"AABB"等形式的重叠，但这些词在恩施方言中不仅能以"AB得AB式（A得AB式）"重叠，而且使用的频率还颇高。罗姝芳（2007：61）指出，一般认为现代汉语贬义形容词重叠能力较差，使用范围较窄，而恩施方言形容词是否能重叠以及重叠能力的强弱，与褒、贬义无关。例如：

（74）孩子的嘴刁得刁。

（75）长得丑得丑。

（76）都是些粗得粗野/粗野得粗野的人。

（77）狐狸狡得狡猾/狡猾得狡猾。

（78）这女人轻得轻浮/轻浮得轻浮。

（79）穿得寒得寒酸/寒酸得寒酸。

（80）他懒得懒惰/懒惰得懒惰。

王冬芝（2020：30）在"结语"中指出，一些绝对性质形容词，如"粉""假"，以及极量形容词，如"豪华""出色""狂"等，它们不能重叠表程度深，但恩施方言却能够出现在"A得A"结构中。

李劲荣、陆丙甫（2016：10－20）认为，并列式双音节形容词的重叠能力最强，而主谓式、动宾式、偏正式双音节词可重叠的概率较小。这些不能直接重叠的形容词，恩施方言很多可以通过"A得A"格式获得表高量的能力。例如：

主谓式：胆大、面熟、年轻、心酸……

动宾式：动人、合身、丢脸、省心……

偏正式：难受、好听、能干……

不能直接重叠这一缺失所导致的表意功能的空缺正好被恩施方言的"A得A"形式所填补。可以说，这些形容词在方言中的组形能力更强，而组形能力更强的结果是表意功能的增强。（王冬芝，2020：30）

屈哨兵（1992：58）也指出，有几个在普通话中不能加"很"表程度高深的动词，在宣恩方言中却有"V得V"形式，例如：

（81）他哭得哭。

（82）这孩子一见人就笑得笑。

（83）这屋昨天一晚上闹得闹。

这种"V得V"式表示的是"V得很厉害"的意思，仍是指程度深。

以上可见，恩施方言的"A得A"重叠形式的特殊性。

（五）恩施方言等"A得A"的成熟性

相比恩施的土家语，恩施汉语方言有明显的成熟性。

1."A"的音节

土家语的"A得A"重叠式，"A"可以是单音节，也可以是双音节，还可以是三音节。

恩施方言的音节有单音节、双音节、三音节，甚至有四音节。当然，恩施方言内部呈现不平衡，有的方言不能，如咸丰方言中的三个音节及三个音节以上的形容词则不能进入这种结构中。（陈俞蓉，2014：47）

2. 动词/助动词的"A×A"

土家语虽然也有动词"A×A"式，但与形容词"A×A"式似乎没有关系，其语义为"A了又A"。恩施宣恩方言动词能进入"A×A"，屈哨兵（1992：57）指出，可以是表示情绪、态度、理解、评价、状态、感受的动词、助动词、动宾短语或者带"得""不"的动结式、动趋式，形成"A得A""AB得AB""ABC得ABC"。例如：

想——想得想

支持——支持得支持

爱笑——爱笑得爱笑

讲道理——讲道理得讲道理

合得来——合得来得合得来

看不起——看不起得看不起

值得注意的是，"AB得AB""ABC得ABC"也可以有简式，说成"A得AB""A得ABC"，例如：

糊涂得糊涂→糊得糊涂

讲道理得讲道理→讲得讲道理

合得来得合得来→合得合得来

如果是四音节的重叠，肯定以简式为常，如"提心吊胆得提心吊胆"一般都说"提得提心吊胆"。这又是土家语所未见的。

安陆方言"A得A"的"A"主要是形容词，也有部分单音节动词、助动词、方位名词和个别单音节否定副词。所有表示心理活动的单音节动词和凡是可以被"非常""很"等程度副词修饰的单音节动作性动词都能进入"V得V"。相关动词如："爱""安_{安心}""愁""懂""服_{服气}""隔_{隔得很远}""顾_{关心}""怪_{嗔怪}""恨""悔""会""活_{生存}""敬_{尊重}""亏_{亏损}""怄_{怄气}""怕""赔""气_{生气}""死_{失去生命}""塌_{下陷}""听_{听话}""喜_{喜欢}""想""嫌_{嫌弃}""像_{相似}""兴_{流行}""信_{相信}""厌_{厌倦}""怨_{怨恨}""值"。一些助动词如"该""敢"等也可以进入"A得A"表示特殊的语法意义。例如：

（84）你做了事，该吃饭，我还不是做了事，我也该吃饭，我做的还多些，我<u>该得该</u>。（李崇兴、刘晓玲，2004：52-53）

英山方言处于北方官话、西南官话、下江官话和赣语的交界处。英山方言的动词也能进入"A得儿A"，如："跨得儿跨""倒得儿倒""摇得儿摇""瘪得儿瘪""咸得儿咸""空得儿空"。

3. 名词/副词的"A×A"

安陆方言一些表方位的名词能构成"A得A"，方位名词如："北""出_{位置靠外}"

"东""后""末_{最靠后}""南""前""上""下""西""右""左""中"。例如：

（85）我的位子<u>前得前</u>。

（86）你男伢儿子的成绩_{名次}<u>后得后</u>。

（87）我的位子<u>中得中</u>。

（88）你的房太出_{位置靠外}，我的房也是出，我的房还<u>出得出</u>。

安陆方言个别否定副词如"有""没"等也能构成"A得A"，"有得有""没得没"是两种意义完全相同的说法。例如：

（89）你的事做完了么？还<u>有得有/没得没</u>。（李崇兴、刘晓玲，2004：53）

李崇兴、刘晓玲（2004：53）认为，动词（包括助动词）、方位名词、否定副词的"A得A"的形成是形容词"A得A"不断类化和扩展的结果。

英山方言的名词也能进入"A得儿A"，如："水得儿水""毛得儿毛""粉得儿粉""末得儿末""糊得儿糊_{烂糊状}""糠得儿糠_{秕糠状}""绒得儿绒_{绒毛状}""原得儿原_{原封不动状}""肉得儿肉_{软和状}""网得儿网_{网状}""洞得儿洞_{破烂状}"。

连名词、副词都能进入"A得儿A"确实比较特殊。

以上可见，湖北方言"A×A"中的"A"词性更多，更为成熟。

4."A×A"的级

土家语"A×A"表程度加深，是加深级，并非表最高级。恩施方言中的形容词通过自身的形态变化，将原式、一般重叠式（AA式、AABB式等），以及"A得A式""AB得AB式（A得AB式）"重叠，构成了类似英语中的原型、比较级、最高级三种形态。（罗姝芳，2007：62）

英山方言形容词由基式到最高级的排列依次为：A→AA式儿→ABB儿→AA（儿）→BBA→A得儿A，共6级。

汉语其他方言如浙江温州方言有5级，例如：

原级：	好	想
强他级：	好显	想显
最高级：	好显好	想显想
夸张级：	好显好显	想显想显
	好显好好显好	想显想想显想
比较级：	好大显	想大显

"A显A"表最高级，比它级别更高的是夸张级：A×A×/A×AA×A。（傅佐之、黄敬旺，1982：139）即"A显A"的再次重叠。

浙江仙居方言重叠式"A猛A"语义有不同程度的强化或者弱化趋势，因此，从等级差异的角度出发，可以根据仙居方言的表意程度强弱，将仙居方言的形容词重叠式排列成等级序列：AA个＜A＜A××＜AA完＜A猛A。（李金燕，2020：145）

因此，龙庄伟（1988：68）所说的在汉语各个方面中都没有看到这种形式不符合汉语方言事实。

5. 语法功能

语法功能上，土家语方面，田德生等（2009）只举作谓语的例子。

恩施方言形容词的高级形式是谓词性的，它既可作句子的谓语，也可作定语、补语来修饰中心词。例如：

（90）天蓝 [te^{55}] 蓝。（作谓语）

（91）我和他的关系好 [te^{55}] 好。（作谓语）

（92）他有一支好 [te^{55}] 好的笔。（作定语）

（93）她有一件漂亮 [te^{55}] 漂亮的衣服。（作定语）

（94）山上的树长得密 [te^{55}] 密。（作补语）

（95）雨下得大 [te^{55}] 大。（作补语）（龙庄伟，1988）

英山方言的"A 得儿 A"一般常充当谓语、补语，还可充当定语，例如：

（96）我不爱吃糊得儿糊的面。

（97）她今朝儿今天煮的粥水得儿水的。

（98）袖子口儿让他磨得毛得儿毛的。

"原得儿原"还可作状语，例如：

（99）那个屋的钥匙原得儿原的把得给你。（项菊，2012：53）

"A 得儿 A"后面跟"的"，既可自由地充当谓语、补语、定语，还可构成"的"字短语，作主语、宾语，也可独立成句。例如：

（100）水得儿水的我不爱吃。（主语）

（101）他喝茶喜欢喝酽得儿酽的。（主谓语句中的宾语）

（102）网得儿网的了，这背心儿你还留倒做么事啊？（分句）

（103）弄得儿弄的，吃得人要吐。（分句）

（104）光得儿光的！（句子）（项菊，2012：53）

6. A 得/了

（105）ni^{35}ne^{55}po^{53}li^{21}tsi^{35}le^{53}。

你的孩子哭你的孩子一直哭个不停（助）

（106）ŋa^{35}ne^{55}kho^{55}pa^{55}ti^{35}le^{53}

我的头疼我的头好疼（助）

上面两例中，[le^{53}] 后不再出现另一动词或形容词，这里的 [le^{53}] 单独表示动作反复持续或性状程度的加深，其主要形成机制也是语境吸收。（鲁美艳，2018：147）

恩施方言也有"A 得"，"得"一般读为452 调或者552 调，表示程度之深，到了极致，无法表达。这种说法多用于表达说话主体认为不好的意思或者句子主语处于不太好的状态："她恨他恨得""他气得""屋里脏得"。当然它也用于表示好的气氛，比如赞扬、欣赏等，这种表达相对来说用得少一点，而且很多时候，说话人谈论的对象应该在说话现场，例如：

(107) 这娃儿嘴巴<u>乖得</u>这孩子嘴甜得不得了。

(108) 看他高兴得。

在上面两个例句中，说话人甚至可能伴有一些身体手势，可能指着那个孩子或那个正高兴的人。（游红明，2005：335）

以上说明，恩施方言中，单是用"A得"也能表示程度的加深，"A得A"很可能是在"A得"的基础上，追加"A"而成的。①

有意思的是，远隔千山万水的昆明方言有形容词"A了A"重叠，也有"A了"。张宁（1987：27）② 指出，"A了A"式也可以简化为"A了"式，如："恨了""聋了""饱了""哭了"。"A了"所表示的语义与"A了A"相同。

易亚新（2005：109）指出，普通话里的程度补语有时可以省去，构成形容词和表心理活动的动词后加"得"的形式，如"把他急得……"，常德方言里也有这种用法，但与普通话有些差异。首先，普通话里省略程度补语，往往是事实在眼前，无须说出，大多表示一种嗔怪的语气。如"看把他美得""看这丫头疯得""瞧他神气得"。常德方言则无此限制，只要是强调程度深或者说话人一时无法用语言形容，常用这种形式表达，而且一般动词可带"得"。如"急得""瘦得""糊涂得""赶得""打得""喊得"。其次，"得"作为程度补语在普通话里念轻声，在常德方言里有的可以念轻声，但有的要念重音，而且延长音程，语气夸张，表程度极深。如"把他气得"是一般说法，而"把他气得——"是强调说法。有时"得"念重音且延长音程后停顿，然后再把补语说出。如"他气得——脸上都白哒""我忙得——饭都吃不到嘴巴里"。

7. V 了 V

土家语的"V[le⁵⁵]V"表示反复的语义，恩施方言等未找到用例，但汉语方言中动词"V×V"也有做反复标记的用法。如吴语温州方言的"V过V"（潘悟云，1996：277）：

(109) 本书我<u>看过看</u>罢这本书我多次看过了。

(110) 他到那个摊儿上<u>拣过拣</u>，还是买不到满意的物事他到摊儿上反复挑选还是买不到满意的东西。

"过"为持续标记，重行体标记。"V过V"中的"过"与共同语中的"过"差不多，"V过V"表示动作的反复发生。

钱乃荣（2003：248）认为上海方言的动词重叠式，"当动词的对象是不定指或无指的事物时，动词重叠表示句子事件的动作行为K是持续进行或经常性反复进行，可能在某时即终止完成，可能一直反复进行下去"，"当动词的对象是定指的事物时，动词

---

① 温州方言的"A显A"、台州方言的"A猛A"是追加还是脱落，学界有争论，傅国通（2007/2010：33）、陈贵麟（2007：21）认为是脱落。我们认为，温州有"A显"，台州有"A猛"，也有"A显A""A猛A"，温州方言的"A显"是强他级，"A显A"是最高级，"A显A显"是夸张级。如人们先说"A显"，认为程度不够深，后面追加"A"，就成了"A显A"，这样比较符合常理。宁波、嵊州也常用"A猛"，但未见"A猛A"，未追加。

② 张宁文中"A"写作"V"，"了"写作"嘞"。为统一起见，我们改为"A了A"等。

重叠又能表示动作在短时间内反复进行，有时接近于普通话 'V 了又 V' 的意思"。在体貌归类上归为反复体。如：

（111） 勿对呀，哪能吃吃呃呒没啦_{不对呀，怎么东西着吃着吃着没啦。}

（112）伊用力气揿揿衣裳角，翘起来真难看。（揿揿：摁了又摁）

以上可见，上海方言的 "VV" 重叠也能表示反复体。

总之，恩施方言的四音节词语、动词也可进入 "A×A" "A 得 AB" 重叠，还有一些形容词本身普通话不能直接重叠，但恩施方言也能进行 "A×A" 重叠，所有这些是土家语所没有的。因此，恩施方言的 "A×A" 更成熟。湖北的安陆、英山等方言也很有特色。

8. 小结

薛才德（1997：14 – 15）指出，广西是壮族、侗族等少数民族聚居区，江苏、浙江等地是古代百越生息的区域，因此，平南白话、温州话和苏州话里的谓词 "A×A" 重叠式似乎依然存在着受少数民族语言影响的可能性。但是山西天镇话远离南方少数民族语言，是完全可以排除这种可能性的。而且，据目前所掌握的材料，还没有发现在古代百越人后裔说的现代侗傣诸语中存在谓词 "A×A" 的重叠式。当然，反过来说，若说土家语中的谓词 "A×A" 重叠式是受汉语的影响而产生的，也是过于武断的。因为在汉藏系语言中除了汉语和土家语外，确实还有一些语言存在这种重叠式。

薛才德（1997：15）指出，否定了语言之间的相互影响，那么这些语言的谓词 "A×A" 重叠式是一种什么关系呢？就汉语而论，汉语方言的谓词 "A×A" 重叠式很可能是有共同来源的。薛才德（1997：15）认为，带有谓词 "A×A" 重叠式的这些语言（包括汉语）除独龙语外，谓词一般都缺少形态变化。而谓词形态变化丰富的语言，如藏语、羌语等，都没有谓词 "A×A" 重叠式。如果说谓词 "A×A" 重叠式是谓词形态简化的一种补偿形式，那么，它就是后起的。"A×A" 重叠式中的×在不同语言中的不同表现形式很可能是语言平行发展的一种结果。

我们以为，汉语方言与南方少数民族语言的关系比较复杂，有的可能是少数民族语言影响了汉语，有的是语言类型学在不同语言、不同方言的具体体现，这是象似性的原理在起作用。但相比而言，汉语有更丰富的语料，有多种多样的形式，有的在历史上已有，显得更成熟，所以，更多的应该是汉语影响了少数民族语言。从恩施方言与土家语的语言事实来看，还是恩施方言影响土家语的可能性更大。

六、结语

同是湖北，同是 "A×A"，一是恩施等地，一是安陆，但属不同方言，前者是西南官话，后者是江淮官话，还有英山方言的 "A 得儿 A"，有同有异。这就涉及区域方言学。游汝杰在给王健（2014）所作的序言中指出："由区域方言学想到近年来蓬勃发展的跨方言语法研究和方言类型学研究，这三者有异曲同工之妙。它们都是跨方言比较研究，不过区域方言学的志趣是研究同一区域的方言接触及其结果；跨方言语法比较，并不强调这些方言在地理上的关联，似乎也不怎么追求类型学的'蕴含'关系；类型学则有较完备的理论基础和研究范式。这三个研究方向应该可以互相借鉴、相辅相成。它们不仅是汉语方言研究的新的增长点，也将大大提高汉语方言研究的学术价值和对语言学的贡献。"

　　本文主要谈语言接触问题，旁及区域语言学。

　　我们认为，语言接触研究与区域语言学研究也可以互相借鉴、相辅相成，也是比较重要的汉语方言研究的新的增长点，必将大大提高汉语方言研究的学术价值和对语言学的贡献，为提高汉语的话语权作出贡献。

参考文献

[1] 陈贵麟．吴语缙云西乡方言语法现象探究 ［M］//汪国胜．汉语方言语法研究．武汉：华中师范大学出版社，2007.

[2] 陈晓锦，肖自辉．泰国华人社区的汉语方言 ［M］．北京：世界图书出版公司，2019.

[3] 陈叶红．张家界方言形容词的重叠 ［J］．世纪桥，2010（19）.

[4] 陈叶红．张家界方言形容词重叠的韵律句法学理论解释 ［J］．中外企业家，2011（14）.

[5] 陈俞蓉．湖北咸丰方言中的"得"［J］．语文学刊，2014（10）.

[6] 丁崇明．汉语、藏缅语形容词重叠式的特殊用法 ［J］．云南民族学院学报（哲学社会科学版），2001（5）.

[7] 丁崇明．昆明方言语法研究 ［D］．济南：山东大学，2005.

[8] 丁崇明，荣晶．昆明方言中的特殊程度表达形式 ［J］．中国方言学报，2013（3）.

[9] 傅国通．浙江吴语的特征 ［M］//浙江大学汉语史研究中心．汉语史学报：第6辑．上海：上海教育出版社，2007.

[10] 傅国通．浙江吴语共时特征 ［M］//方言丛稿．北京：中华书局，2010.

[11] 傅佐之，黄敬旺．温州方言的表程度语素"显"［J］．温州师专学报（社会科学版），1982（2）.

[12] 郭万明．恩施话里形容词动词的一种重叠式 ［J］．湖北民族学院学报（社会科学版），1995（1）.

[13] 湖北省来凤县志编纂委员会．来凤县志 ［M］．武汉：湖北人民出版社，1990.

[14] 黄伯荣．汉语方言语法类编 ［M］．青岛：青岛出版社，1996.

[15] 姬凤霞．慈利方言变形形容词研究 ［D］．长沙：湖南师范大学，2006.

[16] 金小栋，赵修．湖北恩施方言中表程度的两种特殊结构 ［J］．现代语文（语言研

究版），2010（4）．

[17] 李崇兴，刘晓玲．安陆方言中的"×得×"［J］．南阳师范学院学报（社会科学版），2004（4）．

[18] 李金燕．仙居方言形容词重叠式研究［M］//陈忠敏，徐越．吴语研究：第10辑．上海：上海教育出版社，2020．

[19] 李劲荣，陆丙甫．论形容词重叠式的语法意义［J］．语言研究，2016（4）．

[20] 李启群．吉首方言的重叠式［J］．吉首大学学报（社会科学版），1994（1）．

[21] 李启群．湘西州汉语与土家语、苗语的相互影响［J］．方言，2002a（1）．

[22] 李启群．吉首方言研究［M］．北京：民族出版社，2002b．

[23] 李小平，安拴军．河北无极方言形容词的重叠［J］．中国方言学报，2013（3）．

[24] 李兆同．昆明话的谓词重迭式P了P［J］．思想战线，1984（1）．

[25] 梁金荣．桂北平话与推广普通话研究：临桂两江平话研究［M］．南宁：广西民族出版社，2005．

[26] 龙仕平，林丽．湘语区邵阳片、吉首片方言重叠式再考释［J］．汉字文化，2014（6）．

[27] 龙庄伟．湖北恩施话中的一个土家语成分［J］．民族语文，1988（6）．

[28] 鲁美艳．土家语多功能虚词le^{53}的语法化路径［J］．湖北民族学院学报（哲学社会科学版），2018（4）．

[29] 罗姝芳．恩施方言中特殊的形容词重叠式［J］．湖北师范学院学报（哲学社会科学版），2007（6）．

[30] 罗自群．现代汉语方言持续标记的比较研究［M］．北京：中央民族大学出版社，2006．

[31] 马彪．汉语语用词缀系统研究：兼与其他语言比较［M］．北京：中国社会科学出版社，2010．

[32] 潘悟云．温州方言的体和貌［M］//张双庆．动词的体．香港：香港中文大学中国文化研究所吴多泰中国语文研究中心，1996．

[33] 钱曾怡．汉语官话方言研究［M］．济南：齐鲁书社，2010．

[34] 钱乃荣．北部吴语研究［M］．上海：上海大学出版社，2003．

[35] 屈哨兵．湖北宣恩话中的一种特殊的语词重叠格式［J］．湖北大学学报（哲学社会科学版），1992（2）．

[36] 屈哨兵．湖北宣恩话语法札记［J］．中国语文，1993（6）．

[37] 山娅兰．沾益方言语法研究［D］．昆明：云南师范大学，2005．

[38] 石汝杰，宫田一郎．明清吴语词典［M］．上海：上海辞书出版社，2005．

[39] 石汝杰．吴语文献资料研究［M］．东京：好文出版，2009．

[40] 田德生，何天，陈康，等．土家语简志［M］//《中国少数民族语言简志丛书》编

委会．中国少数民族语言简志丛书：第2卷．修订本．北京：民族出版社，2009.

[41] 王冬芝．鄂西南方言拷贝式程度表达"×得×"的性质及表意机制［J］．语文学刊，2020（2）.

[42] 王健．动词重叠三种特殊语法格式的地理分布及相关问题研究［M］//北京大学汉语语言学研究中心《语言学论丛》编委会．语言学论丛：第35辑．北京：商务印书馆，2007.

[43] 王健．苏皖区域方言语法比较研究［M］．北京：商务印书馆，2014.

[44] 魏盼盼．巩义方言形容词重叠式研究［D］．长沙：湖南大学，2019.

[45] 温锁林．形容词的生动形式"A又A"［J］．南开语言学刊，2010（2）.

[46] 向嵘．恩施方言的重叠式初探［J］．科教文汇（下旬刊），2007（27）.

[47] 项菊．湖北英山方言的重叠形式"×得儿×"［J］．语文研究，2012（1）.

[48] 肖亚丽．黔东南方言的程度表示法［J］．西华大学学报（哲学社会科学版），2007（3）.

[49] 邢向东，王兆富．吴堡方言调查研究［M］．北京：中华书局，2014.

[50] 薛才德．汉藏语言谓词P×P重叠式［J］．民族语文，1997（3）.

[51] 杨朝兴．乡音土话［EB/OL］．（2018-09-07）［2024-07-03］. http://www.sohu.com/a/252446930_100266215.

[52] 叶树全．曲靖市马龙区汉语方言重叠式形容词论析［J］．玉溪师范学院学报，2020（5）.

[53] 易亚新．常德方言表程度加深的形式和手段［J］．湖南文理学院学报（社会科学版），2005（2）.

[54] 易亚新．常德方言语法研究［M］．北京：学苑出版社，2007.

[55] 游红明．湖北恩施话里的助词"得"［J］．社会科学家，2005（S2）.

[56] 曾晓渝，陈希．云南官话的来源及历史层次［J］．中国语文，2017（2）.

[57] 张华．恩施方言特殊形容词重叠浅析［M］//盛银花．湖北方言文化传播研究：第1辑．武汉：华中科技大学出版社，2018.

[58] 张俊英．原平方言重叠式研究［D］．太原：山西大学，2010.

[59] 张宁．昆明方言的重叠式［J］．方言，1987（1）.

[60] 张志华．湖北罗田方言中"差"的重叠形式［J］．汉语学报，2005（3）.

[61] 朱德熙．现代汉语形容词研究［J］．语言研究，1956（1）.

[62] 朱景松．形容词重叠式的语法意义［J］．语文研究，2003（3）.

The "A × A" Reduplication Pattern of Adjectives in Hubei Dialects: With a Discussion on Language Contact

CUI Shanjia

【Abstract】 The Hubei dialects feature a distinctive adjective reduplication pattern "A × A" including forms such as "A de (得) / [te⁵⁵] / [tɛ⁵⁵] A" "A der (得儿) A" and "差×差" (cha × cha). These structures exhibit unique characteristics in grammatical function, semantics, intensity grading, and emotional connotation, which are of significant linguistic value. Additionally, the Tujia language in Hubei has an "A [le] A" reduplication pattern. While some researchers argue that the "A de (得) A" pattern in the Enshi dialect of Hubei stems from the influence of Tujia language, linguistic evidence suggests the opposite: it is Chinese that has influenced Tujia.

【Keywords】 Hubei dialects, adjective reduplication, A × A, synchronic, diachronic, Tujia language, language contact

论方志方言文献在方言辞书订补中的作用^①

——以订补《汉语方言大词典》（修订本）为例

曾文斌^②

（湖南师范大学文学院　湖南长沙　410081）

【提　要】《汉语方言大词典》收词繁赡、语料丰富，经过修订之后质量得到了极大的提高。但由于未能充分地利用方志方言文献，该方言词典仍然存在漏收方言词及其义项、漏收词形、例证缺失、提供的方言地理分布格局不完善等疏失。现据清至民国时期的方志方言文献订补《汉语方言大词典》（修订本），助力其日臻完备。

【关键词】方志　《汉语方言大词典》（修订本）　辞书订补

清至民国时期的方志方言文献中蕴含着丰富的语言文字资料，收录了诸多方言字词，有些甚至通行范围甚广，能够大量反映一时一地的语言文字信息，但其中有一部分方言字词却不见载于目前所见之大型语文辞书。当然，大型语文辞书要做到收词完备、释义准确、体例完善是颇不容易的，但我们可以通过利用新材料等方式不断对其进行修订，提高其质量。因此，充分利用方志方言文献、全面系统地整理其间的语言文字资料可为语文辞书（尤其是方言辞书）的编纂与修订增添新的语料，提高其整体的编纂质量。

由许宝华、（日）宫田一郎主编的《汉语方言大词典》语料宏富，收词众多，收录了所能搜集到的各类汉语方言语料；它融汇古今方言于一炉，能够帮助语言学者知今稽古，竟委穷源，对于方言研究、汉语史研究都有着极高的价值。

《汉语方言大词典》初版于 1999 年发行，收词繁赡，收词的时间、地域跨度极广。2020 年，该词典之修订本问世，共 10 卷，1 500 万余字，收录方言词语 21 万余条，引

---

① 本文为 2023 年度湖南省教育厅项目"清至民国方志方言文献所录方言词研究"（项目编号：23C0026）的阶段性科研成果。感谢《南方语言学》匿名评审专家提出宝贵的修改意见。如有错讹，文责自负。

② 曾文斌，1995 年生，江西赣州人，湖南师范大学文学院博士后，研究方向为汉语史与训诂学。

用口语例证和文献书证数十万个，涉及古今语言文字类文献资料 1 200 多种，其他各类文献资料近 3 000 种，具有重要的学术价值。

《汉语方言大词典》（修订本）虽然征引了方志方言文献例证，但相对较少。换言之，在《汉语方言大词典》的编纂过程中，方志方言文献尚未得到完全的利用，也未能充分发挥其价值。①《汉语方言大词典》（修订本）未充分利用方志方言文献，可能会导致漏收方言词及其义项、例证缺失、释义及注音失误等多方面的疏失。准此，本文拟利用清至民国方志方言文献及对方志方言文献所录方言词研究的成果来订补《汉语方言大词典》（修订本）。

一、增收方言词

《汉语方言大词典》（修订本）虽然在编纂时利用了部分方志材料，但毕竟没有全面调查和使用清至民国时期的旧方志方言文献，因而对于其间所出现之方言词也没能完全收录，还是留有些许遗憾。现据方志方言文献补充部分《汉语方言大词典》（修订本）未收之方言词，以助力其日臻完备。

【跑肚拉稀的/跑肚】

方志方言文献中收录了"跑肚拉稀的"一词：

辽宁·［民国］《宽甸县志略》："跑肚拉稀的，泄泻也。"

"跑肚拉稀的"指人腹泻、拉肚子。"跑肚"本身即可指拉肚子，其较早见于清代，如《老乞大新释》（1761）："吃了么，就要跑肚走动。先吃稀粥补一补，然后再吃饭。"《重刊老乞大》（1795）与之基本相同。② 又清·姚衡《寒秀草堂笔记·宾退杂识》："热拉巴十斤七两一匣。能跑肚，去小水，治虫证、筋骨疼。"此二例中"跑肚"均指拉肚子。

今人所编之方言辞书中也收录了"跑肚"，如：

《现代汉语方言大词典》："【跑肚】哈尔滨，西宁，银川。泻肚；腹泻。银川也叫'拉肚'。"

《汶上方言志》："跑肚 p'ɔ⁵⁵ tu³¹²拉肚子:这两天冻哩~。"

《无棣方言志》："跑肚 p'ɔ⁵⁵ tu³¹"

《金乡方言志》："跑肚 p'ɔ⁵⁵ tu³¹²腹泻"

《德州方言志》："跑肚 p'ɔ⁵⁵ tu²¹"

---

① 《汉语方言大词典》初版修订之时，华学诚《历代方志方言文献集成》、李蓝《中国方志中语言资料集成》等两部大规模而全面辑录、整理方志方言文献的著作尚未出版，故而《汉语方言大词典》（修订本）的编纂者可能没有见到并利用部分相对罕见而珍贵的方志方言文献。同时，对于一些常见的方志方言文献，编纂者一方面可能将其遗漏或忽视而导致部分方言词、词形的漏收；另一方面也可能在收录部分方言词时没能引用方志方言文献，致使义项漏收、释义不当、方言地理分布情况不齐全等讹误发生。

② 与《老乞大新释》一句相同，但"吃"以"喫"代之。

"跑肚"可指拉肚子、拉稀，当与"跑"有"满溢、不受控制地释放"义有关。如吕叔湘（2002）即指出："'跑电、跑水'是拦不住某种东西跑掉，'跑肚'是拦不住肚子里的东西跑掉。"汉语中还有许多类似的词语，如方言中俗称男子遗精叫"跑马""跑洋/羊"，《汉语方言大词典》（修订本）中即有收录：

【跑马】〈动〉遗精。㊀胶辽官话。<u>山东牟平</u>、<u>长岛</u>。㊁中原官话。<u>新疆吐鲁番</u>。㊂晋语。<u>山西柳林</u>、<u>长子</u>。㊃兰银官话。<u>新疆乌鲁木齐</u>。㊄江淮官话。<u>江苏淮阴</u>。㊅西南官话。云南昭通。姜亮夫《昭通方言疏证·特殊用字举例》："民间谓壮男夜遗亦曰走马，或曰～。"<u>贵州大方</u>。

【跑洋/羊】〈动〉遗精。西南官话。<u>云南昭通</u>。姜亮夫《昭通方言疏证·释人》："昭人谓男子梦遗曰跑马……俗又有～之说，洋即阳，言阳物出精如跑耳。"<u>贵州大方</u>。也作"跑羊"：<u>贵州赫章</u>。

按：所谓"遗精"，即在没有性交和手淫的情况下，精液不受控制地自行从尿道口（马眼）处流出。可见，"跑马"与"跑肚"一样同属动宾结构，"跑"是"满溢、失控流出"之义，"马"则指马眼（尿道口）。"跑洋/羊"亦为动宾结构，"洋/羊"为"阳"之记音字，指阳物。

《汉语方言大词典》（修订本）中还收录有"跑稀""跑茅""跑栏"等词：

【跑稀】〈动〉拉肚子。㊀兰银官话。<u>新疆乌鲁木齐</u>。㊁江淮官话。<u>安徽合肥</u>、<u>舒城</u>。

【跑茅】〈动〉拉肚子。㊀中原官话。<u>山西临汾</u>、<u>沁水</u>。㊁晋语。<u>山西临县</u>、<u>灵石</u>、<u>襄垣</u>。<u>河南济源</u>、<u>获嘉</u>、<u>修武</u>、<u>焦作</u>、<u>延津</u>。

【跑栏】〈动〉拉肚子。冀鲁官话。<u>山东利津</u>。

"跑稀"即拉稀，"跑"同样为"失控后溢出、释放"之义。"跑肚""跑稀"与《汉语方言大词典》（修订本）中收录的"跑茅""跑栏"虽然同属动宾结构，且均指拉肚子，但"跑茅""跑栏"之"跑"使用的均是其"急走、快速地走"之义，而非"失控、溢出"义。另"茅""栏"均为"厕所"在一些方言中的俗称，故"跑茅""跑栏"的字面义均为"快速地走向厕所"，这两个词都是以人拉肚子时着急忙慌的情态来转指人拉肚子这一动作。

最后，《汉语方言大词典》（修订本）收录了"跑肚子""跑肚咧""跑肚得"，唯独未收"跑肚"这一汉语史上既已出现的复合词，当补。另外，作为一部收词力求完备的大型方言辞书，对"跑肚拉稀的"这类已见于民国时期的方志方言文献中的方言词语也应当予以收录。

【閦/閦背（壁）贼/掩边（壁）贼/躯背贼/閦閦】

浙江·［民国］《鄞县通志》："閦，隐入。甬言称隐身于人背后曰閦。如忽隐忽现曰閦见閦见。实为隐入二字之合音。"

浙江·［民国］《鄞县通志》："閦（隐入）（偈），閦读若揭。甬称隐身使人不见曰闟。如潜立人背后曰闟背后，潜入人家中曰闟进来，匿身门后窃取人物之贼曰闟壁贼。《字汇补》：'闟，隐入也。今官牒多用此字。音未详。'案字以身在门中会意，亦即隐入二字之合音。《越谚》作'偈'，谓：伺人不见，轻步立其背后，见《庄子·天地》篇。案《庄子》：'偈偈乎耕而不顾。'偈偈，为耕田忽遽貌，非有立人背后之谊也，《越谚》误。"

按：宁波话中"闟"为"隐入"义，即神不知鬼不觉地偷偷潜（进）入某地而不被人发现。从字形来看，"闟"显然是个会意字，但《鄞县通志》以其为"隐入"二字的合音，恐怕并不正确，其当另有来源。又该志书认为《越谚》作"偈"实误的观点是正确的，从"偈"字的历史来源看，其表"隐入"义时显然只是记音。"闟读若揖"这一读音不知从何而来，《字汇补》也认为其读音未详。

另"闟壁贼"在《越谚》中有异形词作"闟背贼"："闟背贼，夜盗先伏门壁后者。""壁"与"背"盖为一音之转。"闟背贼"一词在浙江·[民国]《重修浙江通志稿》、浙江·[民国]《鄞县通志》中也有收录，且有"掩边贼""掩壁贼""躯壁贼"等多种不同的说法：

浙江·[民国]《鄞县通志》："窃贼于黄昏暮间先掩蔽而入，伏门壁后，俟夜静而窃物者，俗称掩壁贼、躯壁贼。《越谚》作闟背贼。'躯'见《类篇》：'于殄切，曲身也。''闟'见《字汇补》，谓'隐入也。今官牒多用此字，音未详'。案当读若揖，即隐入二字之合音，谓身隐门后也。掩躯与闟、边壁与背，皆一声之转。"

若按《鄞县通志》，则"闟壁贼""闟背贼""掩边贼""掩壁贼""躯背贼"实为同一个词，属于一组方言音转异形词，《汉语方言大词典》（修订本）未予收录，当补。

除了吴语，"闟"在其他方言区的方志方言文献中也有收录：

陕西·[雍正]《陕西通志》："闟钻同，身入门中也。"（陕西·[道光]《重修延川县志》、陕西·[道光]《榆林府志》、陕西·[道光]《安定县志》、陕西·[民国]《葭县志》、陕西·[民国]《安塞县志》同）

湖南·[道光]《辰溪县志》："隐身曰闟音钻。"

江西·[光绪]《长宁县志》："钻为闟。"

按：此"闟"音同"钻"，显然与吴语"读若揖"之音相异，但二者的语义相同，均表"隐入门中、隐身进入"义。据《汉语大字典》（第二版），"闟"即同"钻"，二者为异体字的关系。目之所及，"闟"音同"钻"的最早文献记录或始于清朝刘献廷《广阳杂记》卷二："衡山水月林主僧静音馈余闟林茶一包……闟，则安切，音钻平声，衡人俗字也。此茶出石罅中。"衡山在今湖南衡阳地区，《广阳杂记》指出"闟"是该地区的一个俗字，正与《辰溪县志》的记载相呼应，说明该词确实见用于湖南地区的方言中。① 但据方志方言文献的记载来看，"閗"亦见用于陕北方言和客家话，另四川方言（西南官话）亦用"閗"，如唐枢《蜀籁》卷四："耗子閗牛角，越閗越紧。"可见，"閗"的使用范围较广，然而《汉语方言大词典》（修订本）并未予以收录，应补。

此外，方志方言文献中还收录了"閗閗"一词：

四川·［民国］《资中县续修资州志》："半臂曰<u>閗閗</u>。"（重庆·［民国］《涪陵县续修涪州志》同）

"半臂"应是一种衣服的形制，类似于现在的半袖上衣。"閗閗"只见用于西南官话，《汉语方言大词典》（修订本）未收录该方言词，当补。

二、增收词形

方志方言文献中同一个方言词往往有多种不同的写法，"同词异写"现象非常普遍，由此形成了众多的方言异形词。《汉语方言大词典》（修订本）在收录某一方言词时，理应将其在方言文献中的各种书写形式予以收录，如此方可全面地展示同一方言词在某一方言区内部以及不同方言区中的书写差异。

【洛科／乐科／拉科】

汉语方言中表"闲谈、聊天"义之"唠嗑"有众多词形，即异形词，《汉语方言大词典》（修订本）收录的有"唠科""唠喀""涝科""涝嗑"等。方志方言文献另外还收录了以下四种词形：

黑龙江·［民国］《庆城县志》："说话为<u>洛科</u>。"

辽宁·［民国］《黑山县志》："辰、本邑人谓无事对谈曰乐_洛科，亦犹山东人之寡也。"

辽宁·［民国］《岫岩县志》："<u>潦科</u>，谈话也。"

河北·［民国］《滦县志》："闲谈曰<u>拉</u>_{上声}<u>科</u>。"

按：《汉语方言大词典》（修订本）收录了"洛科儿"而未收"洛科"，当补。另据两部方志方言文献来看，"洛科""乐_洛科"读音完全相同，二者与"唠嗑"等词读音亦近，因为部分北方官话中"唠"与"洛"读音也基本相同，例如"唠嗑"在北京官话内蒙古赤峰话中读 [lɔ kɣr]，指猪的"唠唠"，在冀鲁官话山东淄博话中读 [lɔ²¹⁴⁻²⁴ lɔ³³] 等。"潦科"之"潦"，中古音属来母效摄一等豪韵，与"唠"读音相同，故"潦科"当是因与"唠嗑"读音相近（同）而产生的方言记音词。至于"拉科"，或许是因"唠嗑"之"唠"在民国时期的滦县方言中脱落元音韵尾 u 而产生的记音词。

---

① 衡阳地区主要使用湘语、赣语和西南官话；辰溪县在今湖南省怀化市，位于湘语和西南官话的接壤地区，故辰溪方言兼有湘语和西南官话的特点。我们不能确定"閗"到底是属于哪一个方言区的词语，暂且认为其见用于湖南方言。

【腼腆/靦𪗾/靦觍/靦腆/缅腆】

《汉语方言大词典》（修订本）收录了"缅觍"一词，义为"羞缩、不自然"，该词在汉语方言中的异形词众多，见录于《汉语方言大词典》（修订本）中的有"靦便""腼片""眠娗""面愄""面靦"等。通过调查方志方言文献，我们还发现了一些未收录于《汉语方言大词典》（修订本）中的"缅觍"的异形词：

江苏·〔康熙〕《江宁县志》："面羞涩曰腼腆。"（江苏·〔康熙〕〔乾隆〕〔道光〕《上元县志》、江苏·〔同治〕《上江两县志》、江苏·〔民国〕《首都志》同）

按："腼腆"这一词形历史文献中已见，元·王实甫《西厢记》第一本第一折："未语人前先腼腆，樱桃红绽，玉粳白露，半晌恰方言。"《西游记》二〇回："腼腆难言，半晌不答。""腼腆"后来成为通语中此类词的主导词形。

山东·〔民国〕《胶澳志》："靦𪗾﹝羞缩之谓，读若面骗。﹞"

按："𪗾"或许是"腆"的讹字，即其构件"典"因字形相近而讹作"扁"，构件"月"则受前一语素的影响而同化为"面"。

北京·〔民国〕《北京市志稿》："含羞曰靦觍。"

河北·〔民国〕《青县志》："羞涩曰靦觍﹝觍读如贴。﹞"

按：《汉语方言大词典》（修订本）并未单独给"靦觍"设立词条，其仅出现于其他相关的词条中，如"缅觍"词条下认为其俗作"靦觍"，但并未列举例证，不妥。窃以为该方言词典当给"靦觍"设立词条，并以方志方言文献中的用例作为例证。

江苏·〔光绪〕《丹阳县志》："靦腆，面羞涩也。"

按：《汉语方言大词典》（修订本）收录了这一词形，但其并不表"羞涩"义，而是表"不淘气"义，此义不知源自何处，待考。窃以为该方言词典当增补方志方言文献中的这一例证，并为"靦腆"增设"羞涩"这一义项。

河北·〔民国〕《晋县志料》："缅腆，俗谓恶颜者曰缅腆。按《容斋四笔》：'中心有愧，见之颜面者，谓之缅腆。'"

按：经核查原文，《容斋四笔》中出现的词形当是"缅觍"而非"缅腆"，《晋县志料》征引有误。究其致误之由，当是因"觍""腆"音近所致，《广韵》中"觍"音"他典反（tiǎn）"，与"腆"读音相同。而"靦𪗾/靦觍/靦腆"中的"靦"均音"miǎn"，这一读音直至明代以后才出现，如《合并字学集韵》"靦"音"迷典切"，又《元曲选·铁拐李岳》第二折"他从来靦腆"注言"靦，面上声"等。

《汉语方言大词典》（修订本）应当增补"腼腆""靦𪗾""靦觍""缅腆"等四个"缅觍"类词的异写形式，并为"缅觍"类词的异写形式之一"靦腆"增设义项、增补方言例证。

【眠娗/眠𡧶/眠诞】

《汉语方言大词典》（修订本）中收录了"眠娗"一词，有"羞涩、不大方、畏葸不前"义，又《集韵》中"娗"有"徒典切"一读，可见"眠娗"与"缅觍"类词音义皆同（近），故二者亦属异形词。另"眠娗"这一词形或东晋既已出现，其例如《列子·力命》："眠娗、諈诿、勇敢、怯疑四人相与游于世，胥如志也。"张湛注："眠娗，不开通貌。"张湛的注语，清·翟灏《通俗编·性情》则引作"眠娗，瑟缩不正之貌"。据此，《列子》中的"眠娗"应当就是"羞缩"之义，《汉语大词典》也认为此例之"眠娗"是古代寓言中假托的人名，意为"腼腆"，指人害羞、不大方的样子。

又《列子》一般被认为是"伪书"，或即张湛伪作，故可将其视作东晋时期的语料，如此则"眠娗"较早见于东晋，且为"缅觍"类词中目前可见最早出现的书写形式。

除了"羞缩"义，"眠娗"还有"待人宽和、不暴躁"义，如江苏·［嘉靖］《吴江县志》"言人蕴藉不躁暴者曰眠娗，音如缅忝，出《列子》"等。其在方志方言文献中有异形词作"娩婞""眠蜓""眠诞"，"娩婞"在《汉语方言大词典》（修订本）中已收录，"眠蜓""眠诞"则未收录，需要补收：

浙江·［民国］《重修浙江通志稿》："眠蜓，音如缅忝，蕴藉也。"

浙江·［民国］《象山县志》："眠诞，见《列子》。"

按："眠蜓"当为"眠娗"因音近讹混而产生的异形词，"蜓""娗"在《集韵》中均有"徒典切"一读；"眠诞"一方面有可能是"眠蜓"因形近而讹产生的异形词，另一方面"诞""蜓"又有共同的读音"徒鼎切"，虽然"诞"无"徒典切"一读，但人们也有可能误将"诞"作为"蜓"之同音替代字而致使"眠诞"这一词形产生。

三、增收义项及补充释义

由于未全面而充分地利用和调查方志方言文献，《汉语方言大词典》（修订本）有时会漏收一些方言词的义项，致使其释义不全、不完整，这时我们可以利用手头拥有的方志方言文献资料补充部分方言词的义项，尽量将历史上或方言中某一方言词曾经出现过的义项网罗殆尽，从而使其释义更加完整。

【混账】【溷帐】

《汉语方言大词典》（修订本）收录了"混账"一词，列有以下义项：

①在旁边吵闹；②人云亦云；③遇事头脑不清楚、分不出好坏；④孩子不听话、瞎胡闹。

方志方言文献亦收录了"混账"，但仅有一个义项与《汉语方言大词典》（修订本）收录的"混账"相同，即义项③"遇事头脑不清楚、分不出好坏"，其例如：

河南·［乾隆］《新安县志》："斥人糊涂曰混账。"

四川·［民国］《万源县志》："做事无头绪曰混账。"

云南·［民国］《昆明市志》："混账，糊涂也。"

按：说人"糊涂"即言此人做事头脑不清楚、很混乱，"做事无头绪"亦指人做事时头脑混乱、理不清头绪。

又河北·[民国]《成安县志》曰："人之不明好孬、遇事摸糊者曰混账。"可见"混账"不仅可作形容词指人做事头脑混乱不清，也可经引申产生名词用法用以指称不明好坏、遇事头脑不清楚的一类人。另外，"混账"应当是个联绵词，或即为"混沌"的音转，故而有"糊涂、头脑不清楚"义。①

当然，"混账"在方志方言文献中还有其他的一些义项，请看以下用例：

湖南·[同治]《酃县志》："混账，事欠分明也。"

河北·[民国]《定县志》："混账，溷章也。俗骂匪类为混账，实则溷章也。《选·赋》：'白鹭溷章。'溷章，杂文鸟也。匪类混杂是非，故谓之溷章。"

山东·[民国]《胶澳志》："混账不正之谓。"

河南·[民国]《续修宜阳县志》："人之善者曰老实，曰在行，恶者曰可恶，曰混账。"

四川·[民国]《简阳县志》："妄为曰混账混读分上声,账口声。"

按：根据上述材料可知，"混账"至少还有以下几个义项：

①事情模糊、不清楚；②恶人，可特指匪类（土匪）；③不正（不端正、不正派、不正当）；④不守本分、胡乱作为。上述义项在《汉语方言大词典》（修订本）中均未收录，当补。

此外，方志方言文献中还有"溷帐"一词：

湖南·[嘉庆]《安仁县志》："斥人糊涂曰溷帐。"

贵州·[民国]《独山县志》："忽突曰溷帐。"

按："忽突"同"糊涂"，如明·汤显祖《邯郸记》二九出："忽突帐，六十年光景，熟不的半箸黄粱。"又河北·[民国]《定县志》："忽突，糊涂也。俗以人不了了②为忽突。《宋史》：'吕端小事糊涂，大事不糊涂。'《金壶字考》："糊涂，音忽突。"可见，"溷帐"主要用于指人糊涂、头脑不清晰，其与上揭"混账"读音相同，且有共同的义项，故二者当为异形词。

"溷帐"在《汉语方言大词典》（修订本）中未予收录，当补。

【光棍】【棍】

《汉语方言大词典》（修订本）收录了"光棍"一词，拥有如下义项：

①聪明的人；②一无所有的人，无依无靠的人；③袍哥成员的别称；④骗子；⑤硬充什么都不怕的人；⑥赌棍；⑦单身汉；⑧精明、办事利索；⑨形容人硬气，不占人便宜；⑩爱逞能，爱出风头；⑪形容人气量小，脾气大。

---

① 此处参考了曾昭聪主编《现代汉语词源词典》（待出版）中的观点。

② "了了"有"清楚、分明"义，如晋·张华《博物志》卷七："有发前汉时冢者，人犹活……问汉时宫中事，说之了了，皆有次序。"又唐·王梵志《家中渐渐贫》诗："世间何物贵？无价是诗书。了了说仁义，愚夫都不知。"准此，"人不了了"即指人头脑不清楚、不分明。

据上可见，汉语方言中"光棍"义项众多，然经调查方志方言文献，仍有部分"光棍"的义项在《汉语方言大词典》（修订本）中未予收录，请看以下材料：

河北·[民国]《迁安县志》："土豪谓之光棍。"

河北·[民国]《献县志》："土豪谓之光棍。此与前土棍同义，但土棍有厌恶意，光棍有称赞意。"

河北·[民国]《南皮县志》："光棍，俗谓豪强之人曰光棍。"

河北·[民国二十二年]《高邑县志》："光棍，贫而无赖，以敲诈为事者谓之光棍。《说文》：'梼杌，断木也。'章炳麟曰：'古谓凶人曰梼杌，今谓凶人曰光棍。'"

河北·[民国]《沙河县志》："光棍，又为土豪横霸之名。引申谓占便宜者曰光棍。"

辽宁·[民国]《奉天通志》："光棍，俗以为强梁不守礼法而为人所畏敬者曰光棍。《通俗编》：李绅《拜三川守》诗序：'闾巷恶少年，免帽散衣，聚为群斗。或差肩追绕击大球，里言谓之打棍，士庶苦之。是盖棍字之始。'俗沿用之以号无赖，如讼棍、赌徒之类是也。光，盖谓其无恒产也。棍，盖取其强硬也。"

山西·[民国]《芮城县志》："无职业者曰光棍。"

山东·[民国]《夏津县志续稿》："土豪亦曰光棍。"

河南·[民国]《封丘县续志》："无业曰光棍。"（河南·[民国]《密县志》同）

河南·[民国]《鄢陵县志》："光棍，犹言武断乡曲①，不务正业也。"（河南·[民国]《西平县志》同）

重庆·[民国三十三年]《长寿县志》："无钱害人曰光棍。"

四川·[民国]《西昌县志》："穷无所依而凶恶曰光棍。"

四川·[民国]《合江县志》："光棍谓穷凶之人，犹古言梼杌也。"

四川·[民国]《南溪县志》："光棍谓穷无所依倚者，又凶恶之人也。"

据上述材料可知，"光棍"至少还有以下几个义项：

（1）当地的豪强恶霸或地痞流氓。这些人不守礼法，压榨勒索百姓，令人畏惧。河北·[民国]《献县志》指出表"土豪"义的"光棍"带有"称赞"的意味，或许只是当地（献县）的特有用法，在其他方志方言文献中表此义的"光棍"均带有贬义色彩。

（2）无业游民。即没有工作、整日游手好闲、不务正业之人。

（3）爱占便宜之人。这与上揭"光棍""形容人硬气，不占人便宜"一义相龃龉。

（4）泛指穷凶极恶之人，即凶人、恶人的统称。

这些义项之间均存在密切关联：当一个人没有工作、身无分文之时，就容易去偷去抢，性质进一步恶劣就成了掠夺他人财物、欺压百姓的地痞恶霸。掠夺他人财物，即是占人便宜的一种表现，由此"光棍"引申可指爱占便宜之人，进一步则泛指凶恶之人。

---

① "武断乡曲"指凭借势力在民间横行霸道，出自《史记·平准书》："当此之时，网疏而民富，役财骄溢，或至兼并豪党之徒，以武断于乡曲。"

"光棍"的以上四个义项《汉语方言大词典》（修订本）均未收录，当补收。

"光棍"何以用于指地痞恶霸？我们可从该词具体的两个语素着手考探。"光"有"精光、光秃秃"义，"棍"，《广韵·混韵》："棍，木名。胡本切。"本音"hùn"，用以指称一种木名或表"捆、束"义。唐代用来指音"gùn"（古困切）、义为"棍棒"的词，即与音"hùn"、义为"木名""捆、束"的字在书写形体上字形偶合。"光棍"最初指光秃秃的棍棒，元·郑光祖《虎牢关三战吕布》一折："左先锋手持两面刀，右先锋拿着精光棍。人人奋勇吃食，拚命当先……""光棍"用于指地痞、流氓当是使用了比喻义。此义源于以棍喻人：一是"光棍"喻指人身无分文，往往靠不正当的手段过活。元·刘唐卿《降桑椹蔡顺奉母》一折："俺两个是至交的好弟兄，绝伦的光棍。平日之间，别无什么买卖，全凭着舌剑唇枪，说嘴儿哄人的钱使。"二是"光棍"由"光秃秃的棍棒"义语用双关，指人仅有一棍（男性生殖器），此外身无分文。因此，"光棍"在元代又衍生出"地痞、流氓"义，如元·秦简夫《东堂老劝破家子弟》一折："俺们都是读半鉴书的秀才，不比那伙光棍。"[1]

再来看"棍"。《汉语方言大词典》（修订本）收录该词的义项有：

①拐杖；②骗；③不问自取；④骂；⑤化脓；⑥关；⑦老练而顽劣；⑧聪明。

方志方言文献中也收录了"棍"，其例如：

湖南·［乾隆］［光绪］《永兴县志》："贫者曰棍。"

四川·［民国］《万源县志》："衣缘边曰棍音衮。"

湖南·［同治］《续修宁乡县志》："痞曰棍。"

浙江·［民国］《象山县志》："棍。李绅诗序'闾巷恶少年……谓之打棍。'《日知录》：'把棍，今言光棍。'"

据上可知，"棍"在其间主要有三个义项：①贫困之人；②地痞、恶霸；③衣服的边缘。

我们认为：义项①由"棍"经过隐喻而产生，由人仅有一棍（男性生殖器）引申指人身无分文、穷困潦倒[2]；义项②由义项①进一步引申而来，上文已述；义项③当为假借义，表此义时或即"衮"之假借字。文献中"衮"可用于指衣服的边缘，如清·唐训方《里语征实》卷上："衣边曰衮，《通雅》：'纯，缘也。'纯音'衮'，犹今言衮边，盖因乎此。"

"棍"的上述三个义项《汉语方言大词典》（修订本）均未收录，当补。

四、增补方言例证

《汉语方言大词典》（修订本）收词时，有时或许会因文献资料以及实地方言调查

---

① "光棍"的词源参考了由侯镔芮、李嘉怡编写的相关词条，载于曾昭聪主编《现代汉语词源词典》（待出版）。

② "光棍"一般指男性而不指女性，亦可佐证这一词义引申路径。

材料的不足，收录部分方言词时只列举了义项以及出现的方言区，并无确切的方言例证或者方言例证极少。这种情况在这部方言词典中普遍存在，我们完全可以利用方志方言文献材料来补充和丰富部分方言词缺失的方言文献例证。

【野猫】【野鸡】

《汉语方言大词典》（修订本）收录了指称"兔子、野兔"的"野猫"一词，并点明其在北京官话、冀鲁官话、中原官话、西南官话中可见使用，然均未列举方言例证，我们可以利用方志方言文献来补充指代"兔子、野兔"的"野猫"在北京官话和冀鲁官话中的用例，如：

北京·［民国］《平谷县志料》："野猫，猫读上平声，呼野兔为野猫。"

北京·［民国］《平谷县志》："野兔，呼为野猫。"

北京·［民国］《顺义县志》："野猫，兔也。"

按：清代一些历史文献中也收录了用于指野兔的"野猫"，如《红楼梦》程乙本五三回："野鸡野猫各二百对。"

另，《汉语方言大词典》（修订本）还收录了"野鸡"一词，仅见于吴语，有"指螟蛉子，即义子""外快（指正常收入以外的收入）""妓女"等三个义项，但均未列出方言例证，可用方志方言文献中的用例予以补充，如：

江苏·［光绪］《杨舍堡城志稿》："继异姓子曰野鸡，又曰野猫。以别于亲生也。"

上海·［民国］《上海市指南》（第二版）："游妓曰野鸡。"

浙江·［民国］《鄞县通志》："雉曰野鸡，苏沪语称妓之下等者为野鸡，盖以其随人求合，有类于雉也。引申之以为形容词，凡非正式者曰野鸡。如言野鸡挑夫、野鸡包车、野鸡轮船等是也。今甬上此语颇流行，几不知为外来语矣。"

按：《杨舍堡城志稿》一例可用作"指螟蛉子，即义子"这一义项的方言例证，而《上海市指南》（第二版）和《鄞县通志》中的用例则可作"妓女"这一义项的方言例证。至于"外快"这一义项，我们尚未在方志方言文献中找到相关的例证。

另"野鸡"的三个义项之间存在密切的语义关联，诚如《鄞县通志》所言，"野鸡"的词义引申后，含有"非正式"这一义素，"螟蛉子、义子"是非正式的儿子，"外快"则是非正式的收入。

【家公】

《汉语方言大词典》（修订本）收录了"家公"一词，其义项分布如下：

①外祖父。江淮官话、西南官话、吴语、湘语、赣语。②祖父。西南官话、闽语。③公公，丈夫的父亲。西南官话、赣语、粤语、闽语。

然而，该方言词典在收录"家公"一词时却极少列举相应的方言例证，例如义项①在方言中分布相对广泛，却基本没有方言例证的支持、说明，从而导致该词条不够完善，留有遗憾。因此，读者在使用时自然也无法知晓"家公"一词在这些方言中的具体使用情况，此时便需要我们利用方志方言文献来补充相应的例证。

表"外祖父"义的"家公"在方志方言文献中的收录情况如下：

安徽·［嘉庆］《泾县志》："外祖、祖母曰家各平声公、家婆。"

安徽·［民国］《安徽通志稿》："家公，《南陵县志》曰：'小儿称母之父曰家公。注云：《后汉书·侯霸传》："子孙称其祖父曰家公。"殆视外祖如祖也。'按：怀、桐之间亦称外祖父为家公。"

湖北·［道光］《黄安县志》："呼外祖曰家公，外祖母曰家婆。"

湖北·［同治］《长阳县志》："外祖曰家公。"

贵州·［光绪］《增修仁怀厅志》："呼外祖父曰家公，外祖母曰家婆。"

重庆·［民国］《江津县志》："邑俗呼外祖曰家公，不解所谓。"

四川·［民国］《雅安县志》："母之父曰家公。"

四川·［民国］《资中县续修资州志》："家庭父祖之间各沿其旧，外祖父母，川省称家公、家婆。"

按：前四部和后四部方志方言文献的方言背景分别是江淮官话和西南官话。另从这些方志方言文献的记载来看，表"外祖父"义的"家公"在汉语史上产生时间较早，至迟南北朝时期即已有文献用例，除上揭《后汉书》一例外，他例如南北朝·颜之推《颜氏家训·风操》："河北士人皆呼外祖父母为家公家母，江南田里间亦言之。"此例也是《汉语方言大词典》（修订本）标明"家公"见于古方言时征引的用例。

表"公公、丈夫的父亲"义的"家公"在方志方言文献中的收录情况如下：

湖南·［嘉庆］《直隶郴州总志》："妇谓翁曰家公，姑曰家婆。《庄子》：'阳子之往也，舍者迎将，其家公执席，妻执巾栉。'按，此与北人亦同。"

广东·［道光］《电白县志》："媳妇称翁曰家公，故曰家婆。《列子》云'家公执席'是也。"

广东·［光绪］《茂名县志》："妇人谓舅曰大人公，亦曰家公。"

按：《汉语方言大词典》（修订本）显示，表"公公，丈夫的父亲"义的"家公"见于西南官话、赣语、粤语和闽语。郴州地区方言相对复杂，境内以讲西南官话为主，另夹杂着赣语、客家话以及其他的各种土话，故《直隶郴州总志》的"家公"一例或可视作该词在西南官话和赣语等方言区的方言用例。电白地区主要使用闽（南）语，而整个茂名（电白亦属茂名）地区则兼用粤语和闽（南）语，故宜将《电白县志》和《茂名县志》中的"家公"视作粤语和闽语共同的方言例证。另外值得注意的是，《茂名县志》出现了表"丈夫的父亲"义的"舅"，此"舅"先秦即已见用例，如《礼记·檀弓下》："昔者吾舅死于虎，吾夫又死焉，今吾子又死焉。"郑玄注："夫之父曰舅。"后世还有复合词"舅姑"，即指公公婆婆，如明·冯梦龙《醒世恒言·大树坡义虎送亲》："我如今背你到我家中，先参见了舅姑，然后遣人通知你家。"

至于表"祖父"义的"家公"，其在方志方言文献中则无一用例。

五、提供更为齐全和完善的方言词语地理分布格局

通过调查方志方言文献，我们发现部分方言词的地理分布格局远比《汉语方言大词典》（修订本）所收录的要广泛。准此，我们可以通过充分而全面地调查方志方言文献来完善部分方言词在方言辞书中呈现出来的地理分布格局，助力于我们了解这些方言词在方言中真实、齐全而完善的地域分布情况。

【起蛟】

《汉语方言大词典》（修订本）收录了"起蛟"一词：

【起蛟】〈动〉发洪水。西南官话。<u>云南峨山</u>〔tɕi⁵³ tɕiao⁴⁴〕。

按照该方言词典的记载，"起蛟"一词指发洪水，且仅在西南官话中使用。但通过调查方志方言文献，我们发现"起蛟"在江淮官话中也有用例，如：

安徽·〔民国〕《安徽通志稿》："起蛟，《方言》：'泡，盛也。'今通谓大水忽至曰<u>起蛟</u>。蛟即泡之转音。"

按：《安徽通志稿》认为"蛟"为"泡"之音转，显然是错误的。"起蛟"显然是动宾结构，"蛟"即蛟龙，是中国古代神话中的一种龙，相传这种龙能够发洪水，故"大水忽至"曰"起蛟"。

综上，"起蛟"当在西南官话和江淮官话中均有使用，《汉语方言大词典》（修订本）应当予以补充完善，并辅之方志方言文献的例证加以说明。

【团鱼】

《汉语方言大词典》（修订本）收录了"团鱼"一词：

【团鱼】〈名〉乌龟。西南官话。<u>贵州沿河</u>〔t'uan²¹ y²¹〕。

"团鱼"绝不只是分布于西南官话，通过调查方志方言文献，我们发现其在另外一些方言中也广泛使用。其例如：

河南·〔嘉庆〕《渑池县志》："鳖曰<u>团鱼</u>，亦曰鲎鱼。"

江苏·〔光绪〕《丹阳县志》："鳖曰<u>团鱼</u>。"

江苏·〔光绪〕《太仓直隶州志》："鳖曰甲鱼，曰<u>团鱼</u>。"

湖南·〔乾隆〕《永兴县志》："鳖曰<u>团鱼</u>。"①

湖南·〔同治〕《续修宁乡县志》："鳖曰脚鱼，又曰<u>团鱼</u>。"

湖南·〔民国〕《醴陵县志》："《说文》：'鳖，甲虫也。从龟，敝声。'今呼甲鱼，以外壳得名。又呼<u>团鱼</u>，以形圆得名。"②

江西·〔民国〕《宜春县志》："《说文》：'鳖，甲虫也。'《尔雅》：'鳖，三足能。'《释文》奴代反，与态音近，因转有态音。宜人呼鳖为<u>团鱼</u>，能从态音变也。态，

---

① 据《中国语言地图集》（第二版），永兴方言属于赣语耒资片。

② 据《中国语言地图集》（第二版），醴陵方言属于客方言铜桂片。

宜人读若代。"

山东·［民国］《增修胶志》："鳖曰团鱼讹作鼋，非。鼋非鳖也。"

按：可见，除了西南官话，"团鱼"还见用于中原官话、江淮官话、胶辽官话、赣语、客家话、湘语等方言中。笔者的母方言之一，即福建宁化客家话，也将"甲鱼"称作"团鱼"。准此，《汉语方言大词典》（修订本）当据方志方言文献完善"团鱼"的方言地理分布情况。

另据上述方志方言文献中的释义可知，"团鱼"为"甲鱼"或"鳖"之别称，其状似乌龟，但并非乌龟，二者存在一定的区别。故《汉语方言大词典》（修订本）中将"团鱼"释作"乌龟"并不准确，应当改释作"甲鱼"或"鳖"。

此外，《汉语方言大词典》（修订本）收录"团鱼"一词时并未列举方言例证，只标明其见用于西南官话，此亦可利用方志方言文献来补苴"团鱼"在西南官话中的文献用例，如：

重庆·［乾隆］《涪州志》："鳖曰团鱼……圆物曰团。"（四川·［乾隆］《大竹县志》、四川·［民国］《万源县志》同）

重庆·［民国］《云阳县志》："鳖曰团鱼。《说文》：'鳖，甲虫。'《玉篇》：'鳖，龟属。'《埤雅》：'鳖，穿脊连胁，水居陆生。'《尔雅翼》：'鳖，卵生，形圆，脊穹，四周有裙。'今俗呼团鱼，象其形也。"

按：综合重庆·［民国］《云阳县志》和上揭湖南·［民国］《醴陵县志》来看，"鳖"的别称中，"团鱼"得名于其形之圆，"甲鱼"则得名于其外壳（坚硬）似盔甲。至于湖南·［同治］《续修宁乡县志》中收录的"脚鱼"，笔者的母方言之一，即江西石城客家话中也有此称，颇疑"脚"即"甲"在湘语和客家话中因音转而使用的记音字。

六、结语

毋庸置疑，《汉语方言大词典》（修订本）是目前语言学界编写规范、体例完善、收词宏富、规模较大、质量极高的方言辞书之一。但也正是收词多、规模大、工作量大等原因，致使其编纂难度较大，因而不可避免地存在一些疏漏与不足，但终归瑕不掩瑜。诚如汪维辉（2019）所言，编辞书是遗憾的事业，永远没有可以圆满画上句号的一天。一部辞书，只要它还有存在的价值，修订工作就永远在路上。确实，《汉语方言大词典》（修订本）虽已经过一轮修订，但仍需要各位专家学者以及读者们一道源源不断地对其提出修改和订补的意见，不断完善和提高其质量，从而更好地便利使用者查阅以及进行相关的学术研究，如此这部方言词典的学术利用价值才能得到彰显，做到物尽其用，嘉惠学林。

方志方言文献所收方言词的数量巨大，时间跨度较大（清至民国跨越了300余年），且能反映部分方言词语的历时演变情况，因此能从增收方言词、增收词形、增补义项、增补方言例证、完善方言词语的地理分布格局等方面对《汉语方言大词典》（修订本）进行修正和订补，对这一方言辞书质量的提高和各方面的完善也可起到一定的作用。据愚之管见，编纂和修订大型的历时性方言辞书时均当全面而充分地利用方志方言文献这类材料，本文即是在全面调查清至民国时期各大方言区的方志方言文献的基础上，指出《汉语方言大词典》（修订本）中部分词条存在的问题并提出了相应的修改建议，以期对该方言词典的订补和完善提供些许参考性意见，以利于其更好地发挥重要价值与巨大作用。

参考文献

[1] 曹延杰．德州方言志［M］．北京：语文出版社，1991．

[2] 方一新．汉语概念场用词的历时演变——以表腹泻概念的词语为例［J］．现代语文，2021（6）．

[3] 华学诚．历代方志方言文献集成［M］．北京：中华书局，2021．

[4] 李蓝．中国方志中语言资料集成［M］．北京：社科文献出版社，2021．

[5] 李荣．现代汉语方言大词典：综合本［M］．南京：江苏教育出版社，2002．

[6] 吕叔湘．吕叔湘全集：第六卷［M］．沈阳：辽宁教育出版社，2002．

[7] 马凤如．金乡方言志［M］．济南：齐鲁书社，2000．

[8] 宋恩泉．汶上方言志［M］．济南：齐鲁书社，2005．

[9] 汪维辉．朝鲜时代汉语教科书丛刊［M］．北京：中华书局，2005．

[10] 汪维辉．探索辞书"动态修订"新模式［J］．辞书研究，2019（4）．

[11] 许宝华，宫田一郎．汉语方言大词典［M］．修订本．北京：中华书局，2020．

[12] 曾文斌．跨层结构"V得"的词汇化［J］．南方语言学，2022（1）．

[13] 张金圈．无棣方言志［M］．广州：世界图书出版公司，2015．

[14] 中国社会科学院语言研究所，中国社会科学民族学与人类学研究所，香港城市大学语言资讯科学研究中心．中国语言地图集［M］．2版．北京：商务印书馆，2012．

On the Function of Local Chronicles Dialect Documents in the Revision of Dialect Dictionaries: Take the Revision of *The Dictionary of Chinese Dialect* (*Revised Edition*) as an Example

ZENG Wenbin

【Abstract】 *The Dictionary of Chinese Dialect* has numerous words and abundant corpus, and its quality has been greatly improved after revision. However, due to the failure to make full use of local chronicle dialect literature, this dialect dictionary still has some omissions, such as missing dialect words and their meanings, missing word forms, missing examples, and providing imperfect geographical distribution pattern of dialects. Now according to the local dialect literature from the Qing dynasty to the Republic of China to supplement *The Dictionary of Chinese Dialect* (*Revised Edition*), to help it become more complete.

【Keywords】 local records, *The Dictionary of Chinese Dialect* (*Revised Edition*), revision of dictionaries

从逻辑学联结词"故"谈《段注》的"理必"思想

王德毅[①]

（沈阳城市学院文化与传播学院　辽宁沈阳　110000）

【提　要】 本文以乾嘉学术皖派代表人物段玉裁《说文解字注》（以下简称"《段注》"）训释中的逻辑学联结词"故"作为主要研究对象，从形式逻辑的角度揭橥《段注》说解中所体现的"理论"必然性。《段注》的精妙之处便在于使用逻辑推理来展现乾嘉学术当中所蕴含的"理论必然性"（以下简称"理必"）思想，而对于"理必"标志的发掘是揭示"理必"思想的关键性步骤，因此本文便以逻辑学联结词"故"作为"理必"标志进行研究，分析它在《段注》中是怎样作为"理必"标志发挥逻辑论证作用的，同时，它又是怎样展现出"理必"思想的。最终，文章得出《段注》训释中的因果类逻辑学联结词"故"可以作为一种"理必"标志对《段注》训释过程当中所体现出的"理论"必然性以及段玉裁的"理必"思想起到极为重要的发覆作用的结论。

【关键词】 逻辑学联结词"故"　段玉裁《说文解字注》　"理必"思想

一、引言

乾嘉学术皖派代表人物之一的段玉裁在对东汉许慎的《说文解字》进行注疏的过程中使用了较为可靠的理据，凭借着严谨缜密的论证，最终得到了"不能够不如此"的结论，冯胜利 2015 年在其《乾嘉"理必"与语言研究的科学属性》一文中将它恰如其分地命名为"理必"。

所言"理必"指的便是"理论上的必然性"，此间的逻辑论证过程便是"理必"论证过程，论证过程当中所反映出的思想便是"理必"思想。"我们认为乾嘉学术的科学精蕴就在一个'必'字，而'必'的核心所向是'理推之必'和'验实之必'；故名

---

① 王德毅，1992 年生，辽宁大连人，沈阳城市学院文化与传播学院讲师，天津大学教育学院博士研究生，研究方向为文献语言学。

之曰'理必'。"①"必"字义为"决定之辞"，不仅能够体现段玉裁逻辑论证当中前提条件的可靠性、逻辑论证得出结论的确定性，而且也能够体现出段玉裁在对自身逻辑论证能力进行严格评价之时所彰显出的一种自信。

逻辑学联结词"故"具有"因此、所以"之义，在《段注》中常被用于因果逻辑推理中。本文选取了段玉裁《说文解字注》中带有逻辑学联结词"故"以及与之相关联的"因""由"的几则例子来探讨《段注》当中所蕴含的"理必"思想。

二、《段注》说解中的逻辑学联结词"故"以及"因""由"及其所体现的"理必"思想

1. 由逻辑学联结词"故"标记的显性因果逻辑推理

所谓"显性因果逻辑"即指因果逻辑中的原因以及结果需要共现，缺一不可。这里，从所举释例、论证过程以及常见功能三个方面对《段注》说解中的逻辑学联结词"故"进行归纳性的概述。

（1）"《毛》不言蠙珠，《韩》不言琚瑀，《保傅篇》兼言之，盖蠙珠居中，琚瑀皆美石，又贯于蠙珠之上下，故曰杂佩。"②（《段注·玉部"瑀"字》）

段玉裁在对"杂佩"一词进行注疏的过程中使用了演绎逻辑推理，并以逻辑学联结词"故"作结，得出具有确定性的结论。论证过程如下：

· 大前提：古人根据事物所具有的特征为其取名。

· 小前提："《毛》不言蠙珠，《韩》不言琚瑀，《保傅篇》兼言之，盖蠙珠居中，琚瑀皆美石，又贯于蠙珠之上下。"

· 结论："故曰杂佩。"

由此可知，表因果逻辑联系的连词"故"可与动词"曰"连用，构成用语"故曰……"结构；在语义上表示"所以被称为……"，在此条论注当中表达出"《毛诗》不言'蠙珠'，《韩诗》不言'琚瑀'，《大戴礼记·保傅篇》两者兼言，大概是因为蠙珠居中，琚瑀都是美石，并且琚瑀都贯于蠙珠上下，所以称为'杂佩'"的意思，使得训释更加清晰；用语"故曰……"在逻辑上是可通的，用于演绎逻辑推理的结论中，起到总结逻辑推理结论的作用。

（2）"髌则足废不能行，跀则用踊尚可行，故跀轻于髌也。"③（《段注·足部"跀"字》）

段玉裁在解释为何"跀"字所表示的刑罚程度要比"髌"字所表示的刑罚程度轻的时候同样使用了逻辑论证的方法，并用逻辑学联结词"故"引出结论。论证过程如下：

---

① 冯胜利. 乾嘉"理必"与语言研究的科学属性［J］. 中文学术前沿，2015（2）：96.
② 许慎. 说文解字注［M］. 段玉裁，注. 江苏：凤凰出版社，2015.
③ 许慎. 说文解字注［M］. 段玉裁，注. 江苏：凤凰出版社，2015.

·大前提：一种刑罚根据文献资料归纳为"尚可行"（古代断足或斩脚趾的刑罚，尚可箸踊而行；踊者，刖足者之履），一种刑罚根据文献资料归纳为"不能行"（是指因为足废而完全不能行走），两字所表达的意义有轻有重，不尽相同，表达"尚可行"的刑罚所伤程度轻于表达"不能行"的刑罚所伤程度。

·小前提："刖"刑根据文献资料归纳出伤的程度为"尚可行"；"髌"刑根据文献资料归纳出伤的程度为"不能行"。

·结论："刖""髌"两种刑罚所表达的伤势程度并不相同，"刖"刑伤的程度要比"髌"刑伤的程度轻。

综上所述，表示因果逻辑关系的连词"故"可以单独使用，构成用语"故……"；在语义上表示"因此……"，在此条论注当中表达出"受'髌'刑的人因为足废而完全不能行走，受'刖'刑的人使用'踊'尚且可以走路，因此'刖'刑伤的程度要比'髌'刑伤的程度轻"的意思，使得训释更加顺畅。

这里讲到了古代刑罚轻重的问题。"髌"是指古代的一种剔掉膝盖骨的刑罚；而"刖"是指一种斩掉脚趾或者断足的古代刑罚。"孔子相卫，弟子子皋为狱吏，刖人足，所刖者守门。"（《韩非子·外储说左下》）以上文献材料亦能佐证，"刖"刑伤的程度要比"髌"刑伤的程度轻。

（3）"《诗》琼琚、琼瑶、琼华、琼莹、琼英、琼瑰，《毛传》云：'琼，玉之美者也。'盖琼支为玉之最美者，故《广雅》言'玉首琼支'。"①（《段注·玉部"琼"字》）

在说解"琼支"一词为何能够居于《广雅》玉部之首的时候，段玉裁也运用了演绎推理，最后使用逻辑学联结词"故"来总结论证。论证过程如下：

·大前提：因某物为其种类中之最，所以训释某类事物时要将其置于首位以言其最。

·小前提：《诗经》当中载有琼琚、琼瑶、琼华、琼莹、琼英、琼瑰等玉的种类，《毛诗故训传》言"琼"为美丽的玉。段玉裁则大胆推论，"琼支"为玉当中最美丽的。

·结论：因此《广雅》在对"玉"字进行训释之时，将"琼支"放于首位，言其为玉中之最美者。

从中可以看出，在此条论注当中逻辑学联结词"故"表达出了"大概'琼支'是玉当中最美丽的，所以《广雅》在对'玉'字进行训释之时，将其放于首位，言其为玉中之最美者"的意思，使得训释更加通顺；逻辑学联结词"故"往往用于演绎逻辑推理的结论，起到总结整个演绎逻辑推理的重要作用。

此例很好地显示出了段玉裁所做的大胆推理。根据前人文献载述："积石为树，名曰琼枝。其高一百二十仞，大三十围，以琅玕为之实。"②[《大广益会玉篇》，意为"把

① 许慎．说文解字注［M］．段玉裁，注．江苏：凤凰出版社，2015.
② 顾野王．大广益会玉篇［M］．吕浩，校点．北京：中华书局，2019.

'琅玕（似玉的美石）'当作它的果实"]"佩夜光与琼枝。"①（《文选·张衡〈思玄赋〉》《后汉书·张衡传》）"折琼枝以继佩。"②（《楚辞·离骚》）由此可知，"琼支"作为玉中最美者并不为过。段玉裁虽然并没有在《段注》中具体写明他所作推测的详细依据，但这并不意味着他的推测是无凭无据的。

这里还有一个看似极为简单，却能够极好地彰显出逻辑学联结词"故"之微言大义的例子。

（4）"惟在艸曰菲，故菲字从艸。"③（《段注·艸部"菲"字》）

对于"菲"字为何从"艸"的问题，《段注》给出了简明扼要的逻辑论证，并以逻辑学联结词"故"作为标志展现。论证过程如下：

·大前提：凡某之属皆从某。

·小前提：惟在艸曰菲，菲为艸之属。

·结论：故菲字从艸。

由此可见，逻辑学联结词"故"在此条论注中表达出"只有在草当中才能叫作'菲'，所以'菲'字从艸"的意思，使得训释更加流畅。

（5）"字书但言其本字、本音，故有'读若'，无'读为'也。"④（《段注·示部"祟"字》）

对于许书《说文》当中所出现的一些训释用语，譬如用来训形、训音以及训义的术语，段玉裁也严谨地使用了逻辑推理来论证以及说解。论证过程如下：

·大前提：凡言"读若"者，皆拟其音也。凡言"读为"者，皆易其字也。"读为"亦言"读曰"，"读若"亦言"读如"。

·小前提：许慎的《说文解字》是一部经典字书，"字书但言其本字、本音"，书中使用构拟读音的方法来给本字注音。

·结论："字书"当中只有"读若"而无"读为"。

从以上论证当中可以看出，表因果逻辑关系的连词"故"可与动词"有"连用，构成用语"故有……"格式；在语义上表示"所以说有……"之义，在此条论注中表达出了"字书当中只说它的本字、本音，所以说有'读若'而无'读为'"的意思，使得训释更加明晰；用语"故有……"格式常常用于演绎逻辑推理的结论，起到总结演绎逻辑推理的作用。

这里，再来详细地延展"读如""读若"与"读为""读曰"的辨别问题。"读为、读若之分，唐人作正义已不能知。为与若两字，注中时有讹乱。"⑤"读如、读若"这两个术语是用来注音的。《说文》"读"篆下段注云："拟其音曰读，凡言'读如、读若'

① 范晔. 后汉书［M］. 北京：中华书局，2012.
② 屈原. 楚辞［M］. 林家骊，译. 北京：中华书局，2016.
③ 许慎. 说文解字注［M］. 段玉裁，注. 江苏：凤凰出版社，2015.
④ 许慎. 说文解字注［M］. 段玉裁，注. 江苏：凤凰出版社，2015.
⑤ 许慎. 说文解字注［M］. 段玉裁，注. 江苏：凤凰出版社，2015.

皆是也。"段氏曰:"案注经之例,凡言'读如'者拟其音,凡言'读为'者易其字。""读为、读曰"使用本字、本义来注明假借之字,又称"破读"或者"读破"。《说文》"读"篆下段注云:"易其字以释其义曰读,凡言'读为、读曰、当为'皆是也。"

(6)"数始一终十,学者由博返约,故云推十合一。"①(《段注·士部"士"字》)

此例是段玉裁对字形进行注疏的一个非常典型的例子,由数字推及文化,并且使用逻辑学联结词"故"来得出确定的结论。论证过程如下:

·大前提:会意者,比类合谊,以见指㧑。

·小前提:"士"为会意字。

·结论:故云"推十合一"(数始一终十,学者由博返约,"十"代表"博"而"一"代表"约")。

由此得出,逻辑学联结词"故"可与动词"云"连用,构成用语"故云……"结构;在语义上表示"所以说……"的意思,在此条论注中表达出了"所以说'由博返约'即为'推十合一'"的意思,使得训释更加清晰;"故云……"经常用于演绎逻辑推理的结论,起到概括演绎逻辑推理的作用。

对于此例,首先需要明确的是"在释形中说解造意"。"《说文》的释形可分为两部分,即用'六书'分析字形结构和说解造意。"②"造意是文字学中的一个重要概念,因为是汉字字形与字义的中介,所以它一方面制约着汉字的字形结构,另一方面又直接或者间接地显示实义。"③ 在此条论注中,许慎已然明确地指出了所训之字"士"字属于"六书"中的"会意",同时直接指明"士"字的造意。详细来说,通过许慎训释之辞"从一十"可知"士"字当属"会意",此为使用"六书"分析字形;许慎训释之辞:"数始于一,终于十……孔子曰:'推十合一为士。'"其中暗含"士"字造意,段玉裁在此基础之上从汉字与文化的关系点明了许慎之意"数始一终十,学者由博返约,故云推十合一",即可推测出其造字意图到底是什么。此条论注不但其分析的字形是显性的(已然明确指明"六书"),而且其说解的造意同样是显性的(直接指明"造意"),从许慎训释之辞所暗含的信息以及段玉裁注疏之语中的明确信息,即可解释其"六书"之旨以及造字意图。

"数始一终十,学者由博返约"出自《论语·雍也》,而《孟子·离娄下》中也有提及,表达了儒家的教育思想,强调了教育过程中的"循序渐进"原则和"由博返约"原则。儒家认为教育应该遵循由易到难、由浅入深的原则,正如数字从一到十,是逐步增加的过程。学生在学习的过程中,应当从基本的知识入手,逐步拓展,最后达到博学的境界。与此同时,儒家主张学者在博学的基础上,又要达到约简的境界。博学意指广泛地涉猎各种知识,开阔视野、丰富见闻;而约简意指在博学的基础上,提炼事物的本

① 许慎.说文解字注[M].段玉裁,注.江苏:凤凰出版社,2015.
② 李国英.《说文解字》研究四题[M].北京:中国大百科全书出版社,2019:24.
③ 李国英.《说文解字》研究四题[M].北京:中国大百科全书出版社,2019:26.

质，形成自己的见解。由博返约，便是从丰富的知识中汲取精华，形成简洁明了的思维模式。

2. 由逻辑学联结词"故"标记的隐性因果逻辑推理

这里提到的"隐性因果逻辑"即指因果逻辑的原因和结果并未共现，论证当中需要根据文意来补充原因或者前提条件，抑或言之为"文意推理"。在解读古代文献资料中的推演逻辑之时，如果前提条件没有明确给出，或者所得结论不够完备，则需要研究者们根据前后文意予以补充，进而达到知晓推演逻辑完整思路的目的。而由逻辑学联结词"故"标示的这种隐性因果逻辑在《段注》当中是比较少见的，这里举出一例：

（7）"毒，厚也。害人之艸，往往而生。从屮。字义训'厚'矣，字形何以从屮？盖制字本意，因害人之艸，往往而生，往往犹历历也。其生蕃多，则其害尤厚，故字从屮，引申为凡厚之义。"① （《段注·屮部"毒"字》）

关于"毒"字为什么从"屮"的问题，段玉裁使用逻辑推演，有理有据地推导出了具有必然性的结论，并以逻辑学联结词"故"引出，可谓天衣无缝。论证过程如下：

·大前提：凡某之属皆从某。（此为补充的前提条件）

·小前提：能害人的毒草，往往生命力很强，往往生得纷繁杂乱。毒草生得越是繁多，它的害处尤其厚重。

·结论：因此"毒"字从"屮"之属。制字本意是为了形容杂乱丛生的毒草，具有"其生蕃多，则其害尤厚"的特点，引申为"厚"之义。

此处补充了前提条件"凡某之属皆从某"，这个前提条件既是许慎《说文解字》全本的注释体例，同样也是《段注》中的训释公理，这里作补充以便更好地疏通文句、理解文意、梳理逻辑。而类似于"凡某之属皆从某"这种注疏体例或者公理在《段注》当中还有一些，比如："清代乾嘉时期，段玉裁提出'同声必同部'之论断：'一声可谐万字，万字而必同部，同声必同部。'"② 其中所谈到的"同声必同部"便是一个极为典型的前提条件或者公理。

3. 由逻辑学联结词"因"和"由"标记的因果逻辑推理

《段注》当中使用逻辑学联结词"故"标示因果逻辑的例子数量较多，而使用逻辑学联结词"因"和"由"标示因果逻辑的例子数量较少，因此本文使用了较多的笔墨对前者进行了论述。为了本文的全面性与严密性，下文举出几个由逻辑学联结词"因"和"由"来标记因果逻辑推理的例子。首先，举例说明由逻辑学联结词"因"标记的因果逻辑论证。

（8）"因有玭、瑞字，故'珏'专列一部，不则缀于玉部末矣。凡《说文》通例如

---

① 许慎.说文解字注［M］.段玉裁，注.江苏：凤凰出版社，2015.
② 王苗，马坤.《广雅疏证》特殊声训及转语材料所见王念孙古音观念［J］.南方语言学，2022（2）：252–260.

此。"①（《段注·珏部"珏"字》）论证过程如下：

　　·大前提：凡《说文》通例如此，分别部居，不相杂厕。

　　·小前提：因"珏"字之下还有"班"字和"㺬"字等字。

　　·结论：故"珏"字应专列一部，而不当缀于玉部之末矣。

　　这里，逻辑学联结词"因"与"故"搭配，共同标示《段注》中的因果逻辑，由此来说明大徐本许慎《说文解字》的注疏体例问题。"因"和"故"同现可以构成"因……故……"因果逻辑定向结构，属于因果复句的一种常见形式，同时也是《段注》训释中的一种典型形式。而在这里，段玉裁使用"因……故……"因果逻辑定向结构，采取演绎的论证方式，对《说文解字》进行了周密严谨的推理，得出了具有必然性的结论，亦即《说文》之通例。更为重要的是，这条结论或者通例同时也可以作为一条重要的前提条件（即公理或者定理），为其他的演绎论证提供可靠的依据。

　　（9）"以，用也。本非某字，古文用之为某字也。如古文以'洒'为洒扫字，以'疋'为《诗·大雅》字，以'丂'为巧字，以'叝'为贤字，以'虍'为鲁卫之鲁，以'哥'为歌字，以'诐'为颇字，以'臦'为觊字，籒文以'爰'为车辕字，皆因古时字少，依声托事。"②（《段注·屮部"屮"字》）论证过程如下：

　　·大前提：假借者，本无其字，依声托事。

　　·小前提："洒"字与"洒扫"字；"疋"字与"雅"字；"丂"字与"巧"字；"叝"字与"贤"字；"虍"字与"鲁"字；"哥"字与"歌"字；"诐"字与"颇"字；"臦"字与"觊"字；"爰"字与"辕"字。各组二字读音相同或者相近。

　　·结论：古文以"洒"字为"洒扫"字，以"疋"字为"雅"字，以"丂"字为"巧"字，以"叝"字为"贤"字，以"虍"字为"鲁"字，以"哥"字为"歌"字，以"诐"字为"颇"字，以"臦"字为"觊"字，籒文以"爰"字为"辕"字。

　　与上一例相比，此处只出现了逻辑学联结词"因"，而并未出现"故"。"因"和"故"相比，"因"介引出的是因果逻辑中的原因部分，而"故"介引出的是因果逻辑中的结论部分。在因果逻辑论证当中，原因往往出现在前，而结论往往出现在后，因此，介引原因的联结词"因"往往在前，而介引结论的联结词"故"往往在后。但在这条论注当中，段玉裁则反其道行之，先将现象或者结论摆于前，开门见山；而后由联结词"因"引导，将产生此现象的原因或者得出此结论的缘由放于后，娓娓道来。这里便是段玉裁采用联结词"因"，运用演绎论证的方法，推理古文假借条件的一个典型案例。

　　其次，举例说明由联结词"由"标记的因果逻辑论证。

　　（10）"'褐，或为献，或为儴。'凡云'或为'者，必此彼音读有相通之理。易声与献、儴音理远隔，《记》当本是褐字，从示，易声，则与献、儴差近。徐仙民音褐为

---

　　① 许慎. 说文解字注［M］. 段玉裁，注. 江苏：凤凰出版社，2015：31.

　　② 许慎. 说文解字注［M］. 段玉裁，注. 江苏：凤凰出版社，2015：36.

儯，当由本是褐字，相当也。"①（《段注·示部"褐"字》）论证过程如下：

· 大前提：凡云"或为"者，必此彼音读有相通之理。

· 小前提："褐"字的声符"易"声与"献""儯"二字音理远隔；"褐"字的声符"易"声与"献""儯"二字音理差近。

· 结论：徐仙民音将"褐"字读为"儯"字是有误的，应当是将"褐"字读为"儯"字。

此条论注当中所使用的因果类逻辑学联结词是"由"。"由"与"因"相类似，同样是用来介引因果逻辑中的原因部分的，也往往置于前部，而在《段注》当中时常置于后部。但是，"因"和"由"同时也存在着些许区别：从使用的频率来讲，"因"的使用频率要高于"由"；从产生的效果来讲，"因"所彰显出的逻辑性要比"由"所彰显出的逻辑性强；从误读的原因来讲，"因"还具有"依靠、按照"等含义，而"由"还具有"由此、自此"等含义，均会造成误读，从而使读者对古代文献资料产生一定程度上的歧解。而在此条论注当中，段玉裁使用联结词"由"标示因果逻辑中的原因，采用演绎论证的方法，阐释了字音误读的现象。

（11）"左当作'ナ'，盖许时已通用左，许从俗也。在左之字五十三，皆小篆，从草，大篆从艸，如芥作莽，葱作葊，余同。省约其辞，总识于此，以目下文。是以苹与蓱一物，而不相属；兼蘜蓟薕与萑葭一物，而不相属；蓼与蔷一物，而不相属；蘑与莎一物，而不相属；蒸与菆一物，而不相属，皆由此分别。"②（《段注·艸部文末》）论证过程如下：

· 大前提：省约其辞，总识于此，以目下文。

· 小前提：许慎《说文》艸部中有五十多字，因为大篆是从艸的，字形不尽相同，因此单独列在了艸部的最后，这才造成了同义之词不排列在一起的现象。

· 结论：是以苹与蓱一物，而不相属；兼蘜蓟薕与萑葭一物，而不相属；蓼与蔷一物，而不相属；蘑与莎一物，而不相属；蒸与菆一物，而不相属，皆由此而分别。

这条论注所使用的联结词"由"与例（9）所使用的联结词"因"具有异曲同工之妙。从联结词所处的位置来说，都属于先列现象或者结论，而后由联结词标示，并且指出其间缘由。不同的是，此条论注当中前处指出详细原因，而后紧随具体现象以及结论，最后以代词"此"指代前处所指的详细原因，构成了一种"原因→结论←重提原因"的训释格式，相比于上文所提到的"原因→结论"或者"结论←原因"训释格式，这里更加突出强调了原因的重要性。段玉裁在此处同样使用了演绎逻辑论证的方法，突出强调了《说文解字》注疏体例的重要性。

---

① 许慎. 说文解字注［M］. 段玉裁，注. 江苏：凤凰出版社，2015：13.
② 许慎. 说文解字注［M］. 段玉裁，注. 江苏：凤凰出版社，2015：77.

三、结语

通过对于《段注》说解中因果类逻辑学联结词"故"以及"因""由"的细致研究以及深入探讨，可从功能以及逻辑两个方面得出如下结论：

从功能上来说，第一，在语义功能上，表示因果逻辑关系的逻辑学联结词"故"具有"是故"之义，属于承上之辞，《段注》当中常见，因此可以证明《段注》常用因果逻辑推理进行说解；第二，在句法功能上，表示因果逻辑关系的逻辑学联结词"故"可以与情态副词"必"、范围副词"皆"等词类搭配，情态副词"必"表示"一定"之义，是从程度上肯定因果逻辑论证所得出的结论，而范围副词"皆"表示"全都"，是从范围上确定因果逻辑论证所得出的结论的外延。

从逻辑上来说，表示因果逻辑关系的连词"故"常可用于演绎逻辑推理的结论。演绎逻辑推理具有"从一般性的知识的前提推出一个特殊性的知识的结论，即从一般过渡到特殊"[①] 的特点，而在《段注》中，大部分的论证思路都由一般性的语言知识转向特殊性的结论，而演绎法所体现的理论必然性又是最强的。演绎法强调论据与论证间存在着必然的联系，因此演绎法本身就存在着理论的必然性，体现着"理必"的思想。

当然，段玉裁《段注》的训释当中像逻辑学联结词"故"一样具有表示因果逻辑的科学用语还有很多，譬如"因"和"由"等，值得进一步分析与讨论。对于段玉裁《段注》训释中的因果逻辑科学用语的探索不止于此，段玉裁在《段注》中如何将其用于逻辑推理以及这些具有"理论的必然性"的用语在逻辑推理中如何发挥作用，都是今后学者需要继续研究的重要课题。

参考文献

[1] 范晔. 后汉书 ［M］. 北京：中华书局，2012.

[2] 冯胜利. 乾嘉"理必"与语言研究的科学属性 ［J］. 中文学术前沿，2015（2）.

[3] 冯胜利. 乾嘉之学的理论发明（一）：段玉裁《说文解字注》语言文字学理论阐微 ［J］. 民俗典籍文字研究，2019（1）.

[4] 顾野王. 大广益会玉篇 ［M］. 吕浩，校点. 北京：中华书局，2019.

[5] 华东师范大学哲学系逻辑学教研室. 形式逻辑 ［M］. 上海：华东师范大学出版社，2009.

[6] 李国英.《说文解字》研究四题 ［M］. 北京：中国大百科全书出版社，2019.

---

① 华东师范大学哲学系逻辑学教研室. 形式逻辑 ［M］. 上海：华东师范大学出版社，2009.

［7］屈原. 楚辞［M］. 林家骊, 译. 北京: 中华书局, 2016.

［8］王德毅.《段注》中"若"字的反驳论证与其"理必"思想［J］. 历史语言学研究, 2020（0）.

［9］王德毅.《段注》"理必"思想之逻辑学联结词例释［J］. 汉语史学报, 2023（1）.

［10］王苗, 马坤.《广雅疏证》特殊声训及转语材料所见王念孙古音观念［J］. 南方语言学, 2022（2）.

［11］王宁. 汉字构形学导论［M］. 北京: 商务印书馆, 2015.

［12］许慎. 说文解字注［M］. 段玉裁, 注. 江苏: 凤凰出版社, 2015.

Seeing the Thought of "Theoretical Necessity" in *Duan Zhu* from the Logical Conjunctive Word "Gu (故)"

WANG Deyi

【Abstract】This article takes the logical conjunction "gu" in the annotations of Duan Yucai's "*Shuowen Jiezi Zhu*" (hereinafter referred to as "*Duan Zhu*") as the research object and reveals the "Theoretical Necessity" embodied in the explanations of *Duan Zhu* from the perspective of formal logic. One of the essence of *Duan Zhu* lies in using logical reasoning to demonstrate the "Theoretical Necessity" thought contained in the Qianjia academic. The discovery of the "Theoretical Necessity" element is a crucial step in revealing the "Theoretical Necessity" thought, therefore, this article takes the logical conjunction "gu" as the "Theoretical Necessity" element for study, analyzing how it functions as a "Theoretical Necessity" element in *Duan Zhu* and demonstrates the "Theoretical Necessity" thought. Finally, the article concludes that the causal logical conjunction "gu" in *Duan Zhu* can serve as a "Theoretical Necessity" marker, playing an important role in uncovering the "Theoretical Necessity" embodied in the explanation process of *Duan Zhu* and Duan Yucai's "Theoretical Necessity" thought.

【Keywords】logical conjunctive word "gu", Duan Yucai's "*Shuouen Jiezi Zhu*", Theoretical Necessity

"数$_a$+个+数$_b$+度量词"现象探析

丘欣盛[①]

（江苏师范大学语言科学与艺术学院　江苏徐州　221009）

【提　要】 现代汉语中，度量词短语前可以再加一个由"个"组成的数量短语，两个数量短语叠加形成"数$_a$+个+数$_b$+度量词"结构。本文描写了这一结构的数目特征和语法功能，发现它具有突显听者立场、突显指称作用、突显对比焦点的语用特点，认为"数+度量词"前加"数+个"的内在原因是度量词本质上是名词。

【关键词】 度量词　个

一、引言

现代汉语中，度量衡单位一般直接与数词搭配，如：一斤、三厘米、五公里。储泽祥（2022）指出，汉语某些双音节或多音节的度量衡量词可以受量词为"个"的数量短语修饰。例如：

（1）三个人忙了一阵，将全组道岔各部件的轨距都改得合格了，唯独辙岔的翼轨处还小两个毫米。"赵师傅，只小两毫米有什么关系，规范不是允许小两毫米、大六毫米吗？"赵师傅却笑嘻嘻地说："别小看这两毫米，……"（《人民日报》1996年）

（2）这是一间三室一厅的房子，建筑面积大概120个平方。（BCC·文学）

为了便于叙述，后文把储先生说的这种现象概括为"数+个+非单音节度量词"。储泽祥（2022）认为"千瓦"是双音节度量词，可以受"数+个"修饰，如：三个千瓦。"千瓦"应是"一千瓦"的缩略形式，由数词和"瓦"复合形成，"三个千瓦"常说成

---

① 丘欣盛，1997年生，江西赣州人，江苏师范大学语言科学与艺术学院硕士研究生，研究方向为现代汉语和客家方言。

"三千瓦",应该也可以说成"三个一千瓦"。那么,"两个千米"是否可以说成"两个一千米"呢?"数＋个＋非单音节度量词"现象激发了我们对其他类似现象的探索热情。

二、"数ₐ＋个＋数_b＋度量词"现象

通过查找语料库,我们发现,存在着跟上述"数＋个＋非单音节度量词"现象相似的一种语言现象——"数ₐ＋个＋数_b＋度量词"。例如[①]:

(3) 挖泥船一连为我数了两个三十秒。(君特·格拉斯《猫与鼠》)

(4) 今年蚕花娘娘保佑这个小小的村子。二三十人家都可以采到七八分,老通宝家更是比众不同,估量来总可以采一个十二三分。(茅盾《春蚕》)

(5) 青年会总干事黄次咸先生说:"全国人民莫不盼望这次停战真能达到和平,如果十五天商谈不够,再来一个十五天,以期达到永久和平,建设一个现代化的国家。"(《人民日报》1946年)

上述三例中"两个三十秒""一个十二三分""一个十五天",其中的"两个""一个"和"一个"作定语修饰其后的度量词短语;它们可以说成"六十秒""十二三分""十五天",但不能说成"六十个秒""十二三个分""十五个天"。

本文所说的"数ₐ＋个＋数_b＋度量词"是指"数ₐ＋个"作定语、"数_b＋度量词"作中心语的结构,不包括"数_b＋度量词"作定语修饰其后名词的例子。例如:

(6) 对面一个女子,穿了翻领连衣裙短衣,翻领外套着一条蓝色长领带,剪了的头发,梳了两个五寸长的小辫,垂在两耳上,一个辫子上扎了两朵大红结花。(张恨水《美人恩》)

例(6)中"两个五寸长的小辫"中"两个"修饰的是"小辫",并不是"五寸",整个短语的结构层次是[两个(五寸长的小辫)],"两个"和"五寸"无层次关系。

下面这种情况是一种假象,也排除在外。

(7) 二班工人改进操作方法,使钢锭氧化烧损由原来的三个半毫米降低为三个毫米。(《人民日报》1972年)

例(7)中的"三个半"意思是"三个"再加上"半个",即为"3.5个",整个结构的层次是[(三个半)毫米],"三个半"充当定语,相当于一个数词。

在排除这两种例外情况后,我们选取了"年、天、秒、米、里、丈、尺、寸、升、斤、亩"11个单音节度量词和"分钟、秒钟、千米、厘米、毫米、公里、公升、公斤、公顷、平方米、立方米"11个双音节、三音节度量词,统计了它们在BCC语料库(文学、报刊、对话三个领域)中进入"数ₐ＋个＋数_b＋度量词"格式的用例次数。统计结果见表1:

① 后文例句若无特殊说明,均来自BCC语料库(https://bcc.blcu.edu.cn/),检索时间:2022年10月至11月。

表 1　度量词用例次数

度量词	年	天	秒	米	里	丈	尺	寸	升	斤	亩
次数	>900	138	5	36	9	0	3	4	0	16	16
度量词	分钟	秒钟	千米	厘米	毫米	公里	公升	公斤	公顷	平方米	立方米
次数	45	3	0	0	1	0	0	0	0	0	0

　　从度量词的音节数量上看，能进入这一格式的多数是单音节的，少数是双音节的。从度量词的语义来分析，能进入这一格式的度量词中，时间属性的度量词用例较多，如："年"的用例已经超 900 次，"天"的用例达到 138 次。总的来说，"数$_a$ + 个 + 数$_b$ + 度量词"的用例不多[①]，但这一现象确实存在，因为这一现象早在唐朝时期就已经出现了。例如[②]：

　　（8）案《周礼·冬官》轮崇六尺六寸，围三径一，三六十八，一匝则一丈九尺八寸，五规则五个一丈九尺八寸，总为九丈九尺，六尺为一步，总十六步半。（《仪礼注疏》）

　　（9）壶高五重，则五个六十四寸，总为三百二十寸。（《礼记正义》）

　　例（8）"五个一丈九尺八寸"中"丈、尺、寸"三个度量词连用，用来解释"五规"的大小，相当于"五匝"。例（9）中"五个六十四寸"用来解释"五重"。

　　从形式上来看，"数$_a$ + 个 + 数$_b$ + 度量词"跟"数 + 度量词""数 + 个 + 非单音节度量词"都比较相似。从计量的真值义上说，大部分"数$_a$ + 个 + 数$_b$ + 度量词"可以说成"数$_a$ × 数$_b$ + 度量词"，"数 + 个 + 非单音节度量词"可以说成"数 + 非单音节度量词"。下文将以"数 + 度量词""数 + 个 + 非单音节度量词"为比较对象，对这种现象进行描写分析与解释。

三、"数$_a$ + 个 + 数$_b$ + 度量词"的描写

（一）"数$_a$ + 个 + 数$_b$ + 度量词"的数目特征

　　常规用法的"数 + 度量词"中，"数"不受任何限制。"数 + 个 + 非单音节度量词"结构中"数"可为整数、小数、约数，但通常不大，往往带有说话人"言少"的心理意图（储泽祥，2022）。就"数$_a$"和"数$_b$"来看，数目一般也不大，如例（3）、例（4）、例（5）。但是，这"数$_a$"和"数$_b$"的数目也可以非常大。例如：

　　（10）一九五一年是上海工商界大发财的一年，单是账簿上的盈余就是几万亿元人

---

　　① 这可能与我们选取的语料库有关，表 1 结果中的用例主要来自报刊领域，而 BCC 报刊领域的语料只是一部分，若改用"人民日报图文数据库"这一大型报刊数据语料库，那么用例可能会更多，但这是个生语料库，无法对检索式进行搜索。

　　② 例（8）和例（9）取自 CCL 语料库（http：//ccl. pku. edu. cn/），检索时间：2022 年 10 月 20 日。

民币，若加上偷漏盗窃，五毒俱全，可能又是一个几万亿元。(《人民日报》1952年)

（11）很清楚，在这四十多米以前，他已经跨出了几千个、几万个四十多米！(《人民日报》1966年)

例（10）中的"一个几万亿"是大数目，可以说成"几万亿"。例（11）"几千个、几万个四十多米"中"几千""几万"都是大数目，理论上"几千个、几万个四十多米"可以转换成"数+度量词"形式。数$_a$和数$_b$不一定都是定数词，可以是约数词，如例（10）和例（11），还可以是分数。例如：

（12）沈展平看清了那名雇工，雇工也看清了他。他们的神经辨识速度惊人一致，在同一个百分之一秒，大叫一声"呃哈——"这是乡党们的土语。(毕淑敏《原始股》)

从序数和基数来看，"数$_a$"主要是基数词，但也可以是序数词，而"数$_b$"只能是基数词①。例如：

（13）头一个七十里还没爬到一半，雪下得更大了，树和竹林都裹上了雪衣，冷风透过单薄的衣服，寒气逼进心底。(《人民日报》1960年)

（14）游完第一个25米，沃克尔开始超过年芸。(《人民日报》1997年)

例（13）和例（14）中"头一"和"第一"都是序数词，"七十"和"25"则是基数词。在"数+个+非单音节度量词"中，"数"也可以是序数词，只不过储先生把这种情况排除在外了。

（二）"数$_a$+个+数$_b$+度量词"的语法功能

"数+个+非单音节度量词"结构不能作状语，主要是作定语、宾语和补语（储泽祥，2022）。"数$_a$+个+数$_b$+度量词"的句法功能与其类似，但略有不同，不仅能作宾语、补语、主语、定语，还可以作状语。例如：

（15）两天下来，他们各得了四个两分，只好退出了考试。(奥斯特洛夫斯基《钢铁是怎样炼成的》)

（16）一次，她同一位曾获全国冠军的男选手比赛，两人一气赛了八个100米，每次间隔不到一分钟，结果，黄晓敏回回领先。(《人民日报》1987年)

（17）时光之河滚滚向前，一年又一年过去，一个又一个五年过去，一个又一个世纪过去，而学院仍然故我。(斯蒂芬·里柯克《学术的进步》)

（18）烟台市确定了"四个百万亩"农业开放开发计划，划出100万亩农田、100万亩果园、100万亩林地山滩、100万亩浅海滩涂，作为全市农业对外开放的基地。(《人民日报》1998年)

（19）上半月的三个五天，全国钢铁生产水平步步高升。(《人民日报》1959年)

---

① 我们把"一个1956年"这样的例子排除在外，虽然在这样的例子中"数$_b$"可以是（无标记）序数词，但度量词限于"年"和"月"，其他度量词都不能受序数词的修饰。

例（15）中"四个两分"作谓语动词"得"的宾语。四个两分，总分为八分，但句中"四个两分"说明"两分"出现在四个不同的地方。例（16）中"八个 100 米"作"赛"的补语，句中"八个 100 米"不能换成"800 米"，它们的区别是八次与一次。例（17）中"一个又一个五年"是"一个五年又一个五年"的缩略形式，在句中作主语；"一个五年"可以替换成"五年"。例（18）中"四个百万亩"作定语修饰其后的中心语"农业开放开发计划"，"四个百万亩"语义上可以替换成"四百万亩"，但它更加强调四个不同的"百万亩"。例（19）中的"上半月的三个五天"在句中作时间状语，从数量上看，"上半月"等于"三个五天"，即十五天。

四、"数ₐ + 个 + 数ᵦ + 度量词"的语用功能

从上节我们发现，有些"数ₐ + 个 + 数ᵦ + 度量词"不大能替换成"数ₐ × 数ᵦ + 度量词"形式。这是为什么呢？"数ₐ + 个 + 数ᵦ + 度量词"的特殊之处应体现在语用上。

（一）突显听者立场

Leech（1983）提出的"礼貌原则"包含"得体准则"，得体准则体现为最小限度地使别人受损，最大限度地使别人受益。跟常规的"数 + 度量词"相比，"数ₐ + 个 + 数ᵦ + 度量词"是一种简化的计量方式，更加通俗易懂、礼貌得体。例如：

（20）我开始算，其实我一下就算出来了，我说："一斤八分，十斤八毛，五个十斤四元，五富你这账还算不清吗，知道没文化的可怜了吧，你还多给了人家二斤的钱。"（贾平凹《高兴》）

（21）在粮食问题上，他们不谈实际分粮，只谈定量标准，说：粮食四百四十斤不够吃，红薯要打皮、谷子要去壳，那里还有四百四十斤。我们农民肚皮大，一年要吃三个四百四十斤。（《人民日报》1957 年）

（22）"电视是多少寸多少钱？""120 寸，四个 60 寸那么大，49.99 万元。"（BCC·对话）

例（20）中"一斤八分，十斤八毛，五个十斤四元"，为什么说话人不直接说"一斤八分，五十斤四元"呢？听话人"五富"是个没文化的人，不太会算术，说话人这么说是为了让"五富"明白是怎么运算的。对于 10 以内的数学运算，普通人可以很快地得出答案，借助"十斤"这个中间量更加便于计算，"五个十斤"中"十斤"可以照应"八毛"，进而得出"四元"这一结果。例（21）中 $3 \times 440 = 1\,320$，这已经是百位运算了，普通人难以在短时间内算出答案。采用"三个四百四十斤"这一格式，省去运算过程，更加方便。例（22）中"120 寸"，长约 2.65m，宽 1.49m，面积约为 3.95m²；"60 寸"的面积约为 0.98 m²，"四个 60 寸"约等于 3.92m²。各类屏幕的计量单位"寸"是外来单位，以对角线为计量长度。从数值上来看，120 是 60 的两倍，不

了解"寸"含义的人容易误以为 120 寸是 60 寸的两倍。采用这一形式有助于听话人明白 120 寸究竟有多大。

"数＋个＋非单音节度量词"具有口语色彩（储泽祥，2022）。"数ₐ＋个＋数ᵦ＋度量词"省略了计算过程和结果，所以常用在日常口语中，也具有一定的口语色彩，不太可能运用于需要精确计量结果的领域。说话人使用"数ₐ＋个＋数ᵦ＋度量词"这一语言形式，目的是便于听话人理解，拉近与听话人之间的心理距离，突显听者立场。

（二）突显指称作用

数量词具有转指作用（陆俭明，1991）。"数＋个＋非单音节度量词"充当介词宾语时指称作用比较明显（储泽祥，2022）。例如：

（23）它有两只猿猴似的长臂，一张猛犸似的大嘴，一口咬去就吞进矿石十三个立方，大嘴一张，又把十三个立方吐进大汽车车斗里了。

例（23）中介词"把"后的"十三个立方"转指矿石。"数＋个＋非单音节度量词"是整个结构具有转指功能。不同的是，"数ₐ＋个＋数ᵦ＋度量词"的指称作用可以体现在"数ₐ＋个"上，也可以体现在"数ᵦ＋度量词"上。例如：

（24）为实现毛主席遗志，跟随华主席长征，再走十个、百个、千个二万五千里！（《人民日报》1976 年）

（25）无独有偶，2007 年初，香河园街道创建了"四个 500 米"便民服务模式：社区居民在 500 米范围内，可以享受到就业、文体活动场所、医疗、购物等 4 项便民服务。（《人民日报》2011 年）

例（24）中"二万五千里"转指"长征"，"二万五千里"是长征的特征，因而属于特征代整体。如果把"十个、百个、千个二万五千里"替换成"二十万五千里、二百万五千里、二千万五千里"，就不大能体现指称作用，也削弱了"长征"的特征和意义。例（25）中"四个 500 米"高度凝练，其中"四个"不单单表示数量，还转指"就业、文体活动场所、医疗、购物"，它们具有共同的特征——在 500 米范围内。如果把"四个 500 米"替换成"2 000 米"，那么就失去了指称作用，单纯表示数量。

（三）突显对比焦点

如果一个成分不用作引入新信息，而是在上文或语境里已经直接或间接地引入了，是说话人出于对比目的才着意强调的，那么这个成分就是对比焦点（方梅，1995）。从"数ₐ＋个＋数ᵦ＋度量词"出现的语境来看，"数ᵦ＋度量词"一般不会无缘无故出现，通常会在上下文中再次出现。这时，"数ₐ＋个＋数ᵦ＋度量词"往往形成前后对照，突出对比之意。例如：

（26）王德立起来，嘴里嘟嘟囔囔的向西走去，平日从学堂到李应家里，慢慢的走有十分钟也到了；今天王德走了好似好几十个十分钟，越走象离着越远。（老舍《老张

的哲学》)

（27）西河村农妇陈家凤快人快语地告诉记者，她家种植 4 亩棉，已卖 700 元，只要不遇连阴雨，再卖两个 700 元也不犯难。(《人民日报》1990 年)

（28）内科张宏元副主任医师主动退掉病人家属 1 800 元的酬谢。内科一位门诊大夫，擅自转出了本院开展的 CT 检查项目，院方按照"不推诿转让病人"的承诺，将患者所用的检查费 1 800 元全部由这名责任人担负。两个 1 800 元，对照鲜明。(《人民日报》1996 年)

例（26）"几十个十分钟"呼应前一小句的"十分钟"，"几十个（十分钟）"与"一个（十分钟）"形成对比，则更加突显了王德立用时之久。如果换成"几百分钟"或"几百个分钟"，则削弱了跟平日用时之间的对比。例（27）中"两个 700 元"照应前面的"700 元"，"两个"体现说话人的"双倍快乐"。如果换成"1 400 元"，则体现不出这种效果。例（28）"两个 1 800 元"转指上文出现的"张宏元副医师退掉 1 800 元"和"院方要求责任人担负 1 800 元"，对比非常明显，更加突显了张宏元副主任医师大公无私、坚守职业道德的品质。如果换成"3 600 元"，那么它跟后边的谓语"对照鲜明"不大协调，因为谓语"对照鲜明"要求主语指两件事物或事件，而"3 600 元"削弱了转指效果。

根据黄靖雯（2019）的研究，"个"具有突出焦点的作用，"个"不能重读，调域大幅度压缩，有反衬前面数词焦点的作用。"数$_a$＋个＋数$_b$＋度量词"中，"数$_b$＋度量词"往往复指前文已经出现的信息；"数$_a$＋个"则是说话者特意强调的部分，往往读成重降调，可以说是整个结构的真正焦点位置。

五、"数$_a$＋个＋数$_b$＋度量词"的成因分析

（一）语用删略

度量词短语前为什么可以再加数量短语呢？从上节的语用功能分析来看，"数$_a$＋个＋数$_b$＋度量词"大体上是一个由语用造成的语法现象，对语境有很强的依存性。"数$_a$＋个＋数$_b$＋度量词"中，无论是突显听者立场，还是突显指称作用，抑或是突显对比焦点，"数$_b$＋度量词"一般需在上下文中出现，如：例（20）、例（21）、例（25）～（28）；有时通过其他成分来进行呼应，如：例（22）中的"120 寸"和例（24）中的"长征"。"数$_b$＋度量词"常用来指称上文已经提及的对象，如：例（21）中"四百四十斤"指四百四十斤粮食，例（24）中"二万五千里"指二万五千里长征。"数$_b$＋度量词"可以看作"数$_b$＋度量词＋名"的省略形式。"数$_a$＋个＋数$_b$＋度量词"则可以看作由"数$_a$＋个＋数$_b$＋度量词的＋名"省略后重新分析的结果。试比较下列短语：

（29）a. 两个十斤的粮食 　　　? 两个十斤粮食 　　　两个十斤

b. 两个一百亩的地 　　　? 两个一百亩地 　　　两个一百亩

c. 一个二万五千里的长征　一个二万五千里长征　一个二万五千里

例（29a）中"两个十斤的粮食"结构关系较明显，"十斤的"作内层定语修饰"粮食"，组合成"十斤的粮食"，"两个"作外层定语修饰"十斤的粮食"。"两个十斤的粮食"可以理解为"两个十斤装的粮食"。"两个十斤的粮食"删除中心语后，句法层次于是重新分析，"十斤"获得中心语地位。例（29b）和例（29c）可以作相应理解。"数$_a$+个+数$_b$+度量词"的形成方式可用如下结构表示：

[（数$_a$+个）+{（数$_b$+度量词+的）名}] > [（数$_a$+个）+ {<u>数$_b$+度量词+的</u> <u>名</u>}]

（二）度量词是名词

对于"数$_b$+度量词"具有强指称性的结构，上小节我们认为它是经过语用删略形成的。但是有的"数$_a$+个+数$_b$+度量词"结构中"数$_b$+度量词"并不具有指称性，如：例（16）中"八个100米"、例（25）中"四个500米"、例（26）中"几十个十分钟"、例（27）中"两个700元"。我们该怎么解释呢？

我们还应该从度量词的词性来考虑。量词和名词之间的关系历来存在争论。马建忠（2010）、黎锦熙（1954）、王力（1980）等把量词看作名词或者名词的次类。丁声树等（1999）在《现代汉语语法讲话》中首先把"量词"作为一个独立的词类。此后，许多语法书和教材多把量词看作一个独立的词类，如：黄伯荣、廖序东《现代汉语》（2011）、邢福义《汉语语法学》（1996）、张斌《新编现代汉语》（2002）。但是，也有许多学者坚持认为度量词是名词，不应纳入量词范围内，如蒋宗霞（2000），步连增（2011），程工、杨大然、安丰存（2015）。

笔者认同蒋宗霞（2000），步连增（2011），程工、杨大然、安丰存（2015）等的观点，度量词是名词，不同于专用量词，也就是说现代汉语中存在"数+名"和"数+量+名"两种结构。度量词本身表达抽象的概念或实体，如年、天、秒表示时间，丈、寸、米、厘米、里表示长度或距离，斤、克、公斤、千克表示重量。但是，专用量词没有概念意义。从句法上看，度量词的基准量是"一"，在口语中常省略，"一+度量词"可以作主语、宾语、定语等，如"十斤吃完了""过三天""三尺布"具有典型的名词的句法特征。有些度量词还可以单独作定语或状语。例如：

（30）a. 年刊、年表、年产量、年检、年审、年生产

b. 秒杀、秒懂、秒回复、秒到

c. 米尺、寸头

d. 克称、公斤称、磅秤

例（30a）中"年"表示每年（的）、按年；例（30b）中"秒"意义有些虚化，形容时间极短；例（30c）中"米"表示米制的，"寸"表示以寸为单位的；例（30d）中"克""公斤""磅"分别表示克制的、公斤制的、磅制的。它们与其后成分的结构

关系都比较清楚。

从语义上说，"数b+度量词"本身是实体，具有［+N］特征，可进行概念叠加，如两个三十秒、两个十年、五个十斤、八个 100 米、四个百万亩。数词也可以叠加，在棋牌类游戏和数学运算教学中，经常说"五个八""三个二""两个十"之类的短语。其实，"数b+度量词"之所以具有指称作用，是因为"度量词"具有所指称事物的时间、长度、面积、重量等属性特征。因此，"数a+个+数b+度量词"形成的本质原因是度量词是名词。

六、小结

本文以"数+度量词"和"数+个+非单音节度量词"为比较对象，详细描写了"数a+个+数b+度量词"这一不常见结构，在数目特征和语法功能上，它们比较相似；在语用功能上，发现"数a+个+数b+度量词"具有突显听者立场、突显指称作用、突显对比焦点的三大作用。本文认为"数+度量词"前面之所以能加"数+个"，是因为度量词本质上是名词。

参考文献

[1] 步连增. 语言类型学视野下的汉语量词研究［D］. 济南：山东大学，2011.

[2] 程工，杨大然，安丰存. 量词结构与假部分结构的统一分析［J］. 当代语言学，2015，17（1）.

[3] 储泽祥. 汉语度量衡量词前加"个"现象考察［J］. 中国语文，2022（3）.

[4] 丁声树，等. 现代汉语语法讲话［M］. 北京：商务印书馆，1999.

[5] 方梅. 汉语对比焦点的句法表现手段［J］. 中国语文，1995（4）.

[6] 黄伯荣，廖序东. 现代汉语［M］. 增订五版. 北京：高等教育出版社，2011.

[7] 黄靖雯. 焦点词在陈述句不同位置的韵律表现［J］. 汉语学习，2019（6）.

[8] 蒋宗霞. 现代汉语量词的分类及其发展趋势［J］. 广西民族学院学报（哲学社会科学版），2000（5）.

[9] 黎锦熙. 新著国语文法［M］. 上海：商务印书馆，1954.

[10] 陆俭明. 现代汉语句法里的事物化指代现象［J］. 语言研究，1991（1）.

[11] 马建忠. 马氏文通［M］. 北京：商务印书馆，2010.

[12] 王力. 汉语史稿［M］. 北京：中华书局，1980.

[13] 邢福义. 汉语语法学［M］. 长春：东北师范大学出版社，1996.

[14] 张斌. 新编现代汉语［M］. 上海：复旦大学出版社，2002.

[15] LEECH G N. Principles of pragmatics［M］. London and New York：Longman，1983.

Analysing the Phenomenon "Numeral$_a$ + Ge + Numeral$_b$ + Measure Word"

QIU Xinsheng

【Abstract】 In modern Chinese, measure words combine with numeral directly. "Numeral + ge" can be added before numeral and measure words, "numeral$_a$ + ge + numeral$_b$ + measure word". The paper depicts the quantitative characteristics and grammatical functions of this structure, focusing on its pragmatic functions: convenient measurement and comprehension, obvious denotation, highlighting the focus. It is possible to add "ge" because measure words are nouns.

【Keywords】 measure words, ge

中国官方抗疫指南语体及物性分析①

冷雨航②

（深圳大学国际交流学院　广东深圳　518060）

【提　要】中国官方抗疫指南有效指导全民科学战"疫"。本文以系统功能语言学为理论基础，对抗疫指南语体及物性系统进行分析。宏观上呈现了及物性成分数量分布特点，微观上梳理了抗疫指南意义的及物性建构路径。研究发现，抗疫指南语体强调"做"的过程，重点关注"做什么"和"怎么做"，倾向使用物质、关系和言语过程搭建抗疫指导框架；参与者角色以目标、动作者、发话内容为主要资源；方式、时间、空间、处境等环境成分为投疫指南提供主要辅助信息。

【关键词】系统功能语言学　及物性系统　中国官方抗疫指南语体

一、引言

疫情暴发以来，中国政府高度重视抗疫工作，始终把人民生命财产安全放在首位，果断采取措施阻止疫情蔓延，成效显著。中国国家卫生健康委员会发布的官方抗疫指南文件，旨在为全民防疫工作提供科学指导，建立巩固抗疫统一战线，早日打赢疫情攻坚战。

抗疫指南文件是抗疫言语活动物体化结果，保留了诸多言语活动痕迹，可称其为抗疫指南文本（Reisigl & Wodak，2009）。基于文本实施的"指南"言语活动以及"抗疫指导"社会功能，也可视为抗疫指南语体（赵芃，2021）。语体研究关注的语言事实依托于某一类型的言语活动（刘大为，2013），抗疫指南语体特征通过使用中的言语活动来考察。

指南语体分为程序型和规约型（Martin & Rose，2008），程序型引导受众于特定时

---

① 本文为2021年度基金项目"国际中文＋新一代信息技术教育实践与研究基地建设（2022－2023）"［项目编号：21YH033（X5）］阶段性研究成果。

② 冷雨航，1995年生，深圳大学国际交流学院讲师，研究方向为国际中文教育，话语分析、语体学。本文初稿曾在中国修辞学会2022年学术年会上宣读。

空处境围绕目标实施社会活动，并要求动作者了解目标特征、使用条件、环境等相关背景知识；规约型侧重约束限定社会活动，实施与否与时空范畴或处境条件密切相关。及物性系统能反映上述潜在语体特征。本文基于语料标注结果，试图通过考察及物性成分的数量分布特征以及官方借助指南语体开展抗疫指导的具体路径来分别揭示语体的抗疫取向性和抗疫指南意义的及物性建构特征。

二、理论框架

Halliday（1994）将语言元功能分为概念、人际和语篇功能。概念功能是语言首要功能，反映主客观世界中的人、事、物和时空等环境因素，通过及物性系统来表征实现其经验功能。及物性系统作为概念功能表达的语义系统，将现实世界中的所作所为和所见所闻划分成六种过程：物质、关系、心理、行为、言语和存在过程，各过程都有其对应的参与者和环境成分。本文基于概念功能系统网络（胡壮麟等，1989），同时参考及物性分析模式（何伟、魏榕，2017）对参与者和过程成分的细化处理方式，即参与者二分成生命体和非生命体。生命体包括人类和非人类，并可再划分为个体和群体；非生命体则包含物理和社会两种属性。过程可据其影响性质分为有益性、中性和破坏性三种。最终分别按过程、参与者、环境三大要素汇总了中国官方抗疫指南语体及物性系统分析参数，见表1。

表 1　中国官方抗疫指南语体及物性系统分析参数

过程		参与者		环境
属性	类型	类型	生命度	
有益性、 中性、 破坏性	物质过程	动作者	生命体 （人类/非人类） （个体/群体） 非生命体 （物理/社会）	时间、 空间、 方式、 伴随、 处境、 因果、 程度、 比较、 身份
		目标		
	关系过程	载体		
		属性		
		被识别者		
		识别者		
		拥有者		
		拥有物		
	心理过程	感知者		
		现象		
	言语过程	发话者		
		发话内容		
		受话者		
	存在过程	存在物		
	行为过程	行为者		

三、语料来源及研究方法

语料来自中华人民共和国国家卫生健康委员会疾病预防控制局官网政策文件。检索①自 2019 年 12 月 27 日②以来与抗击疫情相关的指南文件，这类文件名称中均明确出现了"指南""指引"等关键词。最终选出 10 篇作为分析语料，共计 14 919 字。

以系统功能语言学为理论基础，中国官方抗疫指南文本为研究对象，表 1 及物性系统分析参数为主要依据，人工标注统计后分别建立过程、参与者、环境三个及物性成分子语料库，同时借助 SPSS 23 软件对数据作卡方检验，考察其是否具显著差异性。定量统计结果将用于讨论语体及物性特征，在此基础上进一步梳理抗疫指南意义的及物性建构路径。

四、语体及物性特征

（一）过程

过程是及物性系统中心成分，反映社会语境中具体发生之事。中国官方抗疫指南语体过程频次分布见表 2。

表 2　中国官方抗疫指南语体过程频次分布

过程	频次	盖然率/%	χ^2	p
物质过程	650	88.435		
言语过程	30	4.082		
关系过程	33	4.490		
存在过程	14	1.905		
心理过程	5	0.680		
行为过程	3	0.408		
合计	735	100	2 732.094	0.000

如表 2 所示，过程成分出现总频次为 735 次。物质过程出现频次最高，达 650 次，占总量的 88.435%；其次是关系、言语过程；存在、心理和行为过程频次较低，其总和仅约占过程总量的 3%。卡方检验结果显示，各类及物性过程出现频次存在显著性差

---

① 检索时间为 2022 年 8 月 1 日。

② 据国务院新闻办公室 2020 年 6 月 7 日发布的《抗击新冠肺炎疫情的中国行动》白皮书，2019 年 12 月 27 日为中国抗击疫情第一阶段起始时间。

异（$p < 0.001$）。抗疫指南语体主要借助物质过程构建其经验标准，言语、关系和存在过程也起一定辅助作用。再按性质划分过程类别，各类型过程频次分布见表3。

表3　中国官方抗疫指南语体各类型过程频次分布

	有益性过程	中性过程	破坏性过程	合计	χ^2	p
物质过程	561	69	20	650		
关系过程	2	31	0	33		
言语过程	30	0	0	30		
存在过程	0	1	13	14		
心理过程	4	0	1	5		
行为过程	0	0	3	3		
合计	597	101	37	735	483.466	0.000

从表3可知，六大过程对应的性质类别频次均存在显著性差异（$p < 0.001$）。抗疫指南语体有益性过程数量占绝对优势，共出现597次；其次是中性过程，达101次；破坏性过程频次最低，仅37次。物质、言语、心理过程以有益性为主，而存在、行为过程以破坏性居多，关系过程则倾向于中性。

（二）参与者

参与者即过程支配者。中国官方抗疫指南语体参与者成分共出现707次，各过程对应参与者频次分布见表4。

表4　中国官方抗疫指南语体参与者频次分布

过程参与者	频次	盖然率/%	χ^2	p
物质过程参与者	574	81.188		
关系过程参与者	62	8.769		
言语过程参与者	45	6.365		
存在过程参与者	15	2.122		
心理过程参与者	9	1.273		
行为过程参与者	2	0.283		
合计	707	100	2 141.557	0.000

从表4可知，及物性过程参与者出现频次存在显著性差异（$p < 0.001$）。由高到低排序为：物质过程参与者 > 关系过程参与者 > 言语过程参与者 > 存在过程参与者 > 心理过程参与者 > 行为过程参与者。物质、关系、言语过程参与者频次之和占总量的

96.322%，是参与者成分的主要构成资源。抗疫指南语体倾向使用物质过程参与者，同时借助关系、言语过程参与者来充实表达。各类型参与者角色频次分布见表5。

表5 中国官方抗疫指南语体各类型参与者角色频次分布

参与者类型		频次	盖然率/%
物质过程	动作者	86	12.164
	目标	488	69.024
关系过程	被识别者	25	3.536
	识别者	25	3.536
	拥有者	4	0.566
	拥有物	4	0.566
	载体	2	0.283
	属性	2	0.283
存在过程	存在物	15	2.122
言语过程	发话者	3	0.424
	受话者	12	1.697
	发话内容	30	4.243
心理过程	感知者	4	0.566
	现象	5	0.707
行为过程	行为者	2	0.283
合计		707	100

从表5可知，目标出现频次位居首位，其次分别是动作者、发话内容、识别者和被识别者，但占比较少。物质过程中，目标频次多于动作者，而动作者在语体中出现大量缺省。相较于"谁去做"，操作指南语体更强调"做什么"（陶红印，2007）。关系过程中，语体倾向使用识别类参与者角色，识别者和被识别者出现频次较高，均为成对出现，二者数量保持一致。言语过程中，发话内容负载指南核心信息，但也存在发、受话者缺省现象，且发话者省略频次高于受话者。

（三）环境

环境成分提供识解过程的语境信息，其频次分布受不同过程类型影响，具体见表6。

表6　中国官方抗疫指南语体环境成分频次分布

环境成分	频次	盖然率/%	χ^2	p
方式	308	43.137		
时间	124	17.367		
处境	104	14.566		
伴随	89	12.465		
空间	70	9.804		
程度	14	1.961		
比较	2	0.280		
因果	2	0.280		
身份	1	0.140		
合计	714	100	976.109	0.000

如表6所示，抗疫指南语体环境成分共出现714次，各成分出现频次存在显著性差异（$p < 0.001$）。方式成分频次最高，达308次，占总量的43.137%；时间、处境、伴随、空间成分次之；程度、比较、因果成分也占较少比例；身份成分最少，仅出现1次。方式成分是构成指南语体的关键元素，时间、空间、处境成分则为指南提供主要语境信息。

五、抗疫指南意义及物性建构

（一）过程路径建构

统计和检验结果表明，抗疫指南语体各及物性过程出现频次存在显著性差异，以物质、关系和言语过程为主。

1. 物质过程

物质过程呈现官方指导开展的各项抗疫举措及相关动作行为。首先从性质看，过程有益性强调了指南内容的科学有效，并将助力实现抗疫目标。例如：

（1）＾＾员工＾＾/动作者 ＾＾做好＾＾/物质过程 ＾＾自我健康管理＾＾/目标。①

（2）＾＾外卖配送和快递从业人员＾＾/动作者在取外卖或快递以及装运过程中，应当＾＾佩戴＾＾/物质过程 ＾＾口罩、手套＾＾/目标。

（3）立即 ＾＾关停＾＾/物质过程确诊病例和疑似病例活动区域对应的 ＾＾集中空调通风系统＾＾/目标。

例（1）指导员工开展自我健康管理，有效保障个人生命健康安全；例（2）佩戴

---

① 本文例句均来自中华人民共和国国家卫生健康委员会疾病预防控制局官网政策文件，访问网址为：http：//www.nhc.gov.cn/jkj/zcwj2/new_zcwj.shtml。

口罩和手套能有效降低外卖快递配送收发过程中潜在的病毒传染风险；例（3）关停集中空调通风系统能防止病毒扩散蔓延，属有益且必要的公共防疫举措。

语体中也出现了部分破坏性物质过程，但这类过程并非独立存在。例如：

（4）进行现场消毒时，应阻止^^无关人员^^/动作者^^进入^^/物质过程^^消毒区^^/目标。

（5）不得 ^^组织开展^^/物质过程^^大规模促销活动、展览展示等聚集性活动^^/目标。

（6）^^口罩或手套^^/目标^^弄湿或弄脏^^/物质过程后，应当及时更换。

（7）^^顾客^^/动作者^^不戴^^/物质过程^^口罩^^/目标时，拒绝其进入大型商场购物。

破坏性过程常与否定动词搭配使用，比如例（4）、例（5）中的"阻止""不得"，此外还有"防止""避免""不可"等。否定词强调了过程的危害性及其后果的严重性，例（4）、例（5）中"无关人员进入消毒区""组织开展聚集性活动"等行为都将对社会造成不良影响，须明令禁止。破坏性过程还可嵌套于环境成分中，比如例（6）和例（7），通常先预设某种消极处境，再指明当其发生或出现时应采取的办法或需承担的后果，为相关人员提供操作指引。例（6）中"口罩或手套弄湿或弄脏"属破坏性过程，"及时更换"则为对应解决方案；例（7）中"顾客不戴口罩"将威胁他人健康，指南就该破坏性过程顺势提出需承担的后果和惩罚性措施。

中性物质过程小句主要充当总起性话语，概括下文具体陈述内容，比如例（8）中"采取以下措施"；中性过程还可罗列具体操作步骤，比如例（9）中有关疫情防控期间的空调清洗流程。

（8）当场所发现新冠肺炎确诊病例和疑似病例时，应^^采取^^/物质过程^^以下措施^^/目标。

（9）按空调使用说明^^打开^^/物质过程^^盖板^^/目标，^^取下^^/物质过程^^过滤网^^/目标，用自来水将过滤网上的^^积尘^^/目标 ^^冲洗^^/物质过程干净，^^晾干^^或干布^^抹干^^/物质过程。^^装好^^/物质过程^^过滤网^^/目标，^^合上^^/物质过程^^盖板^^/目标。

物质过程即"做"的过程，动词是其重要表征。抗疫指南语体物质过程主要动词词云图见图1。其中"消毒"（61次）、"佩戴"（31次）、"加强"（29次）、"使用"（24次）、"保持"（23次）、"处理"（23次）是高频动词。

图1　中国官方抗疫指南语体物质过程主要动词词云图

高频动词反映了抗疫指南的行为导向和主要任务。首先，病毒消杀是各阶段、领域、人群的工作重点，因此"消毒"频次最高；其次是"佩戴"，指南侧重引导公众养成日常佩戴口罩、手套的良好习惯。再结合物质过程子语料库，分别以"加强""使用""保持""处理"为节点词进行检索，其主要搭配目标物见表7。

表7　中国官方抗疫指南语体高频动词搭配目标物

节点词	搭配目标物举例
加强	（餐具、场所等）消毒、（健康、症状、水源等）监测、（卫生、健康等）管理、（人员、技术等）培训、个人防护、防范认知、空气流通、通风换气
使用	消毒剂、洗手液、口罩、手套、呼吸防护用品、空调、排风扇、电梯、扶梯、洁净容器、独立包装、网络远程授课
保持	环境整洁卫生、地面墙面整洁、纺织物清洁、清洁消毒、空气流通、一定距离、社交距离、适当距离
处理	疑似或确诊病例、生活垃圾、垃圾盛装容器、座椅套纺织物、空调滤网、动物尸体、淤泥、粪便、家具、卫生洁具、办公用品、腐败变质食品、使用后的口罩、医疗废弃物、消毒工作、公共活动区域卫生

"加强"与"消毒""监测""管理""培训"等目标物搭配使用均属积极防疫行为，符合抗疫工作要求，即在现有基础上强化巩固防疫成果。"使用"搭配常见消毒设备、常用公共设施、空调排风系统等，这类物质过程主要介绍相关设备、物品、系统的使用环境、方法和注意事项，也包括防疫期间的特殊使用模式，比如"独立包装""网络远程授课"等。"保持"类物质过程涉及物理空间和人际交往，前者包括环境卫生、纺织物及室内空气清洁消毒；后者强调保持社交距离。指南指导处理对象除了疑似或确诊病例、生活垃圾、空调滤网、医疗废弃物等具体实物外，还有"消毒工作""区域卫生"等概括性抽象物。

高频动词及其搭配目标所构成的物质过程多为有益属性，指明工作重点任务，建构全民抗疫语境，引导公众养成防疫自觉意识。

2. 关系过程

关系过程主要涉及消毒、防疫人群和物品等主题，以中性过程为主，未带明显态度倾向。高频动词有"为"（8次）、"是"（5次）、"包括"（4次）等，适用于明确相关概念、限定数值范围、鉴定事物属性、定义重点角色等语境。例如：

（10）……^^疫情防控物资^^/被识别者^^<u>包括</u>^^/关系过程^^管消毒设备、消毒用品、口罩、手套、洗手液等^^/识别者。

（11）地面消毒先由外向内喷洒一次，^^喷药量^^/被识别者^^<u>为</u>^^/关系过程^^100mL/m² ~300mL/m²^^/识别者。

（12）^^低温消毒剂^^/载体^^<u>为</u>^^/关系过程^^二元包装^^/属性，……严格按照配方进行配比。

（13）^^商场负责人^^/被识别者^^<u>是</u>^^/关系过程^^疫情防控第一责任人^^/识别者。

例（10）通过列举具体防疫物资，扩充指南有效信息，便于受众准确把握物资范畴，开展针对性采购储备；例（11）限定了喷药剂量合理范围，为工作人员提供指标参考；例（12）鉴定了低温消毒剂包装属性，属背景信息介绍；例（13）定义了商场负责人在防疫中的重要角色，以便合理分配工作和识别主要责任人。中性关系过程不仅让指南内容更加详细具体，同时也确保了防疫工作的规范性、科学性和明晰性。

3. 言语过程

言语过程主要通过"建议"（19 次）、"提倡"（3 次）、"提醒"（3 次）、"报告"（3 次）等动词向受众传递疫情防控的官方建议、鼓励措施和要求指引，均为有益性过程，例如：

（14）在人群较为密集的公共场所，^^<u>建议</u>^^/言语过程^^工作人员^^/受话者^^佩戴医用外科口罩（或其他更高级别的口罩）^^/发话内容。

（15）^^提倡^^/言语过程^^采用非接触方式配送外卖和收发快递^^/发话内容。

（16）^^提醒^^/言语过程^^员工^^/受话者^^如身体不适及时就医^^/发话内容。

（17）如出现^^体温异常^^/发话内容，应当^^报告^^/言语过程^^单位^^/受话者。

例（14）对人群密集区域工作人员的口罩佩戴类型提出建议；例（15）鼓励外卖配送和快递收发采用非接触方式；其他两例言语过程小句分布于指南对单位上下级人员提出的要求指示中，包括上级做好员工就医提醒工作以及下属在岗期间出现异常症状的报告工作。

较于硬性指令，抗疫指南语体言语过程小句多属建议型，与之对应的是"建议""提倡"等柔性动词，为受众提供方向性参考，并留置一定操作空间，以便灵活处理问题，同时也渗透了官方的选择偏好和态度倾向。使用"提醒""报告"类言语动词则有助于建立疫情防控联动机制，防止出现工作漏洞。

（二）参与者角色建构

参与者支配过程，是及物性系统的角色成分。抗疫指南语体参与者主要聚焦动作者、目标、识别者、被识别者、发话者、受话者、发话内容等元素。目标和发话内容又分别在物质和言语过程参与者中占优势，再次表明相较于"谁去做"和"谁在说"，语体更强调"做什么"。据参与者生命度特征将其二分为生命体和非生命体，二者具体频次分布见表8。

表 8　中国官方抗疫指南语体参与者生命度角色频次分布

			物质过程	关系过程	言语过程	存在过程	心理过程	行为过程	合计
生命体	人类	群体	52	3	11	0	4	2	72
		个体	0	0	0	0	0	0	0
		个/群体①	15	2	0	9	0	0	26
	非人类		1	0	0	0	0	0	1
	小计		68	5	11	9	4	2	99
非生命体	物理性		471	54	5	6	3		539
	社会性		35	3	29	0	2	0	69
	小计		506	57	34	6	5	0	608
合计			574	62	45	15	9	2	707

从表 8 可知，参与者以非生命体为主，共出现 608 次，其中物理性出现频次占优势，社会性频次较低；生命体参与者共出现 99 次，以人类群体居多。参与者生命度分布具以下特征：

非生命体多，生命体少。物质过程的动作者和言语过程的发、受话者多具生命体特征，但其数量较少，又常以缺省形式出现；关系过程常表事物联系，较少涉及生命体参与者；存在、心理、行为过程基数小，生命体参与者频次较低。受上述因素影响，抗疫指南语体生命体参与者总量偏少。

人类生命体占绝对优势，这由指南受众群体决定，其主要为社会各领域部门相关工作人员，指南为其提供科学防疫的指引、建议、规约等内容。

人类生命体参与者常以群体形式出现。抗疫指南语体高频人类生命体参与者见图 2。

图 2　中国官方抗疫指南语体高频人类生命体参与者

---

① 表示无法判断主体属于个体还是群体，或二者均可。

从图2可知，参与者首先具多样性，兼顾社会多领域；其次具概括性，官方指南多从宏观视域指明行动方向，具体内容细化程度还需各地各部门结合实际情况加以考量；再次还具模糊性，表现为部分参与者难以定性为个体或群体。从抗疫效果看，指南覆盖受众范围越大越有利于建立和巩固全民抗疫防线。较之个人防疫，全民合力将对抗疫工作效果产生实质性影响。语体默认社会群体为抗疫主要参与者，强调每位公民的社会责任感和科学防疫意识，始终贯彻人类命运共同体理念。例如：

（18）~所有人员~/动作者乘梯时相互之间注意保持适当距离。

（19）~所有人~/动作者应当佩戴口罩。

以上两例中"所有人员""所有人"都是群体性参与者，其采取的诸如"保持适当距离""佩戴口罩"等均属有益性举措，将有效维护现有抗疫成果。

非生命体参与者以物理性居多，主要类别及其举例见表9。

表9　中国官方抗疫指南语体物理性非生命体参与者类别及举例

类别	参与者举例
空间场所	地面、餐厅、超市、办公楼、物体表面、回风通道、应急区域、自来水厂、周围环境、生鲜加工区、公共卫生间、集中安置点、室外公共活动区域、空气流动性差的场所
实物设施	口罩、手套、外卖、快递、电梯、扶梯、按键、家具、垃圾、门窗、产品、乙醇、餐（饮）具、消毒剂、工作服、洗手液、护目镜、污染物、呕吐物、纺织物、外包装、门把手、氯化钙、洗手设施、消毒设施、卫生洁具、办公用品、空调滤网、防疫物资、防疫物品、腐败物品、过滤装置、空调系统、排风系统、公共交通工具
抽象事物	时间、数量、质量、通风量、喷药量、使用量、检测结果、滞留时间、人员密度、出水水质、一定距离、有效氯含量、应急处置流程、清洁消毒频次
身体部位	口、鼻、眼、皮肤
物理行为	空气流通、自然通风、机械排风、空调系统供风

从表9可知，物理性非生命体参与者主要有空间场所、实物设施、抽象事物、身体部位、物理行为五大类。空间场所指明防疫重点区域；实物设施包括口罩、手套、护目镜等日常防疫物资，消毒剂、消毒设施等消毒产品以及外卖、快递、污染物等病毒传播风险物；抽象事物分为数值类（时间、数量、密度、频次等）、结果类和流程类，涉及消毒、通风、社交、病毒检测和应急处置；身体部位多是口、鼻、眼等人体易感染器官；物理行为重点关注通风排风和空气流通。抗疫指南语体针对具体场所区域呈现对应文本信息，包括消毒防疫物品设施在使用、清洁、处理等方面的科学指引，人体易感染部位的预防保护性措施以及加强空气流通的各项举措等重要内容。

社会性非生命体参与者数量相对较少，主要有以下三类：

个人或机构的具体防疫举措和工作任务。例如以下两例中的"佩戴医用外科口罩"

"防控健康宣教"等。

（20）旅行人员乘坐公共交通工具时，^^建议^^/言语过程^佩戴医用外科口罩^^/发话内容。

（21）在场所内显著区域，采用视频滚动播放或张贴宣传画等方式^^开展^^/物质过程^^防控健康宣教^^/目标。

与防疫工作直接相关或将对其产生影响的具体事物，多以名词或名词性短语的形式出现。例如以下两例中的"防控制度"和"不必要的外出"。

（22）^^建立^^/物质过程^^防控制度^^/目标，做好员工信息采集工作。

（23）新型冠状病毒感染的肺炎流行期间……^^减少^^/物质过程^^不必要的外出^^/目标。

防疫机构部门类词语以"单位"为典型代表，例如：

（24）灾后消毒工作应在疾控机构消毒专业人员指导下由^^有关单位和人员^^/动作者进行预防性消毒处理。

社会性非生命体参与者主要分布在物质和言语过程中，并集中出现在目标和发话内容位置，指代要做之事和具体动作行为，二者都将对人民群众的身体健康和生命安全产生影响。

（三）环境路径建构

环境成分辅助指南内容表达。抗疫指南语体中方式、时间、空间、处境和伴随成分出现频次约占环境总量的97%，是及物性语义表征的重要构成资源，辅助文本构拟"在何时何地何种处境采取何种方式来解决问题"的逻辑思路。环境成分对应语言形式及举例见表10。

表10　抗疫指南语体环境成分对应语言形式及举例

环境成分	语言形式	举例
方式	用/采用/使用＋N	用含氯消毒剂……、采用消毒湿巾……、使用流通蒸汽……
	采用/采取……方式	采用非接触方式、采取错峰/打包的方式
	按/按照＋N	按规定、按规范要求、按照配方、按照相关标准指南
时间	（当）……时	当有疑似或确诊病例出现时、打喷嚏或咳嗽时
	（在）……（之）前	上岗前、就餐前、在佩戴前、在进入大型商场之前
	（在）……（之）后	清洗后、消毒后、下班后、消毒剂浸泡后、咳嗽手捂之后
	（在）……期间	在岗期间、肺炎流行期间、在停驶期间
	Num/Adv＋N$_{时间}$	每周、每天、每日、15分钟、30分钟、2~3个小时
空间	在＋地点/场所	在公共场所、在超市内、在医疗卫生机构
	N＋方位词	室内、室外、公共交通工具上、流动水下、低温消毒剂中
	N$_{具体地点/场所}$	宿舍、楼道、医院、中高风险地区、人员密集的场所

（续上表）

环境成分	语言形式	举例
处境	（在）……指导/条件/情况/帮助下	在专业人员指导下、在无人条件下、在家长帮助下、日常情况下
	如/若……	如使用空调、如乘坐厢式电梯、若超市空调无消毒装置
	（在）……过程中	生产过程中、餐饮外卖配送过程中、在快递装运过程中
伴随	连词	与、和、并、及、以及
程度	程度副词	更、最、超、至少
因果	因A，B	因儿童脸型较小（A），与成人口罩边缘无法充分密合（B）
比较	A优于B	医用外科口罩防护效果（A）优于一次性使用医用口罩（B）
身份	A视作B	疑似病例或确诊患者佩戴的口罩（A）应视作医疗废弃物（B）

从表10可知，环境成分具以下特征：

抗疫指南为其目标受众提供各项防疫操作指引，重点陈述具体措施和实施方式，以便相关人员精准开展工作。其中与"用/采用/使用"搭配的名词主要指代防疫、清洁、消毒类物品，该语言形式向受众传递"用某物做某事"的信息，即使用正确物品和方法来科学防疫。"按/按照"后接名词一般指代相关规范、要求和标准，引导工作人员查阅参照，确保防疫工作顺利完成。指南还直接用"用/采用/使用……方式"来指明行事方法。

时间表达形式多样，兼顾宏观和微观范畴。"（在）……期间"以及"每周、每天、每日"等表频率时间成分从宏观上对防疫工作时长提出要求；"（当）……时"聚焦某一具体动作行为，为下文措施陈述作背景介绍；"15分钟""30分钟"等含明确数值时间词则标明开展消毒、清洁工作的有效时长。此外，指南还针对同类人群的同一动作行为在不同时间面上的操作分别进行指引，比如对工作群体的相关防疫指南就包括"上岗前""在岗期间""下班后"三个不同时段，保证了指南内容的连贯性和完整性，同时具有较强针对性。

空间成分用以明确宿舍、超市、医院等防疫重点场所，且语体多用定语，对这类场所区域加以限定，比如"在人群较为密集的公共场所""在人员高度密集场所""在非疫区空旷且通风场所""在疫情高发地区空旷且通风场所"等，缩小聚焦重点场所范围并将其划分成不同类别，以对应各等级防控要求，配合各项举措的精准实施。

处境成分指明采取措施的前提是遵循指导、满足条件和接受帮助；同时指南用"如/若……"形式设置假设情境，陈述行为实施背景，并综合考虑多种情况，体现指南内容的兼容性和实用性。使用"（在）……过程中"结构也体现出指南对动态化处境中的防疫措施作了详细介绍。

伴随成分以连词为主，"与""和""并"使用频率较高，用以连接参与者、过程和环境成分。"并"主要连接两个过程，比如例（25）；"与"不仅能连接参与者，还可指明与动作者有作用关系的目标，如例（26）中"与"指明顾客的直接接触对象是服务人员。

（25）日常情况下，（动作者）应^^保持^^/物质过程₁公共交通工具上的环境整洁卫生，并^^采取^^/物质过程₂预防性消毒措施。

（26）^^顾客^^/动作者（A）取餐时注意不与^^服务人员^^/目标（B）直接接触。

程度成分以程度副词为表征，主要用以标明口罩级别，比如"更高级别的口罩"；消毒液剂量，比如"超低容量"；社交距离，比如"至少保持 1 米以上"；风量大小，比如"最大风量"等。因果成分通常说明指南建议的依据或需就医的情形、原因等。比较成分用于对比不同类型口罩防护效果，以推荐不同人群按需选用。身份成分为某物定性，以便按规处理。

六、结语

物质、关系、言语过程搭建了中国官方抗疫指南主要框架；参与者分布直接受其所在过程小句数量特征影响，同时受生命度（生命体/非生命体）和单复数（个体/集体）等因素调控；方式、时间、空间、处境等环境成分提供指南操作背景信息并增强其实践意义。

中国官方抗疫指南语体倾向使用物质过程，同时辅以关系和言语过程，内容主要涉及具体措施和工作建议。过程小句高频动词直接反映指南目标导向和抗疫核心任务，过程有益属性凸显指南积极作用及其内容的科学有效性。在参与者角色分布上，物质、关系、言语过程参与者占比较多，其中目标、动作者、发话内容、识别者和被识别者是主要参与者。从生命度特征看，物理性非生命体参与者占绝大多数，用以指明防疫的核心区域、重要设施、指标要求等；生命体参与者以人类群体为主，强调公民的社会责任意识和全民抗疫理念。环境成分对应不同语言形式，辅助指南内容陈述表达。各成分使用频率存在显著性差异，方式、时间、空间、处境、伴随是其主要构成资源。语体还能借助及物性成分灵活调节其松紧度，比如相较于物质过程陈述的硬性要求，言语过程的建议则具鼓励性质，受众可考虑将其作为参考备选方案；人类生命体参与者的概括性和模糊性为相关执行主体留出操作空间，以便灵活处理；用定语修饰限制部分环境成分则加强了对重点领域的聚焦，进而凸显指南内容的针对性和适应性。

参考文献

［1］何伟，魏榕．国际生态话语之及物性分析模式构建［J］．现代外语，2017，40（5）．

［2］胡壮麟，朱永生，张德禄．系统功能语法概论［M］．长沙：湖南教育出版社，1989．

［3］刘大为．论语体与语体变量［J］．当代修辞学，2013（3）．

［4］陶红印．操作语体中动词论元结构的实现及语用原则［J］．中国语文，2007（1）．

［5］赵芃．语体结构的跨时空变异研究［J］．当代修辞学，2021（3）．

［6］HALLIDAY M A K, MATTHIESSEN M I M. An introduction to functional grammar ［M］. London：Edward Arnold，1994.

［7］MARTIN J R, ROSE D. Genre relations：mapping with cultures ［M］. London：Equinox Publishing，2008.

［8］REISIGL M, WODAK R. The discourse-historical approach（DHA）［A］. In WODAK R and MEYER M（eds.）. Methods of critical discourse analysis ［C］. 2nd Edition. London：Sage，2009.

Analysis of the Transitivity System of the Genre of Chinese Official Anti-epidemic Guidelines

LENG Yuhang

【Abstract】 Chinese official anti-epidemic guidelines can effectively guide the national scientific war. Based on the theory of systemic functional linguistics, the transitivity system of the genre of the guidelines for combating epidemics is analyzed. Macroscopically, it presents the quantitative distribution characteristics of transitivity components, and microscopically analyzes the construction path of transitivity of the significance of anti-epidemic guidelines. The study found that the genre of anti-epidemic guideline emphasizes the process of "doing," focuses on "what to do" and "how to do," and tends to use material, relational and verbal processes to build the anti-epidemic guidance framework; goal, actor, speech are the main choices of participant resources; manner, time, place and situation of circumstance provide the main supporting information for the guideline.

【Keywords】 systemic functional linguistics, transitivity system, the genre of Chinese official anti-epidemic guidelines

构式型话语标记"可不是"的会话功能

李高翔　　李彦翔①

（河北经贸大学新闻与文化传播学院　河北石家庄　050061；
青海师范大学教育学院　青海西宁　810008）

【提　要】位于会话应答语位置的"可不是"具有"偏好应答"性质，其核心情态意义是对引发语不同程度的"认同"，主要是对"确认寻求""信息告知"始发行为的回应，由预期性问句或陈述句、感叹句呈现，并串联后续话语实现"同话题延展""同话题否定"或"异话题启动"。基于礼貌原则，在核心情态义与语境双重制导作用下，"可不是"在交际中发挥语境适应下的人际协调功能，具体实现顺向认同、逆向认同及中立认同，同时串联上下话语，实现顺接延续、延续待转、终结重启等话轮转换下的语篇顺承功能。

【关键词】"可不是"　话语关联　偏好应答　人际协调功能　语篇顺承功能

一、引言

会话中有几个功能和意义不同的"可不是"。例如②：

（1）区华说："那倒不错，可是你们拿什么去打倒人家呢？人家<u>可不是</u>空着手站在那里等你们打的呀！"（欧阳山《三家巷》，第十一章）

（2）"你可不能这么说。努尔哈赤来了，咱若是顺着他，<u>可不是</u>汉奸么？这话可不是说着玩的，闹不好，背个汉奸的罪名，怎么办？"（李文澄《努尔哈赤》，第七章）

（3）我只是说："东西失而复得，是最好的了。"她说："<u>可不是</u>。我十分喜欢那副耳环，另外一只在家中寻到了，现在又成为一对。"（亦舒《一只手袋》）

---

①　李高翔，1994 年生，河北经贸大学新闻与文化传播学院讲师；李彦翔，2000 年生，青海师范大学教育学院硕士研究生。

②　本文语料来自 BCC、CCL、MLC 等语料库及包含了电视剧台词及现当代文学作品的自建语料库。为使行文简洁，部分语料作了省略处理。

例（1）中的"可不是"只是线性排列的相邻成分，可分析为［可 +（不是……）］的跨层结构，"可"统辖的是由"不是"否定的整个谓语成分，表否定判断。例（2）中标注的"可不是"相当于"岂不"，意思是"难道不是……吗"，是一个反问句，"可"表强调，加强反问语气。例（3）中"可不是"处于会话应答语中，表示对发话人观点的认同，已经词汇化为一个不可通过字面意思分割理解的话语标记，是本文的研究对象。在 CCL 中检索"可不是"，共得到语料 3 500 条，其中 693 条属话语标记，占比 19.8%，尤以在会话中使用较多①，其会话功能值得研究。

针对"可不是"的词汇化研究较多（陈秀清等，2010；张田田，2011；张先亮，2011；孙利萍，2011；朴珍玉，2014；李思旭，2017；胡梦君等，2018），基本达成共识："可不是"经历了反问句中肯定义的高频使用，而后经历语境吸收、语用推理等一系列过程，固化为具有"表肯定"语义倾向的标记语，但前人对其性质判定存在分歧，对其形式及分布描写较少。另外，也不乏针对"可不是"功能的论述。吕叔湘（1999）较早提出"可不是"表示"同意对方的话"。于宝娟（2009）认为"可不"以跨话轮的方式建构了"认同—理由"的交往模式及语篇结构。张先亮（2011）将分别处于对话及非对话中的"可不是"区分为应答语"可不是 1"和篇章衔接成分"可不是 2"，认为"可不是 1"具有赞同、确认、知晓、应酬、转换话题、信道等话语功能，"可不是 2"具有强化肯定、提醒注意、语段连接等篇章连接功能。代丽丽（2018）在以上两功能的基础上，从话语功能中分列出言者情感与态度标记功能，至此，"可不是"被认为具有应答、语篇及言者情感与态度标记三种功能。以上研究注意到了"可不是"承担的人际及语篇双重功能，但将处于对话中的"可不是"与人际功能对应，将处于非对话中的"可不是"与语篇功能对应。实际上，不论"可不是"处于何种语篇中，其人际及语篇功能均发挥作用。尤其在会话中，"可不是"的双重功能更加显著，这一点需要深入描写、阐述。且现有研究对"可不是"功能的划分较为琐碎，还需进一步提炼其核心人际及语篇功能。

"可不是"作为一个具有人际及语篇双重功能的构式型话语标记，在多种话语场景中广泛使用，母语者语出自然，但因其形式和语义的不可推导性及功能的复杂性，二语者在听、说时却非易事。他们既难从字面或其他构式中理解"可不是"的含义，也很难通过"可不是"标示引导的方向准确理解话语含义，更不论在会话中恰当使用。因而，有必要研究会话语体"可不是"的使用情况，提炼"可不是"的人际与语篇双重功能，揭示其核心用法。

---

① CCL 中，"可不是"作为话语标记在会话中共 510 例（73.59%），在非会话中共 183 例（26.41%）。

二、"可不是"的性质、变体及分布

（一）性质判定：构式型话语标记

学界对"可不是"的定性大体分两类，一是从功能入手，定性其为"话语标记"（陈秀清等，2010；孙利萍，2011；胡梦君等，2018；代丽丽，2018），二是根据其固化程度将其称为"习用语"（吕叔湘，1999；张先亮，2011；李思旭，2017），即构式。这两个术语不具有冲突性，但描述的侧重点各有不同。话语标记的核心特征是语义上的非真值性，即删除后不影响话语命题真值表达；语用上的程序性，用于标明、调节前后语篇的语义关系，同时表达说话人的情感、态度，为听话人理解话语提供方向（Schiffrin，1987；董秀芳，2007；李心释等，2008；殷树林，2012）。而构式是指"形式—意义"的整体性及不可推导性（Goldberg，2006）。

例（3）中"可不是"语音上可停顿，用句号与后续话语分开；句法上独立使用，不与其他成分构成更大的句法单位；语义上不能按字面意思来理解，具有整体性和凝固性，如果去掉，前后话语虽仍旧成立，但话轮转换僵硬突兀，回应语的表态功能被减弱，对原发话人准确快速理解回应语造成困难。所以，"可不是"虽不影响话语命题真值意义，却因其所具有的表态及组织衔接功能而不可减省。

综上，我们认为"可不是"具有话语标记和习语构式双重身份，是一个在意义及功能上均具有复杂性的构式型话语标记。

（二）由"可不是"变体进一步明确"可不是"词汇化进程

"可不是"可独立使用，也可与语气词结合使用形成变体。关于变体形成的先后顺序，存在"可不＋是＞可不是吗＞可不是么＞可不是＞可不"①（张先亮，2011）、"可不是吗？＞可不是嘛＞可不是＞可不"（于宝娟，2009）、"可＋不是＞可不是吗？＞可不是嘛＞可不（是）"（孙利萍，2011）三种观点。我们认为"可不是"来源于反问语境，"可不是么/吗"具有原型结构意义，是为原型变体，"可不是嘛"是"可不是"词汇化后与语气词"嘛"结合的产物，是为使用变体，具体顺序为"可不是么/吗？＞可不是＞可不是＋嘛/咋的/的/的么/的嘛/呢/呗/哩"②。

反问结构"可不是XP吗/么"逐渐省略XP形成"可不是吗/么"，是部分"可不是"的来源结构，并最终留存共时使用，具有原型意义。证据有三，一是古汉语语料。例如：

（4）牛背上自想道："我在华胥国里是个贵人，今要一把日照也不能够了，却叫我

---

① "＞"表示左边项先于右边项。

② 基于CCL穷尽性检索所得。

擎着荷叶遮身。"猛然想道:"这就是梦里的黄盖了,蓑与笠就是锦袍官帽了。"横了笛,吹了两声,笑道:"这<u>可不是</u>一部鼓吹么?我而今想来,只是睡的快活。"[明·凌濛初《二刻拍案惊奇(上)》,卷十九]

(5)张立叫了个"七巧",史云叫了个"全来"。忽听外面接声道:"可巧俺也来了,<u>可不是</u>全来吗?"[清·石玉昆《七侠五义(下)》,第九十一回]

例(4)、例(5)分别为 CCL 古代语料中首例"可不是 XP 么/吗"反问句,表肯定义,表明该结构具有成为"可不是"演变原型的时间条件,而其他变体则无。

二是"可不是"变体共时使用频率。由表1可得,"可不是吗/么"还留存历史反问用法,伴随"可不是"词汇化过程,而"可不是嘛/咋的"只是话语标记与语气词结合的产物。

三是词典释义佐证。《现代汉语八百词》(吕叔湘,1999)释"吗"表疑问或反问,而"嘛"却不能用于疑问语气中,说明话语标记变体"可不是吗"中存在语义矛盾,但因历时演变高频使用而得以留存,而"嘛"命题表态的功能(李成团,2008)正好与表肯定的话语标记"可不是"相匹配。"可不是"主要变体及其使用频率见表1。

表1 "可不是"主要变体及其使用频率(%)①

频率		变体			
		可不是吗	可不是么	可不是嘛	可不是咋的
话语标记	会话中	102(43.22)	51(70.83)	83(89.25)	8(100)
	非会话中	83(35.17)	12(16.67)	10(10.75)	0(0)
反问句		51(21.61)	9(12.50)	0(0)	0(0)
总计		236(100)	72(100)	93(100)	8(100)

综上,"可不是"在词汇化及使用过程中拥有原型变体及使用变体,此两种变体对其词汇化贡献不同,是其词汇化进程的证明。

(三)位置分布

位置敏感语法理论认为,语法浮现于特定的序列类型,并由特定的序列位置所塑造(Schegloff,1996)。"可不是"在会话序列及话轮内部具有分布偏好。

1. 序列位置

"可不是"是一种应答语,具有位置敏感性(positionally sensitive)和序列特定性(sequence-specific)(Thompson et al.,2015),偏好在回应位置承接始发行为,并对其立场及观点表示不同程度的肯定或认同。例如:

---

① 基于 CCL 穷尽性检索所得。

（6）大勇笑笑说：这么慢吞吞的死挺让人厌烦，是不是？狱卒说：<u>可不是</u>。（严歌苓《扶桑》，第 272 页）

例（6）中引发语是一个附加问，具有"这么慢吞吞的死是挺让人厌烦"的倾向性，回应位置的"可不是"是对这种倾向性的认同。

2. 话轮位置

"可不是"话轮中位置较为灵活，可居于首位或非首位，也可独占话轮使用，其中话轮首位分布最多，独占话轮次之，两者相加达 88.43%①。这是因为"可不是"是对始发行为的"偏好应答"（preferred response）②，倾向于进行无延迟的即时回应，这也佐证了"偏好组织原则"（preference organization）。居于非首位的"可不是"，其前面的成分主要有三类：一是表示主观情态的叹词或拟声词；二是一般性认同语；三是需要认同的内容。例如：

（7）"一朵鲜花插在牛粪上了，你说是不？""嘻嘻，<u>可不是么</u>。"他嘴里应付着，眼光一刻也没离了那女人，直到暗绿的身影隐入人流中。（廉声《月色狰狞》，第三章）

（8）"噢，一只轧烂了的松鼠。"她说，"真可惜。""是啊，<u>可不是么</u>。"（急切的、渴望的亨）。（CCL 语料库翻译作品《洛丽塔》）

（9）"仙，快看！出来个大姑娘！""哪儿那？哟！<u>可不是吗</u>，多么美呀！还抱着个小狗儿！"（CCL 语料库《老舍长篇2》，《小坡的生日》）

例（7）中"可不是"前面是表示伴随性动作的笑声，例（8）中是一般性认同语"是啊"，例（9）中是先重述了需要认同的内容，而后发出感叹并给出认同性回应。这三类内容的产生与"可不是"协作表示"认同"。

三、"可不是"话语关联

如前所述，"可不是"偏好回应话轮首位，极少情况下远离开头位置，这时先于其产出的成分在功能上与"可不是"一致，协同回应始发行为，故而其会话模式（M）可简化抽象为：

甲：A。

乙：可不是，（B）。

（一）引发语 A 行为类型及句法特点

始发话轮 A 往往执行"确认寻求"或"信息告知"行为，形式上主要是预期性是非问、正反问、非真性特指问、陈述句或感叹句。

---

① 在 510 例语料中，独立使用、话轮首位、话轮非首位占比分别为 18.82%、69.61% 和 11.57%。

② "偏好应答"指支持相邻对前件行为达成的相邻对后件，比如准确、简短地直接回答特殊疑问句的疑问信息，无延迟、无保留地正面回应求证或求同话语，及时支持请求或提议等。

1. 确认寻求

A 一般为预期性问句。所谓预期性问句，是指说话人在发问前已对自己所问之事的答案及其发生的概率有了一定的预判，即答案具有一定的倾向性，发生的概率可大可小，却并非随机事件。预期性是非问和正反问最典型，说话人发问只是为了证实预期。例如：

（10）朱瑞芳笑了："看你急的，暮堂根本没提金子的事，他也知道你目前困难，他想帮你的忙……""他想帮我的忙？"他不相信自己的耳朵，以为听错了。"可不是。……"（周而复《上海的早晨》，第一卷）

（11）"你说这孩子，你就算是父母身上的一块肉，可掉下来，就自个去活了，毕竟跟长在身上不一样了，你跟他生得起气么？"这一句话，差点没把马林生眼泪说掉下来，只在枕头上连连点头，"可不是，可不是……"（王朔《我是你爸爸》，第十五章）

（12）"那些人是不是认为我妨碍他们的位置？"宋其文想了解谁反对他。"可不是吗，一般会员对其老印象很好，中层骨干对其老十分钦佩，就是有些头儿脑儿，提出一些歪道理，想鼓动大家选他，其实各走各的阳关道，何必互相攻击呢？"（周而复《上海的早晨》，第四卷）

例（10）A 为预期性是非问，受话人虽然不相信，但根据当前信息得到了一个小概率预期，发问是为了获得确认。例（11）A 也为预期性是非问，但用了反问语气，以肯定表否定，实际是为全概率否定性预期寻求确认。例（12）A 为预期性正反问，应答语的预期为全概率肯定确认或否定拒绝，表示"确认、认同"的"可不是"可以满足其"寻求确认"的语义要求。

根据郭锐（2000）对附加语气词"吗"的是非问句确信度的分类，张先亮（2011）认为，"可不是"能回答高确信度、低确信度和零确信度的是非问，不能回答全确信度和中确信度的是非问，但其局限在于只是对"吗"字是非问确信度的考察，其他类是非问句中全确信度和中确信度问句是否也不能作"可不是"的引发语呢？例如：

（13）（崔掌柜）连忙抱拳说道："达官爷，您才来呀？"孔星抬头一看，不认得，遂说："可不是吗。才来。您坐下咱们一同的吃酒吧。"（清·《大八义》，第三十回）

例（13）A 类似郭锐（2000）所言的全确信度是非问，虽是古代语料，但仍是合语感的现代汉语日常口语会话。根据说话人对所说话语是否具有预期性，可将是非问分为预期性是非问和无预期是非问，不论是全概率预期，还是大概率或小概率预期，只要说话人对答话人的回答有所预判，即可用"可不是"应答，"可不是"只是不能回应无预期是非问，也即郭文中的中确信度是非问。

另外，A 还可以是特殊疑问句，但其置于 M 会话模式中时均变为弱发问非真性问，例如：

（14）甲问："哎，我怎么不认识您？"乙答："可不是嘛，咱们从来就没见过面。"（单口相声《上学》）

较之"怎么"询问具体方式，问原因是询问意味较弱的非真性问，一般得到非答案性回应，且优先识解并回应特定语境之下的浮现行为（张文贤，2021）。例（14）A实际表示的是语境中浮现的"否定"义，"可不是"对此应答，其功能类似上文中的预期性是非问和正反问，是非典型特指问。

2. 信息告知

引发语 A 也可以是对事实、观点、评价、建议、提醒或感受的陈述，以陈述句或感叹句完成告知行为。例如：

（15）侯加彬喜心翻倒，讪讪地说："你眼睛还未消肿。""<u>可不是</u>，"琰芳咕哝："烦死人。"（亦舒《眼镜》）

（16）"小涛说的病，说白了就是脚臭，要说这也不算是什么大毛病，男孩子好动，免不了出汗，勤洗洗脚，换袜子不就得了。哪还至于退学啊。""<u>可不是</u>吗，一双鞋连续穿三个月，那能不臭吗。"（北京电视台《"臭脚"的心结》，2009 年 2 月 19 日）

（17）汤："他放肆的话，你跟他打官司。哈哈……"李："哈哈……，<u>可不是</u>。他们讲我怎么行？……我们打拼天下，你们才跑回来。所以这些人，在我面前被我骂得狗血喷头，他们屁都不敢放。"（李敖《李敖对话录》）

（18）"不要靠在那上边，那上边有油。"高四海说。"<u>可不是</u>！你不说，我还没看见哩。"（孙犁《风云初记》，第四十二章）

例（15）～（18）中 A 均为陈述句，分别表达客观事实、观点、建议及提醒。

（19）听完之后，他眼圈红红地说："唉，可怜！这么好的人才！这么重的折磨！"周炳也义愤填膺地说："哼！<u>可不是</u>么！如果比起小杏子的险恶身世来，那泰山也只能算是平地！"（欧阳山《苦斗》，第三十章）

（20）"一眼望这么远，心里开阔，人也舒服哪。""<u>可不是</u>，你整天闷在屋子里，眼光看不到两丈远。"余静深深吸了一口田野的空气，说，"这里空气多新鲜。你常出来走走，不要老是呆在家里。"（周而复《上海的早晨》，第二卷）

例（19）、例（20）A 为感叹句，表示评价与感受。不论 A 为陈述句还是感叹句，回应位置的"可不是"均是对始发话轮所告知信息的认同。

（二）后续句 B 语义特点

处于回应语后续语段的 B 可以是对引发语 A 同一话题的论述，也可以转换、开启新话题。当 A、B 为同一话题时，B 可以对 A 进行延展或否定。因而处于相邻对中，针对引发语 A 话轮的语义，B 呈现"同话题延展""同话题否定"和"异话题启动"的语义特点。

1. 同话题延展

先分析上文例句中 B 的语义倾向。例（12）具体例证不同人对其老的看法，例（15）是对"眼睛肿"话题的延展性评价，例（14）、例（16）是对 A 所涉话题的延展性解释，例（17）、例（18）是对同一话题的补充解释，例（19）是对同一话题的重述强化，例（20）是对同一话题的顺承延展。以上语义均是对 A 所涉话题语义的顺向延展。较为特殊的是，例（10）和例（11）的应答语均是由"可不是"结束话轮，但整个应答语亦为肯定表态，也属于对引发语语义的顺向延展。

2. 同话题否定

B 还可以是对 A 所涉话题的逆向否定，例如：

（21）"那倒别这么说，人家大大小小，也是一个教授。"妹妹笑说："<u>可不是</u>，落后地区，小大学里的穷教授。"（亦舒《师母》）

（22）三少爷眼光亮亮说："成戏园子才好哩，你是旦角，我是生角，夫妻两个一台子戏，这种乐呵，满世界没场寻呢。"女人说："<u>可不是</u>的，像咱俩这样子的夫妻也是满世界没场寻哩。"三少爷没听出女人的话中话，说："咱俩做夫妻，保一辈子都欢乐。"女人心里一酸，险些掉下泪来。（尤凤伟《石门绝唱》，第四章）

例（21）的 B 是对"教授"的取笑，例（22）的 B 是妻子对"三少爷期待夫妻同台唱戏"的否定及嘲讽，语篇中的"话中话""心里一酸"也是这一语义倾向的佐证。

3. 异话题启动

A、B 之间可以转换话题，B 开启新话题。例如：

（23）"唉呀，问威廉好了，他们七年同事。""什么，七年？""<u>可不是</u>，同一出身，一下子人家飞上枝头去了，咱们还在地下啄啄啄，连翅膀都退化了，像奇异鸟，丑得要死，十足十似只老鼠。"（亦舒《临走》）

话题从"同事年限"的确认转换到"出身"，开启了新话题。

所以，"可不是"前后 A、B 语段的语义可以是顺向延展，也可以是逆向否定，所关涉的话题可以相同，也可以不同。

四、"可不是"语境适应下的人际协调功能

"可不是"经历反问句表肯定语义的高频使用，而后固化为具有"表肯定"语义倾向的标记语；《现代汉语词典》（第 7 版）中"可不是"释义为"表示附和赞同对方的话"；李思旭（2017）指出"可不是"的表义倾向是表肯定，可见"可不是"虽然只具有程序义，不影响话语命题的真值语义，但其"肯定"的概念义仍以底层语义的形式留存于表态功能中，所以其难以同表不确定、犹豫等"非偏好应答"的常见语气词"吧"（李成团，2008）结合使用。例如：

（24）a. 奶奶不住的对她上上下下的打量，笑吟吟的对文秀说："我就说嘛，这丫头是红鸾星动了，挡都挡不住！上次的事幸好没成，要不然就错失了这次的良机，是不是？""<u>可不是</u>吗！"文秀应着，看着靖萱的眼光也是喜孜孜的。（琼瑶《烟锁重楼》，第三十七章）

b. *"……上次的事幸好没成，要不然就错失了这次的良机，是不是？""可不是吧！"文秀应着……（改编）

文秀的"可不是"是一个确定性认同，例（24b）加上"吧"后，两者语义抵牾，不合逻辑。

会话交际中的"可不是"为"偏好应答"，表"肯定、认同"，此为其核心情态义。在此基础上主要发挥语境适应下的人际协调功能，即遵循合作原则与礼貌原则，在不同语义环境中，受话人不论是否真正认同发话人所述，均以人际关系和谐为第一目的，先采取正面认同的直接回应方式，之后适应语境再进一步采取言语行为，具体包括顺向认同、逆向认同、中立认同等三大功能。

（一）顺向认同功能

如前所述，"可不是"前后 A、B 语段的语义关系可以是顺向延展，作为 A、B 衔接语的"可不是"便具有顺向认同功能。例如：

（25）辛楣先说这儿闷得很，没有玩儿的地方。范小姐说："可不是么？我也觉得很少谈得来的人，待在这儿真闷！"（钱锺书《围城》，第十二章）

（26）王小楠："张姐，一会……一会真让我去送这个呀？"张素香："那可不是，你分到村委会实习都一个礼拜了，也该自己出回马了。"（北京电视台《计生活剧》，2008 年 1 月 31 日）

例（25）中受话人先表示对发话人评价的赞同，后重述强化发话人的观点，表达了强烈的认同。例（26）中发话人寻求确认，受话人以"可不是"表示肯定，再解释原因。这两例均是受话人对发话人话语顺向认同后的进一步叙述。"可不是"标示出的肯定性的主观态度表明受话人对会话的积极参与和投入，一方面表示了对说话人的尊重，另一方面确立了自身积极正面的形象，具有积极的交际功能。

（二）逆向认同功能

会话中双方观点并不能总是保持一致，当意见相左时，为不引起情感冲突，确保交际和谐顺利，说话人往往会增加对听话人主观感受的关照，尤其关注听话人的面子，话语形式上常常表现得委婉含蓄，先以"偏爱应答"为否定、反驳等可能引起负面情绪的行为做铺垫，表明自己是站在听话人的立场上交流的，发表的是达成共识之后的想法，使交际双方处在良好的互动关系中，这便是"可不是"的逆向认同功能。例如：

（27）杨志朴听明原委，就故意逗弄她们道："要我做主也不难，只是你们要先回答我一个问话：你们四个人到底是聪明、还是笨钝？"周泉和陈文婷摸不清他的来头，不敢吭声。陈文娣却颇为自负地说："聪明！"陈文婕也马上露出事业家的神气道："不笨！"杨志朴接着就说："可不是么？我也这么想！聪明的人想起了饼干；不笨的人想起了番薯。依我说，都好。不过……你们买白米不好么？有那么二三百块钱，满可以买

二三十石糙米，送到灾民那里，岂不更加实惠?"（欧阳山《苦斗》，第二十六章）

（28）我说，"有时候出来走，也无所谓。"分明是安慰话。"<u>可不是</u>，在家闷得慌，但出来走更闷。"（亦舒《观光夜》）

例（27）中受话人并不认同说话人的主意，却也没有直接否定，而是先以"可不是"肯定其想法，再退一步提出自己的意见，这样不仅照顾了对方的面子，也使自己的新建议能更顺利地被接受，和谐、成功地完成交际任务。例（28）中受话人对发话人安慰的话不好直接否定反驳，便先予以认同，后续再逆向陈述自己相反的观点。例（21）和例（22）中受话人假意认同后的取笑、嘲讽与否定均是对说话人观点的逆向回应，"可不是"的人际协调功能缓和了双方冲突，使会话和谐推进。

（三）中立认同功能

"可不是"还表示一种中立的认同，会话模式 M 中的 B 往往是空集，"可不是"只是对会话持续推进的支持性言语反馈（continuer）；或 A、B 间语义不存在顺向或逆向之说，"可不是"及 B 仅仅是对 A 的附和性言语应答，态度中立。例如：

（29）说到这里，她用油衣拭了拭眼角，说，"……筒摇间骂我们，我们也不仔细想想，也不把问题摊开来看看，我们就怪粗纱间，是哦? 彩娣。"汤阿英坦率地说出她心里的想法，停了停，望着郭彩娣。郭彩娣不好意思地歉然笑了笑，说："<u>可不是么</u>。"（汤阿英:）"现在可看清楚了，是原棉问题，是徐义德问题。……"（周而复《上海的早晨》，第二卷）

（30）刘太生像没事人似的紧走几步，高声地说："殿福哥，今年雨水勤，什么庄稼都长得这么好!""<u>可不是</u>，庄稼人就盼着庄稼好。"何殿福随话答音地说了一句。（冯志《敌后武工队》，第六章）

例（29）中"可不是"表示"我同意你说的，你继续说吧"，支持说话人延续话题。"可不是"不以取得话轮为目的，没有打断说话人的论述，只是表示受话人对会话的关注和参与。例（30）中"可不是"只是随声附和，未有鲜明的态度表示，语篇中的"随话答音"形象地描述了应答语的性质。

（四）三大功能分布考察

穷尽检索 CCL 中目标语料三大人际功能的分布情况及句中 AB 间语义关系（见表2），发现三大功能分布并不均衡，以顺向认同功能为主，占比高达 92.16%，其他两功能所占语料较少。究其原因可能还是受制于"可不是"的核心情态义，但随着语境的复杂化，其核心情态义制导下的"偏爱应答"功能促使完成语境吸收，进而逐渐发展出语境适应下或逆接或中立的人际协调功能。

"可不是"完成顺向认同功能时，会话模式 M 中的 A、B 处于表2中对应的7种顺向语义关系，实现话题延伸、解释说明、具体例证、同义复述、递进强化；"可不是"

行使逆向认同功能时，A、B处于转折语义关系，回应语以缓和委婉的态度表示出不同于说话人的观点；当"可不是"只是个推动话语持续进行的"小发条"或对说话人话语的礼貌性应对时，整个回应语实现的往往只是"不让话头落地"的话语承接功能，而非语义的顺承。综上论述，话语标记"可不是"在其"认同"情态义及复杂语境双重制导作用下，具有顺向认同、逆向认同、中立认同三种人际功能，虽使用分布较为悬殊，但功能目的却较为统一，即适应不同语境完成"偏爱应答"，以便维持会话良性推进，保持人际关系和谐发展。

表 2　"可不是"三大人际功能分布情况

功能	顺向认同							逆向认同	中立认同	
AB 语义关系	顺承	因果	详略	联想	并列	递进	解说	转折	承接	联想
频次	263	69	53	33	25	19	8	27	10	3
频率（%）	51.57	13.53	10.39	6.47	4.90	3.73	1.57	5.29	1.96	0.59
小计（%）	470（92.16）							27（5.29）	13（2.55）	
总计（%）	510（100）									

五、"可不是"话轮转换下的语篇顺承功能

"可不是"一般位于会话模式 M 应答语的开头，串联前后话语，标示话轮转换，具有语篇连贯功能，针对前后话轮的语义关系，表现出顺接延续、延续待转和终结重启三种功能。

（一）顺接延续功能

当会话模式 M 中的 A、B 语义关系是顺向承接时，"可不是"表示说话人"真性认同"的态度，在语篇中实现前后话语顺接延续。如例（12）和例（20）前后话轮顺向延展，例（14）、例（16）、例（17）、例（26）后话轮对前话轮进一步解释说明，例（19）、例（25）后话轮对前话轮加以强化，例（15）、例（18）后话轮分别对前话轮实施评价与补充说明。此类功能均是前话轮触发后话轮，后话轮承接前话轮的同一话题延展性叙述。例（29）较为特殊，"可不是"形式上标示话轮转换，受话人取得了话轮，但实际受话人本意不在抢夺话轮，客观上是对说话人原话轮、原话题持续推进的支持、维系，"可不是"的语篇功能可归为延续连贯。

（二）延续待转功能

当会话模式 M 中的 A、B 语义关系呈现逆向转折时，"可不是"表示说话人为维系

良好互动与和谐人际关系作出的策略性"假性认同"态度，篇章上预示着受话人针对说话人所述同一话题语义上的转折，"可不是"具有延续待转功能。例（21）、例（22）、例（27）和例（28）中的后话轮虽是对前话轮同一话题的延续性表述，但显然对前话轮呈否定、反驳、取笑、嘲讽的态度，而"可不是"便是同一话题延续转折的标示。

（三）终结重启功能

当会话模式 M 中的 B 为空集或 B 重新开启了一个不同于前话轮的话题时，"可不是"表示说话人不置可否的中立态度，篇章功能上具有两种表现，一是终止话轮，终结话题；二是维持话轮，转换话题。上文例（10）和例（11）中 B 为空集，"可不是"终止了话轮，同时也终结了话题。例（23）"可不是"有后续话语，却是与前话轮不同的新话题，"可不是"维系了话轮却转换、重启了新话题。例（30）是受话人对说话人话题的随声附和，基本未增加命题内容，实质是对话轮与话题的终结。

（四）三大功能关系考察

由上可知，"可不是"在底层情态义"认同"的制约下必然具有顺承功能，在此基础上，经上下文顺向、逆向、无（异）语境的触发，衍生出了话轮转换下的顺承延续、延续待转、终结重启等语篇连贯功能，此三功能均为顺承主功能的衍生功能（见图1）。

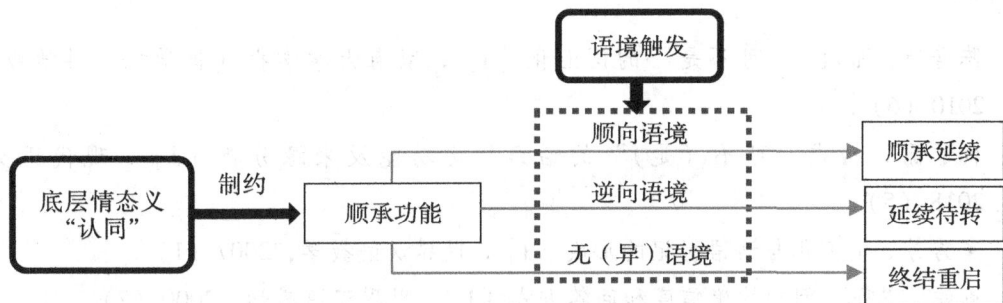

图1 "可不是"三大语篇功能关系模型图

六、结语

考察会话语义环境，"可不是"具有人际与语篇双重功能（见图2），其作为偏好应答，表"认同"，是对前话轮"确认寻求""信息告知"行为的回应，继而引发后续话语针对前话轮同话题或异话题的延展、否定或重启。前话轮为保证语义实现，通常用弱发问语气、陈述语气或感叹语气。形式上主要是预期性是非问、正反问、非真性特指问、陈述句或感叹句。交际中，偏好应答"可不是"始终承担着人际和语篇双重功能。

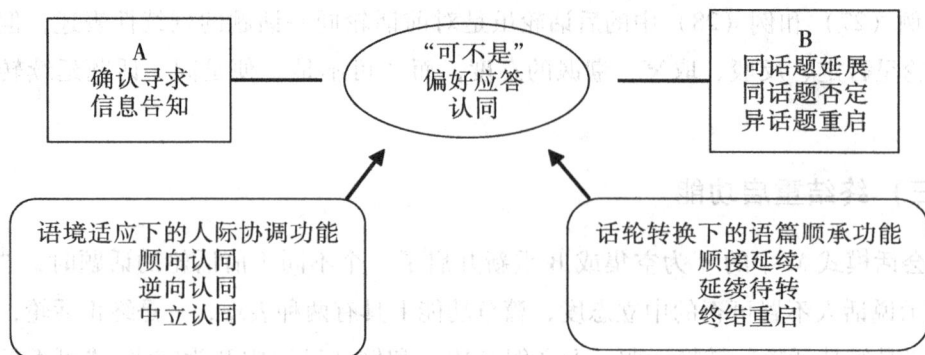

图 2 "可不是"的话语关联及会话功能

不同于前人对"可不是"功能的割裂式举例论证，我们基于语料库数据统计，尝试完成对会话中"可不是"人际及语篇功能的整合讨论，在明确"可不是"为构式型话语标记，具有意义及功能双重习得难点的基础上，充分描写其在会话中的分布情况及序列语境，系统呈现"可不是"的话语关联及会话功能，为对外汉语教学提供简明的知识框架。

参考文献

[1] 陈秀清，张凯．"可不是"的词汇化［J］．渤海大学学报（哲学社会科学版），2010（6）．

[2] 代丽丽．构式"可不（是）"的话语标记功能及来源分析［J］．现代语文，2018（5）．

[3] 董秀芳．词汇化与话语标记的形成［J］．世界汉语教学，2007（1）．

[4] 郭锐．"吗"问句的确信度和回答方式［J］．世界汉语教学，2000（2）．

[5] 胡梦君，陈昌来．话语标记"可不是"的历时演变及成因［J］．海外华文教育，2018（5）．

[6] 李成团．话语标记语"嘛"的语用功能［J］．现代外语，2008，31（2）．

[7] 李思旭．三音节固化词语"×不是"的表义倾向及词汇化［J］．世界汉语教学，2017，31（1）．

[8] 李心释，姜永琢．对话语标记的重新认识［J］．汉语学习，2008（6）．

[9] 吕叔湘．现代汉语八百词［M］．增订本．北京：商务印书馆，1999．

[10] 朴珍玉．再论话语衔接语"可不（是）"的形成与功能［J］．语言研究集刊，2014（1）．

［11］孙利萍．答语标记"可不是"的词汇化及其形成机制［J］．宁夏大学学报（人文社会科学版），2011，33（1）．

［12］殷树林．话语标记的性质特征和定义［J］．外语学刊，2012（3）．

［13］于宝娟．论话语标记语"这不""可不"［J］．修辞学习，2009（4）．

［14］张田田．"可不是"的固化历程及相关问题［J］．求索，2011（10）．

［15］张文贤．从会话序列看"怎么"问句的解读［J］．语言教学与研究，2021（1）．

［16］张先亮．"可不是"的语篇功能及词汇化［J］．世界汉语教学，2011，25（2）．

［17］中国社会科学院语言研究所词典编辑室．现代汉语词典［M］．7版．北京：商务印书馆，2016．

［18］GOLDBERG A E. Constructions at work：the nature of generalization in language［M］. Oxford：Oxford University Press，2006.

［19］SCHEGLOFF E A. Turn organization：one intersection of grammar and interaction［A］. In OCHS E，SCHEGLOFF E A and THOMPSON S A（eds.）. Interaction and grammar［C］. Cambridge：Cambridge University Press，1996.

［20］SCHEGLOFF E A. Sequence organization in interaction：a primer in conversation analysis［M］. Cambridge：Cambridge University Press，2007.

［21］SCHIFFRIN D. Discourse markers［M］. Cambridge：Cambridge University Press，1987.

［22］THOMPSON S A，FOX B A，COUPER-KUHLEN E. Grammar in everyday talk：building responsive actions［M］. Cambridge：Cambridge University Press，2015.

The Context and Function of "Ke Bu Shi" in Conversation

LI Gaoxiang　　LI Yanxiang

【Abstract】The core modal meaning of "ke bu shi" （可不是）in the position of response in the conversation is identification , which replies to the meaning of requesting for confirmation and informing in the trigger language and connects the following sentences that indicate extension or negation of the same topic, or that start a new topic. In the process of conversation, "ke bu shi" is a preferred response and plays the role of interpersonal coordination under context adaptation and discourse coherence in turn-taking.

【Keywords】"ke bu shi", discourse relevance, preferred response, interpersonal function, discourse function

主观化与构式"没有 VP 之前"的羡余否定研究[①]

杨勇飞[②]

（湖南工商大学外国语学院　长沙　410205）

【提　要】本文运用主观化理论，着重探讨了汉语羡余否定构式"没有 VP 之前"中否定词"没有"的认知语用功能。本文认为否定词"没有"在构式"没有 VP 之前"中并不是羡余的，而是一种主观化否定标记，是说话人基于主观性表达的需要对隐性否定意义在句法实现上的一种凸显或强化。这种主观化过程主要反映在以下三个方面：①视角的变化；②焦点的凸显；③情感的传递，并对构式"没有 VP 之前"的语用选择有反制约作用。

【关键词】"没有 VP 之前"构式　"没有"　羡余否定　主观化　语用选择

一、引言

"没有 VP 之前"与"VP 之前"是汉语中两种常见的表达时间的格式[③]，因在使用时并无意义上的差别（如肯定式"<u>上大学前</u>，她已在多家公司兼职锻炼"与否定式"<u>没有上大学前</u>，她已在多家公司兼职锻炼"表义一样），被学者们视作"正反同义结构（构式）"（江蓝生，2008；彭懿、张雪莹，2020）、"悖义结构"[④]（马黎明，2000）、"冗余否定构式"（吴淑琼，2021）等，其中否定词"没有"表达羡余/冗余否定意义（杨子、王雪明，2015），在句法组构及表义上体现了口语惯用语特点（吕叔湘、朱德

---

① 本文为 2021 年度湖南省社科基金项目"课堂教学环境下二语程式序列深加工的实证研究"（项目编号：21YBA151）的阶段性科研成果。

② 杨勇飞，湖南郴州人，博士，湖南工商大学外国语学院讲师，研究方向为认知语言学、外语教学。

③ 在该结构中，时间标记"之前"可以是"前""以前"等，否定标记"没有"也可以是"没""未""尚未"等。为便于讨论，本文一律以"VP 之前"和"没有 VP 之前"来统一指称两种格式（构式）。

④ "悖义结构"指在语义上有悖常理，须从反面去理解整个结构意义的表达，如"没有 VP 之前"。这实则反映了语言形式与语言意义不匹配，语言结构的形式超出了意义表达的需要的特点（钟书能、刘爽，2015）。

熙，1979；戴耀晶，2004）。然而，大量研究表明"没有 VP 之前"与"VP 之前"之间除了具有同一性外，还存在互补情况（王灿龙，2004；卢鸿莉，2010；刘甜，2011；曾亚金，2016），也就是说，"没有 VP 之前"与"VP 之前"构式之间并不总是可以相互替换的，如例（1）所示①：

（1）a. 在二狗还**没有放弃梦莉**之前，他又苦苦劝他把她舍了；那一定会得罪了二狗，而得不到他所希望的肥缺。

b. 在**没有获得更多的证据**之前，我也不敢认他呢！

c. 在他**没能消灭文城的人们**之前，只要他看见地上有个虫子，就必定把它踩死。

根据曾少波（2005）和刘甜（2011）的分析，例（1）画线部分的"没有 VP 之前"构式都不宜换作肯定式，原因是例（1a）隐含了"二狗到死都对梦莉心存眷恋，并没有放弃或做出放弃的姿态"的意义，例（1b）和例（1c）强调了作者对 VP 能否实现（即能否"有更多的证据"，能否"消灭文城的人们"）没有把握等意义。另外，从语用语体角度来看，说话人似乎有意凸显 VP 尚未发生时主句所表达状况的发展与变化。这给我们的启示是："没有 VP 之前"构式（相较于肯定式）有其特定的构式义，并主要表现在语用功能上，如加强否定语气（石毓智，2001），强调主句成立的状态、原因或条件（江蓝生，2008；彭懿、张雪莹，2020），强调主体的态度（李明，2023），隐含主句所表达状况的改变、调整等，以及引人联想、增强对比（许有胜，2006；刘甜，2011），等等。

以上这些研究和观点都十分深刻，为本文的研究奠定了坚实的基础。不过，也存在需要进一步完善和补足的地方，主要表现在两方面：其一，否定词"没有"在构式"没有 VP 之前"表达上是否真是多余的？如果不是，其对于整个结构在表义上的具体贡献是什么？换言之，羡余否定词"没有"使用的深层动因和认知理据是什么？其二，羡余否定构式"没有 VP 之前"在语用选择上除了考虑否定词"没有"的认知语用功能外，还会涉及与哪些因素的互动？或者说会受到哪些因素的进一步限制？对此，本文将结合主观性与主观化等理论对否定词"没有"的认知语用功能及其语义语用限制展开进一步讨论。这对于准确理解"没有 VP 之前"构式的特点与性质，及其与"VP 之前"构式之间的互补关系等具有十分重要的意义。

二、构式"没有 VP 之前"中否定词的"浮现语义"分说

在句法上，"VP 之前"虽为肯定形式，但含有内在的否定义，原因是隐性否定成分"之前"负向蕴含 VP，可衍推出 VP 未实现，即"没有 VP"。因此，"VP 之前"与"没有 VP"体现了同一概念下的正反形式表征，具有同义转换、反向否定等关系（李

---

① 文中所引例子大都来自参考文献，囿于篇幅限制，除个别地方外，不一一作标注。

明，2023）。有趣的是，"之前"与"没有"作为一隐一显两个否定性表达为何可并列出现在同一构式"没有 VP 之前"中，其二者的关系是什么？在该构式中否定语义具体是由谁来承载的？综合以往研究，主要有以下三种观点。

第一种观点认为，否定意义始终由隐性否定词"之前"承担，而显性否定词"没有"的意义是空的，它只是隐性否定词的一种影子和标记（陈秀清，2018）。因此，羡余否定常被称为形式否定，甚至被称为滥用的（abusive）否定（李明，2023），在语音上一般轻读（李小玲，1986）。值得一提的是，这里所说的"空语义"是从否定意义的表达上来说的，否定词"没有"并没有发挥自身的否定作用（陈秀清，2018），或者说否定词"没有"在构式"没有 VP 之前"中缺乏实在的词汇意义（石毓智，2001），也因此羡余否定和对应的肯定式意义基本一致，都强调时间上的"早/先于"等序列义（Yang，et al.，2023），如例（2）画线部分所示。

（2）张孝正对欢欢和一对儿女也是照顾有加，虽然张孝正已经非常迷恋蒋勤勤，但强烈的家庭责任感却使他对欢欢和一对儿女与<u>没有遇见蒋勤勤之前（可改写为"遇见蒋勤勤之前"）</u>并无二致。

不过，依据陈秀清（2018）的观点，羡余否定还应进一步区分为广义和狭义两类。"广义的羡余否定"对应于"正反同义"，其中否定词发挥实在否定作用，如"不一会儿""没几天"等，而在"狭义的羡余否定"中，否定词原本是不存在的，羡余否定是由对应的肯定式添加赘余的否定词转化而来的，其目的在于凸显隐性否定意义的表达。照此来看，羡余否定词的空语义现象实则指的是后一种狭义羡余否定情况，在结构上通常包括一隐一显或一明一暗两个否定性成分。本文中主要限于狭义羡余否定类型的探讨。

第二种观点（与第一种刚好相反）认为，否定意义由显性的否定词"没有"来承担，而隐性否定词"之前"的否定意义已上浮，不再具有否定意义。如此来处理大体可考虑以下认知语义过程：隐性否定成分"之前"在进入构式后，受构式压制（coercion）发生转义或经历了语义再分析，这可以避免对同一形式做一分为二的处理。根据刘甜（2011）的研究，在"没有 VP 之前"中，"没有"不仅不是多余成分，而且是语用焦点，而"之前"所表示的"时间顺序义"开始虚化；"之前"的语义经历了由实而虚的语法化过程。在例（3）中，"之前"的语义虚化过程可具体描述为："没有 VP 之前（3a）"→"没有 VP 的时候（3b）"→"在没 VP 的情况/条件下（3c）"等。同样，江蓝生（2008）也有类似举证探讨，"在肯定式'难免出问题'中，'难免'的'免'意思很实，不可缺少；而在否定式'难免不出问题'中，'免'的意义虚化，'难免'的意义相当于'难（难以/难于）'"。当然，以上对于羡余否定的分化处理仍有诟病，相关证据还有待进一步挖掘。

（3）a. 在她们的反党行为<u>没有充分暴露之前</u>，大家都不会也不敢乱加猜测。

b. 在她们的反党行为<u>没有充分暴露的时候</u>，大家都不会也不敢乱加猜测。

c. 在她们的反党行为没有充分暴露的情况下，大家都不会也不敢乱加猜测。

第三种观点认为，否定词"没有"不是"多余的"，而是构式"没有 VP 之前"的必要组成部分，它与构式其他成分一起表达特定的认知语用功能（详见后文分析），如石毓智（2001）认为否定词具有强调否定语气的功能，强调某一行为（状态）一直延续到否定构式中 VP 实现的这一刻才结束，而"VP 之前"没有强调的功能。当然，石毓智所提及的"某一行为状态一直延续到否定构式中的 VP 实现这一刻才结束"的论说仍有待商榷（曾少波，2005），如例（4）中主句所表达的"知道北京是一个古老文明的城市"这一行为状态并不是"来了北京"这一动作完成后就结束了，而是从"没来北京前"一直延续到"来北京之前"，甚至到"来了北京之后"的很长一段时间。因此，曾认为否定标记有实在的词汇意义，在语义表达上不可或缺，具有点明"过程"实质的意义。

（4）突尼斯运动员扎吉说，没来北京之前，就知道北京是一个古老文明的城市。

后续有关羡余否定的研究很多，但主要围绕其产生机制及限制条件展开相关讨论。譬如，张谊生（2012），杨子、王雪明（2015）等认为，羡余否定的出现并非随意的，而是通过正反形式叠加融合甚至糅合生成的，汉语中诸如此类用法不少，如"差点儿VP" + "没 VP" → "差点儿没 VP"，"难免 VP" + "不 VP" → "难免不 VP"，等等。对此，陈秀清（2018）不以为然，认为以上"糅合/整合说"无法合理解释羡余否定构式中否定词的"羡余"问题[①]，否定词在结构整合前后都起实际的否定作用，陈氏由此进一步指出，羡余否定是隐性否定意义溢出上浮到句法层面的结果，而上浮的动力是为了凸显隐性否定意义的表达需求。陈秀清在论述中虽未专门针对"没有 VP 之前"构式，但其"隐性否定意义上浮说"对于本文研究有重要启示意义。江蓝生（2008）认为，"没有 VP 之前"在结构上既不是"没有 VP + 之前"，也不是"没有 + VP 之前"，而是像兼语式那样的叠层的结构。叠合式一般都具有强调功能，其语义蕴含并不简单地等于原来两式意义之和，而是仍有侧重，往往产生主观化的新的情态语义，使之在表达上独具特色，从而不会被视作羡余格式而淘汰。

此外，钟书能、刘爽（2015）通过分析羡余否定结构"差点儿没 VP"，指出否定词"没"在漫长的语法化历程之后逐渐衍生出除"否定"之外的其他语用功能，如"主观移情"等；认为把"没"冠名为羡余否定成分是名不符其实的，它在构式中是个不可或缺的多重认知功能标记。在功能主义研究路径下，语言形式的选择对应于语义的选择，语言形式的变化必然带来语义的变化；不同的语言结构有着不同的含义和使用限制，语义和形式之间的关系不是任意的。如果"没有"作为羡余成分是一种"约定俗成"，无需也无法

---

① 吴淑琼（2021）认为，冗余否定构式形成的认知基础是反义转喻（opposition metonymy），即处在同一概念域的正反概念（源概念 v. s. 目标概念）因在心理上具有临近性，在特定语境调控下可构成"以反代正"或"以正代反"的转喻关系，如"不一会儿"与"一会儿"构成反义关系，但在多数情况下语义等同，通过反义转喻可相互换用。吴的观点很有创建性，但其研究仍是个案性的，且存在有待商榷的地方，如针对本文"没有 VP 之前"构式中否定词"没有"的羡余问题，其反义转喻的解释力似乎十分有限。

论证的话，这显然与"语言经济原则"相悖逆行。接下来，我们将结合主观性/主观化理论着重探讨否定词"没有"在构式"没有 VP 之前"中的认知语用功能。

三、否定词"没有"在构式"没有 VP 之前"中的主观化阐释

根据上一节的讨论，本文认为否定词"没有"在构式"没有 VP 之前"中并不是羡余的，而是一种主观化否定标记，是说话人基于主观性表达的需要对隐性否定意义在句法实现上的一种凸显或强化。这种主观化过程不仅反映了说话人对概念内容识解方式的转变，也反映了说话人在不同话语环境调控下灵活地构造语言单位以满足表达的需要。

基于语言使用（usage-based）的特点来看，主观性普遍存在于语言中，这是因为语言意义的生成与表达都直接或间接地与人的基本认知能力——识解相关联。通过识解，我们可以对同一概念内容或语义场景采用不同方式进行表征（Langacker，1990），而不同的识解方式往往会导致不同语言形式的产生以及带来意义上的变化。根据 Finegan（1995）的观点，主观性是指说话人在话语中留下的自我印记，表达说话人的立场、情感和态度。主观化是指语言为表达主观性所采用的结构形式或经历的演变过程等。主观化通过说话人识解方式的转变对语言使用进行调节，具体涉及说话人认识（态度）、说话人视角以及说话人情感等内容的变化。本文中，羡余否定标记"没有"在构式"没有 VP 之前"中的主观性及主观化主要体现在"视角的变化""焦点的凸显"以及"情感的传递"等方面。

（一）视角的变化

"视角"是说话人对客观情状的观察角度，或是对客观情状加以叙说的出发点（沈家煊，2001）。视角（化）受优势视点（vantage point）选择的影响，在结构上体现为对客观情状的一种观察排列（viewing arrangement）（Langacker，2008）。这里的"优势视点"，也即日常所说的观察问题的角度或切入点，带有明显的言者主体及主观倾向等特点，譬如，说话人可以根据自身表达的需要对同一概念内容或语义场景从不同的视点出发进行观察与审视，并通过不同（甚至相反）的语言形式表征出来，如例（5）所示：

（5）a. 许多生物甚至在被人类发现之前就灭绝了。

b. 许多生物甚至在没有被人类发现之前就灭绝了。

例（5a）中画线部分"被人类发现之前（肯定式）"和例（5b）"没有被人类发现之前（否定式）"是同一概念下的正反两种表达形式，都是以"被人类发现"这一事件作为参照点来表征时间的，因此替换后不会影响基本意义的表达。也就是说，VP 仍是整个结构的信息中心，否定式中"没有"并不是否定"被人类发现之前"的，而是凸显隐性否定意义的表达，传达说话人一定的情感、态度等意义。

根据话语语境，相较于例（5a），例（5b）表达效果更好一些，更能将句子强调的"许多生物灭绝时间早于人类发现"这一意义凸显出来。这是因为：视角的主观性常以一种隐晦的方式在语句中体现出来。在例（5b）中，否定词"没有"具有标记未然体和先时的意义（左思民，2014），说话人意在强调"VP 未然性"的语用义（王灿龙，2004），表达许多生物尚未被发现的状态及这一状态在长时间内的持续发展。换言之，否定式采用回溯的视角把 VP 与主句事件之间的关系从客观轴调整到了主观轴，把主体观察的视域范围从临近 VP 发生的某一时点扩大到了 VP 发生前的整个时段，以强调更宽广时空范围内对主句事件的描述。再如例（6）：

（6）a. 在蔡元培先生<u>任北大校长之前</u>，北大校风不正，学生入学只是为了混一张文凭，以便将来能在社会上混得一好的职位。

b. 在蔡元培先生<u>没有任北大校长之前</u>，北大校风不正，学生入学只是为了混一张文凭，以便将来能在社会上混得一好的职位。

仔细分析我们发现，例（6a）只是客观地陈述 VP 与主句事件的先后时间顺序，强调静态的客观情状描写，而例（6b）除了表达对蔡元培先生没有任北大校长（"VP 未然"）时北大糟糕状况的追溯回忆外，还强调了 VP 未然与主句所表达的北大糟糕状况之间的内在因果关系。并且，说话人希望通过对蔡元培先生没有任北大校长之前状况的描述来唤起听读者的思考与联想，以达到反衬蔡元培先生任北大校长之后对北大影响深远广泛的目的，其主观性语用动机不言自明。这表明，否定词"没有"作为一种主观化视点标记，一方面强化了说话人概念化方式的转变以及概念语义的表达，另一方面在语用交互及语境充实下指涉了丰富的主体认知、交际意图、情境表达等认知语用功能。

（二）焦点的凸显

人们在细致观察时，通常会对客体事物作选择性审视。这些被选择的部分随即获得了人们关注的焦点，在信息分布上具有显要、前景化（foregrounding）、密集等特点。不过，认知主体可根据需要适时调整关注焦点，以凸显事物的不同方面。本文中，羡余否定式"没有 VP 之前"与之对应的肯定式"VP 之前"表达相同的语义真值，但二者在视角选择、语用语体等方面各有侧重。事实上，优势视点的选择本就体现了一种"概念调焦"，即针对某些概念内容而不是全部作表征，如"VP 之前"强调时间，"没有 VP 之前"强调状态和条件（江蓝生，2008）；"VP 之前"以靠近 VP 发生的时间为优选，"没有 VP 之前"则选择远离 VP 发生的时间（王灿龙，2004），等等。本文认为，上述各种对比化分一定程度上与羡余否定词"没有"所凸显的动态过程、情状结构以及情态类型（如"非实现""不真实"）等主观性密切相关。譬如例（7）的情况（引自曾少波，2005）：

（7）a. 那三届校运会，是我们还<u>没有毕业之前</u>（＊毕业之前）举行的。

b. 在青霉素这种药还<u>没有发明之前</u>，她的父母在几天之内就相继死去。

c. 在他未带兵出征意大利之前，他希望将家里好好安排一下。

根据语境信息，例（7a）中"三届校运会"不可能在临近毕业或毕业前较短的时间内同时举行，而是依次发生在"入学后（即没有毕业）到毕业之前"这一更长的时段里。也就是说，例（7a）凸显的是主句事件发展的过程义，而非临界义，因此换用"毕业之前"不符合语境表达。同理，例（7b）从"青霉素没有发明"到"青霉素发明之前"，例（7c）从"未带兵出征意大利"到"带兵出征意大利之前"，都隐含了在较长时段里主句事件顺次展开渐进发展的动态过程意义。类似用法还包括例（8）的情况（引自刘甜，2011），画线部分的 VP 都是表达"行为—结果"意义的动补结构，都含有在量或程度等上的发展变化。在例（8）中，说话人主观上有意凸显 VP 未然，拉大从 VP 起始到 VP 结束这一心理时间距离，以强化 VP 由"量化"到"质化"的动态过程。显然，这提供了主句事件发生/发展的基础和必要条件。

（8）a. 趁着大家还没掉到谷底以前，赶快把真相告诉你……（琼瑶《水云间》）

b. 在没有获得更多的证据之前，我也不敢认他呢！（琼瑶《烟锁重楼》）

c. 在她们的反党行为没有充分暴露之前，大家都不会也不敢乱加猜测。

从时间性和空间性表达来看，构式"没有 VP 之前"（相较于构式"VP 之前"）的时间性被弱化，而其空间性得到了加强，因为状态的持续本质上是空间性的，所以其时间标记词"之前"可被替换为"在……情况/条件下"等弱时间性非现实情状表达，而基本意思保持不变，如例（8）可相应地改写为例（9）的几个句子。换言之，构式"没有 VP 之前"的时间信息处在背景地位，而其空间信息获得了前景化凸显，这样处理的好处是可以使我们围绕话题展开线性的或立体式的回溯追踪与讨论，如例（10）所示（引自王灿龙，2004）。

（9）a. 趁着大家还没掉到谷底的情况/条件下，赶快把真相告诉你……（琼瑶《水云间》）

b. 在没有更多证据的情况/条件下，我也不敢认他呢！（琼瑶《烟锁重楼》）

c. 在她们的反党行为没有充分暴露的情况/条件下，大家都不会也不敢乱加猜测。

（10）这四环路地处城乡接合部，没修路之前，四环的周边有的地区杂草丛生，垃圾遍地，污水横流。举目四望，不少地方是低矮破旧的平房，百姓的生活质量可想而知。

（三）情感的传递

羡余否定是一种主观性很强的句式，而与之相对的肯定式只是一种客观的陈述描写，这可从个案"差点儿没/差点儿""别不是/别是"等的对比分析中看出（钟书能、刘爽，2015；吴淑琼，2021）。在羡余否定构式"没有 VP 之前"中，羡余否定词"没有"并不否定语句真值，而在于凸显隐性否定词"之前"所包含的隐性否定意义，譬如强调"VP 未然"对主句事件可能带来的影响，表达非真实情态下的主客体互动，以及引发人们对"VP已然"之后的联想与思考等。也就是说,在羡余否定构式"没有VP之前"中,否定词"没有"逐渐蜕变成说话人情感表达的标记语,蕴含了说话人丰富的主观认识和情感态度等内容,如例(11)所示:

(11) a. 没有说之前,你务必得跟没事人似的,别给我露了。

b. 在车辆没停稳之前,不准开车门和上下人。

c. 在没有收集到充足的素材之前,他是绝不会轻易写作这个本子的。

d. 在事情没有发生之前,谁知道会是什么结果呢?

在后续主句中,例(11a)和例(11b)中情态副词"务必""别""不准"表达了说话人强烈的命令或禁止语气;例(11c)中程度副词"绝不会"隐含了说话人对主句事件的主观评判和所持的一种消极态度;例(11d)以反诘的语气强调了说话人对后续可能发生的事情的不确定、犹豫等心态。这些带有明显表情义的词语、结构等的运用进一步强化了说话人主体的情感态度,同时也呼应了小句中羡余否定词"没有"着意凸显未然情状以及个体心理活动等描写的要求。类似例子很多,如例(12a)中语气词"吧"使句子由现实句变为非现实句(刘正光,2011),程度叠词"好好"强化了说话人的主观情感意义,例(12b)后续主句中语气副词"就"表达了"打电话"时间早于预期,以及言说对象性子急等主观意义。

(12) a. 没有爱别人之前先好好爱自己吧。

b. 没到北京之前,他就给我打了一个电话,让我到车站接她。

这在一定程度上表明,羡余否定构式"没有VP之前"作为主观性很强的构式,在语用上经历了由"命题功能到话语功能","客观意义到主观意义",以及"非认识情态到认识情态"等主观化过程(Langacker,1991)。因此,羡余否定构式更适用于表情丰富的小说、散文、评说等文体中,正如程伟民(2009)所指出的,"没有VP之前"常见于文艺语体,表现出叙述主体评价事件和纠偏辩难的意愿,其上下文常出现表示否定、反问、转折等的词语,而肯定形式的"VP之前"常见于行文风格较客观的事务性语体,其上下文多伴有叙述说明,在表述上尽量避免含糊和言外之意。

综合来看,说话人对同一事件从不同的视角,以不同的认识情态,采取不同的概念化方式来体验认知,就会凸显事件的不同成分,从而就会在句法上形成不同的语言形式。羡余否定构式"没有VP之前"与肯定构式"VP之前"尽管在指示VP实现的时间上一样,但并不意味着这个时间对主句所构成的影响是一样的,也不意味着这个时间由说者和听者解读起来价值一样(程伟民,2009)。"没有VP之前"作为一种固化后的主观化构式,否定词"没有"在结构上绝不是多余的,而是逐渐演化发展为传递说话人主观情感的一种语用标记。

四、主观化对羡余否定构式"没有 VP 之前"语用选择的反制约

上一节中，我们结合主观性/主观化理论具体探讨了羡余否定词"没有"在构式"没有 VP 之前"中的多重认知语用功能，进一步加深了我们对羡余否定构式"没有 VP 之前"及其与肯定式"VP 之前"之间互补统一的理解。但从另一方面来看，羡余否定构式"没有 VP 之前"的主观化用法又会给句法自身带来一定的限制，表现出句法、语义、语用相互依存、彼此制衡的特点。

（一）对共现时体副词的反制约

基于前文的论述，羡余否定词"没有"浮现用于构式"没有 VP 之前"表征并非多余，而是可强化主观上的视角变化，具有标记未然体和先时的意义，而整个构式意在强调 VP 行为动作或行为状态的持续性。这就要求与之搭配的副词在时体上也应保持一致，如"没有 VP 之前"对"还""尚"等副词的选择（王灿龙，2004），它们在意义上已由"表示情状外部的重复"发展演化为"表示情状内部的持续"（武果，2009），因此在与构式组合后可进一步强化 VP 未然性的语用义。从共选搭配角度来看，"还/尚"等主观成分的添加还对"没有 VP 之前"（而非"VP 之前"）的语用选择具有强制性，如例（13）所示：

（13）a. 在她的自信心还没有恢复之前（＊恢复之前），她不愿意让他知道她的真实的心理状态。

b. 在 A 股反弹行情尚未结束之前（＊结束之前），B 股仍存在获利机会。

（二）对 VP 情状的反制约

这主要表现在构式"没有 VP 之前"语用义表达对 VP 情状有限制，而 VP 情状反过来也可影响构式的羡余否定含义。根据刘甜（2011）的研究，如果 VP 为状态动词，构式在语用上有强调对比和突出条件的语用功能，如例（14a），VP 被看作一个时点，构式"没有 VP 之前"指该时点以前的一个时段，表达在"没有钟表"的情况下，主句动作或状态的发展变化；如果 VP 为活动动词，构式对靠近 VP 发生的初始时间有一种明显的排斥，在语用上有强调主句动作在"VP"之前就已经发生或完成的作用，如例（14b），VP 被看作一个时段，即"回家"并非一个可以瞬间完成的动作，它包括"收拾准备""驱车或步行的过程以及到达目的地"等阶段，"没有回家之前"指"没有准备回家之前"，它在时间上以 VP 的前界为参照点，但又与之有一定的距离，主句副词"就"凸显"实际在时间上先于预期"的意义（陈立民，2005）。

此外，VP 为表结果义或程度义的短语或结果动词时，它们在情状上对应完结动词或达成动词，而构式"没有 VP 之前"表示一个时段，前界是 VP 的起始时间，后界是

VP 所表达的结果义或程度义（刘甜，2011），构式意在强调在较长时段里主句事件顺次展开渐进发展的动态过程意义，以及在这一过程中说话人的内心活动，如例（15a）强调"说话人尽可能辨别目标对象，但仍无法辨认"的意思，例（15b）强调"说话人对最后结局能否出现缺乏把握"的意思，并且这类"没有 VP 之前"都不宜换作肯定式。

（14）a. 人类<u>没有发明钟表以前</u>，曾经用一种古老的太阳钟——日晷来计时间。

b. 那天下了雪，在他<u>没有回家之前</u>我就到了约定地点。

（15）a. 蓦然间，从树林里直窜出一个女孩子，在江浩眼睛都<u>没看清楚以前</u>（＊<u>看清楚之前</u>），那女孩像风般对他卷过来，劈手就夺过他手中的小狗。（琼瑶《雁儿在林梢》）

b. 他知道在最后的结局<u>没出现之前</u>（＊<u>出现之前</u>）这两个家伙随时可以找出充足的理由为自己辩护。

（三）对后续主句事件性的反制约

尽管"VP 之前""没有 VP 之前"都以 VP 事件为参照基点，但前者意在强调时间，后者意在强调状态、情况或条件（江蓝生，2008），表达对比、因果等语用关系（刘甜，2011）。譬如，江氏认为例（16a）指明打电话的时间，应用肯定式，例（16b）表明是在什么情况或条件下（没想好）不能表态，而不是在什么时点或时段不能表态，应用否定式。从江氏的上述分析可看出，限于特定语用义表达，构式"没有 VP 之前"在句法上呈现出弱时间性特点，如一般不与表示具体历法时间的名词连用［例（16c）］，且 VP 不论发生与否，后续主句大都是非事件句（王灿龙，2004），或者说非现实句。譬如，例（17a）VP 已经发生，但说话人意在描写或追叙过去 VP 未发生时的特征或状态，例（17b）VP 尚未发生，说话人有意强调"VP 未然"情况下可能引起或导致的情形。

（16）a. ＊<u>没来之前</u>给我打个电话。

b. ＊<u>在想好之前</u>不表态。

c. ＊加快坂头右干渠倒虹吸管工程的施工，争取在 5 月 13 日 12 时高峰供水<u>没有到来之前</u>通水。

（17）a. <u>没有去中国之前</u>，我对于中国的认识是抽象而且模糊的。

b. 在国务院<u>没有发布实施费改税的办法之前</u>，依然沿用现行办法。

（四）对篇章语段的反制约

羡余否定构式"没有 VP 之前"的主观性特点使得其常用于文艺文体（程伟民，2009），以强调说话人的情感态度等，并且在语段表达上也更讲究润饰修辞、婉转迂回等。从语料检索情况来看，我们发现"没有 VP 之前"出现的上下文语段中存在比较多的诸如"也许""说不定"等不确定性表达，"可是""不过"等转折性词句，以及"VP 之后"与"没有 VP 之前"对举出现等情况。这是因为构式"没有 VP 之前"重在表达说话人的主观感受，而并非对客观情况的平铺直叙［例（18a）］，以及"没有 VP 之前"通过回溯的视角检视过往以增强对比论证等［例（18b）和例（18c）］。

（18）a. 在没有变味之前，我得尽快把你送出去，也许这辈子我们只能见这匆匆一面，以后说不定会变为陌生得不能再陌生的两个不相干的人。

b. 对混饭吃的，他打算一律撤换，但在没有撤换之前，他也给他们活儿做。

c. 价格也没谱，今天一个价，明天一个价；晴天一个价，雨天一个价；没上车之前一个价，上车之后一个价。

五、结语

本文从主观化视角出发，深入阐释了构式"没有 VP 之前"中否定词"没有"的羡余否定及其认知理据等问题，回答了羡余否定词"没有"产生及用于构式"没有 VP 之前"表达的两个深层认知机制问题：①羡余否定词"没有"是说话人基于主观性表达的需要对隐性否定意义在句法实现上的一种凸显或强化，体现为一种主观化否定标记；②构式"没有 VP 之前"的主观化与羡余否定词"没有"对概念内容的识解方式的转变密切相关，具体通过视角的转变、焦点的凸显以及情感的传递等方面对意义产生影响。此外，构式"没有 VP 之前"反映了说话人在观察事件时习惯于深入事件内部来考察其状态，因此在语用选择上表现出对共现时体副词、VP 情状、后续主句事件性等的反制约作用。这进一步表明说话人的主观能动性极大地影响着语言的使用、变化与创造性。

参考文献

［1］陈秀清. 现代汉语羡余否定研究［D］. 上海：华东师范大学，2018.

［2］陈立民. 也说"就"和"才"［J］. 当代语言学，2005（1）.

［3］程伟民. 语体和篇章特点对同义 VP 结构选择的影响：以"VP 之前"与"（在）没有 VP 之前"为例［J］. 修辞学习，2009（5）.

［4］戴耀晶. 试说"冗余否定"［J］. 修辞学习，2004（2）.

［5］江蓝生. 概念叠加与构式整合：肯定否定不对称的解释［J］. 中国语文，2008（6）.

［6］李明. 羡余否定出现的条件［J］. 当代语言学，2023，25（1）.

［7］李小玲. 北京话里的"差点儿"句式［J］. 汉语学习，1986（1）.

［8］刘甜. 构式"没 VP 之前"的语用义探究［J］. 云南师范大学学报（对外汉语教学与研究版），2011，43（3）.

［9］刘正光. 主观化对句法限制的消解［J］. 外语教学与研究，2011，43（3）.

［10］卢鸿莉. "VP 之前""没 VP 之前"同一性与互补性浅谈［J］. 江汉大学学报（人文科学版），2010（3）.

[11] 鲁承发．"VP 之前，S"句式中时制意义与体貌特征的互动 [J]．汉语学报，2020（4）．

[12] 吕叔湘，朱德熙．语法修辞讲话 [M]．北京：中国青年出版社，1979．

[13] 马黎明．试论现代汉语中的"悖义"结构 [J]．齐齐哈尔大学学报，2000（2）．

[14] 彭懿，张雪莹．汉语正反同义构式的认知研究：以"VP 之前"与"没有 VP 之前"为例 [J]．中南大学学报（社会科学版），2020，26（3）．

[15] 沈家煊．语言的"主观性"和"主观化"[J]．外语教学与研究（外国语文双月刊），2001，33（4）．

[16] 石毓智．肯定和否定的对称与不对称 [M]．北京：北京语言文化大学出版社，2001．

[17] 王灿龙．说"VP 之前"与"没（有）VP 之前"[J]．中国语文，2004（5）．

[18] 吴淑琼．反义转喻和主观化：冗余否定构式的认知机制 [J]．解放军外国语学院学报，2021，44（5）．

[19] 武果．副词"还"的主观性用法 [J]．世界汉语教学，2009，23（3）．

[20] 邢福义．说"生""死"与"前"的组合 [J]．中国语文，2003（3）．

[21] 许有胜．"VP 之前"和"没有 VP 之前"语义差别探微 [J]．宁夏大学学报（人文社会科学版），2006（1）．

[22] 杨子，王雪明．现代汉语冗余否定的类型研究 [J]．语言研究，2015，35（1）．

[23] 曾少波．"没有 VP 之前"研究 [D]．广州：华南师范大学，2005．

[24] 曾亚金．现代汉语"VP 之前"结构肯定与否定不对称现象研究 [D]．南京：南京师范大学，2016．

[25] 张谊生．试论叠加、强化的方式、类型与后果 [J]．中国语文，2012（2）．

[26] 赵元任．汉语口语语法 [M]．吕叔湘，译．北京：商务印书馆，1979．

[27] 钟书能，刘爽．汉语羡余否定构式中的"没"真的是个羡余标记吗？[J]．外国语（上海外国语大学学报），2015，38（3）．

[28] 朱德熙．语法讲义 [M]．北京：商务印书馆，1982．

[29] 左思民．语言规律探索集 [M]．北京：世界图书出版公司，2014．

[30] FINEGAN E. Subjectivity and subjectification：an introduction [A]．In STEIN D and WRIGHT S（eds.）．Subjectivity and subjectification [C]．Cambridge：CUP，1995．

[31] LANGACKER R W. Subjectification [J]．Cognitive linguistics，1990（1）．

[32] LANGACKER R W. Foundations of cognitive grammar（Vol. I & II）[M]．Stanford：Stanford University Press，1991．

[33] LANGACKER R W. Cognitive grammar：a basic introduction [M]．Oxford：Oxford University Press，2008．

[34] SINHA C，BERNÁRDEZ E. Space，time，and space-time：metaphors，maps，and

fusions［A］. In FARZAD S（ed.）. The Routledge handbook of language and culture ［C］. London and New York：Routledge，2015.

［35］YANG Y F, SINHA C, FILIPOVIC L. Sequential time is primary in temporal uses of Mandarin Chinese qian 'front' and hou 'back'［J］. Language sciences，2023.

Subjectification and the Pleonastic Negation in Construction of "Meiyou VP Zhiqian"

YANG Yongfei

【Abstract】 From the perspective of subjectification, this paper focuses on the multi-functions of negation marker "meiyou" in the pleonastic negation construction of "meiyou VP zhiqian" in Chinese. It is indicated in the study that "meiyou" in the pleonastic negation construction is not really redundant, but a marker of the speaker's subjectivity, and that "meiyou," as emerged explicitly in the syntax for the implicit negator "zhiqian" in the construction, is construed to highlight the subjective negating in the cognition. This can be specifically seen in the changes in perspective, construal prominence and affective expression, which could also impose some new constraints on the pragmatic selection of construction of "meiyou VP zhiqian."

【Keywords】 construction of "meiyou VP zhiqian", "meiyou", pleonastic negation, subjectification, pragmatic selection

副词"安然"的话语关联和谓语组配规律①

李倩倩　赵春利②

（暨南大学文学院　广东广州　510632）

【提　要】本文以语义语法理论为指导，运用形式印证、正反验证、认知解释等方法，从语用层面的话语关联到句法层面的谓语组配规律，逐层提取副词"安然"的语义内涵。第一，从语义界定、动词组配、功能解释三个角度综述前人的研究成果，并指出存在的问题：割裂义项之间的联系、脱离副词探讨动词分类、忽略话语关联分析。第二，依据同现成分，提取并形式印证"安然""克难而安"的话语关联。第三，根据语义双向选择原则，正反验证"安然"选择脱困义、入安义和处安义而排斥入困义、离安义和处困义谓语类型。第四，根据句法分布，提取"安然"的艰难认知、坚决意志、期盼意向的情态结构。

【关键词】"安然"　话语关联　组配谓语　"克难而安"

"副词语法意义的提取离不开其分布的句子，而句子的精确定位又离不开前后句子所形成的话语关联"（赵春利，2022）。作为副词类型之一，方式副词通常也存在于一定的话语关联中，并与其谓语类型存在组配规律。从话语关联到谓语语义类型的选择可逐层定位副词的分布规律，据此可提取方式副词的语义情态。

---

①　本项研究得到 2022 年度国家社会科学基金一般项目"现代汉语方式副词的句法语义与分类排序研究"（项目编号：22BYY135）、2017 年度国家社会科学基金一般项目"汉语情态副词的语义提取与分类验证研究"（项目编号：17BYY026）、中央高校基本科研业务费专项资金（暨南领航计划 19JNLH04）、广东省高等学校珠江学者岗位计划资助项目（2019）和 2016 年度国家社会科学基金重大项目"境外汉语语法学史暨数据库建设"（项目编号：16ZDA209）的资助。本文曾在 2023 年 11 月 26 日至 30 日于第十二届现代汉语语法国际研讨会上汇报。

②　李倩倩，1999 年生，暨南大学文学院在读硕士研究生；赵春利，1972 年生，博士研究生导师，暨南大学中文系教授。

一、前人有关"安然"的研究

1965 年，由中国社会科学院语言研究所词典编辑室主编的《现代汉语词典（试用本）》（1965/1973）最早界定"安然"的语义内涵，2005 年第 5 版标记"安然"为形容词词性，一直到 2012 年，第 6 版对"安然"的语义内涵作出细微修改。20 世纪 90 年代前后，祝敏青（1989）等人开始关注"安然"这类作动词状语的词。总的来看，前人主要从语义界定、动词组配、功能解释三个方面对"安然"这类词进行了较全面的分析。

在语义界定方面，《现代汉语词典（试用本）》（1965/1973）最早给出了两个义项：①平安，安安稳稳地；②没有顾虑；很放心。后来陶然等（1995）把义项①概括为身安义。而安汝磐、赵玉玲（2003）把义项②延伸为形容"人的心境、人和事物所处的状态"，傅玉芳（2010）概括为"心情安定"的心安义，袁毓林（2018）将其语义角色归入"神态、心理等"范围。但无论是身安义还是心安义，二者之间并不是割裂的，应综合地概括"安然"的语义。

在动词组配方面，学者们注意到"安然"类副词与动词的联系紧密，然而，究竟具体与哪些动词组配、与哪些动词不组配，不同学者有不同观点。从陈一（1989）的修饰"形容词所能修饰的那部分动词"，到张亚军（2002）的组配"述人动词中的自主动作行为动词"，再到李铁范（2005）从正反角度描写的搭配"自主动词中的动作动词和非自主动词的动态动词和非瞬时动词"，不能搭配"自主动词的属性动词与非自主性动词的静态动词、瞬时动词和状态动词"，可以说，前人不断细化"安然"类副词动词组配类型，但是脱离"安然"自身的句法分布来对搭配动词进行分类，缺乏针对性和解释力。

在功能解释方面，前人主要从"安然"所属的整体类型角度概述，主要包括三种：一是表情功能，指强化"抒情韵味"（祝敏青，1989）、表情生动（刘琇，2011）和表达积极情感（李铁范，2015）；二是修饰功能，指修饰"情态、方式、状况"（陈一，1989）；三是描摹功能，指描写"事物或动作的样态"（史金生，2003；何洪峰，2006）和描摹"方式、状态、情状"等（张谊生，2000）。这三类功能分类依据不统一，内涵不清、外延不明，并且仅局限于单句，未挖掘出话语关联对功能的解释作用。

总的来看，目前没有学者将"安然"作为独立对象进行研究，虽已经关注到其语义及所属类别的句法和功能，却还存在一定问题：一是割裂"安然"义项间的联系；二是脱离"安然"划分动词类型；三是忽略"安然"的话语关联。本文通过调查语料库 CCL，按照从整体到部分的逻辑顺序，揭示并验证副词"安然"的话语关联及其与谓语的组配规律，提炼其语义情态。

二、副词"安然"句的话语关联概述

前人对副词"安然"的语义研究只是从单句层面揭示其所搭配动词的类型，未涉及"安然"句与前后句子之间形成的复句关系，更不要说"安然"所在句的话语关联，因此未能精确提取副词"安然"的语义内涵。

（一）副词"安然"句的话语关联

通过调查语料，我们发现，在逻辑关系上，"安然"句的话语关联分成两层：一是"外层转折关系"，一是"内层因果关系"，这两种逻辑关系勾勒出副词"安然"句形式层面的话语关联。而从语义功能角度看，这一话语关联所体现的概念关系先后分别是"极困背景义、竭力克难义、脱困入安义"，即"虽然面临极度困难的背景，但通过竭力克服困难而进入安稳状态"，可以将副词"安然"句的话语关联概括为"克难而安"义，如表1所示：

表1　副词"安然"句的话语关联

话语关联		克难而安		
逻辑	外层	待转句	转折句	
	内层		原因句	"安然"结果句
语义功能		极困背景义	竭力克难义	脱困入安义
例句		上次大战中我们不知道怎样才能战胜，	但是由于决不屈服，决不懈怠，	我们<u>安然</u>渡过了危机。
		当白色英雄探险非洲时，	却常有黑色的忠仆来给他开路，服役，拼命，替死，	使主子<u>安然</u>地回家。
		（她）诉说了她爱上了一位有妇之夫的困惑，	经过主持人朋友式的开导，	最后她表示今晚可以<u>安然</u>入睡。
		面对着罕见的洪魔，	数百万军民万众一心，奋力拼搏，连续作战，严防死守，	使长江、松花江干堤至今<u>安然</u>屹立。

下面我们按照从外到内的顺序，运用形式印证、认知解释等方法验证副词"安然"话语关联的逻辑层次，探索副词"安然"话语关联的语义选择。

（二）副词"安然"句的外层逻辑关系与外层语义功能

副词"安然"的外层逻辑关系可通过连词标记来验证，而外层语义功能则可借助语义关系来提取。

1. 副词"安然"句的外层逻辑关系

根据调查，"安然"句作为结果句与前面的句子构成内层因果关系，而这一因果关系与前面的句子构成外层转折关系，这一转折关系可以得到连词的形式印证，即待转句经常有"虽然、虽、尽管"等待转连词，与"安然"结果句构成因果关系的原因句则经常出现"但、但是、然而、可是、只是、不过、却"等表示转折的连词，表明原因句和副词"安然"结果句构成转折句，与前面的待转句共同构成副词"安然"的外层转折关系，待转句中也会出现"虽然、虽、尽管"等转折连词，如例（1）：

（1）a. 尽管此次"非典"挑战巨大，但如果处理妥当，一场很大的危机也可以安然度过。

b. 虽然损失严重，但是，由于联想集团几年来积累的经济实力①，终于安然度过了黑色风暴。

值得注意的是，在构成"安然"句的话语关联中，原因句有时会省略，待转句和转折句中的"安然"结果句构成转折关系，如例（2）：

（2）a. 他在长刀之夜被捕了，但是在大屠杀之后，他安然地获释了。

b. 阿娥的脚暴躁地踢得床板"咚咚"作响，……舅舅和舅妈却安然在灶屋里抽烟。

另外，副词"安然"并不是全都位于转折关系的转折句中，有一部分也分布于待转句中，根据互折性原则（赵春利，2022），转折关系中的"待转"和"转折"之间可以互为转折前提，这是副词"安然"外层转折关系的特殊变体，如例（3）：

（3）a. 虽然人安然脱险，但是有着坚硬外壳的吉普车被折腾得"破了相"。

b. 被以色列"围困"在官邸中的阿拉法特及其助手安然回家了，但……有6名巴勒斯坦人死亡。

从形式层面看，转折连词证明副词"安然"所在话语关联的外层逻辑关系为转折关系，那么如何利用语义关系提取外层逻辑层次的语义功能？

2. 副词"安然"句的外层语义功能

副词"安然"的外层转折关系的待转句表达极度困难的"极困背景义"，转折部分的"安然"结果句表达脱离困难进入安稳状态的"脱困入安义"。②

一是同现实词验证。待转句表示的极困背景义是指遇困者遭受一定的困难，常同现"遭到袭击、经受挑战、历经风暴、在哭声中、经历风风雨雨、爆发大洪水"等具有困难义的动宾结构构成客观事件，如例（4）：

---

① "联想集团几年来积累的经济实力"为联想集团"竭力克难"提供条件。

② 转折部分的原因句所表达的"竭力克难义"在探讨副词"安然"的内层语义功能时论述。

（4）a. 哈桑的车队 17 日早上<u>遭到</u>自杀式汽车炸弹<u>袭击</u>，司法部长本人<u>安然脱险</u>。

b. 近年香港<u>经受</u>不少<u>挑战</u>，我们成功落实"一国两制"，<u>安然渡过</u>亚洲金融风暴。

二是前后复指验证。转折句中遇困者所克服的困难与待转句中遇困者所遭受的困难前后构成复指关系。在"安然"句中作宾语的名词"对抗鸡疫之战、大旱季、一个个人生难关、敌人的封锁线、黑色风暴、险境"等和代词"这"复指待转句中的提到困难情况，如例（5）：

（5）a. 尽管亚洲区的<u>禽流感疫情</u>仍未受控，香港有一套行之有效的预防监察机制……让<u>香港安然度过这场对抗鸡疫之战</u>。

b. 广西遭遇了近 40 年来最严重的<u>一次旱灾</u>。然而与往年不同的是，大石山区的……<u>各民族同胞却安然地度过了吃水不愁的大旱季</u>。

总之，背景待转句与副词"安然"引导的句子在逻辑层面存在着外层逻辑转折关系，在语义功能上存在着极困背景与脱困入安的语义转折关系，遇困者总是在一定条件或原因下才能脱离极度困难达到安稳状态，那么，遇困者如何脱困入安，就需要证明副词"安然"的内层语义关系才能够准确概括。

（三）副词"安然"句的内层逻辑关系与内层语义功能

"安然"句与前面句子所构成的内层因果逻辑关系可利用连词形式标记来验证，并从正反角度利用同现成分准确概括其内层语义功能。

1. 副词"安然"句的内层逻辑关系

从正面看，除运用邢福义（2001）所说的广义因果连词"……因此……、因为……、为了……、只有……才……、……要不是……"等印证副词"安然"句与前句构成广义因果关系外，体现因果先后时间顺序的"最后……、终于……"等时间副词也能印证"安然"处于因果复句中，如例（6）：

（6）a. "光荣"号舰长把这话告诉了达喀尔当局，<u>因此</u>，<u>安然</u>驶过了该地。

b. 我们现在正在巧妙作战……这样做是<u>为了安然</u>度过总统大选。

c. <u>只有</u>把自己腹中的丝吐尽之后，<u>才</u>肯<u>安然</u>离开这个世界。

d. 消防队员为受困者维持空气和清水供应，<u>终于</u>在八个多钟头后<u>把</u>他<u>安然</u>救出来。

当然，即使前句与"安然"结果句之间没有因果连词标记，也可以通过添加因果连词的方式验证其因果逻辑层次，如例（7）：

（7）a. 【由于】队伍中猛然冲出一位战士，奋力推开战马，<u>列车安然奔去</u>。

b. 在藏羚羊迁徙时调整施工时间……【为了】保障<u>藏羚羊安然通过野生动物通道</u>。

从反面来看，"安然"句只能与前句构成因果关系，而"安然"一旦插入并列句或转折句中，逻辑关系则不合法，如例（8）：

（8）a. 虽然这首歌曲很难学会，但她会一边请教，一边努力跟随节拍。

——*虽然这首歌曲很难学会，但她会一边请教，一边努力【安然】跟随节拍。

b. 即使他努力走出失望，虽然再次鼓起勇气，但依旧失眠。

——＊即使他努力走出失望，虽然再次鼓起勇气，但依旧【安然】失眠。

值得注意的是，并非任何一个因果关系复句都可以在结果句状位插入"安然"，根据调查并结合荣丽华（2017）的因果复句分类：行为因果复句、说明因果复句和推断因果复句，可以发现，"安然"并不是分布于任意因果关系的结果句状位，而是只能分布于行为致使性因果复句的结果句状位［例（9a）、例（9b）］，这一点可通过同现致使性介词"使、让、把"和动词"帮助"等进行验证；副词"安然"排斥推断因果复句［例（9c）］和说明因果复句［例（9d）］：

（9）a. 病人突然发生休克，立即实施急救，使病人安然脱险。

b. 以下15种方法，或许可以帮你安然渡过每一个心理危机时刻。

c. ＊因为今天下雪，所以道路安然结冰。

d. ＊她嫁过来每天都开心，说明她安然受到宠爱。

无论是否有连词标记，内层逻辑关系都是原因句与"安然"结果句构成的致使性因果关系，那么，原因句与"安然"结果句具有什么语义功能呢？

2. 副词"安然"句的内层语义功能

从内层语义功能看，原因句表示"竭力克难义"，而"安然"结果句表示"脱困入安义"，"安然"结果句的"脱困入安义"是原因句"竭力克难义"的自然结果，即由于他人或本人竭力克服困难，因此副词"安然"句表达主体从困难状态进入安稳状态，形成"由危转安"的致使性因果关系，如例（10）：

（10）上次大战中我们不知道怎样才能战胜……（极困背景义），但是由于决不屈服，决不懈怠（竭力克难义），我们安然渡过了危机（脱困入安义）。

根据调查，原因句主要通过行为义动宾结构来表示"竭力克难义"，常见的有：实施急救、全力抢救、精心护理、控制规模、采取行动、掩护、出兵、服药、准备草料、凭借车技、启动防洪工程、做了准备、购买药物等，如例（11）：

（11）a. 病人突然发生休克，她立即实施急救，使病人安然脱险。

b. 三名生命垂危的藏族儿童，在边防战士的全力抢救下安然脱险。

c. 在机组人员的精心护理下，老人安然抵达祖国。

d. 曙光厂控制了生产规模，安然渡过这一年。

总之，在逻辑层次上，原因句与"安然"句构成了内层因果关系，而在语义功能上，原因句的"竭力克难"和结果句的"脱困入安"形成了"克难而安"的内层语义关系。但是，并非所有的结果句都可以随意地插入"安然"，受"克难入安"话语关联的制约，"安然"在结果句中能够搭配哪些谓语动词语义类型，存在着一定的规律。

三、副词"安然"的谓语组配规律

一方面受外层转折内层因果的逻辑关系制约，一方面受极困背景与克难而安的语义关系制约，在"安然"结果句中，并非任何一个动词或动词结构都可以不受限制地作"安然"结果句的谓语。根据 CCL 语料库的调查和语义双向选择原则，我们不仅可以发现"安然"与谓语动词之间的选择关系，还可以发现不同谓语动词之间的逻辑关系。

（一）副词"安然"搭配的谓语类型

通过调查语料，可以发现"安然"的组配谓语具有三种语义类型：脱困类、入安类和处安类。

1. 脱困类谓语类型

脱困类谓语结构，是指遇困者或施助者实施克服困难的行为，使得遇困者摆脱困难的动词结构，常见的有动词结构：撤退、遁去、逃走、撤离等，此类动词后不接宾语，如例（12a）；也包括动宾结构：渡过爆发期、脱离陷阱、摆脱窘境、渡过险境、通过封锁线、脱险等，如例（12b）；值得注意的是，与"安然"组配的动词后接宾语一般受危险义形容词或名词"危险、最黑暗、可怕、黑色、传染病、敌人、枯水、暴风雨"等修饰，如例（12c）：

（12）a. 驾驶员在事故发生后当即操纵飞机滑向跑道边的空地，然后自己<u>安然撤离</u>。

b. 由于医生的精心治疗，她终于<u>安然</u>地渡过了<u>可怕</u>的危险期。

c. 由于防疫工作及时有力，唐山<u>安然</u>渡过了灾后的<u>传染病</u>暴发期。

从反面来看，"安然"排斥入困类谓语如"陷入困境、进入险地、遭受厄运、面临破产、碰到敌人、来到陌生环境、走进危险地带"等，否则不合法，如例（13）：

（13）a. *拆东补西的手法……，使企业【安然】陷入困境。

b. *战士赵书锋只身【安然】进入险地搜寻，4 名战友刚刚脱险，他却被楼板砸伤。

值得注意的是，脱困类谓语类型一般为时间或空间位移性谓语类型，根据隐喻机制，时空位移性映射状态转化，这类谓语与"安然"搭配表现主体脱离困难时空环境进入安稳时空环境，即由困难状态进入安稳状态。

2. 入安类谓语类型

入安类谓语结构，是指遇困者或施助者实施克服困难的行为，使得遇困者进入身安或心安状态的动词结构。根据"由身到心"的隐喻机制，动词结构如"回到家里"，可以表示"安全回到"或"安心回到"，体现出由"身处时空之安"的外在客观性的"身安"过渡到内在主观性的"心安"。表达身安的谓语类型主要有时空位移类动词结构"降落、回到、到来、归来"等和动宾结构"到达海南、抵达祖国、运回东北庄、登上船、回国、回到南疆、渡到彼岸、送到目的"等，而表达心安的谓语类型包括动宾结构"入睡、入海、离世、坐进车里、进入梦乡"和动词结构"死去、长逝、躺下、离去"等，如例（14）：

（14）a. 飞机避开那些在闪闪发光的防空气球，我们<u>安然降落</u>了。

b. 经过一段康复治疗，他安然回到了南疆。

c. 一位患严重失眠症者，被治疗仪照上十五分钟后便安然入睡。

d. 歌尔德蒙确如游子回到母亲怀抱中似的，安然而幸福地死去了。

从反面来看，"安然"排斥离安类谓语"逐出组织、离开救助站、驱离大陆、脱离群众、走出舒适圈、背离建设预期、离开温柔乡、远离社会现实"等，如例（15）：

（15）a. *救助站已经实施救助或者救助期满，受助人员应当【安然】离开救助站。

b. *由于缺乏相应的技术、管理等智力支撑，一些项目【安然】背离建设预期。

当句子的宾语是"北京、教室、床上、书房、原来的位置、自然界"等名词时，遇困者进入这类空间宾语时是否身安或心安，主要取决于原因句是否表达了克难之义。比如例（16a）就比较合乎"克难而安"的话语关联，而例（16b）则很难接受：

（16）a. 经过一段康复治疗，他安然回到了北京。

b. *没有经过康复治疗，他安然回到了北京。

3. 处安类谓语类型

处安类谓语结构，是指遇困者或施助者实施克服困难的行为，使得遇困者进入处于安稳状态的动词结构，如"屹立、酣睡、端坐、等待、居住、放置、停留、相处、躺、看"等，如例（17）：

（17）a. 大堤长时间受江水浸泡，危情四伏依然安然屹立。

b. 尽管他用怎样可怕的目光望着主教，但主教仍安然酣睡。

当"安然"的组配谓语为"处安义"动词语义类型时，动词一般为不及物动词，此时，主体处于身安或心安的状态，因此，组配动词通常为持续性动词（马庆株，1992），后可接助动词"着"，并且可与表示持续义的时间副词"自始至终、一直、仍、依然、至今"等同现，如例（18）：

（18）a. 夜深人静的时分格外引人注意，我一震，抬头看钟。老人却安然地坐着。

b. 我前排的两个七八岁左右的男孩自始至终安然端坐。

从反面来看，"安然"排斥处困类动词如"奔走、折腾、跳跃、辩论、驳斥、行动、踩踏"等，如例（19）：

（19）a. *他【安然】四处奔走，好不容易筹集到组建银行所需的3万美元。

b. *【安然】折腾了一夜后，第二天清晨，章亚若又痛得双手抽筋。

总的说来，副词"安然"主要选择脱困类、入安类和处安类三种谓语语义类型，排斥入困类、离安类、处困类谓语语义类型，如表2所示：

表2　副词"安然"选择与排斥的谓语语义类型

组配谓语类型	例子	排斥谓语类型	例子
脱困类	渡过暴发期、脱离陷阱、摆脱窘境、脱险、撤退、遁去、逃走	入困类	陷入困境、进入险地、遭受厄运、面临破产
入安类	回到南疆、到达海南、降落、进入梦乡、入睡、离世	离安类	逐出组织、离开救助站、离开温柔乡、远离社会现实
处安类	沉睡、端坐、等待、居住、矗立、放置	处困类	奔走、折腾、跳跃、辩论

有意思的是，与"安然"组配的三种谓语语义类型之间并不是毫无关联的，也不是平行并列的，而是存在着前因后果性的时间先后顺序。

（二）副词"安然"组配谓语类型间的逻辑顺序

从认知顺序说，遇困者只有脱离困难，才能进入安稳状态，从而持续性地处于一种安稳状态，因此，与"安然"组配的脱困类、入安类、处安类三类谓语符合认知的先后因果顺序；而从形式验证说，我们可以通过添加"随后、目前、最后、然后、之后、终于"等这种具有先后因果关系的标记来验证"安然"结果句的因果链条关系，如例（20）：

（20）a. 在苏丹被绑架的一名中国工人已经安然脱险【随后】回到驻地。

b. 终于靠他们那一位上帝的保佑，渡过了险境，【最后】安然抵达西贡。

c. 满月的两只熊猫幼仔已安然渡过危险期，【目前】正在正常地发育着。

d. 趁热小口顿服。服后随即痛止，安然入寐，【然后】熟睡一夜。

由于每个副词都存在"潜在的辖域"（林华勇，2005），当与"安然"搭配的三类谓语同时出现时，"安然"的辖域如何确定呢？从句法上说，"安然"的潜在辖域可以是脱困、入安、处安三类中的任何一类谓语动词，因为三类谓语动词之间存在着前因后果的逻辑关系，如"安然"在例（21a$_1$）中修饰脱困类的"脱险"，也可以移位来修饰入安类的例（21a$_2$）的"回到驻地"；同样，"安然"在例（21b$_1$）中修饰入安类的"回到床上"，也可以移位来修饰处安类的例（21b$_2$）的"躺在……身边"：

（21）a$_1$. 在苏丹被绑架的一名中国工人已经安然脱险，回到驻地。

a$_2$. 在苏丹被绑架的一名中国工人已经脱险，【安然】回到驻地。

b$_1$. 她安然地回到床上，躺在邹杰身边。

b$_2$. 她回到床上，【安然地】躺在邹杰身边。

值得注意的是，从语义上说，"安然"修饰不同类型的谓语动词出现不同的语义倾向，修饰脱困类凸显"生安义"，修饰入安类凸显"身安义"，修饰处安类凸显"心安义"；从语用上说，"安然"修饰哪类谓语，哪类谓语就是辖域，就是语用突出焦点（Dik，1997）（见表3）。

表3 "安然"的辖域、语义和谓语类型

	"安然"的辖域		
逻辑顺序	结果/原因——→结果/原因——→结果		
语义	生安义——→身安义——→心安义		
谓语类型	脱困类——→入安类——→处安类		
时间顺序	处于困境　脱离困境　进入安稳　处于安稳 处于困境状态　　　处于安稳状态		

总而言之，通过探索副词"安然"与动词组配规律，利用同现成分，可以总结出"安然"的语义内涵，然而"安然"的语义情态结构需在话语关联中进一步探索。

四、副词"安然"的情态关联

从话语来看，副词"安然"句的分布受到"克难而安"话语关联的制约；从单句来看，副词"安然"选择三类谓语动词，有一定的选择和排斥的规律性；从情态来看，副词"安然"还受到情态结构的制约：认知上的艰难性、意志上的坚决性、意向上的期盼性（见表4）。

（一）认知上的艰难性

从认知角度说，在"克难而安"的话语关联中，待转句所指的"极困背景"就是遇困者对艰难困境的认知，是遇困者被动地经历某种困难。遇困者对困境艰难性的认知主要体现在两个方面：困境的被动性和繁难性。前者体现为待转句中出现被动义的经受义动词或介词，如"经历、经过、遭到、受到、被"等（赵春利、朱妙芬，2016），见例（22a）；后者体现为高量级，待转句中同现修饰语困境的高程度形容词"罕见、严重、急速、惨、巨大、险恶"和高数值数量词"不少、一连串、350米、13年"等，见例（22b）、例（22c），从而凸显遇困者所遇困境的艰难程度之高。

（22）a. 香港回归以来，尽管经历了风风雨雨，但都能排除万难，安然度过。

b. 中国第一大河长江今年再次爆发历史罕见大洪水，沿岸却有惊无险，安然度汛。

c. 曾有不少土耳其卡车司机在伊拉克被绑架，但大多数人安然获释。

（二）意志上的坚决性

由于遇困者所遇的困境非常艰难，因此遇困者或施助者要克服困难而求得安稳的意志就必须坚决，遇困者或施助者必须竭尽全力去克服困难以达到安稳状态，即"竭力克难"。从同现词语看，意志的坚决性主要体现为：一是大气力，如"奋力、全力、充足、及时、最有效、过硬"等，如例（23a）；一是高数值，如原因句中表示时距之长或次数之多的时量修饰语"四昼夜、10 个小时、一个多小时、百余米长、30 华里、千万次"等，如例（23b）：

（23）a. 队伍中猛然冲出一位战士，<u>奋力</u>推开战马……列车<u>安然</u>奔去。

b. 经过<u>四昼夜</u>奋战，大坝终于<u>安然</u>脱险。

（三）意向上的期盼性

遭遇艰难困境的主体总是从意向上期盼凭借坚强意志克服困难而求得进入安稳状态，主体意向的期盼性主要体现三个方面。一是期盼义动词，在副词"安然"句前会同现期盼义动词"希望、祈求、期望、期待、想、但愿"等，如例（24）：

（24）a. 毛泽东因工作繁忙影响睡眠，（宋庆龄）特地送去一个鸭绒枕头，<u>希望</u>能帮助他<u>安然</u>入睡。

b. 打捞工作仍在紧张有序地进行，人们<u>期望</u>着明年 2 月 15 日，中山舰<u>安然</u>出水。

二是庆幸义话语标记，遇困者或施助者由于克服困难的过程十分艰难，一旦勉强进入安稳状态，则会产生庆幸之情，因此，"安然"句前通常会同现表示庆幸义的话语标记"值得庆幸的是、所幸的是、出人意料的是、令人惊奇的是、幸好、所幸、庆幸、幸免、幸而"等，如例（25）：

（25）a. <u>值得庆幸的是</u>，他总算<u>安然</u>进入了风平浪静的海域。

b. <u>幸好</u>后来王玄策<u>安然</u>脱困，逃离了玛卡达。

三是喜悦之词，遇困者一旦实现克服困境进入安稳状态的愿望，自然产生喜悦之情，"安然"句前后通常会出现表示喜悦义的短语如"转悲为喜、破涕为笑、心满意足"和词语"高兴、满意、笑、喜讯"等，如例（26）：

（26）a. 亲友四邻见了他全都<u>转悲为喜</u>，认为他这次的<u>安然</u>返回，简直是个奇迹。

b. 我非常<u>高兴</u>得悉你和赫里欧夫人在勇敢地经历了一场长久的考验之后现已<u>安然</u>脱险。

总而言之，"安然""克难而安"的话语关联制约了其语义情态。在"安然"的语义情态中，认知上的艰难性激发主体在意志上坚决克服困难，从而实现意向上的期盼性。

表 4 副词"安然"的整体话语关联

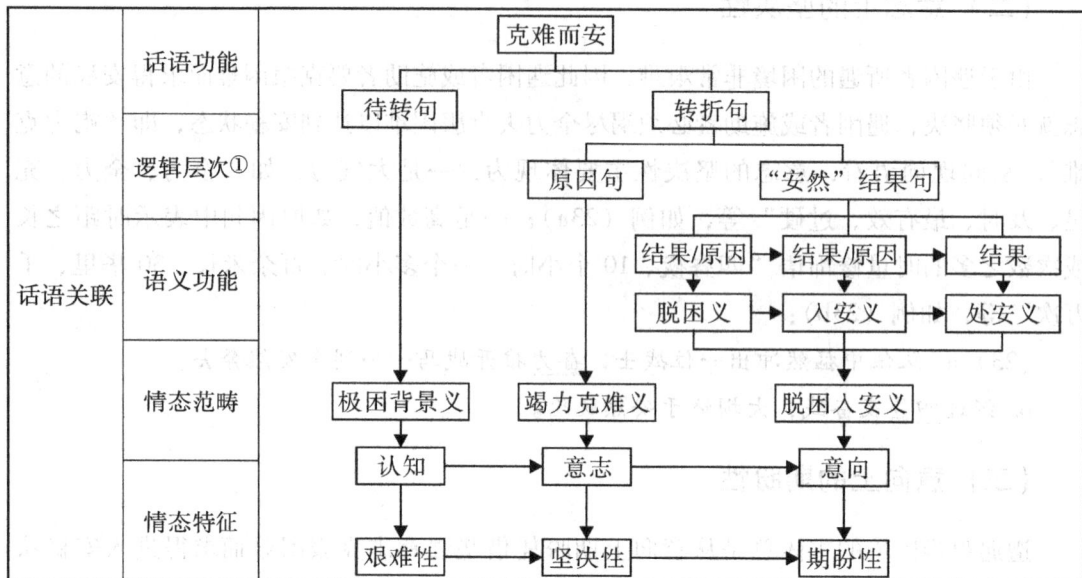

话语关联	话语功能	克难而安 → 待转句 / 转折句
	逻辑层次①	转折句 → 原因句 / "安然"结果句
	语义功能	结果/原因 → 结果/原因 → 结果；脱困义 → 入安义 → 处安义
	情态范畴	极困背景义；竭力克难义；脱困入安义
		认知 → 意志 → 意向
	情态特征	艰难性 → 坚决性 → 期盼性

五、结语

语义内涵是统摄副词各种分布规律的枢纽，只有准确定位一个副词的话语分布、复句分布及其单句分布，找到该词语分布规律的制约因素，才能为精确提取语义奠定基础。根据副词"安然"的"克难而安"话语关联及其三类谓语的选择规律可知，"安然"表示主体的一种状态，我们可以把"安然"的语义内涵界定为：主体期盼凭借坚决意志摆脱艰难困境进入安稳情境的状态。

从研究视域看，副词的研究离不开其所分布的单句，更离不开其所分布的话语，要揭示副词分布的规律性就必须按照从话语到复句再到单句的从大到小的逻辑顺序逐层精准定位。而话语、复句、单句等不同单位可从不同层次上浮现并限制副词的不同特征，其中，由逻辑关系、语义关系、情态关系组合成的话语关联是描写、制约和解释副词语义的最大单位，而单句层面的同现谓语、状语、话语标记等则是正反验证副词语义情态的最小单位。

从研究方法看，副词的语义是抽象的，但它决定并解释该副词在形式上的话语分布和句法分布；形式上的话语分布和句法分布是具体的，但它制约并验证该副词的语义，因此，必须从具体的形式分布入手才能提取并验证抽象的副词语义。

---

① 在"安然"句中，只出现脱困义谓语类型或入安义谓语类型时，"安然"句在整体话语关联中充当结果句；在"安然"所领辖域内，当脱困义谓语类型和入安义谓语类型同现时，脱困义谓语类型所在句为入安义谓语类型所在句的原因句，当入安义谓语类型和处安义谓语类型同现时，入安义谓语类型所在句为处安义谓语类型所在句的原因句。

参考文献

[1] 安汝磐，赵玉玲．新编汉语形容词词典［M］．北京：经济科学出版社，2003.

[2] 鲍尔·J. 霍伯尔，伊丽莎白·克劳丝·特拉格特．语法化学说［M］．梁银峰，译．上海：复旦大学出版社，2008.

[3] 陈一．试论专职的动词前加词［J］．中国语文，1989（1）.

[4] 傅玉芳．常用形容词分类词典［M］．上海：上海大学出版社，2010.

[5] 何洪峰．汉语方式状语研究［D］．武汉：华中师范大学，2006.

[6] 李铁范．现代汉语方式词的认知功能研究［D］．上海：上海师范大学，2015.

[7] 李铁范．现代汉语方式词研究［D］．上海：上海师范大学，2005.

[8] 林华勇．现代汉语副词语义辖域的类型［J］．南开语言学刊，2005（1）.

[9] 刘琭．现代汉语情状副词研究［D］．上海：上海师范大学，2011.

[10] 马庆株．汉语动词和动词性结构［M］．北京：北京语言学院出版社，1992.

[11] 荣丽华．从标记词语的来源论因果复句的分类［J］．北京师范大学学报（社会科学版），2017（2）.

[12] 邵敬敏．"语义语法"说略［J］．暨南学报（哲学社会科学版），2004（1）.

[13] 史金生．情状副词的类别和共现顺序［J］．语言研究，2003，23（4）.

[14] 陶然，等．现代汉语形容词辞典［M］．北京：中国国际广播出版社，1995.

[15] 邢福义．汉语复句研究［M］．北京：商务印书馆，2001.

[16] 杨一飞．现代汉语实义副词研究［D］．上海：上海师范大学，2007.

[17] 袁毓林．汉语形容词造句词典［M］．北京：商务印书馆，2018.

[18] 张亚军．副词与限定描状功能［M］．合肥：安徽教育出版社，2002.

[19] 张谊生．现代汉语副词研究［M］．上海：学林出版社，2000.

[20] 赵春利，何凡．副词"索性"的话语关联与情态验证［J］．世界汉语教学，2020，34（3）.

[21] 赵春利，钱坤．副词"几乎"的分布验证与语义提取［J］．语言教学与研究，2018（3）.

[22] 赵春利，朱妙芬．介词"通过"与"经过"的句法语义［J］．学术交流，2016（4）.

[23] 赵春利．溯因副词"毕竟"的话语关联与语义提取［J］．中国语文，2022（3）.

[24] 中国社会科学院语言研究所词典编辑室．现代汉语词典［M］．试用本．上海：商务印书馆，1965/1973.

[25] 祝敏青．说形容词"×然"［J］．福建师范大学学报（哲学社会科学版），1989（4）.

[26] DIK S C. The theory of functional grammar［M］．Berlin /New York：De Gruyter Mouton，1997.

Discourse Relevance and Predicative Grouping Rules of "Anran" in Modern Chinese

LI Qianqian   ZHAO Chunli

【Abstract】 Based on semantic grammar theory, the semantic connotation of the adverb "anran" is analyzed from discourse relevance at the pragmatic level to the predicative grouping law at the syntactic level by using the methods of formal corroboration, positive and negative verification, and cognitive interpretation. First, the previous research results are reviewed from three perspectives: semantic definition, verb grouping, and functional interpretation, and the problems are pointed out: cutting the connection between the meanings, exploring verb classification in isolation from adverbs, and ignoring discourse association analysis. Second, the discourse relevance of "peaceful after overcoming difficulties" of "anran" is extracted and formally confirmed according to the same present component. Thirdly, according to the principle of two-way semantic selection, the positive and negative verification of "anran" selects the predicate types of the meaning of "getting out of difficulties," "entering a peaceful state" and "in a stable state," and rejects the predicate types of the meaning of "getting into trouble," "getting out of the peace" and "in a difficult situation." Fourth, according to the syntactic distribution, we extracted the modal structure of the difficult cognition, resolute will, and desired intention of "anran."

【Keywords】 "anran", discourse relevance, predicative grouping rules, "peaceful after overcoming difficulties"

江西龙布话话语标记"话起"语用功能考察

赖玉婷①

（云南师范大学文学院　云南昆明　650500）

【提　要】 江西龙布话中的"话起"一词从词组凝固成词，后又虚化成为话语标记。本文从语义、语法、语用功能三个方面分析龙布话的"话起"作为话语标记的特点及功能；着重讨论了其在语篇组织、言语行为和语境顺应几个方面的功能。其中，语篇组织上有开始交际活动、话题前景化、话题切换和延续的功能，言语行为体现在话轮转接上，语境顺应主要表现在对背景语境的顺应。

【关键词】 "话起"　话语标记　语用功能　龙布话

关于话语标记，许多学者都曾对其定义及特征进行界定。刘丽艳（2005）认为话语标记的特点表现在对口语交际信道的依赖性、意义的程序性、句法的分离性及功能的元语用性几个方面。殷树林（2012）将话语标记的性质特征归纳为五点：语音上，话语标记形成独立的语调单位，与其他语言单位之间可以有停顿；句法上，具有独立性，主要出现在句首；语义上，编码程序信息，除证据标记外，不会增加所在语句表达的命题内容，也不影响真值条件；语用上，对言语交际进行调节和监控；风格上，多用于口语。孙利萍（2017）认为其在核心意义上表现为程序意义而概念意义弱化或消失，句法上具有独立性、可分离性且位置相对灵活，韵律上独立且前后通常可以有语音上的停顿。陈家隽（2019）也持一样的观点，并指出其结构固定、可变程度较低。综上所述，话语标记指的是主要用于口语、语音上表停顿、句法上独立不作话语成分、对前后段话语起衔接连贯作用的词。

龙布位于江西省南部，是隶属于赣州市安远县的一个乡镇，通行客家话，谢留文、

---

① 赖玉婷，1996年生，江西赣州人，云南师范大学文学院硕士，语言学及应用语言学专业，研究方向为汉语方言学。

黄雪贞的《客家方言的分区（稿）》（2007）将安远客家方言归为于信片。关于客家话中"话起"作为标记词的用法，卢惠惠在其《江西南康客家话的反问标记词"话起"及其语法化》一文中分析了南康话中"话起"的语义、语用及语法功能，反问标记词"话起"常处于重复回声问得语境之中，在语用上表示否定、不解、揣测，同时探讨了"话起"一词的语法化过程。虽然龙布与南康同属赣南客家话的于信片，"话起"作动词的用法也基本一致，但其在龙布话中作话语标记时不表反问。本文从语义、语法、语用功能三个方面分析探讨龙布话的"话起"作为话语标记的特点及功能，并与南康话、粤方言、湘方言作简单比较。

一、"话起"的语义及语法分析

（1）渠先话起得。（他先开始说的。）

tɕi^{44} ɕie^{44} va^{53} ɕi^{21} te^{31}.

（2）长先婆婆话起个件事，㑅正晓得。（刚刚婆婆提起这件事，我才知道。）

tsɒŋ^{53} ɕie^{44} pʰau^{53} pʰəu^{53}va^{53} ɕi^{21} kie^{44} tɕʰie^{53} sɿ^{31}, ʔie^{44} tsan^{53} ɕiɔ^{21} te^{31}.

（3）一话起个件事就气得喊死。（一说起这件事就气得要死。）

iɐʔ^{32} va^{53} ɕi^{21} kie^{44} tɕʰie^{53} sɿ^{31} tɕʰi^{53} ɕi^{53} te^{31} xa^{21} sɿ^{21}.

（4）话起游戏来俾，几多话讲得唔晓。（说起游戏来的话，不知道有多能讲。）

va^{53} ɕi^{21} y^{35} ɕi^{53} lai^{31} sɿ^{44}, tɕi^{21} təu^{35} xua^{53} kaŋ^{21} te^{31}m^{35} ɕiɔ^{21}.

（5）话起尔认唔到渠。（话说你不认识他。）

va^{53} ɕi^{21} ŋ^{44} ɲin^{53}m^{35} tɔ^{53} tɕi^{44}.

例（1）中的"起"是"开始"的意思，"话起"是"话"与"起"组成动词短语，构成短语"V起"，意为"开始V"，与之类似的还有"打起""做起"等。例（2）的"话起"意为"提到、说起"，这里的"起"不再是动词，而是副词，作动词"话"的补足语。例（3）、例（4）中的"一话起""话起……来"，是"话起"一词的扩展形式，在句中的作用类似于插入语。例（5）中的"话起"与前几个例句不同，其在句中作话语标记，没有实际意义，一般只用于句首，且可以省略，省略之后对语义也没有影响。由此可知，"话起"一词从词组凝固成词，后又虚化成为单纯的话语标记。例（5）的"话起"在语义上相当于普通话中的"话说""对了"，因此下面的方言例句转换成普通话时会用这两个词代替方言词"话起"。本文主要讨论在龙布话中作话语标记的"话起"。

与南康话的反问标记"话起"常出现在反问语境中表反问不同，龙布话的话语标记"话起"一般出现在陈述句和疑问句前面。

（6）话起尔曾去过西山啊？（话说你有没有去过西山？）

va^{53} ɕi^{21} ŋ^{44} tsʰiŋ^{353} ɕi^{53} kəu^{53} se^{53} sa^{44} a^{53}?

（7）话起渠之前跟尔同班夯？（话说他之前和你同班是吧？）

va^{53} çi^{21} tçi^{44} tsʅ^{35} tsʰie^{31} tçiŋ^{44} ŋ^{44} tʰən^{44} pa^{44} xaŋ^{44}？

（8）话起丽霞也去嘞。（对了丽霞也去了。）

va^{53} çi^{21} li^{53} çia^{35} ia^{21} çi^{35} le^{31}.

例（6）中"话起"后接反复问句，表示询问。例（7）中后跟一个是非问句，说话人向听话人确认这一信息的正确性，或是说话人对自己刚想起来的信息进行强调和确定。例（8）中后跟陈述句，告知某个信息或通过某个信息提醒对方。不同语境下有不同的语义内涵，体现出"话起"作为话语标记在口语交际中的互动功能。

二、话语标记"话起"的语用功能

方梅（2000）认为语义弱化的连词作话语标记有两方面的功能：一是话语组织功能，包括话题前景化和话题切换；二是言语行为功能，包括话轮转换和话题延续。刘丽艳（2005）分析了口语交际中的话语标记语篇组织、语境顺应和人际互动的三个元语用功能。通过对搜集的语料进行分析，我们发现，龙布话中的话语标记"话起"的功能主要体现在语篇组织、言语行为和语境顺应这几个方面。其中，语篇组织上有开始交际活动、话题前景化、话题切换和延续的作用，言语行为功能体现在话轮转接上，语境顺应主要是对背景语境的顺应。

（一）语篇组织功能

1. 开始交际活动

在交际活动开始之前，常常会以"话起"开头，以使交际不会显得很突然，同时吸引听话人的注意。这一用法一般是用在熟人之间的交谈当中，在不用过于顾及打招呼的形式的情形下，营造出交谈的氛围。

（9）语境：家里。大家都在客厅安静地看电视。

A：话起东东过几工会归。（对了东东过几天会回家。）

va^{53} çi^{21} tən^{44} tən^{44} kəu^{53} tçi^{21} kən^{44} uɛ^{21} kue^{44}.

B：归来过节啊？（回来过节啊？）

kue^{44} lɛ^{53} kəu^{53} tsiɐʔ^{32} a^{53}？

A：係。（是。）

xe^{53}.

（10）语境：家门口。A看到邻居B坐在门口。

A：话起哪回有空心粉卖呢？（话说哪里有空心粉卖呢？）

va^{53} çi^{21} nɛ^{21} xue^{35} y^{35} kʰən^{44} çin^{35} fən^{21} me^{53} nə^{44}？

B：圩上就有，超市应该也有。（集市上就有，超市应该也有。）

çi⁴⁴ xaŋ²¹ tɕʰi⁵³ y³⁵, tsʰɔ³⁵ sŋ⁵³ in⁴⁴ kɛ⁴⁴ a²¹ y³⁵.

例（9）的聊天以"话起"开头，吸引听话人的注意，先让听话人把注意力从电视上转移到自己接下来要说的话当中，再开始说想要谈论的话题，以便顺利进行接下来的交流与谈话。例（10）中由"话起"开头，提出一个问题，开始谈论空心粉这一话题，关于它在哪里卖、怎么做。"话起"在这里起到一个开始交际活动的作用，其后面一般不停顿，与话题连接较紧密，用于引出话题。

2. 话题前景化

方梅指出，话题前景化指把不在当前状态的话题激活、放到当前状态话题处理过程，包括设立话题和拉回话题，"设立话题是指把认识网络里已经存在的一个谈论对象确立为言谈话题"。①

（11）语境：家里。A 教 B 做数学作业。

A：先列算式，再乘起来，话起乘法表尔爱背出来。（先列算式，再乘出来，对了乘法表你要背出来。）

　　çie⁴⁴ lie²¹ sua⁵³ se⁵³, tsɛ⁵³ tsʰən³¹ çi²¹ lɛ⁴⁴, va⁵³ çi²¹ tsʰən³⁵ fə²¹ piɔ²¹ ŋ⁴⁴ ʔɛ³¹ pʰɛ²¹ tsʰə³¹ lɛ⁴⁴.

（12）语境：A 叫 B 去送苹果。

A：好讨个华苹果拿上奶奶奔去。（去把这些苹果送你奶奶那儿去。）

　　xɔ³¹ tʰɔ³¹ kɛ⁴⁴ xua³⁵ pin³⁵ kəu²¹ na³⁵ saŋ²¹ nɛ⁴⁴ nɛ⁴⁴ pən⁴⁴ çi⁵³.

B：尔买腌多苹果舞什个？（你买这么多苹果干嘛？）

　　ŋ⁴⁴ mɛ²¹ ka³¹ təu⁴⁴ pin³⁵ kəu²¹ vɯ²¹ sə⁵³ kie⁵³？

A：食哇，尔唔中意食啊？（吃啊，你不喜欢吃吗？）

　　se⁵³ va⁴⁴, ŋ⁴⁴ m³⁵ tsən⁵³ i³¹ se³¹ a⁵³？

B：有什好食。（有什么好吃的。）

　　y³⁵ se⁵³ xɔ²¹ se⁵³.

A：食厌係？（吃腻了是不是？）

　　se⁵³ ɲa³⁵ xe³⁵？

B：唔中意食。（不喜欢吃。）

　　m³⁵ tsən⁵³ i³¹ se³¹.

A：话起快点送上去，归来食饭。（对了快点送上去，回来吃饭。）

　　va⁵³ çi²¹ kʰɛ³¹ tie³⁵ saŋ⁵³ çi⁵³, kui⁴⁴ lɛ³¹ se⁵³ fa⁵³.

例（11）中 A 原本是在讲解数学题目，之后又将数学知识里面的乘法表提出来作为话题进行谈论，这是设立话题。例（12）中 A 让 B 去送苹果，但中途话题转向了苹果，最后 A 用"话起"让话题重新回到送苹果这件事情上，把话题拉回。

---

① 方梅. 自然口语中弱化连词的话语标记功能［J］. 中国语文，2000（5）：459－470.

3. 话题切换和延续

话题切换和话题延续发生在交际的过程当中。话题切换是指不再谈论当前的话题，而是换一个谈论对象；话题延续则是在一个话轮中，对同一个话题的继续谈论。

（13）语境：A 刚从外面购物回到家。

B：唔买食个啊？（没有买吃的啊？）

m^{353} mɛ^{21} se^{31} kie^{53} a^{53}?

A：唔曾。话起妈妈呢，唔在屋下啊？（没有，对了妈妈呢，不在家吗?）

m^{35} tsʰin^{31} · va^{53} çi^{21} ma^{44} ma^{44} nə^{44}, m^{44} tsʰɛ^{44} v^{31} xa^{44} a^{53}?

B：去嫽。（去玩了。）

çi^{35} liɔ^{53}.

（14）语境：家里。A 要出门几天，在给 B 交代事情。

A：丽霞五点钟会归来食饭……话起杰子明朝会归……（丽霞五点钟会回来吃饭……对了，杰子明天会回家……）

li^{53} çia^{35} ʔŋ^{53} tie^{21} tsən^{44} uɛ^{53} kui^{44} lɛ^{31} se^{31} fa^{53}……va^{53} çi^{21} tçie^{35} tsi^{21} mi^{31} tsɔ^{44} uɛ^{53} kui^{44}……

B：好。

xɔ^{21}.

例（13）中两人本来在谈论买的东西，后面 A 用"话起"把话题转到了妈妈的去向，实现了话题的转换；例（14）中 A 在一件件地交代家里的事情，交代完一件事之后，又用"话起"来延续这一话题，继续交代下一件事情，通过这种方式可以避免听话人打断话轮，同时强调话题内容。

（二）言语行为功能

言语行为功能主要体现在话轮转换上，话轮转换分为打断式话轮转换和非打断式话轮转换。在非打断式话轮转换中，"话起"的使用可以占据话轮、争取说话机会，有时后面停顿时间可以延长，用以引出下面的话语。

（15）语境：A 在家找小孩，碰巧小孩 B 回来。

B：倔长先看到渠搭奔搞水。（我刚才看到他在河边游泳。）

ʔie^{44} tsaŋ^{53} çie^{44} kʰua^{53} tɔ^{35} çi^{44} tə^{44} xɔ^{53} xa^{44} kɔ^{21} se^{21}.

A：哪个河下啊？（哪个河边啊？）

nɛ^{21} kie^{53} xɔ^{53} xa^{44} a^{53}?

B：凉亭奔点……（凉亭那里……）

liaŋ^{31} tʰin^{31} pən^{44} tie^{21}……

A：话起尔去河边舞什个啊？（对了你去河边干什么?）

va^{53} çi^{21} ŋ^{44} çi^{31} xɔ^{53} xa^{44} vɯ^{21} sə^{31} kie^{53} a^{53}?

B：偡就占奔过。（我就从那儿经过。）

ʔie⁴⁴ tɕʰi⁵³ tsa⁵³ pən⁴⁴ kəu⁵³.

（16）语境：A邀请B去玩。

A：偡人腾嘎去爬山，尔会去？（我们待会儿去爬山，你去不去？）

ʔie⁴⁴ ȵən²¹ tʰən³¹ ka³⁵ ɕi⁵³ pa³¹ sa⁴⁴, ŋ⁴⁴ uə³⁵ ɕi⁵³?

B：话起，偡奶喊带人，我去不了。（对了，我奶奶叫我带小孩，我去不了。）

va⁵³ ɕi²¹, ʔie⁴⁴ nɛ³⁵ xa²¹ ʔie⁴⁴ tɛ⁵³ ȵən²¹, ʔie⁴⁴ ɕi⁵³ m³⁵ liɔ²¹.

例（15）是打断式话轮转换，打断B的回答，质问他刚才是不是也在那儿玩水。例（16）是非打断式话轮转换，B被指定为下一个说话人，但B没有想好该怎么说，于是用"话起"占据话轮，停顿思考用什么理由来拒绝A的邀请。

（三）语境顺应功能

刘丽艳指出"说话人在一定交际目的的支配下，随着交际的推进需不断进行话语形式的选择和认知语境假设的调整，以顺应交际的发展；话语标记的使用便是交际主体对动态的交际语境信息所作出的顺应性反映"[①]。交际语境可分为语言语境、情景语境和背景语境，龙布话"话起"的语境顺应功能则主要表现在对背景语境的顺应上。背景信息处在交际主体的认知层面，常常会被忽略，但又往往对交际起着很重要的作用，只有交际双方拥有共同的背景信息，才能实现成功的交际，背景信息也可以随时从认知层面提到话题当中。龙布话"话起"对背景信息的顺应突出体现在两点：对背景知识的认知状态从暂时忘记到重新想起，以及叙述甲事件的过程中突然想起乙事件。

1. 对背景知识的认知状态从暂时忘记到重新想起

（17）语境：通电话中。

A：暑假冇伴归啊？（暑假有没有伴一起回家？）

sɿ²¹ ka⁵³ mɕ³⁵³ tsʰən⁵³ kui⁴⁴ a⁵³?

B：有，风风也会归。（有，风风也会回。）

y³⁵, fən⁴⁴ fən⁴⁴ a²¹ uə⁵³ kui⁴⁴.

A：话起风风也搭奔点读夯，可以一下归。（对哦风风也在那儿读，可以一起回。）

va⁵³ ɕi²¹ fən⁴⁴ fən⁴⁴ ia²¹ tə³¹ pən⁴⁴ tɯ³¹ xaŋ⁴⁴, kʰəu²¹ i²¹ iʔ³² xa⁵³ kui⁴⁴.

对于A与风风在同个地方读书这一背景信息，B原本是知道的，只是忘记了，直到与A聊天时才想起来。用"话起"来表示自己刚刚才记起某个与话题有关的背景信息，将忘记与想起相互联系起来。

2. 叙述甲事件的过程中突然想起乙事件

（18）语境：商量外出。

---

① 刘丽艳. 口语交际中的话语标记［D］. 杭州：浙江大学，2005.

A：食了昼去外婆奔哇。（吃完午饭去外婆那儿。）

se³¹ liɔ³¹ tɕy⁵³ ɕi⁵³ mɛ⁵³ pəu³⁵ pən⁴⁴ va⁴⁴.

B：好。

xɔ²¹.

A：话起尔作业曾做正啊？（对了你作业做完没有？）

va⁵³ ɕi²¹ ŋ⁴⁴ tsəu⁵³ ɲə³¹ tsʰin³⁵³ tsəu⁵³ tsan⁵³ a⁵³.

B：做正嘞。（做完了。）

tsəu⁵³ tsan³⁵ le³¹.

例（18）中在两人说着去外婆家的事时，A 突然想起 B 的作业并询问他作业的完成情况，两件事情之间可以是有联系的，也可以是没有关联的，只是在交际过程当中突然想起的一个信息。

三、与其他方言的比较

龙布话中的"话起"作为动词短语，可以放置在句首和句中，而作为话语标记时，则只能放置在句首。"话起"在龙布话中是一个引进话题的话语标记，意为"说起来、对了"，用于引进话题、占据话轮以及顺应背景信息；而在南康话中则是一个反问标记，有"否定、意外、怀疑"等语义，相当于汉语普通话中的"难道"；龙布话与南康话虽同属于客家话，也同样使用"话起"这一形式，但作话语标记，二者却具有完全不同的含义与功能。

其他汉语方言中也有与龙布话"话起"相似的话语标记，如粤方言中的"话时话"、湘方言中的"话起来"，虽然在表现形式上有所差异，但作为话语标记的主要功能是大致相同的。李丽红指出，广州粤方言中的"话时话"在话轮开端既可以是话语组织标记，也可以成为情感态度标记，用于缓和语气或直接表明主观态度，在话轮中间时，则是表顺承递进或转折变换的标记。[①] 颜婳探究衡阳片湘方言的话语标记时，认为"话起来"主要是用于吸引受话者的注意力。[②] 龙布话的"话起"没有粤方言中"话时话"标记情感态度的功能，但其作为话语标记的主要功能与粤方言的"话时话"、湘方言的"话起来"是相同的。

四、结语

文章主要讨论了龙布话中的话语标记"话起"，分析了这一词在龙布话中的几种用法，得出了其从词组凝结成词、后虚化成不作话语成分的话语标记这一变化路径；之后

---

① 李丽红. 广州粤方言"话时话"的话语标记功能［J］. 贺州学院学报，2023，39（1）.

② 颜婳. 衡南方言话语标记研究［D］. 南宁：广西师范大学，2020.

与南康话的反问标记"话起"对比，主要是通过例句简单探讨话语标记"话起"在语篇组织、言语行为及语境顺应方面的功能和作用。普通话话语标记的研究成果还是比较丰富的，但对方言，学界的关注更多地在于语音、语法、词汇，方言话语标记的研究成果相对来说却并没有那么丰富，从这一方面来看，方言的话语标记还有许多值得探讨的地方。

参考文献

［1］陈家隽．汉语话语标记的语用功能与历时演变［M］．上海：复旦大学出版社，2019.

［2］方梅．自然口语中弱化连词的话语标记功能［J］．中国语文，2000（5）．

［3］李丽红．广州粤方言"话时话"的话语标记功能［J］．贺州学院学报，2023，39（1）．

［4］刘丽艳．口语交际中的话语标记［D］．杭州：浙江大学，2005.

［5］卢惠惠．江西南康客家话的反问标记词"话起"及其语法化［J］．嘉应学院学报，2014（9）．

［6］孙利萍．现代汉语言说类话语标记研究［M］．北京：社会科学文献出版社，2017.

［7］谢留文，黄雪贞．客家方言的分区（稿）［J］．方言，2007（3）．

［8］颜姗．衡南方言话语标记研究［D］．南宁：广西师范大学，2020.

［9］殷树林．现代汉语话语标记研究［M］．北京：中国社会科学出版社，2012.

A Study on the Pragmatic Function of the Discourse Mark "Hua Qi" in Jiangxi Longbu Dialect

LAI Yuting

【Abstract】 In Longbu dialect of Jiangxi province, the word "hua qi" solidifies from a phrase into a word, and then becomes a symbol of discourse. This paper analyzes the characteristics and functions of "hua qi" as a discourse marker in Longbu dialect from three aspects: semantic, grammatical and pragmatic functions. This paper focuses on its functions in discourse organization, speech act and contextual adaptation. Among them, discourse organization has the functions of initiating communicative activities, topic foreground, topic switching and continuation. Speech act is embodied in speech rotation, and contextual adaptation is mainly manifested in adaptation to the background context.

【Keywords】 "hua qi", a symbol of discourse, pragmatic function, Longbu dialect

微信新闻语篇的互文策略

——以《在下"西直门三太子"，请多指教~》为例

黄淑萍①

（暨南大学华文学院　广东广州　510610）

【提　要】微信推文作为一种新兴语体可从互文角度加以研究。分析"央视新闻"微信公众号一篇阅读量"10 万＋"的新闻语篇，研究其互文策略的形式、功能和生成动因，发现其互文策略主要包括仿拟互文、引用互文、互动互文、多模态互文等形式；互文策略具有增添趣味性、增强可信度、提高互动性、构建现场感等功能。微信新闻语篇中互文策略的生成动因与新闻的特点和类型、受众的需求、新媒体技术的可供性密切相关。

【关键词】微信　新闻语篇　互文策略

一、引言

近年来，随着新媒体的迅猛发展，信息传播的途径更加多样化。除了报纸、广播、电视等比较传统的媒介，越来越多的人开始通过关注微信公众号来获取新闻资讯。"央视新闻"微信公众号（ID：cctvnewscenter）是中央广播电视总台新闻新媒体旗舰账号，是重大新闻、突发事件和重要报道的总台首发平台，在国内的新媒体新闻公众号中具有高度的权威性和广泛的影响力。《在下"西直门三太子"，请多指教~》是"央视新闻"微信公众号 2023 年 4 月 14 日发布的一则介绍大熊猫萌兰的软新闻。该新闻的阅读量达"10 万＋"，是一则颇受读者欢迎的微信新闻语篇。本文以该新闻语篇为研究对象，分析互文策略在微信新闻中的运用。

---

①　黄淑萍，1982 年生，女，暨南大学华文学院讲师，语言学及应用语言学博士研究生。

二、理论基础和研究现状

20 世纪 60 年代，克里斯蒂娃吸收巴赫金的"对话理论"，首次提出互文性（inter-textuality）概念，她认为"任何文本的建构都是引言的镶嵌组合；任何文本都是对其他文本的吸收与转化"（克里斯蒂娃，2012）。后来索莱尔斯又将互文性定义为："每一个语篇都联系着若干其他语篇，并且对这些语篇起着复读、强调、浓缩、转移和深化的作用。"（萨莫瓦约，2003）杰拉尔德·普林斯认为互文的理论内涵是"一个确定的文本与它所引用、改写、吸收、扩展或在总体上加以改造的其他文本之间的关系"（祝克懿，2010）。互文还可以从读者的阅读视角来考察，理法特尔认为"互文"是指："读者能抓住的、有助于他明确文本组织风格的所有迹象（我们阅读一段文字时记忆中闪现的所有文本），诸如含蓄的引用、若隐若现的暗示，或是暂时流淌的记忆。"（萨莫瓦约，2003）祝克懿（2010）指出互文性理论"是一种有解释力、焕发出勃勃生机的理论体系"，互文语篇研究拓展了语篇研究的新领域。

将互文性理论应用到汉语语篇研究的学者主要有祝克懿（2010），董育宁、黄小平（2015），殷祯岑（2016），王志军（2018），徐赳赳（2018）等。也有部分学者从互文性的视角研究了新媒体语篇（武建国、颜璐，2015；辛斌、李文艳，2019；郑庆君等，2021），不过研究对象以手机短信、微博、Facebook 上的语篇为主，分析微信语篇的较少。本文以"央视新闻"微信公众号的一则新闻语篇为研究对象，考察其中的互文策略，具体包括互文的体现形式、修辞功能和生成动因，借此探寻互文理论在微信语体中的应用价值。

三、互文策略的形式与功能

从语篇结构上看，微信新闻语篇通常由推文次语篇和评论次语篇两部分构成。评论是读者对推文的回应，呈现读者声音，作者可以在评论区回复读者留言，与读者对话与互动。推文和评论语义互涉，构成互文关系。不仅推文与评论之间存在互文关系，推文和评论的语篇内部也运用了互文策略。

（一）仿拟互文

仿拟，又称"套用"，是仿照别人（主要是前人）的话或现成词语的形式改造成相类似的话或"词语"（郑远汉，1985）。在《修辞学发凡》中，陈望道（2006）将仿拟分为"拟句"和"仿调"。后又细分为仿词、仿语、仿句、仿段、仿篇、仿调和语体仿拟（曾毅平，2001）。被仿的对象称作本体，与之相对的称作仿体或拟体。本体和仿体（拟体）之间构成互文关系。我们研究的这篇微信新闻语篇就运用了仿拟互文策略，如：

（1）"熊生"巅峰、"社交达熊"

例（1）是仿词，"熊生""达熊"很容易让读者联想到其本体："人生""达人"。将"人"字替换成"熊"字，增强了新闻的趣味性。

（2）知道了，下次还敢～

例（2）是仿句，本体是源于网剧《镇魂》中的台词"我错了，下次还敢"。作者把"我错了"改成"知道了"，变成"知道了，下次还敢～"，体现了大熊猫萌兰的调皮可爱。

（3）在下"西直门三太子"，请多指教～

例（3）是此微信新闻的标题，套用的结构是"在下……，请多指教"，这是初次见面自我介绍时常用的口语句式。"西直门三太子"容易让读者联想到"哪吒三太子"。此新闻标题通过运用仿拟互文吸引读者眼球，激发读者的好奇心，从而增加标题的点击率和新闻的阅读量。

除了仿词和仿句，该微信新闻语篇还套用了人物自我介绍的语篇结构，仿拟套用后的语步如下：开场白、介绍姓名、表演绝活儿→出生年份、出生地、家庭成员→最引以为豪的一次壮举→乐于助人的性格特点→欢迎来我家做客（游览北京动物园）。

仿拟互文策略的功能主要在于通过改造常用的本体，构建出鲜活有趣的仿体。本体和仿体形成互文关系。读者在读仿体时，会联想到本体，从而增加语篇的趣味性，令人印象深刻。

（二）引用互文

陈望道（2006）指出："文中夹插先前的成语或故事的部分，名叫引用辞。"引用是一种辞格，也是互文的一种形式。

（4）妈妈萌萌人称"北动影后"　　爸爸美兰是一只温润如玉的海归大熊猫

（5）我是家中的老三　　现住北京市西城区　　西直门外大街的北京动物园　　所以很多朋友也叫我"西直门三太子"

例（4）和例（5）就是此微信推文中的引用互文。例（4）的"人称"和例（5）的"很多朋友也叫我"相当于提示语，表明"北动影后"和"西直门三太子"这两个名字的来源。

微信新闻作为新媒体语篇，不仅有文字上的引用，往往还有图片和视频的引用。其引用的图片和视频的出处可以在图片和视频上直接进行标注，也可以用文字的方式在推文结尾处进行说明。

在此推文中，有的动图在右上角标注了央视频的图标和中文字样。央视频是中央广播电视总台推出的首个国家级5G新媒体平台。还有的图片和视频在左上角标注了熊猫频道的图标和熊猫频道的英文名iPanda，在右下角则标注了视频拍摄地：成都大熊猫繁育研究基地。iPanda熊猫频道是央视网打造的全球唯一的大熊猫主题社区的网络频道。

引用央视频和熊猫频道的图片和视频充分显示了本新闻语篇内容的权威性和真实性。

此外，微信新闻语篇通常会在文末以文字的形式标注"本文来源"。本新闻语篇就综合了"北京动物园、iPanda 熊猫频道、北京晚报、澎湃新闻"等媒体的新闻报道。换言之，本新闻语篇与以上媒体的相关新闻语篇构成了引用互文。

在微信新闻语篇中，对图片和视频的出处进行标注，一方面是尊重和保护知识产权的需要，说明了"央视新闻"微信公众号的专业性和规范性；另一方面，通过这种引用互文策略，表明了语篇内容的真实性和权威性，增强了语篇的可信度，同时也为所引用的媒体带来了一定的广告宣传效应。

（三）互动互文

在新媒体语境中，互动性是微信语体的一个重要特征。本文将微信新闻语篇中作者与读者之间、读者与读者之间的互动称为互动互文。根据系统功能语言学理论，人称代词、语气、评价等都可以表达人际意义，而人际意义就是语篇互动性的一种体现。

首先，从推文的语言来看，整个语篇呈现口语化特征，像是与读者的日常聊天，氛围轻松愉快。词汇上，第一人称和第二人称的巧妙运用，拉近了与读者的心理距离，好像大熊猫萌兰就在读者面前热情地做自我介绍。句式上，问句和祈使句的灵活运用，增强了与读者的对话和互动。

除了推文的语言体现了互动，评论区的留言更是读者与作者之间、读者与读者之间最直接交流互动的体现。在评论区，读者留言之后，作者和其他读者可以点赞和回复。截至 2025 年 4 月，这篇新闻目前共有 57 条精选留言，其中点赞次数最多的高达4 966 次。

此外，微信公众号推文的右下角有四个图标，分别表示"点赞""分享""收藏"和"留言"。这四个功能的设置目的都是增加阅读量，扩大传播受众的范围。从互文的角度看，这四个功能都有助于增加互动性。"点赞"是读者对推文的积极评价，是读者与作者的一种互动；"分享"转发促成了读者与被转发者，即读者与潜在读者的互动；"收藏"提高了读者将来再次阅读推文，进行互动的可能性；"留言"可能会吸引读者朋友圈的人阅读此文，从而为公众号吸引流量。

微信新闻语篇互动互文策略的运用，营造了作者与读者、读者与读者之间的对话空间，增强了互动性。作者从中可以及时获得读者的反馈，而读者也通过点赞、分享、留言等互动方式提升了自己的存在感和参与感。

（四）多模态互文

新媒体语篇具有多模态性和超文本性，在新媒体环境中，网络语言的篇幅往往短小精悍，而文字与图片、视频、链接等超文本资源之间的互文性强（冯薇、王立非，2017）。在微信语篇中，采用文字与多模态符号资源相结合的互文策略适应了新媒体语境的要求，是实现语篇交际目的的重要途径。

本微信推文中，共使用了 2 个视频、4 个表情、4 张静图、7 张动图。其中动图是使用最多的模态。动图的优势在于：与静图和表情相比，动图能更好地呈现动作和情绪的变化；与视频相比，动图所占空间更小，在手机上加载的速度更快。在评论区中，读者留言一共 57 条，其中 35 条都使用了表情，占 61.4%；作者回复共 8 条，其中 7 条都使用了表情。文字和表情相结合，相互指涉，相互参照，构成互文，增强了语义表达效果。

在此推文语篇中，从构建的意义上看，多模态互文可以分为语义一致和语义不一致两种。语义一致是指文字和多模态资源相互印证，多模态资源使文字内容具体化、形象化，文字使多模态资源的意义明确化，二者相辅相成，共同构建语篇的整体意义，增强语篇的整体表达效果。如图 1 所示，文字上说萌兰要给大家表演拿手绝活，紧随其后的视频便是萌兰表演一字马的场景。读者只要一点开视频，就能观看到萌兰的表演，感受到现场热闹的气氛。语义不一致是指文字和多模态符号资源的意义不一致，甚至相反，如图 2 所示，文字上说萌兰帮助妈妈维持重心，动图显示的却是萌兰淘气地推了妈妈一下，结果让妈妈失去重心摔了下来。文字和动图的意义相反。

大家好，我是一只大熊猫

名叫"**萌兰**"，小名么么儿

最近，我的视频可是火爆全网

你不认识我？没关系

我先给各位表演一个

拿手绝活儿——一字马

图 1　文字 + 视频的截图

妈妈在爬树时

我还会"帮助"她维持身体重心

图 2 文字＋动图的截图

通过运用多模态互文策略，综合文字、表情、图片、音频、视频等多种符号资源，使微信语篇图文并茂，视听结合，能增强现场感，丰富读者的阅读体验，提升读者的阅读乐趣，增加微信公众号的用户黏性。

四、互文策略的生成动因

微信新闻语篇的互文策略受到微信的语体属性和新媒体语境因素的影响和制约。王建华、俞晓群（2020）将以电波为交际媒介的电语语体、口语语体和书面语体并列为第一层次的三大语体，根据电波载体的不同，电语语体又可再分为广播语体、电视语体和新媒体（网络）语体。微信新闻语篇属于新媒体（网络）语体。刘大为（2013）认为语体变量（功能意图、传介方式、人际关系）是导致语体形成的功能动因，语体变量间不同的组配关系形成不同的语体类型。Halliday、Hasan（1985）的语域（register）理论指出情景语境的三个变量包括语场（field）、语旨（tenor）、语式（mode），不同的情景语境配置形成不同的语义配置。作为新媒体语体，微信新闻语篇的互文策略与新媒体的特殊语境密不可分。我们借鉴语域理论，从语场、语旨、语式三个方面来分析微信新闻语篇互文策略的生成动因。

（一）语场：新闻语篇

语场，也称话语范围，是指在交际过程中实际发生的事和参与者的活动，包括交谈的话题。微信新闻语篇报道的是各种新闻话题。新闻是指新近发生的、具有新闻价值、通过媒介传播的真实信息（祝克懿，2007）。真实性是新闻的根本要求，因此微信新闻语篇往往采用引用互文策略和多模态互文策略来突显新闻的真实性。新闻以大众传播为目的（祝克懿，2007），互动互文策略的使用就有助于扩大新闻的传播范围和传播力度。当然具体互文策略的运用还会受到新闻类型的影响。根据西方新闻学，新闻可分为硬新闻和软新闻，"硬新闻通常指题材较为严肃，着重于思想性、指导性和知识性的政治、经济、科技新闻"，而"软新闻则是人情味较浓的社会新闻，包括社会花边新闻、娱乐新闻、体育新闻、服务性新闻等，形式上通俗，注重趣味性"（陆剑于，2013）。鉴于这两种新闻类型的不同特点，仿拟互文、流行语互文等策略在软新闻中使用的比例会更高。

（二）语旨：角色关系

语旨，也称话语基调，是指交际活动中参与者之间的角色关系，包括社会现实中的角色关系，也包括具体交际活动中的角色关系。在新媒体语境下，作者和读者的角色关系有所改变。与"主导受众型"传统媒体不同，新媒体是"受众主导型"（武建国、颜璐，2015）。随着新媒体技术的飞速发展和人们生活节奏的加快，受众阅读新闻的习惯也有相应的变化，他们对图片、表情包、短视频等多模态符号更为关注。为了适应读者的变化，让读者获得更好的阅读体验，以产生更好的新闻效应，吸引更多的读者关注微信公众号，微信新闻作者常常运用多模态互文策略，让新闻显得更加具体、直观、真实。除了阅读习惯的改变，在新媒体时代，读者对互动和参与的心理需求更高，读者不再满足于被动阅读，而是希望与作者、其他的读者进行更多的互动，共同参与到语篇的构建当中。微信新闻语篇作者运用互动互文策略，让读者参与微信新闻的转发、评论、点赞等，一方面满足读者的心理需求，邀请读者和作者共同构建开放的、动态的语篇，促进新闻的进一步传播；与此同时，微信公众号也在这种互动中收获了更多的关注和流量。

（三）语式：传播媒介

语式，也称话语方式，是指语言交际活动中所采用的渠道和媒介。谢晓明、程润峰（2023）指出："在研究网络语言时，我们必须考虑网络媒介的技术特质和传播特性。"微信属于新媒体（网络）语体，微信新闻语篇中互文策略的运用与新媒体技术联系紧密。在微信平台上，作者能综合运用文字、表情、图片、音频、视频等各种模态资源构建立体的多模态新闻语篇；能通过标注图片和视频的来源等方式促进不同媒体之间的交流；能通过点赞、评论等功能配置为作者和读者之间、读者和读者之间创建对话和互动的空间。所有这些功能的实现都得益于新媒体信息技术的发展。换句话说，新媒体技术的可供性是多模态互文、引用互文、互动互文等策略的技术动因。

综上，我们从语场（新闻语篇）、语旨（角色关系）、语式（传播媒介）三大情景语境因素的视角探讨了微信新闻语篇互文策略的生成动因，认为微信新闻互文策略的运用与新闻的特点与类型、受众的需求、新媒体技术的可供性密切相关。

五、结语

随着新媒体的发展，微信新闻成为人们获取信息的重要途径，微信新闻语篇的特征值得关注。本文以互文性理论为指导，对"央视新闻"微信公众号发布的一则软新闻进行语篇分析。研究发现，该微信新闻语篇顺应新媒体语境的特点，综合运用了多种互文策略，具体包括：仿拟互文、引用互文、互动互文和多模态互文。这些互文策略在提升修辞效果、突显真实性、实现互动和构建现场感上起到了积极作用。新闻的特点和类型、受众的需求、新媒体技术的可供性是影响微信新闻语篇互文策略的重要因素。希望本文能为新媒体语篇的研究提供新思路。

参考文献

[1] 陈望道. 修辞学发凡［M］. 新 4 版. 上海：上海教育出版社，2006.

[2] 董育宁，黄小平. 新闻语篇副文性研究：以《人民日报》为例［J］. 当代修辞学，2015（2）.

[3] 冯薇，王立非. 新媒体英文网络语言特征及其教学价值新探［J］. 西安外国语大学学报，2017，25（2）.

[4] 刘大为. 论语体与语体变量［J］. 当代修辞学，2013（3）.

[5] 陆剑于. 今天怎样看待硬新闻、软新闻及其转化［J］. 中国记者，2013（6）.

[6] 萨莫瓦约. 互文性研究［M］. 邵炜，译. 天津：天津人民出版社，2003.

[7] 王建华，俞晓群. 论交际媒介与语体类型［J］. 当代修辞学，2020（5）.

[8] 王志军. 互文语篇理论视域下的语篇副文本系统研究：以学术著作语篇副文本系统为例［J］. 当代修辞学，2018（3）.

[9] 武建国，颜璐. 微博语篇中的互文性：基于《人民日报》新浪微博的研究［J］. 外语教学，2015，36（6）.

[10] 谢晓明，程润峰. 新媒体与网络语言的互动研究［M］. 北京：中国社会科学出版社，2023.

[11] 辛斌，李文艳. 社交平台新闻话语的互文性分析：以 Facebook 上有关南海问题的新闻为例［J］. 当代修辞学，2019（5）.

[12] 徐赳赳. 现代汉语互文研究［M］. 北京：北京师范大学出版社，2018.

[13] 殷祯岑. 语篇意义的自组织生成：耗散结构理论观照下的互文语篇分析［J］. 当代修辞学，2016（5）.

[14] 曾毅平. 语体仿拟浅说［J］. 中国语文，2001（4）.

[15] 郑庆君，向琼，张春燕. 汉语新媒体语篇的互文性研究［M］. 广州：暨南大学

出版社，2021.

［16］郑远汉. 辞格辨异［M］. 武汉：湖北教育出版社，1985.

［17］朱莉娅·克里斯蒂娃. 词语、对话和小说［J］. 祝克懿，宋姝锦，译. 当代修辞学，2012（4）.

［18］祝克懿. 新闻语体探索：兼论语言结构问题［M］. 福州：海风出版社，2007.

［19］祝克懿. 互文：语篇研究的新论域［J］. 当代修辞学，2010（5）.

［20］HALLIDAY M A K，HASAN R. Language，context and text：aspects of language in a social-semiotic perspective［M］. Geelong，VIC：Deakin University Press，1985.

Intertextual Strategies in WeChat News Discourse:
A Case Study of "I Am the Third Prince of Xizhimen,
How Do You Do ~ "

HUANG Shuping

【Abstract】 WeChat post, as an emerging genre, can be studied from the perspective of intertextuality. This article analyzes the forms, functions, and motivations of intertextual strategies in a news discourse with over 100 000 hits on the WeChat official account of "CCTV News." It is found that the forms of intertextual strategies mainly include parody, quotation, interaction, and multimodality; the intertextual strategies have functions such as adding interest, strengthening credibility, enhancing interactivity, and constructing a sense of presence. The adoption of intertextual strategies in WeChat news discourse is closely related to the features and types of news, the needs of the readers, and the affordances of new media technologies.

【Keywords】 WeChat, news discourse, intertextual strategy

印尼华文文学中客家文化的海外传承与融合发展①

——以九位印尼客家籍华文作家为例

王衍军　　张馨月②

（暨南大学华文学院　广东广州　510610；汕头大学国际学院　广东汕头　515063）

【提　要】印尼华文文学作品是海外华语研究的宝贵语料，文章立足于印尼华文文学作品中独特的文化词汇，从饮食、节日、婚丧和艺术四个方面展现客家文化在海外的传承与发展。同时，海外客家文化在印度尼西亚（以下简称"印尼"）多元文化影响下，与印尼本地文化不断融合，也呈现出融合发展的形态。国际中文教学及教材编写应重视印尼华文文学作品的语料价值，重视祖语文化传承和民俗文化的情感功能，增强海外华族的文化认同和对祖籍国的情感归属。

【关键词】客家民俗文化　印尼华文文学　传承与融合　国际中文教育

一、绪论

客家方言，即"客家话"，也称为"山话""阿姆话"，以广东梅县为中心，广泛分布于广东东部和北部地区。客家方言历史悠久，是一种在民族迁移过程中形成的汉语方言，属于汉语七大方言之一。李新魁（1994）称客家方言是由于集团性的人群迁徙而形成的"移民集团"的方言。客家方言的这种"移民性"和传承性，不仅体现在国内，同样体现在海外。印度尼西亚是海外华人最多的国家，华人人口在全国居第三位（郭熙，2012）。其中，客家人口约为800万人，约占印尼华人总人数的40%，印尼总人口

① 本文得到广东语言文化海外传承研究基地2023年度资助科研项目"文明交流互鉴视野下中华传统文化在新加坡的传播实证研究"（项目编号：23GHCY02）的资助，特此致谢。

② 王衍军，1972年生，山东泗水人，暨南大学华文学院教授，博士生导师，研究方向为国际中文教学、方言学、民俗学；张馨月（通讯作者），1987年生，吉林人，汕头大学国际学院讲师，暨南大学文学博士，研究方向为海外华语及华人教学、计算语言学。

的 3% ~4%，散居在全国各地。①

1965 年，印尼爆发"九·三〇事件"后，苏哈托政府对华人采取严苛的语言政策，全面同化华人华侨。比如，解散华人社团，禁止华文教育，禁锢华文和汉字，印尼也成为全球唯一使用华文违法的国家。任何国家和地区的华文报刊书籍都不得进入印尼，连中文招牌也全被销毁，甚至在公共场所用华语交流也受到限制。在印尼的爪哇地区，客家人的客家特性被扫荡得所剩无几，而在岛外地区，客家人、潮州人、闽南人、广府人的风俗习惯则比较好地保留了下来（周晓平，2018）。客家文化对于中华文化的传播与继承具有更纯粹、更本源的性质（周晓平，2014）。印尼华语断层长达 30 多年，华语生存空间被压缩、被限制，客家方言作为印尼华裔的一种祖籍国方言，则表现出强大的生命力和传承力，影响着华人的语言运用。同时客家民俗文化也得以保留与传承，且与印尼本土文化不断融合发展，表现出客家文化的"在地化"现象，并以新的形式在域外华文文坛上焕发新的生机和活力。

二、祖籍客家梅县的印华代表作家及作品简介

广东梅县素称"华侨之乡"，旅居海外之华侨及港澳台同胞有 50 多万，分布在世界 20 多个国家和地区。梅州客家方言称为客家方言的"标准语"，具有特殊的交流沟通、文化传承、文化认同等多重价值（甘燕虾、刘卓铌、毛政才，2018）。印尼客籍华人作家作为华语的传承者，通过华文作品为客家方言的传承、客家民俗文化的海外传播作出贡献。本文选取九位出生于印尼、祖籍梅县的印尼华文文学代表作家，考察他们的华文作品中客家民俗文化的传承与融合现象。其中，徐小民（明芳）和叶丽珍（袁霓）为女作家；李伟康（阿五）年龄最长；黄振华（白放情）在印尼时间最长，属于第五代华人后裔。九位印尼客家华裔代表作家简介参见表 1。

表 1　九位印尼客家华裔代表作家简介②

序号	原名	笔名	出生地	祖籍	出生年份	华人代际
1	李伟康	阿五	印尼	广东梅县松口云车乡	1912 年	2
2	林志强	严唯真	印尼	广东梅县	1933 年	3
3	丘湘元	高鹰	印尼万隆	广东梅县	1938 年	—
4	赖仕铿	立锋	印尼雅加达	广东梅县	1938 年	—
5	温湘权	广月	印尼雅加达	广东梅县松口车田村	1940 年	—
6	郑建辕	刘昶	印尼	广东梅县	1946 年	—

---

① 引用数据参见中国侨网：http：//www.chinaqw - com/zhwh/2015/02 - 16/38362_2.shtml。

② 本表按年龄由长到幼排序，信息参考《东南亚华文文学大系·印度尼西亚篇》中的内容，无法确认的信息暂缺。

（续上表）

序号	原名	笔名	出生地	祖籍	出生年份	华人代际
7	黄振华	白放情	印尼西加里曼丹	广东紫金县	1949 年	5
8	徐小民	明芳	印尼万隆	广东梅县松口	1947 年	2
9	叶丽珍	袁霓	印尼雅加达	广东梅县	1955 年	—

以上九位印尼华裔作家学历均不高（见表2），大都是印尼华校中学或小学学历，主要原因是1965年"新秩序政府"上台后，印尼政府对华族采取全面排斥的政策，肆意封掉所有华人社区、华校和华文报刊。受此影响，印尼华裔被迫中断学业，华裔作家也均被迫停笔，转行从商维持生计。袁霓在1965年上小学五年级时辍学，之后主要通过补习、自学来提升华文能力，1972年开始写作。相比而言，阿五和严唯真二人的学历较高，为大学肄业，均担任过印尼华文教师。这些客家梅县籍华人作家均为第2～5代华裔，客家方言及客家习俗主要是从家族长辈处习得。

表2　印尼客籍华裔作家华文教育背景及主要代表作品

作家	华文教育背景	代表作品
阿五	12岁毕业于印尼小学，14岁就读于广东梅县松口初级中学，考入"国立"中山大学，后辍学返回印尼，任华文教师20余年	《扑满》《杏子》等
严唯真	华校高中毕业，厦门大学中文系肄业。15岁开始写作，原为教师，后当过公交车司机，从商，又重执教鞭，推动华语教育	《梦乡内外》《人到中年》等
高鹰	中小学就读于万隆清华学校，毕业后留校任教。中学时开始写作，20世纪60年代中期弃文从商，辍笔十多年，80年代重返文坛	《高鹰散文集》、主编《印华散文》等
立锋	1957年高中毕业于雅加达中华中学，担任华校汉语教师。1954年开始投稿。1966年停笔，12年后（1978年）重新写作	诗选集《给我微笑》、《避雨奇遇记》等
广月	1954年毕业于雅加达铭华小学，在华侨公立巴城中学念初中，后转读于新文中学，1959年毕业。华文受禁时期停笔，1989年重新写作	《迷途的旅程》《悠悠民族情》等
刘昶	中学毕业于华校，中学时期开始写作。毕业后做翻译员，后改从商。华文受禁时期停笔，1994年重新写作并发表在《绿洲》	小说《冤家》《小村赴宴》等
白放情	中学就读于雅加达中华中学，1979年开始文学创作	小说集《春梦》《梦于沙朗岸》等
明芳	华文教育背景不详，初中时开始投稿	散文《淡淡的乡愁》《乡音》等
袁霓	1965年小学五年级时华校封闭，后补习、自修。1972年开始写作，1978年停笔，1987年恢复写作	个人作品集《花梦》、散文《心痛》等

以上九位印尼客籍华裔作家是该时期老、中、青作家的代表。他们用文字记录下了
20 世纪 30 年代至 60 年代南洋社会的重大变迁，体现了他们对所处社会人和事的深切关
怀。客家人移民海外，经过世代的发展仍能较好地保留本土文化特色，源于客家人特别强
烈的文化和身份认同。① 上述印尼客籍华裔作家作品中，有着强烈的忧民意识、家国情结、
文化乡愁等元素，作为对现实的反映和记录，真实再现了原生态的客家民俗文化，蕴含了
传统客家精神和民族认同意识，同时也深刻反映了客家文化在海外的传承和发展。

三、印尼华文文学作品中客家文化的海外传承

海外华语不只是一种交际工具，也不单单是语言资源，更是一种文化遗产（郭熙、雷
朔，2023）。中国民俗是中国各族民众几千年来所共同创造的生活文化，是民间世代沿袭
的一种生活模式，是中国传统文化的一个重要组成部分，包括风俗习惯、宗教信仰和民间
艺术三大类。这些内容一代代传承下来，又不断随着生活的延续和社会的发展而变迁、丰
富（王衍军，2011）。"宁卖祖宗田，勿忘祖宗言"的客家祖训，道出客家人对客家方言
的坚守与传承。语言是文化的载体，客家方言承载着海外华人世代沿袭的民俗文化。王汉
卫（2012）认为，"民俗文化可算是相对最持久的祖籍国特征"。客家民俗文化包含曲艺、
建筑、饮食、习俗、服饰等众多方面（李小华、覃亚林，2018）。而近 40 年来关于客家方
言及文化的研究以语音研究为多，缺乏跨学科或交叉学科研究（彭志峰、李菲，2022）。
因此，本文将立足于民俗文化传承的视角，从客家饮食、客家节日、客家婚丧和客家艺术
四个方面，结合印尼华文文学作品对客家文化在海外的传承进行阐述。

（一）客家饮食文化——"饮茶"

梅州客家茶文化是广东三大茶文化之一。从唐宋年间，客家茶文化就有了记载。
"无山不客，无客不山。"客家人长年生活在山区，在日常生活中少不了种茶、做茶和
食茶，由此便形成了独具特色的客家茶文化。"一碗糖姜茶，一盆滚水浴"，是客家人
保健的良方。客家人好客，"客来敬茶"是客家人的传统礼节。客家人更是将"茶"与
"婚俗"联系在一起。男女双方及父母第一次见面，一般都在圩镇的茶馆中，边喝茶边
谈婚事，称为"吃茶"；男方送给女方的聘礼，客家人叫"茶礼"；在婆亲时，新人谒
见长辈要行"敬茶"礼，以示对长辈的尊重。

海外客家华人仍保留着饮茶的习惯。在袁霓的散文《茶》中，表达出对饮茶的喜
爱和对客家茶文化的深刻领会："饮茶不仅'茶'要好，而且泡茶的'水'也很重要，
正如陆羽的《茶经》所云：'其水，用山水上，江水中，井水下。'。"② 文中还引用了唐
代诗人卢仝的诗作《走笔谢孟谏议寄新茶》，表达客家籍华人对饮茶的喜爱之情：

---

① 李小华. 印尼客家方言与文化［M］. 广州：华南理工大学出版社，2014：40.
② 严唯真. 袁霓文集［M］. 厦门：鹭江出版社，2000：93.

碧云引风风不断，白花浮光凝碗面。一碗喉吻润；两碗破孤闷；三碗搜枯肠，唯有文字五千卷；四碗发清汗，平生不平事，尽向毛孔散；五碗肌骨轻；六碗通灵仙；七碗吃不得也，唯觉两腋习习清风生，蓬莱仙，在何处，玉川子，乘此清风欲归去！①

（二）客家春节习俗——"祖屋贴对联"

客家祖屋多以"第""围""庐"命名。"第"代表书香门第、官家门第；"围"代表客家围龙屋、四角楼等；"庐"代表平房、新式楼房等。每年春节到来时，客家游子会返回故乡祖屋，祭拜祖先。除夕前，家家新桃换旧符，给祖屋贴上新对联，以获得祖先庇佑。袁霓在散文《温家的婚礼》中就有一段印尼华人对"祖屋对联"的记录：

在印尼首都雅加达的一个叫丹格郎小城上，大门左右两边会挂着一副对联，写的是"春满乾坤福满堂，夫妻恩爱好偕老"。但当时的老华人都看不懂，只知道这是老祖宗传下来的风俗，传说唐山就是这样子的。对联是叫当地懂汉字的人写的，过年的时候拿出来挂上，过了十五就取下来，每逢喜事也挂出来。丹格郎的神庙，往年过春节前都有帮人写对联的服务。甚至有人拿回家挂时，因为不认识字，结果把对联倒着贴。②

袁霓参加婚礼的人家姓温，但老伯只知道自己姓温，不认字也不会写字，只知道"贴对联"习俗是祖宗一代一代传下来的。身处异国，已经不知道为第几代华人，但仍保留中国名，传承着"老祖宗传下来的风俗"，通过"过年节"时的各种"仪式"来确证自己与故土的联系，建构关于"故土"的概念——"传说唐山就是这样子的"，体现出对故土"唐山"习俗源自生命本能的文化认同和精神皈依。"文化的认同具有一种本能的倾向，它决定某一族群的生存方式、行为方式和思想方式"（莫嘉丽，2004）。

（三）客家丧葬习俗——"打莲池"

"打莲池"是广东省梅州市蕉岭县的传统民俗文化，又称"莲池舞"，迄今已流传了300多年，是在"香花佛事舞"民间舞蹈活动中不断发展形成的佛教舞蹈，常用于劝善信佛和为死亡的妇女超度亡魂。2009年，"打莲池"被列入广东省非物质文化遗产。这是一种群众喜闻乐见的民俗文化，在长期的发展历程中体现出蕉岭客家地区民俗文化独特的风格。林万里在小说《驾鹤西归》中说道："如果家庭条件优渥，人在去世的时候应该做斋，或重金礼聘台湾斋姑，一定要有压轴节目'打莲池'。"③ 这里的"斋姑"（俗称"斋嬷""斋姊"），是源于广东客家地区的一种独特的地方信仰。在印尼，许多客家人聚居的地方至今还存在着这种信仰，并逐渐从客家人的信仰变为印尼华人共同的

---

① 严唯真. 袁霓文集［M］. 厦门：鹭江出版社，2000：93.
② 严唯真. 袁霓文集［M］. 厦门：鹭江出版社，2000：29－32.
③ 林万里. 林万里文集［M］. 厦门：鹭江出版社，2000：69－70.

信仰，融合了道教、佛教、孔教的教义，成为一种宗教文化现象。"斋姑"这一群体，也在解脱人们的心理苦痛、促进家庭和社会和谐中发挥着重要作用。

（四）客家童谣文化——《月光光》

客家童谣，是指用客家方言吟唱的童谣，是中国民间童谣的重要分支，也是传统民间文化的杰出代表，广泛传播、流行于国内外客家地区。从内容上看，客家童谣取材于客家地区的日常生活事物，风格上形式多样、语言活泼、易于上口，是客家劳动人民智慧的结晶。客家童谣是客家人千百年对儿童进行启蒙教育的儿歌。2022 年 5 月 20 日，河源市申报的"客家童谣"被列为广东省人民政府第八批省级非物质文化遗产。[①]《月光光》是梅县一带流传最久、最广的一首客家童谣，是客家童谣的代名词。后来又漂洋过海散播到世界各地，可以说，这首童谣承载着海外客家人对"唐山"故土的情感，凡是有客家人的地方，便有《月光光》的传唱。严唯真在散文《摇篮内外》中回忆父母双亲时，就记载了这首传唱久远的客家童谣："月光光，秀才郎，骑白马，过莲塘，莲塘背，种韭菜，韭菜花，结亲家，亲家门口一口塘，种嘅鲤嬷八尺长，长嘅拿来煮酒食，短嘅拿来交姑娘……"[②]

四、印尼华文文学作品中客家文化的融合发展

客家文化、文学与东南亚南洋诸国的文化、文学的交流和融合，极大地加深了中国与东南亚诸国的文化交流与相互传播，也为当今"一带一路"的伟大战略部署打下了坚实的基础（周晓平，2019）。印尼客家籍华裔作家熟悉客家的风俗与语言，但同时他们身处异国他乡，又深受印尼本土文化的渗透和影响，在印尼客家籍作家的身上，多种文化要素不断交织融合，因此，海外华人世代传承的客家文化既保持了华族本身固有的民族特色，又具有印尼本土的异域文化色彩。

（一）"河粉"与"芭眼果条"

"河粉"是广东、海南、广西、福建等地区一种大众化的特色传统小吃。印尼华人将家乡的河粉（当地称"果条"）带至印尼，由于当地盛产海鲜，在配料与做法上有了改良与创新，取名"芭眼果条"。袁霓在散文《干炒河粉》中说："印尼华人将'果条'叫做'河粉'，如果对伙计说要一盘'芭眼果条'（KUETIAO BAGAN），一定要说'芭眼'，不然炒出来的就和一般的没什么分别。"[③] 这里的"芭眼"，是苏门答腊省一个

---

① 广东省人民政府. 广东省人民政府关于公布广东省第八批省级非物质文化遗产代表性项目名录的通知［EB/OL］.（2022 – 05 – 20）［2024 – 05 – 14］. http://www.gd.gov.cn/zwgk/wjk/qbwj/yfh/content/post_3934146.html.

② 严唯真. 严唯真文集［M］. 厦门：鹭江出版社，2000：210.

③ 严唯真. 袁霓文集［M］. 厦门：鹭江出版社，2000：99 – 100.

比较偏远的渔产旺盛的小镇，捕鱼业和造船业相当发达。"芭眼果条"与众不同的是，"菜"一定要加韭菜和豆芽菜，"蛋"一定是青皮鸭蛋，配料只是小虾，绝不放肉类。这是因为"芭眼"一带渔产旺盛，当地盛产鸭蛋鱼虾，自然"果条"的炒法就体现了当地物产特色，因此名之为"芭眼果条"。

（二）端午节与"侨生肉粽"

端午节吃粽子是中国传统节日习俗，华人移居到印尼后依然保持这一习俗，但具体做法又与当地饮食文化有所融合。然而，大多数印尼华人已经不知道端午节的由来，只是通过吃粽子这一传统仪式来凸显自身的族群身份，而且入乡随俗地将传统粽子进行了改良，变为更适应当地人口味的"侨生肉粽"。袁霓在散文《片片竹叶情》中说道："虽然端午节起源于中国，但已经本土化，住在雅加达已经延续几代的土生华人，他们虽然不知道屈原的故事，但他们都知道五月初五那一天必须吃粽子。"①

他们制作的"侨生肉粽"是用米饭裹粽，馅料是猪肉、鸡肉加上虾米剁碎，配以甜豉油、香菜籽等，再加上一些辣椒，以适合当地人口味。国内的粽子一般不加辣椒，但是印尼地处热带，气候湿热，需要食用辣椒祛除体内湿气，因此当地人饮食嗜辣，华人自然也"入乡随俗"，在端午节的肉粽中加上一些辣椒。"侨生肉粽"的出现，表明久居海外的华人既传承着故土节日习俗，同时在文化符号的形式表征上又有所变异。

（三）客家婚嫁习俗与"梳头"仪式

梅州客家女子在婚礼举行前的清晨要在家中行"上头"礼，即请家中有福气的女性长辈替新娘梳头，梳头时还会说一些吉祥话，如："一梳夫妻恩爱幸福长久；二梳子孙满堂寿比柏松；三梳家和业兴百事如意"等。印尼客家籍华人在结婚时仍传承着"上头"这一习俗，印尼语为"Qio Tao"。袁霓散文《温家的婚礼》中就叙述了这一仪式：

> 住在大城市的华人，随着西方文化的入侵，虽然会写会看汉字，但多数都不再想保留华文名，而宁愿取英文名或印尼名。可是住在偏僻乡下的华裔，不会看，甚至不会讲华语，他们和原住民通婚，脸型已经被同化到大概只有眼睛才能看出一点华人影子。但仍然一代又一代沿袭祖宗留下来的风俗，虽然他们不明白那都是什么意思。他们的婚礼有一种要在凌晨四点钟举行的叫做"Qio Tao"的仪式。据说那是唐山乡下一种古老的风俗。②

随着华人移居印尼代际的递增，"住在偏僻乡下的华裔"已"不会看，甚至不会讲华语"，由于和原住民通婚，"脸型已经被同化到大概只有眼睛才能看出一点华人影子"，但仍然世代沿袭着祖宗留下来的风俗，在婚礼上传承着"Qio Tao"这一不明何意，只知道"那是唐山乡下一种古老的习俗"的仪式。文化传承方式的转变由外在转

---

① 严唯真. 袁霓文集［M］. 厦门：鹭江出版社，2000：105 – 106.
② 严唯真. 袁霓文集［M］. 厦门：鹭江出版社，2000：31 – 33.

向内在，由有形转向无形，由简单的语言承袭转化为精神和意识的延续（李国定，1994）。异国他乡与现实故土的空间距离，使印尼华人自觉保持古代文化形态，从心灵上"贴近故土"——对"唐山古老文化形态"的承袭成为呈现与表征自我身份的方式，也是印尼华族族群身份认同和文化认同的标志，从而从种族、社会上划分出"自我"和"他者"之间的本体论界线。

（四）客家山歌与当地民歌"班顿"

印尼当地民歌"班顿（PANTUN）"在形式上深受客家山歌的影响，是客家文化和印尼本土文化交融所形成的一种文学体裁。华人作家林万里在《马来由华人文学里的诗》中对其评价道："'PANTUN'是一种来自母体文化细胞的文学体裁形式。"[①] "班顿"一般由四行组成，前两行是引子，类似客家山歌的"兴"，起"触物起情，托物发端"的作用；后两行则点明主题。文句工整且押韵，吟唱起来富有音乐性。在内容上，"班顿"主要是讽刺社会陋俗，劝人为善，歌颂爱情，礼赞劳动，抒发怀乡之情，并将中国传统习俗和道德教义渗入其中，涵义丰富，充满哲理。例如：

表 3　民谣"班顿"印尼语及中文译文示例

印尼语原文	中文译文
MARIKA DJALAN DJADI SAROM BONG	他们结群满街跑
BADJOENJA GEDE PATING NGEGROM BONG	衣宽好似大长袍
DILAPISIN MANTEL BOEATBERKRE BONG	双手叉腰多骄傲
PINGGANG DITOLAK，LAGANJA SOM BONG	套罩头，当遮帽
MARIKA DJALAN TERPOETAR－POE TAR	他们逛市绕几圈
LIWAT DIPEKARANGAN DEPAN PELA TAR	走过广场庭院前
NJANJINJA TEROES SEBENTAR－BEN TAR	间歇唱歌听不厌
SEMBARI BOENJIKEN SOEARANJA GUI TAR	吉他伴奏声震天

如表 3 所示，从韵律上看，"班顿"这种民歌体裁，前四句每句词尾为词缀"BONG"；后四句每句词尾为词缀"TAR"。右侧的译文也保持了押韵，前四句押"ao"韵，后四句押"an"韵。节奏明快，音韵协和，趣味盎然，作为一种来自华人母体文化细胞的文学体裁形式，深受印尼土生华人的喜爱，在生活中广为传唱。

五、国际中文教育背景下印尼华文文学的应用价值

随着国际中文教育的全球拓展，"中国文化"学习需求持续升温，但海外本土化教

---

① 严唯真. 林万里文集［M］. 厦门：鹭江出版社，2000：283.

材建设面临滞后性困境，具体表现为语料选取与目标国社会文化适配不足，交际话题设计与学习者生活经验脱节，制约了教学在地化发展。在这种情境下，海外华文文学作品应得到广泛关注，其独特的国别性、本土性和时代性特征，对国际中文教育的海外拓展，特别是中文教材的本土化建设有着重要的应用价值。

（一）印尼华文文学的语料价值

印尼华文文学在语言和题材上既受到中国现当代文学的影响，又立足和取材于印尼本土生活，具有文化的双重属性。对于印尼华裔学生尤其是 HSK 高级水平的学生来说，是极为重要的阅读材料。留学生对于自己所熟悉的文化，学习起来会有亲切感，学习难度也会大幅降低，因此，经过删选、提炼的文学选段，可作海外本土化中文教材的语料素材。我们以编写《高级汉语阅读教材》为例，教材设计如表4所示：

表4　《高级汉语阅读教材》教材设计示例

"北渣"与印尼华人的艰辛生活	
说起印尼当地的传统交通工具，最具特色的是一种叫"北渣"（印尼语为"BECAK"）的人力三轮车。20世纪30年代前后，在印尼的大街小巷上随处可见。"北渣"是人力的，还有一种叫"欧杰"（印尼语为"OJEK"）的摩托车，这是电动的。北渣车夫工作辛苦，一天到晚顶着印尼酷热的天气，汗流浃背，收入微薄。很多印尼华人最开始就是从北渣车夫做起，靠着拉车维持生活的。有一首关于北渣车夫的歌谣，揭示了早期印尼华人的艰辛生活。	
印尼语原文	中文译文
Abang beca, abang beca	北渣车夫，北渣车夫，
di tengahjalan, Cari muatan untuk mencari makan,	在路中央，寻找乘客，
Putar, putar, putar putar kaki mengayuh,	为了糊口，来来回回，蹬了一圈又一圈，
Pergi jauh teringat pun lalu jatuh,	辛苦工作，却总是失望而归，
Dari pagi hingga matahari terbenam,	从日出到日落，
Barat timur selatan serta utara,	从西到东，从南到北，
Hujan panas tiada melintangi nya,	风雨无阻。
Abang baca, abang beca, abang beca,	北渣车夫，北渣车夫，北渣车夫，
Ca, ca, ca.	嚓，嚓，嚓。

"北渣"这种有些简陋的交通工具，是早期印尼华人的谋生工具，而这首华人歌谣则真实反映了早期印尼华人朴实又艰难的生活现状。用作阅读教材的语料，可激发海外留学生的情感认同。

（二）印尼华文文学的情感寄托

祖语文化词汇，是一种汉语祖语者所使用的，在中华传统文化背景下产生的，蕴含着中华文化素养，体现出中华民族深厚的社会文化意义的词汇（刘华、张馨月，2023）。在印尼文学作品中也留存下来为数不少的祖语文化词汇，包括方言词、成语、俗语和方言俗语以及对古诗文的引用等。如印尼华人作品中多次出现方言词"做斋"，也叫做"做和尚"，是客家地区的丧葬风俗，可见印尼华人重视宗嗣家族礼俗。

祖语文化词汇对海外华人社会维系和中华文化传承起着重要作用，其情感功能和文化价值一定程度上增强了华语的生命力。因此，印尼客家籍华裔作家大多数有着"中国情结"，作品中充溢着对祖籍国的赞美与思念。高鹰在散文《我的眼泪》中写道："我是华夏的后代，身上流着炎黄的血液，我祖父来自嘉应州梅江河畔，我的亲生父母，常常教诲我'不要忘本'，'要把唐山看作自己的第二故乡'。因此，我的眼泪，也是属于华夏，我总是把自己和华夏的命运紧紧联系在一起，为中国的繁荣富强感到光荣和自豪。"①

严唯真则在《这椰岛之国啊……——〈第二故乡放歌〉之一》中写出了自己对祖籍国刻骨铭心的血脉认同："我没有忘记我的父母是'唐山人'，是祖母和外公把他们从'唐山'带到'加拉巴②'来的……他们输我炎黄血，长我汉唐肉，架我神州骨，安我赤县心，赋我华夏魂。我深知父母的宗祖国和原故乡。我刻骨铭心、感恩知报。"③

印华文学作品是历史的印证，更是老一辈华裔对祖籍国的情感寄托。祖语生读到这样的文字，会更了解祖辈的移民历史，进一步升华自身对祖籍国的思念与情感。因此，阅读优秀的华文文学作品有助于华裔学生增进华族文化认同和族群归属。

（三）印尼华文文学的纽带作用

文化保护，政策先行。2014 年 10 月，习近平总书记在文艺工作座谈会上指出："中华优秀传统文化是中华民族的精神命脉，是涵养社会主义核心价值观的重要源泉，也是我们在世界文化激荡中站稳脚跟的坚实根基。要结合新的时代条件传承和弘扬中华优秀传统文化，传承和弘扬中华美学精神。"④ 邱春安、严修鸿（2022）则从乡村振兴的角度思考客家方言文化的传承和保护问题，并建议将方言文化保护跟非物质文化遗产保护进行有效融合，形成方言文化保护和当地经济发展的良性互动。

中华优秀传统文化是一条文化纽带，是海外华裔与祖籍国的黏合剂。国际中文教育是提升国家文化软实力和中华文化影响力的重要渠道，也是打造中国国家形象的重要窗口。印尼是共建"一带一路"国家之一，我们要尊重不同国家的文化背景和民族性格，同时也要重视印尼的华族文化。客家民俗作为祖籍国文化，既在印尼华文文学作品中展现出了独特的生命力，又能助力和推动中华优秀传统文化更好地走向世界。

---

① 严唯真. 高鹰文集［M］. 厦门：鹭江出版社，2000：65-70.
② "加拉巴"原指椰树或椰果，这里泛指印尼。
③ 严唯真. 严唯真文集［M］. 厦门：鹭江出版社，2000：199-204.
④ 参见中国新闻网. 习近平：中华优秀传统文化是中华民族的精神命脉［EB/OL］.（2014-10-16）［2024-05-14］. http：//baijiahao. baidu. com/s？ id=1800715199345859711 & wfr=spider & for=pc.

参考文献

[1] 甘燕虾，刘卓铌，毛政才.梅州客家方言文化的传承保护与发展创新 [J].文学教育（下），2018（8）.

[2] 郭熙.华语研究录 [M].北京：商务印书馆，2012.

[3] 郭熙，雷朔.论海外华语的文化遗产价值和研究领域拓展 [J].语言文字应用，2023（2）.

[4] 李定国.客家文化在海外华人中的继承与发展 [J].华侨华人历史研究，1994（4）.

[5] 李新魁.广东的方言 [M].广州：广东人民出版社，1994.

[6] 李小华.印尼客家方言与文化 [M].广州：华南理工大学出版社，2014.

[7] 李小华，覃亚林.客家族群的影像书写与文化传承 [J].客家文博，2018（4）.

[8] 刘华，张馨月.基于风格计算的印尼书面祖语代际传承研究 [J].华文教学与研究，2023（2）.

[9] 莫嘉丽.印尼华人信仰的多教混合与华人文化认同 [J].东南亚研究，2004（6）.

[10] 彭志峰，李菲.40年来客家方言研究述评：基于 CNKI 文献数据的计量分析 [J].南方语言学，2022（2）.

[11] 邱春安，严修鸿.梅县农村客家话词汇使用现状调查研究 [J].语言战略研究，2022（1）.

[12] 王汉卫.华语阅读测试论 [D].广州：暨南大学，2012.

[13] 王衍军.中国民俗文化 [M].广州：暨南大学出版社，2011.

[14] 严唯真.高鹰文集 [M].厦门：鹭江出版社，2000.

[15] 严唯真.林万里文集 [M].厦门：鹭江出版社，2000.

[16] 严唯真.严唯真文集 [M].厦门：鹭江出版社，2000.

[17] 严唯真.袁霓文集 [M].厦门：鹭江出版社，2000.

[18] 周晓平.客家学的研究回溯与发展前瞻论：基于对客籍作家文学与客家民间文学的研究 [J].嘉应学院学报，2014（1）.

[19] 周晓平.客家人"过番"的历史动因及其生存构成：以印尼粤东客家华侨为重点研究 [J].嘉应学院学报，2018（10）.

[20] 周晓平.东南亚客家华侨的精神与物质生产方式：兼论作为媒介交流的客家文化（文学）在海外的传播与影响 [J].嘉应学院学报，2019（2）.

The Overseas Inheritance and Integrated Development of Hakka Culture in Indonesian Chinese Literary: Take Nine Indonesian Hakka Writers as Examples

WANG Yanjun   ZHANG Xinyue

【Abstract】 Indonesian Chinese literature works are valuable language materials for overseas Chinese studies. Based on the unique cultural vocabulary in Indonesian Chinese literature works, this study shows the inheritance and development of overseas Hakka culture from four aspects: diet, festivals, weddings and funerals, and art. At the same time, under the influence of Indonesian multiculturalism, overseas Hakka culture and Indonesian local culture continue to integrate, showing a form of integration and development. International Chinese teaching and textbook compilation should attach importance to the linguistic value of Indonesian Chinese literature, the inheritance of ancestral culture and the emotional function of folk culture and enhance the cultural identity of overseas Chinese and their emotional belonging to their ancestral countries.

【Keywords】 Hakka folk culture, Indonesian Chinese literary, inheritance and integration, international Chinese language education